Doppel-Klick

Sprach- und Lesebuch Deutsch 8 R

Mittelschule Bayern

Herausgegeben von
Astrid Scharfe (Nürnberg)

Erarbeitet von
Susanne Bonora (Scheßlitz),
Lisa Kaiser (Nürnberg),
Kevin Koch (Straubing),
Martin Küfner (Erlangen),
Sylvelin Leipold (Burgebrach),
Stephanie Meyer (Trostberg),
Bernhard Möller (Veitshöchheim),
Mattheus Paszulewicz (Nürnberg),
Heike Potyra (Zirndorf),
Josua Schlumpp (Nürnberg)

Das Buch wurde erarbeitet auf der Grundlage der Ausgaben von Christa Becker-Binder, Annegret Doll, Christa Knirsch, Renate Kroiß, Renate Krull, Kathrin Lang, Elisabeth Schäpers, Petra Stich, Renate Teepe, Andrea Wagener, Sylvia Wüst (Herausgeberinnen) und Werner Bentin, Martin Plieninger, Bernd Schurf, Christian Weißenburger, Torsten Zander (Herausgeber) sowie P. Altschuh-Riederer, Benildis Andris, Ellen Bahner, Sabrina Beikirch, Werner Bentin, Gertraud Bildl, Iris Böger, Kathleen Breitkopf, Filiz Briem, Carolin Bublinski, Carmen Collini, Ulrich Deters, Friedrich Dick, Henriette Dieterle, Annegret Doll, Claudia Eisele, Martin Felber, Filiz Feustel, Michael Fischer, Dorothea Fogt, Heike Frädrich, Axel Frieling, Stefanie Fritz, Agnes Fulde, Ramona Füssel-Hallabrin, Dorothee Gaile, Hans-Joachim Gauggel, Petra Gerlach, Daniela Giesler, Andreas Glas, Nadine Glück, Mahir Gökbudak, Bettina Gold, Silke González León, Dennis Haida, Beate Hallmann, Kerstin Hammer, Sandra Heidmann-Weiß, Peter Heil, Bettina Hofmann, Svea Hummelsheim, August-Bernhard Jacobs, Lucia Jacobs, Jona Jasper, Maja Jeretin-Kopf, Gesine Jordan, Franziska Klingelhöfer, Christa Knirsch, Michaela Koch, Timo Koppitz, Marlene Krause, Renate Kroiß, Renate Krull, Rebekka Kübler, Isabelle Kunst, Gabriele Kusebauch, Anna Landgraf, Ina Lang, Kathrin Lang, Anna Löwen, Petra Maier-Hundhammer, Ruth Malaka, Sabine Matthäus, Timo Maulshagen, Ulrike Meier-Robisch, Andreas Müller, Arnhild Nachreiner, Gabriele Neie, Ekhard Ninnemann, Ralph Olsen, Martina Panzer, Katrin Peschl, Martina Peter, Doris Peukert-Al-Delaimi, Katrin Pfeuffer, Jennifer Piel, Katrin Placzek, Martin Plieninger, Martin Püttschneider, Silke Quast, Florian Recksiegel, Christiane Rein, Katja Reinhardt, Agnes Rimkus, Irene Rischard, Elisabeth Schäpers, Kerstin Scharwies, Matthias Scholz, Martina Schulz-Hamann, Ralf Schummer-Hofmann, Tanja Seidelmann, Volker Semmler, Salih Sönmez, Gerda Steininger, Petra Stich, Michael Strangmann, Yvonne Streb, Mechthild Stüber, Renate Teepe, Doris Thammer, Stephan Theuer, Bettina Tolle, Ina Torne, Ina Trog, Brigitte Vogel, Saskia Volbers, Christian Weißenburger, Birgit Welker, Nena Welskop, Carolin Wemhoff-Weinand, Michaela Wenk, Anna-Lena Wiederhold, Sonja Wiesiollek, Gunder Wießmann, Stefanie Wolf, Torsten Zander, Anja Zwengauer.

Redaktion: Sandra Geiger, Frederike Schlünder, Marion Clausen, Sandra Wuttke-Baschek
Umschlaggestaltung: Buchgestaltung +, Berlin
Umschlagillustration: Natascha Römer, Römer & Osadtschij GbR, Schwäbisch Gmünd
Layout: Wladimir Perlin (MeGA 14), Berlin
Gestaltung und technische Umsetzung: Saskia Klemm, Berlin

Begleitmaterialien für Schüler zu Doppel-Klick 8R	
Schülerbuch als E-Book	978-3-06-060743-3
Arbeitsheft	978-3-06-060739-6

www.cornelsen.de

Soweit in diesem Lehrwerk Personen fotografisch abgebildet sind und ihnen von der Redaktion fiktive Namen, Berufe, Dialoge und Ähnliches zugeordnet oder diese Personen in bestimmte Kontexte gesetzt werden, dienen diese Zuordnungen und Darstellungen ausschließlich der Veranschaulichung und dem besseren Verständnis des Inhalts.

Dieses Werk berücksichtigt die Regeln der reformierten Rechtschreibung und Zeichensetzung.
Bei den mit R gekennzeichneten Texten haben die Rechteinhaber einer Anpassung widersprochen.
Die mit * gekennzeichneten Texte wurden aus didaktischen Gründen gekürzt und/oder verändert.

1. Auflage, 1. Druck 2020

Alle Drucke dieser Auflage sind inhaltlich unverändert und können im Unterricht nebeneinander verwendet werden.

© 2020 Cornelsen Verlag GmbH, Berlin

Das Werk und seine Teile sind urheberrechtlich geschützt.
Jede Nutzung in anderen als den gesetzlich zugelassenen Fällen bedarf der vorherigen schriftlichen Einwilligung des Verlages. Hinweis zu §§ 60a, 60b UrhG: Weder das Werk noch seine Teile dürfen ohne eine solche Einwilligung an Schulen oder in Unterrichts- und Lehrmedien (§ 60b Abs. 3 UrhG) vervielfältigt, insbesondere kopiert oder eingescannt, verbreitet oder in ein Netzwerk eingestellt oder sonst öffentlich zugänglich gemacht oder wiedergegeben werden. Dies gilt auch für Intranets von Schulen.

Druck: Mohn Media Mohndruck, Gütersloh

ISBN 978-3-06-060729-7

PEFC zertifiziert
Dieses Produkt stammt aus nachhaltig bewirtschafteten Wäldern und kontrollierten Quellen.
www.pefc.de

PEFC/04-31-1033

Inhaltsverzeichnis

Sprechen – Zuhören – Mit Texten umgehen – Schreiben

Sag mal, wie meinst du das? 14

Miteinander reden 16
Auf Gesprächspartner eingehen 17
Eine Diskussion führen 19
Sachlich mit Kritik umgehen 20
Extra Sprache: Killerphrasen und Ich-Botschaften 22
Teste dich! Miteinander reden 24
Training zum Fördern und Fordern: Miteinander reden 25

Kompetenzen

- Gespräche führen
- Sachlich mit Kritik umgehen

Gespräche adressatenbezogen und situationsangemessen planen, führen und reflektieren;
sich konstruktiv mit Beiträgen anderer auseinandersetzen;
verstehend zuhören;
Konfliktgespräche lösungsorientiert führen;
Diskussionsrunden leiten;
Unterschiede von Sprachvarianten erkennen und situationsgerecht anwenden

Bionik – Vorbilder aus der Natur 28

Eine lästige Frucht stand Pate 29
Einen Sachtext und Grafiken auswerten 30
   Der Natur abgeschaut 30
   Grafik: Treibstoff-Einsparung im Airbus A380 pro Person 31
   Grafik: Entfernungen von München in km 31
Einen informierenden Text schreiben 34
Einen Flyer gestalten 37
Extra Sprache: Zusammenhänge verstehen 38
   Flache Kameras, die unsichtbar sind 38
Extra Sprache: Fachbegriffe verstehen 39
   Ein natürliches Belüftungssystem 39
Teste dich! Einen informierenden Text schreiben 40
   Die Grenzen der Bionik 40
Training zum Fördern und Fordern: Sich und andere informieren 42
   Mit den Ohren sehen 42
Fit für die Probe: Einen informierenden Text schreiben 45
   Der Lotuseffekt – der Natur abgeschaut 45

Kompetenzen

- Sachtexte und Grafiken erschließen
- Informierende Texte schreiben

kontinuierliche und diskontinuierliche Texte erschließen und auswerten;
Informationen aus sachorientierten Texten entnehmen;
komplexe Sachverhalte strukturieren;
über Sachverhalte informieren;
Inhalte zusammenfassen;
sprachliche Mittel funktional sinnvoll in eigenen Texten einsetzen;
sich fachspezifisch ausdrücken;
Form und Intention adressatenorientierter Texte beim eigenen Schreiben beachten;
Hinweise aus Feedbackmethoden nutzen und eigene Texte überarbeiten

Kompetenzen

Mobil sein ist alles! — 48

Mobil sein in Bayern – sich über Mobilität informieren	50
Megastudie über Mobilität in Bayern veröffentlicht	50
Grafik: Anteile der Verkehrsmittel am Verkehrsaufkommen in Bayern 2017	50
Ein Referat vorbereiten	52
Das Referat präsentieren	54
Mit Argumenten überzeugen	55
Eine Argumentationskette entwickeln	56
Schriftlich Stellung nehmen	58
Nachhaltig mobil sein ist kinderleicht!	58
Extra Sprache: Argumente verknüpfen	60
Extra Sprache: Empfehlungen mit dem Konjunktiv II formulieren	61
Teste dich! Schriftlich Stellung nehmen	62
Training zum Fördern und Fordern: Schriftlich Stellung nehmen	63
Fit für die Probe: Schriftlich Stellung nehmen	66
Die Stadt der Zukunft: Weniger Straßen für mehr Mobilität	66

- Ein Referat vorbereiten, halten und auswerten
- Argumentierende Texte schreiben

pragmatische Texte erschließen und auswerten;
einen Vortrag vorbereiten und durch den Einsatz von Medien illustrieren;
den Vortrag durch Körpersprache, Adressatenorientierung und Sprechverhalten unterstützen;
den Vortrag reflektieren und Feedback geben;
sich argumentativ mit Sachverhalten auseinandersetzen;
Mittel des argumentierenden Schreibens einsetzen;
Texte sach-, situations- und adressatenorientiert schreiben

Auf der Suche nach dem Glück — 68

Fitzgerald Kusz: Liebe 1	68
Zu einem Auszug aus einem Jugendbuch schreiben	70
Marie-Aude Murail: Über kurz oder lang	70
Einen Sachtext mit Grafik in Beziehung zum Thema des Jugendbuchs setzen	75
Weltglückstag: Auf der Suche nach dem Glück	75
Grafik: Was ist für Sie am wichtigsten, um glücklich zu sein?	76
Extra Sprache: Wortfelder verwenden	78
Extra Sprache: Redewendungen und Sprichwörter verstehen	79
Teste dich! Zu einem Jugendbuchauszug schreiben	80
Jochen Till: Fette Ferien	80
Training zum Fördern und Fordern: Zu einem Textauszug schreiben	82
Deniz Selek: Zimtküsse	82

- Literarische Figuren mit Hilfe von produktiven Verfahren charakterisieren
- Zusatzinformationen für das Textverstehen nutzen

literarische Texte erschließen;
produktive Methoden zur Erschließung literarischer Texte anwenden;
Handlungen und Verhaltensweisen literarischer Figuren beschreiben und Handlungsmotive erklären;
Deutungen belegen;
Schreibformen des gestaltenden Interpretierens anwenden;
sprachliche Mittel bewusst einsetzen;
Zusatzinformationen als Verstehenshilfe nutzen

Ein Beruf für dich

86

- Sich mündlich bewerben
- Sich schriftlich bewerben

Sich vorab informieren	88
Ein Bewerbungsschreiben verfassen	90
Einen tabellarischen Lebenslauf schreiben	92
Sich online bewerben	93
Ein Bewerbungsgespräch führen	94
Extra Sprache: Begründungen formulieren	96
Extra Sprache: Anredepronomen verwenden	97
Teste dich! Ein Bewerbungsschreiben überarbeiten	98
Training zum Fördern und Fordern: Ein Bewerbungsschreiben verfassen	99

sich durch gezieltes Fragen informieren;
aufmerksam zuhören;
adressatenbezogen und situationsangemessen sprechen;
sprechgestaltende und passende sprachliche Mittel bewusst einsetzen;
formalisierte Texte verfassen;
Formulare ausfüllen;
sach-, situations- und adressatenorientiert schreiben

Berufsfelder erkunden

102

- Informierende Texte erschließen
- Über Sachverhalte informieren

Sich über Berufsfelder informieren	104
Das Berufsfeld Landwirtschaft, Natur und Umwelt	104
Text A: Kaminkehrer/in	106
Grafik A: Schulabschlüsse der Ausbildungsanfänger/innen im Beruf Kaminkehrer/in im Jahr 2017	106
Text B: Gärtner/in – ein Beruf für Naturfreunde	107
Grafik B: Bildungswege im Gartenbau	107
Text C: In der Landwirtschaft ist kein Tag wie der andere	108
Grafik C: Anzahl und Verteilung der Auszubildenden in der Tierpflege zum 31.12.2017	108
Andere über Berufsfelder informieren	110

Informationen aus berufsorientierenden Texten unterschiedlicher Medien entnehmen;
kontinuierliche und diskontinuierliche Texte erschließen und auswerten;
komplexe Sachverhalte strukturieren;
Inhalte zusammenfassen;
über Sachverhalte unter Einsatz illustrierender Medien informieren (Lapbook);
Feedback geben

Lesen – mit Texten und weiteren Medien umgehen

Aktuelles vom Tage  112

Kompetenzen

Den Aufbau einer Zeitung untersuchen 114
Einen Zeitungsbericht untersuchen 116
   Volker Thomas: E-Mobilität: Der Funke zündet nicht 116
Einen Kommentar untersuchen 118
   Volker Thomas: Das Verkehrssystem von morgen muss sich am Menschen ausrichten 118
Schlagzeilen untersuchen und formulieren 120
Projektidee: Eine Zeitung gestalten 121

- Gestaltungsmittel einer Zeitung untersuchen
- Journalistische Textsorten unterscheiden

Methoden der Texterschließung anwenden;
Verständlichkeit, Aufbau und Informationsgehalt unterschiedlicher Medien verstehen und beurteilen (Zeitung);
Intention und Wirkungsabsicht von Gestaltungsmitteln erkennen

Die Welt der Medien  122

   Grafik: Medienbeschäftigung in der Freizeit 2019 122
Medien verantwortungsbewusst nutzen 124
   Entwicklungsbeeinträchtigende Angebote 125
Ein Erklärvideo untersuchen 126
Respektvoll im Internet kommunizieren 129
Projektidee: Ein Erklärvideo erstellen 130

- Medien verantwortungsbewusst nutzen
- Gestaltungsmittel audiovisueller Medien untersuchen

den eigenen Medienkonsum reflektieren;
digitale Medien adressatenbezogen und verantwortungsbewusst nutzen;
Verständlichkeit, Aufbau und Informationsgehalt unterschiedlicher Medien verstehen und beurteilen (Infotainment);
audiovisuelle Gestaltungsmittel erkennen und ihre Wirkungsabsicht reflektieren;
die Sprache in digitalen Formaten untersuchen

So ein Drama! – Romeo und Julia

132

Ein Drama untersuchen	134
William Shakespeare: Romeo und Julia	134
Sich über Hintergründe informieren	142
Das mittelalterliche Verona	142
Projektidee: Szenische Umsetzungen reflektieren	143

Kompetenzen

- Dramatische Texte lesen und verstehen
- Sich über Zusammenhänge zwischen Werk und Autor informieren

Merkmale dramatischer Texte untersuchen;
Beziehungen zwischen Figuren untersuchen;
Zusammenhänge zwischen Werk, Autorenbiografie und Entstehungszeit reflektieren;
unterschiedliche Darstellungsformen literarischer Werke vergleichen, reflektieren und ihre Wirkung beschreiben

Nichts ist undenkbar

144

Auszüge aus einem Jugendbuch lesen und untersuchen	146
Andreas Eschbach: Das Marsprojekt. Das ferne Leuchten	146
Erzählmittel untersuchen	150
Ursula Poznanski: Erebos	150
Eine Geschichte schreiben	154
Projektidee: Ein Jugendbuch präsentieren	156

- Jugendbücher lesen und erschließen
- Schriftlich erzählen

analytische Methoden zur Erschließung literarischer Texte anwenden;
Handlungsmotive und Handlungsverläufe analysieren;
Deutungen belegen;
Fachbegriffe sachgerecht anwenden;
Gestaltungs- und Erzählmittel des erzählenden Schreibens einsetzen;
ein Jugendbuch unter Einsatz illustrierender Medien präsentieren (Lapbook)

Im Bann der Großstadt: Gedichte

158

Olaf N. Schwanke: Fußgängerzone	158
Uwe Greßmann: Moderne Landschaft	158
Josef Reding: Meine Stadt	158
Helmut Haberkamm: In der Nachberschafd	159
Eugen Gomringer: cars and cars	159
Ein Großstadtgedicht vortragen	160
Orhan Veli: Ich höre Istanbul	160
Ein Gedicht untersuchen	162
Kurt Tucholsky: Augen in der Groß-Stadt	162
Ein Gedicht in seiner Zeit verstehen	165
Gerrit Engelke: Die Fabrik	165
Teste dich! Ein Gedicht untersuchen und in seiner Zeit verstehen	168
Mascha Kaléko: Spät nachts	168
Training zum Fördern und Fordern: Ein Gedicht untersuchen und dazu schreiben	170
Imants Ziedonis: In einer Stadt	170

Kompetenzen

- Gedichte untersuchen und deuten
- Sich über Zusammenhänge zwischen Werk, Entstehungszeit und Autor informieren

Gedichte gestaltend vortragen; Gattungsmerkmale und sprachliche Gestaltungsmittel untersuchen; literarische Fachbegriffe anwenden; Zusammenhänge von Aussage und Sprache analysieren; Zusammenhänge zwischen Werk, Autorenbiografie und Entstehungszeit reflektieren; Deutungen belegen

Geschichten, die das Leben schreibt

172

Merkmale einer Kurzgeschichte untersuchen	174
Ilse Aichinger: Das Fenster-Theater	174
Eine Kurzgeschichte szenisch spielen	178
Eine Kurzgeschichte zusammenfassen	180
Marlene Röder: Chuck Norris und all seine Freunde	180
Teste dich! Eine Kurzgeschichte zusammenfassen	186
Tanja Zimmermann: Eifersucht	186
Training zum Fördern und Fordern: Eine Kurzgeschichte zusammenfassen	187
Hanna Hanisch: Die Sache mit dem Parka	187
Fit für die Probe: Eine Kurzgeschichte zusammenfassen	191
Tanja Zimmermann: Sommerschnee	191

Kompetenzen

- Kurzgeschichten untersuchen und deuten
- Kurzgeschichten zusammenfassen

textsortenspezifische Merkmale untersuchen; Beziehungen zwischen Figuren untersuchen; Deutungen belegen; einen Text szenisch adaptieren; Figuren mit erweitertem Darstellungsrepertoire darstellen; die szenische Umsetzung reflektieren und ihre Wirkung beschreiben; eine Textzusammenfassung schreiben; sprachliche Mittel funktional sinnvoll in eigenen Texten einsetzen

Arbeitstechniken

Kompetenzen

Das Lernen organisieren  195

- Aufgaben verstehen

Aufgaben verstehen 195

Lesen 196

- Lesetechniken und Lesestrategien anwenden

Den Textknacker anwenden 196
   Die Forscher von morgen: Der Wettbewerb „Jugend forscht" ... 196
   *Grafik: Anmeldungen bei „Jugend forscht" 2019
   nach Fachgebieten (bundesweit)* 197
   Grafik: Beispiele für Forschungsthemen aus Bayern 2019 197
   *Grafik: Anmeldungen für „Jugend forscht" und
   „Schüler experimentieren"* 198
Grafiken und ihre Funktion untersuchen 200
   *Grafik: Anzahl der weiblichen Teilnehmenden bei „Jugend
   forscht" 2019 nach Fachgebieten (bundesweit)* 200
   *Grafik: Anzahl der Teilnehmenden insgesamt bei
   „Jugend forscht" 2019 nach Fachgebieten (bundesweit)* 201
Grafiken erschließen und erstellen 202
   *Grafik: Anzahl der Einzel- und Gruppenarbeiten bei „Jugend
   forscht" von 1966 bis 2019 (bundesweit)* 202
   Jugend forscht besonders zahlreich in Bayern 203

Sich informieren 204

- Informationsquellen gezielt nutzen
- Quellen korrekt kennzeichnen

Fakten von Fake News unterscheiden 204
Richtig zitieren 206

Miteinander arbeiten und präsentieren

208

Informationen in einem Referat veranschaulichen	208
Ein Lapbook gestalten	210
Feedback empfangen und geben	212

Kompetenzen

- Präsentationstechniken vergleichen und nutzen
- Kriteriengeleitet bewerten

Schreiben und überarbeiten

214

Einen Arbeitsvorgang beschreiben	214
Den Reifendruck überprüfen	214
Einen Tagesbericht schreiben	218
Texte gemeinsam überarbeiten	221

Kompetenzen

- Vorgänge beschreiben
- Über Sachverhalte informieren
- Texte überarbeiten

Rechtschreiben

Kompetenzen

Die Arbeitstechniken

223

Das Abschreiben	223
Dein Rechtschreib-Check	224
Die Rechtschreibprüfung am Computer	230

- Arbeitstechniken zur Übung und Verbesserung der Rechtschreibung anwenden

Rechtschreibstrategien und Regeln

232

Gliedern – verlängern – ableiten	232
Mit Wortbausteinen üben	234
Regelwissen anwenden: Nomen großschreiben	236
Regelwissen anwenden: Wortgruppen getrennt schreiben	239
Regelwissen anwenden: Getrennt- und Zusammenschreibung	240
Merkwörter üben	241

- Rechtschreibstrategien und Regelwissen anwenden
- Fehlersensibilität entwickeln

Strategien sicher anwenden; Wortbildungsmöglichkeiten und -elemente analysieren und verwenden; Regeln der Groß- und Kleinschreibung sowie der Getrennt- und Zusammenschreibung anwenden; rechtschriftliche Besonderheiten, die keiner Regel folgen, richtig schreiben

Texte lesen – üben – richtig schreiben

 242

1. Trainingseinheit 242
   Nomen großschreiben
   Nominalisierungen
   Gedankenstrich bei Zusätzen oder Nachträgen
2. Trainingseinheit 244
   Datums- und Zeitangaben
   Höflichkeitsanrede
   Wörter mit Dehnungs-h
   Komma bei Aufzählungen
3. Trainingseinheit 246
   Fachbegriffe
   Wörter mit *wider*
   Zeichensetzung bei der wörtlichen Rede
4. Trainingseinheit 248
   Fremdwörter mit *-ik, -ie, -or, -(i)ell, -iv*
   Komma bei Satzgefügen
5. Trainingseinheit 250
   Wortgruppen mit *sein*
   Komma bei Infinitivgruppen
6. Trainingseinheit 252
   Adjektive mit den Nachsilben *-voll* und *-lich*
   Eigennamen großschreiben
   Komma bei Appositionen

Teste dich! Richtig schreiben 254

Kompetenzen

- Rechtschreibstrategien und Regelwissen anwenden
- An individuellen Fehlerschwerpunkten arbeiten

sich mit Rechtschreibphänomenen textbezogen auseinandersetzen; Rechtschreibstrategien nutzen; Regeln der Groß- und Kleinschreibung sowie der Getrennt- und Zusammenschreibung sicher anwenden; Regeln der Zeichensetzung anwenden

Grammatik

Sprache und Stil 257

Wörter aus anderen Sprachen	257
Wortschatz im Wandel	258
Sprachebenen erkennen und richtig verwenden	260
Wortbedeutungen untersuchen	262
Beschönigungen in der Sprache erkennen	264
Fehler vermeiden: Die Verbstellung in Nebensätzen	265
Fehler vermeiden: Vergleiche mit *wie* und *als*	266

Kompetenzen

- **Sprachliche Verständigung untersuchen**

Herkunft und Bedeutung von Begriffen untersuchen; Sprachvarianten und Sprachebenen verstehen, reflektieren und situationsangemessen verwenden; den Wortschatz erweitern; die Wirkung metaphorischer Formen des Sprachgebrauchs untersuchen; Zusammenhänge zwischen Sprachen erkennen

Wortarten verwenden  268

Die Wortarten wiederholen	268
Die Zeitformen der Verben wiederholen	270
Den Konjunktiv I wiederholen	274
Den Konjunktiv II verwenden	276
Präpositionen mit Dativ und Akkusativ wiederholen	278
Teste dich! Wortarten verwenden	279

- **Wortarten unterscheiden**

Wortarten nach ihren Merkmalen und ihrer Funktion unterscheiden; Flexionsformen richtig verwenden; Tempus und Modus erkennen und deuten

Der Satz 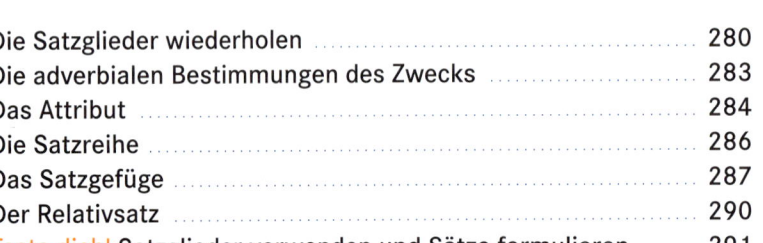 280

Die Satzglieder wiederholen	280
Die adverbialen Bestimmungen des Zwecks	283
Das Attribut	284
Die Satzreihe	286
Das Satzgefüge	287
Der Relativsatz	290
Teste dich! Satzglieder verwenden und Sätze formulieren	291

- **Satzglieder unterscheiden**
- **Formen der Satzbildung unterscheiden und situationsbezogen anwenden**

Satzglieder untersuchen; operationale Verfahren anwenden; Formen der Satzbildung unterscheiden und ihre Wirkung beurteilen; unterschiedliche Satzverknüpfungen verwenden; Regeln der Zeichensetzung anwenden

Zum Nachschlagen

Zum Nachschlagen 292

Wissenswertes auf einen Blick 292
Literarische Gattungen 292
Sachtexte und Grafiken (Pragmatische Texte) 294
Texte erschließen, Aufgaben verstehen, sich informieren 296
Diskutieren, präsentieren und miteinander arbeiten 298
Ideen sammeln, planen, schreiben, überarbeiten 300
Rechtschreiben 304
Grammatik 309

Textartenverzeichnis 315
Textquellen 316
Sachregister 318
Bildquellen 320

Kompetenzen

- Informationsquellen nutzen

Sag mal, wie meinst du das?

Gespräche führen wir nicht nur mit Worten, sondern auch mit unserer Mimik und Gestik.

1 a. Seht euch die Bilder an.
   b. Lest die Sprechblasen und die Gedankenblasen.
   c. Beschreibt die Situationen.
      Tipp: Beachtet auch die Mimik und Gestik der Gesprächspartner.

2 Welche Situationen kommen euch bekannt vor? Sprecht darüber.

3 Diskutiert über die Bilder und begründet eure Meinung.
   – In welchen Situationen könnten die Bilder entstanden sein?
   – Welche Absichten könnten die Gesprächspartner haben?
   – Verstehen die Gesprächspartner einander?
   – Wie gehen die Gesprächspartner aufeinander ein?
   – Unterstützen Gestik und Mimik die Gesprächsabsichten?
   – Welche Gesprächssituation findet ihr gelungen? Welche nicht?

Für das Gelingen eines Gesprächs sind Regeln wichtig.

4 An welche Gesprächsregeln sollten sich die Sprecher halten, an welche die Zuhörer?
   a. Sammelt Gesprächsregeln an der Tafel.
   b. Begründet, welche Regeln ihr in der Klasse beachten möchtet.
   c. Gestaltet ein Plakat mit euren Gesprächsregeln und hängt es im Klassenraum auf.

In diesem Kapitel lernt ihr, wie ihr miteinander diskutiert. Ihr untersucht Äußerungen und lernt, auf eure Gesprächspartner einzugehen und Kompromisse zu finden. Außerdem übt ihr, sachlich Kritik zu äußern und mit Kritik umzugehen.

Miteinander reden

Gespräche können misslingen, wenn Gesprächsregeln
nicht eingehalten werden. So auch bei diesem Gespräch.

1 Lest das Gespräch mit verteilten Rollen.

Tarik: Wir sollten in diesem Schuljahr wieder gemeinsam bewegte Pausen machen, weil es letztes Jahr allen gefallen hat. Alle haben gerne mitgemacht.
Emelie: Die bewegte Pause ist doch was für kleine Kinder! Zum Toben sind wir langsam echt zu alt. Mir wäre das vor den anderen Schülerinnen und
5 Schülern voll peinlich, wenn sie uns dabei auf dem Schulhof sehen.
Maik: Ich finde die Idee gut, wenn wir wieder zusammen bewegte Pausen verbringen, weil das die Klassengemeinschaft ...
Franz: Nee, ich hab keinen Bock, mit euch allen zu hampeln, ich möchte lieber mit meinen Freunden quatschen.
10 **Yasmin:** Immer stellst du dich so an, Franz. Es tut uns doch gut, uns mehr zu bewegen. Wir sitzen im Unterricht ja schon die ganze Zeit rum.
Kim: Ich bewege mich nach der Schule schon genug, ich gehe nachmittags zum Basketballtraining und zum Hip-Hop-Kurs. Da bin ich froh, wenn ich in der Schule neben dem Sportunterricht nicht noch in der Pause kaspern muss!

2 Worum geht es in dem Gespräch?
   a. Formuliert das Thema in eigenen Worten.
   b. Schreibt die Meinungen der Schülerinnen und Schüler jeweils in einem Satz auf.
   c. Begründet, welche Meinungen euch überzeugen/nicht überzeugen.

3 Untersucht die Redebeiträge genauer: Welche Gesprächsregeln halten die Schülerinnen und Schüler ein, welche nicht?

4 Wie könnten die Schülerinnen und Schüler sich bei dem Gespräch fühlen?
   a. Baut die Situation mit Hilfe der Arbeitstechnik in einem Standbild nach.
   b. Vergleicht eure Standbilder: Was habt ihr ähnlich umgesetzt, was anders? Warum?

Arbeitstechnik: Ein Standbild bauen

Mit einem Standbild könnt ihr eine Situation darstellen und deuten.
– Entscheidet, wer das Standbild baut und wer welche Figur darstellt.
– Die Regisseurin/Der Regisseur formt die Figuren: Position, Gestik, Mimik. Die Figuren bleiben wie auf einem Foto erstarrt stehen und schweigen.
– Anschließend sehen die Betrachter sich das Standbild von allen Seiten an. Sie beschreiben, wie das Standbild auf sie wirkt.
– Die Figuren beschreiben ebenfalls, wie sie sich fühlen.

Auf Gesprächspartner eingehen

Die besten Ergebnisse erzielt ihr in Gesprächen und Diskussionen, wenn alle Gesprächspartner ihre Meinungen begründen und aufeinander eingehen.

1 Lest die folgende Diskussion mit verteilten Rollen.

Ronja: Tarik, du hast für den heutigen Klassenrat das Thema „Gemeinsame bewegte Pause" vorgeschlagen. Was möchtest du dazu besprechen?
Tarik: Wir sollten wieder gemeinsam bewegte Pausen machen. Wenn wir uns in der Pause bewegen, arbeiten wir in der nächsten Stunde auch
5 konzentrierter weiter. Und im letzten Jahr hat es allen Spaß gemacht.
Joana: Es hat letztes Jahr nicht so gut funktioniert.
Ronja: Wie meinst du das, Joana? Kannst du das genauer erklären?
Joana: Ich fand es schwierig, manchen Übungen zu folgen, zum Beispiel bei der Rückengymnastik. Dann musste ich mich so konzentrieren, dass ich
10 im Unterricht noch unkonzentrierter saß.
Maik: Ich kann Joana verstehen, mir ging es teilweise auch so. Aber es ist schade, dass wir außerhalb des Klassenzimmers so wenig miteinander unternehmen. Meiner Meinung nach wäre die gemeinsame bewegte Pause eine gute Möglichkeit, die Klassengemeinschaft zu stärken.

2 a. Worum geht es in der Diskussion? Tauscht euch über den Inhalt aus.
   b. Notiert die Meinungen der Schülerinnen und Schüler in Stichworten.

Wenn ihr in einer Diskussion eure Meinung vertretet, ist es wichtig, dass ihr sie mit Argumenten begründet. Ein überzeugendes Argument besteht aus einer Behauptung, einer Begründung und einem Beispiel.

3 Wie begründen die Schülerinnen und Schüler ihre Meinungen?
   a. Legt in eurem Heft eine Tabelle im Querformat an.
   b. Tragt die Behauptungen, Begründungen und Beispiele in die Tabelle ein.
   c. Markiert in eurer Tabelle Pro-Argumente, die den Vorschlag unterstützen, und Kontra-Argumente, die gegen den Vorschlag sind, unterschiedlich.

Miteinander diskutieren
▶ S. 298

Starthilfe

die Behauptung	die Begründung	das Beispiel
Wir sollten wieder gemeinsam bewegte Pausen machen.	Wenn wir uns in der Pause bewegen …	Im letzten Jahr hat es allen …
Es hat letztes Jahr nicht …	…	…

4 Welche Redebeiträge bestehen noch nicht aus Behauptung, Begründung und Beispiel? Ergänzt Fehlendes in eurer Tabelle.

Gespräche und Diskussionen sind besonders erfolgreich, wenn ihr auf eure Gesprächspartner eingeht.

5 Untersucht die Diskussion genauer. Notiert Stichworte:
- Wie verläuft die Diskussion?
- Wie verhalten sich die Schülerinnen und Schüler?
- Wie sprechen sie miteinander?

6 Joana meint in der Diskussion: „Es hat letztes Jahr nicht so gut funktioniert." (Z. 6)
  a. Sprecht diesen Satz in unterschiedlicher Weise: wütend, gelangweilt, bockig, sachlich, überheblich.
  b. Beschreibt die Wirkung der verschiedenen Sprechweisen.

> Es hat letztes Jahr nicht so gut funktioniert.

Ihr könnt eure Gesprächspartner besser verstehen, wenn ihr genau nachfragt.

7 Untersucht die Redebeiträge von Joana und Ronja genauer: Was tut Joana? Wie reagiert Ronja? Wie verläuft das Gespräch?

> **Starthilfe**
> Joana nennt zunächst nur eine Behauptung, aber sie begründet sie nicht. Ronja fragt genau … Dann …

> Wie meinst du das, Joana? …

Wenn ihr die Beiträge eurer Gesprächspartner zusammenfasst oder ergänzt, könnt ihr eure Position besonders deutlich machen.

8 Welche Position hat Maik zu dem Argument von Joana?
  a. Lest noch einmal den Redebeitrag von Maik.
  b. Besprecht und begründet, ob Maik Zustimmung, Widerspruch oder teilweise Zustimmung ausdrückt.

> Ich kann Joana verstehen, mir ging es teilweise auch so. Aber es ist schade, …

Wenn ihr euch nicht auf einen Vorschlag oder eine Meinung einigen könnt, dann könnt ihr einen Kompromiss finden.

9 Welchen Kompromiss könnten die Schülerinnen und Schüler finden?
  a. Notiert Vorschläge.
  b. Vergleicht eure Vorschläge in der Klasse: Wer hat einen besonders guten Kompromiss gefunden? Begründet.

> **Starthilfe**
> – die Übungen vorher genau durchgehen
> – mit leichten Übungen anfangen
> – regelmäßig eine gemeinsame Klassenpause durchführen
> – …

Eine Diskussion führen

Nun seid ihr dran. Über welches Thema möchtet ihr diskutieren?

W **1** Worüber möchtet ihr diskutieren? Wählt ein Thema aus:
- Ihr könnt über die bewegte Pause diskutieren.
- Ihr könnt über ein anderes Thema diskutieren, das euch wichtig ist.

Der nächste Wandertag

Die neue Klassenlektüre

Die Gestaltung des Klassenraums

2 Welche Meinung und welche Vorschläge hast du zu dem Thema? Warum?
   a. Schreibe deine Meinung und mögliche Vorschläge auf.
   b. Notiere Argumente (Behauptungen, Begründungen und Beispiele).
   c. Ordne deine Argumente: Nenne das stärkste Argument zum Schluss.

3 a. Überlege, was gegen deinen Vorschlag sprechen könnte.
   b. Notiere Stichworte, wie du das Gegenargument entkräften könntest.

4 Wie kannst du auf die Gesprächsbeiträge anderer eingehen?
Formuliere Sätze für die Diskussion.

> **Sprachspeicher**
>
> Kannst du ... genauer erklären?   Ich stimme ... zu, denn ...
> Ich bin anderer Meinung als ...   Ich möchte ergänzen, dass ...

5 Mit Hilfe einer Diskussionsleitung gelingt eure Diskussion besser.
   a. Notiert gemeinsam, welche Aufgaben eine Diskussionsleiterin oder ein Diskussionsleiter hat.
   b. Wählt eine Diskussionsleiterin oder einen Diskussionsleiter.

– die Diskussion eröffnen
– auf die Einhaltung von Diskussionsregeln achten
– bei der Kompromissfindung helfen
– auf die Zeit achten
– Ergebnisse zusammenfassen
– ...

6 Führt nun die Diskussion in der Klasse durch.
Beachtet bei der Diskussion eure Gesprächsregeln.

7 Wertet anschließend die Diskussion gemeinsam aus:
- Welche Argumente waren überzeugend?
- Welche Gesprächsregeln wurden eingehalten?
- Was könnt ihr bei der nächsten Diskussion verbessern?

Sich adressatenbezogen äußern ▶ S. 309

Sachlich mit Kritik umgehen

Besonders wenn Menschen zusammenarbeiten, kann es Anlass geben, Kritik zu üben.

Was hast du denn schon wieder? Ständig hast du etwas an mir auszusetzen …

Du bist heute wieder zu spät zum Referats-Treffen gekommen und hast noch nicht einmal die Texte gelesen. So kann das nicht weitergehen …

1 Beschreibe die Situation auf dem Bild.
- Wer könnten die Personen sein?
- Was drücken die Personen mit Gestik und Mimik aus?
- Was könnte im Vorfeld zwischen den Personen vorgefallen sein?

Hinter jeder Kritik steckt ein Wunsch des Gesprächspartners.

2 Was wollen die Personen mit ihrer Kritik erreichen? Ergänze ihre Gedanken und schreibe sie auf.

Gesprächspartner sind meist eher bereit, auf die Wünsche des anderen einzugehen, wenn die Kritik als Ich-Botschaft geäußert wird.

Wegen dir hält unsere Gruppe nie den Zeitplan ein.

Das ist doch total übertrieben.

Das finde ich ungerecht: Ich habe nach der Sport-AG noch beim Abbauen geholfen und bin danach sofort hergekommen.

Ich bin unzufrieden, wenn nicht alle vorbereitet zu den Treffen kommen und wir deswegen länger brauchen.

3 Welche Äußerungen sind unsachlich, welche Ich-Botschaften? Begründet eure Zuordnung.

Auf Kritik kannst du auf verschiedene Weise reagieren:

- Ich werde traurig und wende mich ab.
- An manchen Tagen nehme ich Kritik ruhig zur Kenntnis, an anderen Tagen werde ich sehr wütend.
- Ich höre mir alles in Ruhe an. Da könnte etwas Wahres dran sein.
- Ich suche sofort nach Gegenargumenten.

4 a. Wie reagierst du, wenn du kritisiert wirst?
Schreibe den Satz ab, der deiner Reaktion am ehesten entspricht.
b. Tausche dich mit einer Partnerin oder einem Partner darüber aus, ob sie oder er deine Selbsteinschätzung teilt.

5 Bist du schon einmal kritisiert worden? Worum ging es dabei? Wie bist du damit umgegangen?

Kritik kann eine Chance sein, etwas zu lernen.
Du erfährst mehr, wenn du aktiv zuhörst und das Gesagte spiegelst.
Beim aktiven Zuhören stellst du Fragen an den Gesprächspartner, um sein Anliegen besser zu verstehen.

Was erwartest du von mir? Was meinst du eigentlich damit?
Warum ist dir das so wichtig? Kannst du mir ein Beispiel nennen?
Was möchtest du? Was stört dich daran?

6 Welche Informationen kannst du durch die Fragen erhalten?
a. Trage die Fragen in eine Tabelle ein.
b. Ergänze weitere Fragen.

Starthilfe

der Wunsch	die Erklärung der Kritik	die Gründe und die Gefühle
Was erwartest du von mir?	Kannst du …	…

Beim Spiegeln gibst du das Gesagte in eigenen Worten wieder.

7 Was könnt ihr damit bewirken? Notiert Vorteile des Spiegelns in Stichworten.

8 a. Schreibt einen Dialog zur Situation auf dem Bild auf Seite 20, in dem die Gesprächspartner auf die Kritik eingehen.
Tipp: Lasst sie dabei aktiv zuhören und das Gesagte spiegeln.
b. Spielt euren Dialog in der Klasse szenisch.

Szenisch spielen
▶ S. 298

9 Wertet das szenische Spiel gemeinsam aus: Was ist an dem Dialog gelungen, was könnte noch verbessert werden?

Extra Sprache

Killerphrasen und Ich-Botschaften

Unsachliche Äußerungen in Diskussionen werden auch als „Killerphrasen" bezeichnet. Killerphrasen behindern die Kommunikation zwischen Gesprächspartnern.

> 1
> So etwas ist mir **noch nie** untergekommen: **Alle** quatschen, **keiner** kapiert was! Dabei habe ich das schon **tausendmal** mit euch durchgekaut.

> 2
> Jetzt sei bloß nicht wieder eingeschnappt. **Wie alt bist du eigentlich?**

> 3
> Das ist doch wieder **typisch**: **superzickig**, wenn's um deine Sachen geht.

1
a. Lest die Sprechblasen laut vor. Wie können diese Äußerungen gesprochen werden? Denkt an den Tonfall, die Lautstärke, die Gestik und die Mimik.
b. Sprecht über folgende Fragen:
– In welchen Situationen könnten diese Äußerungen gefallen sein?
– Wer könnte sie wem gegenüber geäußert haben?

Betont vorlesen oder vortragen ▶ S. 298

Killerphrasen lösen negative Gefühle aus und verhindern dadurch eine sachliche Kommunikation.

2 Untersucht die Äußerungen nun genauer.
a. Lest die hervorgehobenen Wörter und Wortgruppen.
b. Welche Reaktionen können dadurch hervorgerufen werden? Wie wirken sie in einem Gespräch? Sprecht darüber.

So könnt ihr auf Killerphrasen reagieren:

> etwas Witziges antworten, eine Frage stellen, die Killerphrase nicht beachten, den Gesprächspartner auf die unsachliche Äußerung ansprechen

3 a. Schreibe drei Reaktionen zu den Killerphrasen in den Sprechblasen auf. Welche Wirkung hat die Reaktion jeweils? Schreibe es dazu.
b. Sprecht in Partnerarbeit über eure Lösungen.

Extra Sprache

Eigentlich ist es nicht schwer, ohne Killerphrasen auszukommen – auch wenn man Kritik übt. Ich-Botschaften helfen dabei.

A
Ich fühle mich benachteiligt. **Wir könnten uns doch gegenseitig helfen**, wenn wir etwas brauchen.

B
Ich wundere mich über deine Reaktion. **Was hat eigentlich dazu geführt?**

C
Ich habe den Eindruck, dass nicht alle verstanden haben, worum es geht. **Erklärt mir bitte**, woran das liegen könnte.

4 Untersucht in Partnerarbeit die Ich-Botschaften A, B und C genauer.
  a. Lest die hervorgehobenen Wörter und Wortgruppen.
  b. Wie wirken sie in einem Gespräch? Sprecht darüber.
  c. Verändert die Ich-Botschaften, wenn ihr mit der Aussage noch nicht zufrieden seid.

5 Welche Killerphrase kann durch welche Ich-Botschaft ersetzt werden?
  a. Lies noch einmal die Killerphrasen 1, 2 und 3 auf Seite 22 und die Ich-Botschaften A, B und C auf dieser Seite.
  b. Ordne je eine Ich-Botschaft einer Killerphrase zu.
  c. Begründe deine Zuordnung.

6 Wie wird eine gelungene Kommunikation durch Ich-Botschaften gefördert?
  a. Vergleiche die Wirkung von Killerphrasen und Ich-Botschaften.
  b. Fasse die wesentlichen Unterschiede in Stichworten zusammen.

Nun kannst du selbst Killerphrasen durch Ich-Botschaften ersetzen.

- Da kannst du überhaupt nicht mitreden.
- Das hätte ich nie von euch gedacht.
- Das haben doch schon andere vor dir versucht.

7 a. Ersetze jede Killerphrase durch eine passende Ich-Botschaft.
   b. Sprecht in der Klasse über eure Lösungen.

Sich adressatenbezogen äußern ▶ S. 309

Teste dich!

Miteinander reden

Hier kannst du überprüfen, wie gut du mit anderen reden kannst.

Manchmal hat man eine andere Meinung als der Gesprächspartner.
Nicht immer ist es leicht, die eigene Meinung auszusprechen.

> Na, dann sind wir uns ja einig: Du kümmerst dich ganz schnell um die Bilder. Und vergiss nicht, sie müssen super werden.

> Aber wir haben doch gesagt ... Und eigentlich wollte ich ja ... Na gut, wenn du meinst, dann muss ich mich wohl darum kümmern.

> ...

1 a. Welche Situation ist auf dem Bild dargestellt?
   Beschreibe die Situation und die Personen in Stichworten.
   b. Was sagen die Personen? Fasse es kurz zusammen:
   – Wer erteilt einen Auftrag?
   – Wer bekommt einen Auftrag?

2 Wie wirken die Personen auf dich, wie könnten sie sich fühlen?
   Beschreibe die Schülerin und den Schüler mit passenden Adjektiven.

Der Schüler sagt nicht deutlich, was er eigentlich möchte.

3 a. Was könnte der Schüler denken? Schreibe es auf.
   b. Was könnte der Schüler sagen? Formuliere Sätze mit angemessenen Worten und Ich-Botschaften. Schreibe die Sätze auf.
   – Wie könnte der Schüler deutlich sagen, dass er nicht einverstanden ist?
   – Welchen Kompromiss könnte er machen?
   – Welche Gründe könnte er nennen?

4 a. Sprecht eure Sätze gegenseitig laut vor. Denkt an den Tonfall, die Lautstärke, die Gestik und die Mimik.
   – Habt ihr Ich-Botschaften formuliert?
   – Gelingt das Gespräch nun besser?
   b. Überarbeitet eure Sätze, wenn nötig.

Sprachspeicher
nervös
begeistert
bestimmend
unsicher
fordernd
selbstsicher

Fördern/Fordern

Miteinander reden

Hier übst du noch einmal, mit anderen zu reden.

Auch bei Chatgesprächen können Missverständnisse entstehen, wenn die Gesprächspartner nicht deutlich sagen, was sie denken und meinen.

Sie denkt – er denkt: Gespräche vor dem Laptop[1]

Mina: Den ganzen Abend sitze ich vor dem Laptop und Yannik schreibt nicht. Er ist doch aber on[2]. Wahrscheinlich nerve ich ihn ... Ich hätte ihn nicht fragen sollen, ob ihn der neue Film auch interessiert. Jetzt denkt er, ich mache Druck.

Yannik: Oh, Mann ... Ich kann mich nicht aus dem Chat ausloggen. Jetzt
5 muss ich mich beeilen, Tom kommt gleich und holt mich zum Spiel ab. Ich schaue nur noch kurz, ob Mina geschrieben hat. Ah super, sie hat geschrieben! Ja, der Film interessiert mich auch! Oh, Tom ist da ...! Ich antworte Mina später.
Yannik verlässt sein Zimmer.

10 *Später am Abend:*
Mina: Yannik ist ja immer noch on. Na toll, er schreibt sich bestimmt mit Vanessa. Er antwortet mir sowieso nicht, dann schalte ich eben aus.
Sie schaltet enttäuscht und verletzt den Computer aus.
Währenddessen:
15 **Yannik:** Es ist so spät geworden! Mist, bestimmt schläft Mina schon. Na dann schreibe ich ihr morgen, aber ausloggen kann ich mich immer noch nicht ...
Er geht schlafen.

Am nächsten Morgen steht Mina übermüdet auf, denn sie hat kaum geschlafen. Dauernd musste sie an Yannik und Vanessa denken. Sie loggt sich ein und
20 *sieht, dass er auch eingeloggt ist. Aber keine Nachricht von ihm! Sie ruft ihre Freundin an:*
Mina: Weißt du was? Yannik will gar nichts von mir! Er war die ganze Zeit on. Aber geschrieben hat er mir nicht, sondern bestimmt Vanessa.
Ihre Freundin rät ihr, Yannik zu vergessen. Sie lädt Mina zu sich nach Hause
25 *zu einem „Mädels-Wochenende" ein.*
Währenddessen:
Yannik: Oh, wieso bin ich denn immer noch eingeloggt! Jetzt schreibe ich eben Mina und frage, ob sie heute mit mir ins Kino geht. Hoffentlich sagt sie Ja!
Yannik ahnt nicht, dass er Mina verpasst hat. Sie ist auf dem Weg zu ihrer
30 *Freundin und wird das ganze Wochenende nicht mehr ihre Nachrichten abrufen.*

[1] der Laptop: kleiner, tragbarer Computer   [2] er ist on: Kurzform für: er ist online

Du entscheidest, ob du die Aufgaben auf Seite 26 mit mehr Hilfen oder die kniffligeren Aufgaben auf Seite 27 lösen willst.

Fördern

Du kannst dich in Mina und Yannik hineinversetzen,
um die Missverständnisse besser zu verstehen und zu klären.

1 Lies die Geschichte auf Seite 25 mit dem Textknacker.

Textknacker ▶ S. 296

2 Versetze dich in Mina oder Yannik hinein. Bearbeite Aufgabe a oder b und beantworte aus ihrer oder seiner Sicht die folgenden Fragen.
   a. Beschreibe Mina und ihre Situation.
   b. Beschreibe Yannik und seine Situation.

> – In welcher Situation bin ich?
> – Worüber denke ich nach?
> – Was erwarte ich?
> – Wie gehe ich am Ende mit der Situation um?

3 Besprecht eure Ergebnisse in Partnerarbeit:
   – Eine/Einer liest die Antworten aus Minas Sicht vor.
   – Die/Der andere liest die Antworten aus Yanniks Sicht vor.

… Ich wollte nachsehen, ob … Doch da …

4 Mina stellt Vermutungen an, warum Yannik ihr nicht schreibt.
   a. Minas Vermutungen sind im Text hervorgehoben. Schreibe sie auf.
   b. Formuliere, was Yannik dazu sagen könnte.
      – Erkläre, was wirklich geschehen ist.
      – Schreibe in der Ich-Form.

5 a. Tragt euch gegenseitig eure Ergebnisse von Aufgabe 4 vor.
   b. Erklärt, wie die Missverständnisse zustande kamen.

In einem Gespräch können Mina und Yannik die Missverständnisse klären.

6 a. Stellt euch vor, Mina und Yannik sehen sich am Montag auf dem Schulhof. Überlegt gemeinsam:
      – Welchen ersten Schritt könnte Mina machen?
         Welchen Schritt könnte Yannik machen?
      – Was könnte sie sagen? Was könnte er sagen?
      – Wie könnte Mina auf Yanniks Äußerungen reagieren?
         Wie könnte Yannik auf Minas Äußerungen reagieren?
   b. Schreibt einen kurzen Dialog, in dem die beiden einander aktiv zuhören und das Gesagte spiegeln.
      Tipp: Formuliert Ich-Botschaften.

7 a. Spielt euren Dialog einem anderen Tandem szenisch vor.
   b. Wertet das szenische Spiel aus:
      Was ist gelungen, was könnte verbessert werden?

Szenisch spielen
▶ S. 298

Fordern

Mina und Yannik können die Missverständnisse aufklären, wenn sie miteinander reden.

1 Lies die Geschichte auf Seite 25 mit dem Textknacker.

Textknacker ▶ S. 296

2 **a.** Versetze dich in Mina oder Yannik hinein.
b. Beantworte aus ihrer oder seiner Sicht die folgenden Fragen.
- In welcher Situation bin ich?
- Worüber denke ich nach?
- Was erwarte ich?
- Wie gehe ich am Ende mit der Situation um?

3 **a.** Besprecht eure Ergebnisse in Partnerarbeit:
- Eine/Einer liest die Antworten aus Minas Sicht vor.
- Die/Der andere liest die Antworten aus Yanniks Sicht vor.

b. Erklärt, wie das Missverständnis zustande kam.

4 Mina stellt Vermutungen an, warum Yannik ihr nicht schreibt.
a. Minas Vermutungen sind im Text hervorgehoben. Schreibe sie auf.
b. Formuliere, Argumente (Behauptungen, Begründungen und Beispiele), mit denen Mina ihre Vermutungen begründen kann.

Wahrscheinlich nerve ich ihn ...

5 Wie könnte Yannik auf Minas Argumente reagieren?
a. Notiere in Stichworten, was wirklich geschehen ist.
b. Formuliere Argumente (Behauptungen, Begründungen und Beispiele), mit denen Yannik sein Verhalten begründen kann.

... Ich wollte nachsehen, ob ... Doch da ...

6 Stellt euch vor, Mina und Yannik sehen sich am Montag auf dem Schulhof. Überlegt gemeinsam:
- Welchen ersten Schritt könnte Mina/Yannik machen?
- Was könnte sie/er sagen?
- Wie könnte sie/er auf die Äußerungen des anderen reagieren?

7 Schreibt einen Dialog, in dem Mina und Yannik aufeinander eingehen. Verwendet dabei eure Ergebnisse der Aufgaben 4 bis 6.
- Formuliert Ich-Botschaften.
- Hört aktiv zu und spiegelt das Gesagte, um den Gesprächspartner besser zu verstehen.
- Greift die Argumente des Gesprächspartners auf, um eure Position deutlich zu machen.

8 **a.** Spielt euren Dialog einem anderen Tandem szenisch vor.
b. Wertet das szenische Spiel aus: Was ist gelungen, was könnte verbessert werden?

Szenisch spielen ▶ S. 298

Bionik – Vorbilder aus der Natur

1. Beschreibt, was auf den Bildern zu sehen ist.

2. Die linken und die rechten Bilder gehören jeweils zusammen.
   Vergleicht die Bildpaare.
   – Was fällt euch auf?
   – Warum könnten die Bilder jeweils zusammengehören?

Viele Wissenschaftler und Techniker finden in der Natur
Vorbilder für ihre Erfindungen.

3 Lest den Sachtext.

Eine lästige Frucht stand Pate

Über den Schweizer Wissenschaftler Georges de Mestral[1] wird berichtet, dass er ein Naturfreund war und mit seinem Hund gern durch den Wald streifte. Aber immer, wenn beide nach Hause kamen, gab es erst einmal Arbeit: Denn seine Kleidung und das Fell des Hundes hingen voller Kletten. So auch an einem Tag im Jahre 1948, als Georges de Mestral sich mühen musste, die Kletten aus dem Fell des Hundes und von seiner Kleidung abzusammeln. Das war aber kein Tag wie alle anderen, sondern an diesem Tag wurde eine Idee geboren …

[1] Georges de Mestral [sprich: schorsch de mestrall] lebte von 1907–1990.

4
a. Welche Erfindung auf Seite 28 hat sich aus der Idee von Georges de Mestral entwickelt? Nennt sie.
b. Wo begegnet ihr dieser Erfindung in eurem Alltag? Sprecht darüber.

5
a. Seht euch die Bilder auf Seite 28 erneut an.
b. Übertragt die folgende Tabelle in euer Heft und ergänzt sie gemeinsam.
c. Kennt ihr weitere Pflanzen oder Tiere, die Vorbilder für Erfindungen in der Technik waren? Tragt sie ebenfalls in die Tabelle ein.

Starthilfe

Vorbild in der Natur	Erfindung	Nutzen der Erfindung
…	…	…

Die Überschrift des Kapitels lautet **Bionik-Vorbilder aus der Natur**.

6
a. Lest die beiden Worterklärungen.
b. Erklärt mit Hilfe der Worterklärungen, was Bionik bedeutet.

Die Biologie ist die Wissenschaft, die sich mit den Besonderheiten der Lebewesen befasst.

Die Technik ist die praktische Anwendung von naturwissenschaftlichen Erkenntnissen zum Nutzen der Menschen.

Starthilfe

Das Wort „Bionik" setzt sich aus den Wörtern „Biologie" und …
Die Bionik ist eine Wissenschaft, die …

In diesem Kapitel erfahrt ihr, wie die Bionik Vorbilder aus der Natur nachahmt, um unser Leben mit technischen Erfindungen zu vereinfachen. Ihr übt, Sachtexte und Grafiken zu erschließen, und schreibt für andere einen informierenden Text.

Einen Sachtext und Grafiken auswerten

Im folgenden Sachtext und in den Grafiken erfährst du mehr über Bionik. Du erschließt den Sachtext und die Grafiken mit dem Textknacker.

Textknacker ▶ S. 296

1 a. Sieh dir die Bilder zum Text und die Überschrift an.
b. Worum geht es in dem Text vermutlich? Schreibe einen Satz auf.

1. Schritt: Vor dem Lesen

2 a. Überfliege den Text oder lies ihn einmal durch.
b. Welche Wörter oder Wortgruppen fallen dir auf? Schreibe sie auf.
c. Überprüfe deine Vermutung aus Aufgabe 1b.

2. Schritt: Das erste Lesen

Der Natur abgeschaut

Jemand, der erfolgreich ist, wird gern zum Vorbild genommen. Und was sich bewährt hat, wird oft imitiert[1]. Aber nicht nur Menschen können Vorbilder sein. Auch in der Natur gibt es Pflanzen und Tiere, die besonders erfolgreich sind. Wissenschaftlerinnen und Wissenschaftler tun sehr viel, um
5 herauszufinden, welches Geheimnis hinter deren Erfolgen steckt.
Die Wissenschaft hat von ihnen gelernt und lernt auch weiterhin von der Natur. Diesen Wissenschaftszweig nennt man Bionik. Den Bionikern dienen Pflanzen und Tiere als Modelle[2], von denen sie bestimmte Fähigkeiten auf die Technik übertragen können. Dabei erforschen sie auch Ähnlichkeiten von
10 natürlichen und technischen Vorgängen. Eine schon bestehende Technik können sie so noch weiter verbessern. Beispiele hierfür finden sich in vielen Lebensbereichen.

Ein Beispiel für ein tierisches Vorbild sind Haie, die durch ihre Schnelligkeit seit 380 Millionen Jahren sehr erfolgreich bei ihrer Nahrungsbeschaffung
15 sind. Lange hat man sich gefragt, warum Haie so schnell schwimmen können. Forscher fanden schließlich heraus, dass die Haie – außer im Maul – auch am ganzen Körper kleine Zähne tragen. Haifisch-Haut fühlt sich dadurch rau an. Sie besitzt eine Rillenstruktur, die nur unter einem Mikroskop sichtbar wird: In der Vergrößerung kann man erkennen, dass
20 die Rillen so ausgerichtet sind, dass das Wasser beim Schwimmen durch sie hindurchströmen kann. So bilden sich beim schnellen Schwimmen viele kleine Wasserwirbel. Dadurch kann sich ein Hai ohne großen Widerstand sehr schnell fortbewegen. Die Oberfläche der Haihaut ist zum Vorbild für die
25 Herstellung moderner Ganzkörper-Schwimmanzüge geworden. Mit solchen Schwimmanzügen verringert sich der Widerstand des Wassers beim Schwimmen.

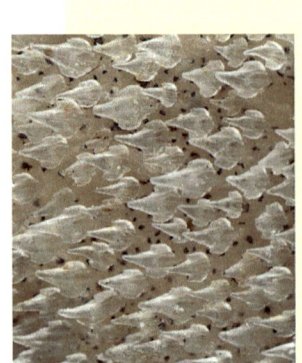

[1] imitiert: nachgeahmt [2] das Modell: die Vorlage

Einige Weltrekorde konnten so überhaupt erst aufgestellt werden. Der Haihaut-Effekt funktioniert nicht nur unter Wasser, sondern auch in der Luft.
30 Techniker entwickelten nach dem Vorbild der Haifisch-Haut eine dünne Folie, mit der die Tragflächen von Flugzeugen beklebt werden können. Da sich Luft ähnlich verhält wie Wasser, wird der Luftwiderstand beim Fliegen geringer und es lassen sich so bis zu drei Prozent Treibstoff einsparen. Auf einem Flug von München nach New York könnten pro Passagier so etwa 6,8 Liter Kerosin[3]
35 eingespart werden. Auf alle Passagiere umgerechnet wären das bis zu 2500 Liter Treibstoff auf nur einem einzigen Flug. Das entspricht einer Masse von etwa zwei Tonnen[4]. Dieses Beispiel zeigt, dass Bionik unter Umständen auch beim sparsamen Umgang mit Energie helfen kann.

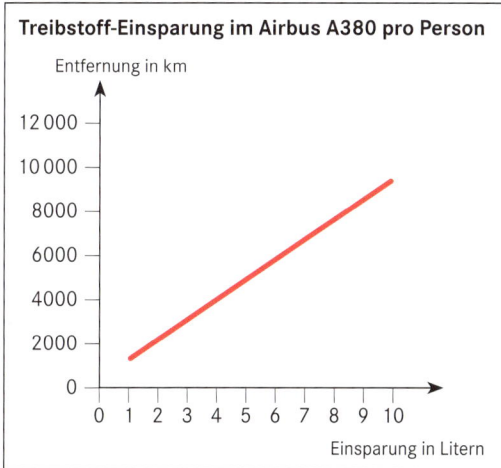

Entfernungen von München in km	
New York	6500
Reykjavik	2700
Lissabon	2000
Istanbul	1580
Stockholm	1300
Minsk	1285
Rom	700
Budapest	560
Prag	300

Obwohl es heutzutage viele neue Erfindungen gibt, die
40 Vorbilder in der Natur haben, hat die Bionik bereits eine lange Geschichte. Leonardo da Vinci wird häufig als erster Bioniker genannt. Er lebte von 1452 bis 1519 in Italien und war nicht nur ein berühmter Maler, sondern auch ein vielseitiger Wissenschaftler. Da Vinci untersuchte lange Zeit das
45 Flugverhalten von Vögeln. Daraus leitete er das Prinzip ab, nach dem sich ein Vogel in der Luft halten und bewegen kann. In einer Skizze hielt er seine Erkenntnisse fest und schrieb dazu: „Wenn ein Mann ein Zelt aus einem beschichteten Leinentuch mit einer Seitenlänge von 12 florentinischen Braccia[5] und
50 einer Höhe von 12 florentinischen Braccia hat, kann er sich von jeder Höhe herabstürzen, ohne sich dabei zu verletzen." Leonardo da Vincis Skizze war lange verschollen. Im Jahre 1793 glückte der erste Fallschirmsprung. Das war etwa 100 Jahre früher, als Leonardo da Vincis Skizze, gefunden wurde. – Das ist ein Zeichen dafür, dass manchmal mehrere Menschen das Gleiche
55 beobachten und auch ähnliche Ideen haben.

[3] das Kerosin: der Treibstoff für Düsentriebwerke
[4] die Tonne: Eine Tonne entspricht einem Gewicht von 1000 kg.
[5] der Braccio – die Braccia [sprich: bratscha]: alte italienische Maßeinheit für Längen, ca. 58 cm

3 Lies den Text noch einmal genau – Absatz für Absatz.

3. Schritt:
Den Text genau lesen

Schlüsselwörter sind für das Verstehen besonders wichtig.

4 Was erfährst du in den einzelnen Absätzen?
  a. Lege eine Folie über den Text und markiere die Schlüsselwörter.
     Im ersten Absatz sind sie bereits markiert.
  b. Schreibe für jeden Absatz eine Zwischenüberschrift auf eine Karteikarte.
  c. Notiere darunter jeweils deine Schlüsselwörter aus Teilaufgabe a.

Absatz 1:
Der Wissenschaftszweig Bionik

was sich bewährt hat, wird imitiert,
Pflanzen und Tiere …

Absatz 2:
Die Haihaut als Vorbild

durch ihre Schnelligkeit sehr
erfolgreich …

Absatz 3: Der Haihaut-Effekt

…

Absatz 4: …

…

Damit du den Sachtext vollständig verstehst, solltest du die Bedeutung der verwendeten Fachbegriffe klären.

5 a. Welche Fachbegriffe im Text kennst du nicht?
     Kläre ihre Bedeutung mit Hilfe der Erklärungen im Text oder
     in den Fußnoten.
     Tipp: Du kannst auch im Wörterbuch oder Lexikon nachschlagen.
  b. Schreibe die Wörter zusammen mit ihrer Erklärung auf.

Fachbegriffe erschließen
▶ S. 39

W-Fragen helfen dir, den Text noch besser zu verstehen.

6 Beantworte die folgenden Fragen in Stichworten:
   – Was erforschen Bioniker?
   – Wodurch ist die Haihaut so besonders?
   – Was bewirkt der Haihaut-Effekt bei Flugzeugen?
   – Warum wird Leonardo da Vinci häufig als erster Bioniker bezeichnet?

7 Welche weiteren Fragen beantwortet der Sachtext?
  a. Schreibe jeweils drei Fragen auf.
  b. Tauscht eure Fragen aus und beantwortet sie euch gegenseitig.

Grafiken und Tabellen enthalten oft zusätzliche Informationen.

8 Sieh dir die Grafik und die Tabelle auf Seite 31 als Ganzes an.
Worum könnte es gehen?

9 a. Sieh dir die Grafik auf Seite 31 genauer an. Welche Angaben enthält sie?
Worüber informiert sie?
b. Sieh dir die Tabelle auf Seite 31 genauer an. Was erfährst du aus ihr?

10 Welche Aussage aus dem Text wird mit der Grafik und der Tabelle genauer
erklärt? Schreibe die entsprechenden Zeilen auf.

11 a. Fasse die zusätzlichen Informationen aus der Grafik und der Tabelle
in ganzen Sätzen zusammen.
b. Berechne weitere Beispiele für Flüge von München.
c. Ergänze deine Karteikarte aus Aufgabe 4 um wichtige Stichworte.

Starthilfe
Die Grafik informiert über … Sie zeigt, wie viel Liter … Je größer die Entfernung, desto …
Die Tabelle gibt die Entfernungen von … an. Für einen Flug von München nach …

12 Es gibt verschiedene Arten von Diagrammen.
Die Grafik auf Seite 31 ist ein Liniendiagramm.
a. Seht euch die verschiedenen Arten von Diagrammen am Rand an.
Welche Arten sind abgebildet? Benennt sie.
b. Überlegt gemeinsam, warum für die Grafik auf Seite 31
ein Liniendiagramm gewählt wurde.
– Was soll durch das Liniendiagramm deutlich gemacht werden?
– Was ist das Besondere an einem Liniendiagramm?
c. Für welche Darstellungen eignen sich die Diagramme am Rand jeweils?
Nenne zu jedem Diagramm ein Beispiel.

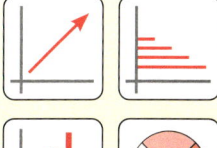

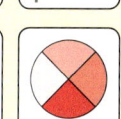

**Nach dem Lesen arbeitest du mit dem Inhalt des Textes und
der Grafiken weiter.**

13 Was hast du in dem Sachtext und den Grafiken erfahren?
Ordne die Informationen übersichtlich in einer Mindmap.
Tipp: Deine Schlüsselwörter aus Aufgabe 4 helfen dir,
passende Oberbegriffe zu finden.

4. Schritt:
Nach dem Lesen

Eine Mindmap gestalten
▶ S. 300

14 Worüber wollt ihr mehr erfahren?
a. Sammelt Themen und recherchiert in Lexika oder im Internet.
b. Hört euch auch Hörbeiträge an oder seht euch Dokumentationsfilme an.
Notiert wichtige Inhalte.
c. Ergänzt anschließend eure Mindmaps.

Im Internet recherchieren
▶ S. 297

Einen informierenden Text schreiben

Die Klasse 8b hat den Sachtext „Der Natur abgeschaut" auf den Seiten 30–31 gelesen. Für eine Ausstellung zum Thema **Bionik** an ihrer Schule möchte die Klasse einen informierenden Text schreiben.

1. Schritt: Den Text planen

1 Überlegt, welche Schreibziele sich die Schülerinnen und Schüler setzen.
   – An wen soll sich der Text richten?
   – Welches Ziel wollen die Schülerinnen und Schüler erreichen?

2 Was müsst ihr beachten, wenn ihr einen informierenden Text schreibt? Besprecht gemeinsam:
   – Was müsst ihr hinsichtlich der Sprache und des Stils beachten?
   – Wie könnt ihr zusätzliche Informationen anschaulich darstellen?

3 Was weißt du über das Thema **Bionik**?
Sieh dir noch einmal deine Mindmap von Seite 33 an.

4 Welche Informationen sind wichtig? Was ist besonders interessant für die Leserinnen und Leser?
   a. Markiere es in deiner Mindmap.
   b. Schreibe jeweils das Wichtigste auf Karteikarten.

5 Für deinen informierenden Text kannst du zusätzliche Informationen verwenden. Recherchiere im Internet weitere Informationen zum Thema **Bionik** und ergänze deine Karteikarten.

Im Internet recherchieren
▶ S. 297

Du möchtest einen interessanten und gut zu lesenden Text schreiben, der über das Thema **Bionik** informiert. Ordne dazu deine Informationen und gliedere deinen Text.

6 Ordne deine Karteikarten in einer sinnvollen Reihenfolge.
   a. Überlege:
      – Was ist Bionik und wie ist die Wissenschaft entstanden?
      – Welche Erfindungen aus der Bionik gibt es und was ist jeweils das Besondere daran?
   b. Nummeriere deine Karteikarten mit einem Bleistift.
      Dann kannst du die Reihenfolge jederzeit verändern.

W Um deinen Text anschaulicher und interessanter zu gestalten, kannst du eine eigene Grafik erstellen. Wähle Aufgabe 7, 8 oder 9.

7 Erstelle einen Zeitstrahl zur Geschichte der Bionik.
  a. Welche Erfindungen gibt es, die Vorbilder in der Natur haben? Wann wurden sie erfunden? Recherchiere im Internet oder in der Bibliothek.
  b. Zeichne eine Linie auf ein Blatt. Trage die Erfindungen oberhalb der Linie ein und die Jahreszahlen unterhalb der Linie.

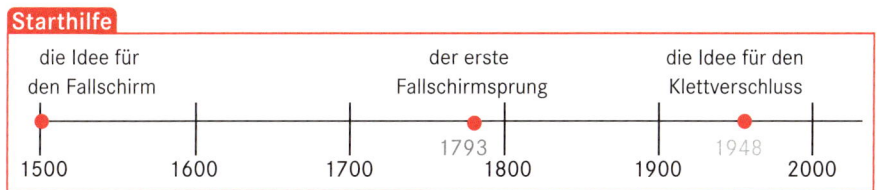

8 Durch die Nutzung des Haihaut-Effekts kann Treibstoff eingespart werden. Gestalte eine Grafik zur Einsparung pro Person vom Standort München.
  a. Übertrage das Liniendiagramm von Seite 31 auf ein Blatt.
  b. Ergänze die Flugziele aus der Tabelle auf Seite 31 bei der jeweiligen Entfernung.
  c. Recherchiere weitere Flugziele. Ergänze sie in deinem Diagramm.

9 In einem Airbus 380 haben etwa 380 Personen Platz. Veranschauliche die Wirkung des Haihaut-Effekts pro Flug mit Hilfe einer Europakarte.
  a. Zeichne eine eigene Europakarte auf und trage diese Städte ein: Budapest, Istanbul, Lissabon, Minsk, München, Prag, Reykjavik, Rom, Stockholm.
  Tipp: Die Punkte in der Abbildung unten und ein Atlas helfen dir.
  b. Zeichne jeweils einen Pfeil von München zu den anderen Städten. Ergänze daran die Entfernungen aus der Tabelle auf Seite 31.
  c. Berechne die Einsparungen pro Flug und ergänze in deiner Europakarte. Verwende dazu deine Ergebnisse von Aufgabe 12b auf Seite 33.

2. Schritt: Den Text schreiben

10 Worüber möchtest du informieren? Finde eine Überschrift.

11 Formuliere eine Einleitung, die die Leserinnen und Leser zum Weiterlesen anregt.

> **Starthilfe**
>
> Was haben der Fallschirm, der Klettverschluss und Tragflächen von Flugzeugen gemeinsam? Und was haben Vögel, Kletten und Haie gemeinsam? Ganz einfach: Die einen haben Vorbilder in der Natur, die anderen sind Vorbilder aus der Natur. Die Wissenschaft, die sich mit diesen Vorbildern beschäftigt, nennt man Bionik …

12 Schreibe nun den Hauptteil deines Textes.
Verwende dazu deine Ergebnisse aus den Aufgaben 3 bis 9.
- Schreibe in einfachen, klaren Sätzen.
- Verwende wichtige Fachbegriffe.
- Schreibe sachlich.
- Lege eine Stelle fest, an der du deine Grafik platzieren möchtest.

13 Schreibe zum Schluss einen zusammenfassenden Satz oder eigene Gedanken auf.

3. Schritt: Den Text überarbeiten

14 a. Überprüft in Partnerarbeit eure Texte mit Hilfe der Arbeitstechnik.
   b. Überarbeitet anschließend eure Texte.

Arbeitstechnik: Einen informierenden Text schreiben

1. Schritt: Den Text planen
- Über welches Thema möchtest du informieren? Sammle Informationen.
- Überlege: Wen möchtest du mit deinem Text informieren?
- Welche Informationen könnten interessant sein? Schreibe Stichworte auf.
- Ordne deine Informationen und schreibe eine Gliederung.
- Veranschauliche deinen Text durch Grafiken und Bilder.

2. Schritt: Den Text schreiben
- Finde eine passende Überschrift.
- Formuliere eine Einleitung, die zum Weiterlesen anregt.
- Schreibe im Hauptteil einfache und klare Sätze.
  Verwende die nötigen Fachbegriffe.
- Lasse unwichtige Informationen weg. Schreibe sachlich.
- Schreibe zum Schluss einen zusammenfassenden Satz auf.

3. Schritt: Den Text überarbeiten
- Überprüfe deinen Text. Verwende Checklisten.
- Überarbeite den Text. Achte auch auf die Rechtschreibung.

Einen Flyer gestalten

Gemeinsam in der Gruppe könnt ihr mit euren informierenden Texten und euren Grafiken einen Flyer am Computer gestalten.

1. a. Legt eure erstellten Texte und Grafiken zusammen.
   b. Findet weitere Grafiken oder Bilder, die zu eurem Thema passen.

2. Wie möchtet ihr die Überschriften, die Texte, die Grafiken und die Bilder auf eurem Flyer anordnen? Fertigt zunächst einen Entwurf an.
   a. Faltet ein DIN-A4-Blatt so, dass drei schmale Seiten entstehen.
   b. Skizziert, wie ihr die einzelnen Elemente anordnen möchtet:
      Wo sollen eure Texte stehen, wo die Grafiken und die Bilder?

3. Erstellt das Layout in einem Textverarbeitungsprogramm am Computer.
   - Öffnet ein leeres Dokument mit zwei Seiten.
   - Wählt das Querformat aus und stellt schmale Seitenränder ein.
   - Fügt auf beiden Seiten jeweils eine Tabelle mit drei Spalten ein.
     Die Spalten entsprechen den sechs Seiten des Flyers.

4. Gestaltet den Flyer.
   a. Schreibt die Texte in die gewünschten Spalten und überprüft die Rechtschreibung.
   b. Wählt passende Schriften und Farben für die Texte und die Überschriften aus.
   c. Fügt eure Grafiken und Abbildungen digital ein.

5. Druckt das Dokument beidseitig aus und faltet euren Flyer.

Ihr könnt die Gestaltung eures Flyers von einer anderen Gruppe überprüfen lassen.

Texte gemeinsam überarbeiten ▶ S. 221

6. a. Tauscht euren Flyer mit einer anderen Gruppe.
   b. Überprüft den Flyer der anderen Gruppe und notiert eure Anmerkungen:
      - Sind alle wichtigen Informationen enthalten?
      - Ist die Überschrift verständlich?
      - Sind die Seiten übersichtlich gestaltet?
      - Ist die Schrift groß genug und gut lesbar?
      - Passen die Grafiken und die Bilder zum jeweiligen Text?
        Welche Funktionen erfüllen sie? Was zeigen sie zusätzlich?
   c. Gebt eure Anmerkungen an die andere Gruppe.

Feedback geben ▶ S. 299

7. Arbeitet die Tipps und Anmerkungen in euren Flyer ein.

Extra Sprache

Zusammenhänge verstehen

In Texten gibt es oft Wörter, die Gedanken miteinander verknüpfen.
Sie helfen dir dabei, Zusammenhänge zu verstehen oder zu verdeutlichen.

1 Lies den Sachtext.

Flache Kameras, die unsichtbar sind

[…] Gerade einmal 0,2 Millimeter messen die Objektive der superflachen Kameras, die dem Facettenauge von Insekten nachempfunden sind. Somit sind diese dünn genug, um in einer Kreditkarte zu verschwinden. Drei Jahre hat Physiker Duparré mit seinem Team gebraucht, um dies nachzubauen. Dafür hat er sich recht eng am Insektenauge orientiert, das aus Hunderten bis Zehntausenden Einzellinsen besteht. Jene leiten das einfallende Licht auf Rezeptoren[1], woraufhin im Fliegenhirn aus diesen vielen Einzelbildern das Bild zusammengesetzt wird. […]*

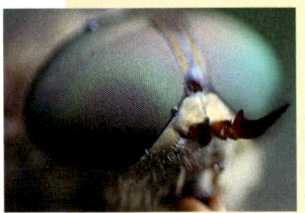

[1] der Rezeptor – die Rezeptoren: Sinneszellen

2 Um welche Erfindung und ihr Vorbild geht es? Erklärt es euch gegenseitig.

Im ersten Teil des Textes sind Verknüpfungswörter hervorgehoben.
Sie erklären andere Wörter oder Wortgruppen genauer oder ersetzen sie.

3 Mit den Relativpronomen der, das, die kannst du Sätze verknüpfen und andere Wörter oder Wortgruppen genauer beschreiben.
   a. Finde die Wörter oder Wortgruppen, die durch die Relativpronomen genauer erklärt werden.
   b. Schreibe sie mit dem Relativpronomen auf.

Relativsätze
▶ S. 314

4 Demonstrativpronomen können Wörter oder Wortgruppen ersetzen und Zusammenhänge verdeutlichen.
   a. Finde die Wörter oder Wortgruppen, die durch die Demonstrativpronomen ersetzt werden.
   b. Schreibe sie mit dem Demonstrativpronomen auf.

Demonstrativpronomen
▶ S. 310

5 a. Finde im zweiten Teil des Textes ein weiteres Relativpronomen sowie zwei Demonstrativpronomen.
   b. Schreibe sie mit dem passenden Wort oder der Wortgruppe auf.

6 Bildet eigene Sätze mit Relativpronomen und Demonstrativpronomen.
   a. Schreibt die Sätze auf und markiert jeweils das Verknüpfungswort.
   b. Tauscht euch über eure Sätze aus: Werden die Zusammenhänge deutlich?

Extra Sprache

Fachbegriffe verstehen

In Sachtexten kommen häufig Fachbegriffe vor.
Wenn du ihre Bedeutung klärst, verstehst du den Inhalt der Texte besser.

1 Lies den Sachtext.

Ein natürliches Belüftungssystem

An heißen Sommertagen sind klimatisierte Räume für uns Menschen eine wahre Erleichterung. Wie man dabei ohne energiefressende Klimaanlagen auskommen kann, machen uns die Termiten[1] vor: Ihre Bauten sind mit Hilfe von Schächten und porösen Wänden auf natürliche Weise belüftet.
5 Das funktioniert so: Die Termiten bauen riesige Hügel. Die Wände sind durchlässig und so dringt frische Luft in den Bau. Im Bau ist ein großer, vertikaler Schacht, der die warme Luft aufnimmt. Warme Luft steigt nach oben, kühle Luft von außen kommt durch Poren in den Bau, also durch kleine Öffnungen an den Schachtwänden. Die kühle Luft sinkt zu Boden, nimmt
10 Wärme auf und steigt wieder nach oben. Durch das Zirkulieren der Luft bleibt die Temperatur im Termitenbau konstant[2].

[1] die Termite: Termiten sind staatenbildende Insekten.
[2] konstant: gleichbleibend

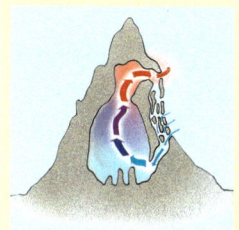

Belüftung im Termitenbau

2 Worum geht es in dem Sachtext? Notiere Stichworte.

Im Sachtext sind Fachbegriffe hervorgehoben. Es gibt verschiedene Möglichkeiten, ihre Bedeutung zu erschließen.

3 Erschließe die hervorgehobenen Fachbegriffe.
  a. Welche Fachbegriffe kannst du mit Hilfe der Bilder erklären?
     Schreibe eine Erklärung auf.
  b. Welche Fachbegriffe werden durch Fußnoten erklärt?
     Schreibe die Erklärungen ab.
  c. Welcher Fachbegriff wird im Text erklärt?
     Schreibe ihn mit der Erklärung auf.
  d. Welche Fachbegriffe kannst du von verwandten Wörtern, die du schon kennst, ableiten? Schreibe sie mit ihren verwandten Wörtern auf.
  e. Schlage die Fachbegriffe im Wörterbuch oder im Lexikon nach, die du mit Hilfe der Aufgaben a bis c nicht erklären konntest.
     Schreibe die Erklärung auf.

Nachschlagen
▶ S. 305

4 Erklärt euch gegenseitig, wie das Belüftungssystem in einem Termitenbau funktioniert.

Teste dich!

Einen informierenden Text schreiben

Hier kannst du überprüfen, ob du den Textknacker anwenden und einen informierenden Text schreiben kannst.

1 Erschließe den folgenden Sachtext mit dem Textknacker.

Textknacker ▶ S. 296

Die Grenzen der Bionik

Heute halten es viele für selbstverständlich, dass tonnenschwere Jumbojets fliegen können. Dass es gelingt, ein solches Gewicht in die Luft zu befördern, liegt unter anderem an der gewölbten Form der Tragflächen. Sie wurde von Gleitfliegern[1], wie z. B. Störchen, abgeschaut. Durch die
5 Wölbung an der Oberseite des Flügels kann die Luft hier schneller vorbeifließen als an der Unterseite. Unterhalb des Flügels entsteht so ein höherer Luftdruck als oberhalb des Flügels, woraus schließlich der Auftrieb entsteht, der z. B. einen Jumbo abheben lässt, wenn er auf der Startbahn eine hohe Geschwindigkeit erreicht.
10 Da die Luft oberhalb und unterhalb der Tragfläche jeweils eine andere Strömungsgeschwindigkeit hat, entstehen an den Enden der Tragflächen Wirbelschleppen, die auch Luftverwirbelungen genannt werden. Dadurch treten zwei große Nachteile auf:
Der durch die Luftverwirbelungen erhöhte Widerstand führt zu einem
15 erhöhten Treibstoffverbrauch. Die Folgen sind eine stärkere Umweltbelastung und höhere Kosten.
Zusätzlich sind die Luftverwirbelungen aber auch sehr gefährlich. Gerät ein nachfolgendes Flugzeug in eine solche Luftverwirbelung hinein, kann es ins Trudeln geraten und schlimmstenfalls abstürzen. Um einen solchen
20 Unglücksfall zu vermeiden, müssen Flugzeuge, die starten wollen, zunächst abwarten, bis sich die Luftverwirbelungen anderer Flugzeuge aufgelöst haben. Das führt an Flughäfen immer wieder zu längeren Wartezeiten.
Doch auch für dieses Problem bietet die Natur eine Lösung:
Nachdem Techniker die Ursachen der Luftverwirbelungen erkannt
25 hatten, wollten sie herausfinden, warum Vögel nicht ins Trudeln geraten oder abstürzen, wenn sie anderen Vögeln dichtauf folgen. Sie stellten fest, dass an den Enden der Vogelflügel Turbulenzen[2] entstehen, die sogar das Flugverhalten verbessern. Dies ist auf eine Besonderheit des natürlichen Flügels zurückzuführen: Betrachtet
30 man nämlich die Flügelspitzen genauer, kann man erkennen, dass die Federn am Ende der Flügel aufgefächert sind.

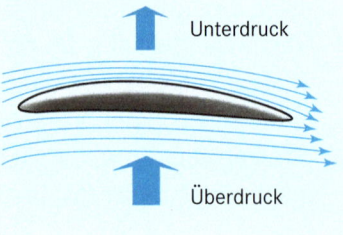

[1] die Gleitflieger: Vogelarten, die sich energiesparend mit Hilfe des Windes fortbewegen
[2] die Turbulenz: ungeordnete Strömung, Wirbel

Diese Federn nennt man auch Handschwingen. Sie lassen sich immer optimal zum Luftstrom aufstellen. Die im Vogelflug entstehenden Turbulenzen sind deutlich geringer als beim Fliegen mit den starren Tragflächen eines Flugzeugs.
Flugzeugingenieure haben versucht, diesen natürlichen Vorteil zu kopieren. So werden heutzutage die Enden einer Tragfläche mit Winglets versehen. Dies sind kleine, nach oben gerichtete starre Anbauten, die Luftverwirbelungen an den Enden der Tragflächen deutlich reduzieren. Sie mindern den Treibstoffverbrauch und gefährden nachfolgende Flugzeuge wesentlich weniger. Diese Winglets erreichen allerdings nicht die Ergebnisse natürlicher Handschwingen. An diesem Beispiel zeigt sich deutlich, dass sich die Natur nicht einfach kopieren lässt.

2 a. Formuliere zu jedem Absatz Zwischenüberschriften.
   b. Schreibe zu jedem Absatz Schlüsselwörter auf.

3 Kläre unbekannte Wörter.

4 Stelle dir drei bis fünf W-Fragen zum Text und beantworte sie.

5 Die Bilder und die Grafik erklären manche Textstellen genauer.
   a. Erschließe die Informationen mit dem Textknacker.
   b. Ergänze deine Stichworte von Aufgabe 2.

Nun kannst du einen Text schreiben, in dem du über die Grenzen der Bionik informierst.

6 Plane zunächst deinen Text:
   – An wen möchtest du deinen Text richten?
   – Was könnte für deine Leserinnen und Leser interessant sein?

7 a. Welche Informationen möchtest du weitergeben? Wähle aus.
   b. Ordne deine Informationen.

8 Schreibe nun deinen informierenden Text mit Überschrift, Einleitung, Hauptteil und Schluss.

9 a. Besprich deine Arbeitsergebnisse mit deiner Lehrkraft.
   b. Schreibe in dein Lerntagebuch:
      – Was hat dir geholfen, die Aufgabe zu lösen?
      – Was ist gelungen?
      – Was kannst du noch verbessern?

Fördern/Fordern

Sich und andere informieren

Hier übst du noch einmal, den Textknacker anzuwenden und mit Hilfe der Informationen einen informierenden Text zu schreiben.

Mit den Ohren sehen

Wie ein Lebewesen die Umwelt wahrnimmt, hängt von seinen Sinnesorganen ab. Sie dienen dazu, die lebenswichtigen Informationen zu finden, z. B. über die Nahrung, über sich nähernde Feinde und über Artgenossen. Fledermäuse, die sich oft in Höhlen aufhalten und nachts jagen, haben die einzigartige
5 Fähigkeit, sich in völliger Dunkelheit orientieren zu können.
Bis vor etwa 80 Jahren glaubte man deshalb noch, dass Fledermäuse übernatürliche Kräfte besitzen. Denn eine sachliche Erklärung dafür, dass Fledermäuse im Dunklen sicher ihre Beute finden und jagen können, kannte man bis dahin nicht. Der amerikanische Biologe Donald Griffin kam
10 im Jahr 1938 dem Geheimnis auf die Spur. Er fand heraus, dass die Fledermäuse ihre Beute mit Ultraschall aufspüren und verfolgen.
Als Ultraschall bezeichnet man Schallwellen, die wir Menschen nicht wahrnehmen können, denn unsere Ohren hören nur Töne bis etwa 20 kHz[1], das sind 20 000 Schwingungen pro Sekunde. Der Ultraschallbereich liegt
15 zwischen 20 kHz und 1 GHz[2] (1 Milliarde Schwingungen pro Sekunde).
Fledermäuse besitzen ein ausgezeichnetes Gehör und können Töne im Ultraschallbereich hören und auch selbst erzeugen:
Glattnasen-Fledermäuse erzeugen den Ultraschall mit ihrem Maul, Hufeisennasen-Fledermäuse benutzen dafür ihre Nase.
20 Wenn das erzeugte Ultraschallsignal auf einen Gegenstand oder ein Lebewesen wie z. B. eine mögliche Beute trifft, wird es reflektiert und kommt als Echo zurück. An der Stärke des Signals hören die Fledermäuse dann sogar, wie weit die Beute von ihnen
25 entfernt ist: Je näher die Beute ist, desto stärker ist das empfangene Signal.
Heute wird Ultraschall in vielfältiger Weise eingesetzt: z. B. bei der Echolotung, um in der Schifffahrt z. B. Meerestiefen auszumessen. Ultraschall wird außerdem genutzt, um Menschen frühzeitig vor Tsunamis zu
30 warnen. Dabei werden vom Meeresboden Informationen über Bewegungen, die durch Erdbeben verursacht wurden, an Bojen gesendet. Diese Informationen werden dann dahingehend analysiert, ob ein Tsunami droht.

[1] kHz: das Kilohertz
[2] GHz: das Gigahertz

Du entscheidest, ob du die Aufgaben auf Seite 43 mit mehr Hilfen oder die kniffligeren Aufgaben auf Seite 44 lösen willst.

Fördern

Auch Fledermäuse haben besondere Fähigkeiten, die als Vorbild für die Wissenschaft genutzt werden. Darüber kannst du dich und andere informieren.

1 Lies den Sachtext mit dem Textknacker.

Textknacker ▶ S. 296

2 a. Finde zu jedem Absatz passende Zwischenüberschriften.
b. Schreibe die Schlüsselwörter jeweils unter die Zwischenüberschriften.

Starthilfe
Absatz 1: Besondere Eigenschaften von Fledermäusen
Sinnesorganen, lebenswichtige Informationen, finden, Fledermäuse ...
Absatz 2: ...

3 Manchmal ist ein unbekanntes Wort wichtig, um einen Absatz zu verstehen.
a. Unter dem Text werden zwei Wörter erklärt.
Schreibe die beiden Wörter mit ihren Erklärungen auf.
b. Kläre weitere unbekannte Wörter und schreibe sie mit Erklärung auf.

Fachbegriffe erschließen
▶ S. 39

4 Die Abbildung auf Seite 42 veranschaulicht das Echolot-Prinzip der Fledermäuse.
a. Sieh dir die Abbildung genau an und lies die passende Textstelle.
b. Erkläre das Echolot-Prinzip. Notiere Stichworte.

Starthilfe
Fledermäuse orientieren sich im Dunkeln mit Hilfe von Ultraschall,
Fledermaus sendet Ultraschall, trifft auf Gegenstand oder Beute ...

Du hast einiges über die besondere Fähigkeit der Fledermäuse erfahren. Informiere nun in einem kurzen Text über diese Fähigkeit, wie sie funktioniert und wie wir Menschen sie nutzen.

5 Worüber genau möchtest du informieren?
a. Schreibe Informationen auf Karteikarten.
b. Ordne deine Notizen in einer sinnvollen Reihenfolge.

6 Schreibe einen Entwurf für deinen informierenden Text.
a. Finde eine passende Überschrift.
b. Nenne in der Einleitung kurz, welche Absicht dein Text hat.
c. Erkläre im Hauptteil, was das Echolot-Prinzip ist und wofür es genutzt wird. Verwende deine Ergebnisse aus den Aufgaben 2 bis 4.
d. Schreibe zum Schluss einen zusammenfassenden Satz auf.

7 a. Überprüfe deinen Entwurf mit einer Partnerin oder einem Partner.
b. Überarbeite anschließend deinen Text.

Fordern

Wie können Fledermäuse trotz Dunkelheit „sehen"?
Wie können wir Menschen uns diese Fähigkeit zu Nutze machen?
Darüber kannst du dich und andere informieren.

1 Lies den Sachtext auf Seite 42 mit dem Textknacker.

Textknacker ▶ S. 296

2 Erstelle eine Mindmap mit den wichtigsten Informationen aus dem Sachtext.

Eine Mindmap gestalten
▶ S. 300

3 Die Abbildung auf Seite 42 veranschaulicht das Echolot-Prinzip der Fledermäuse. Erkläre es in Stichworten.

Auch der englische Zoologe Dean Waters beobachtete Fledermäuse
genau und entwickelte daraus die Idee zu einem Schallstock für Blinde.
Die folgenden Abbildungen verdeutlichen, wie der Schallstock funktioniert.

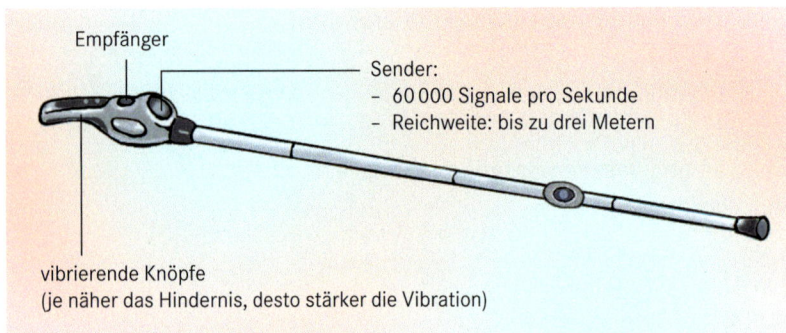 

4 Was ist der Schallstock? Wie funktioniert er? Wie benutzt man ihn?
   a. Erschließe die Abbildungen zum Schallstock mit dem Textknacker.
   b. Notiere Stichworte.

5 Zu welchen Aussagen aus dem Text erhältst du zusätzliche Informationen? Ergänze deine Mindmap aus Aufgabe 2.

Mit Hilfe des Sachtextes und der Abbildungen kannst du nun
einen kurzen Text über den Schallstock und sein Vorbild aus der Natur
für eine Informationsbroschüre schreiben.

6 Verfasse mit Hilfe deiner Mindmap und deiner Notizen einen informierenden Text über den Schallstock und sein Vorbild aus der Natur. Schreibe deinen Text am Computer.

7 a. Überprüfe deinen Text mit einer Partnerin oder einem Partner.
   b. Verwende auch die Rechtschreibprüfung am Computer.
   c. Überarbeite anschließend deinen Text.

Texte am Computer
überarbeiten
▶ S. 230–231

Fit für die Probe

Einen informierenden Text schreiben

Hier übst du Schritt für Schritt, dich auf eine Probe vorzubereiten.
Stelle dir vor, dies ist die Aufgabe für die Probe.

> Deine Schule veranstaltet eine Ausstellung zum Thema „Bionik".
> Für eine Broschüre zur Ausstellung schreibst du einen Text,
> in dem du über den Lotuseffekt, seine Funktionsweise,
> seine Einsatzbereiche und seine Vor- und Nachteile informierst.
> Du veranschaulichst die Funktionsweise mit einem Schaubild.
> Verwende dazu die Informationen aus dem Sachtext und den Abbildungen.

1. Schritt: Die Aufgabe verstehen

1 a. Lies die Aufgabe mehrmals genau.
b. Was sollst du tun? Schreibe die richtige Erklärung ab.

> – Ich lese Informationen aus unterschiedlichen Quellen. Dann soll ich einen informierenden Text schreiben.
> – Ich lese Informationen aus unterschiedlichen Quellen. Dann soll ich einen Text schreiben, in dem ich meine Meinung und die wichtigsten Informationen zum Lotuseffekt darlege.

Aufgaben verstehen ► S. 297

2 Worauf sollst du achten, wenn du einen informierenden Text schreiben möchtest? Notiere Stichworte.

2. Schritt: Die Aufgabe bearbeiten

3 Erschließe den Sachtext und die Abbildungen mit dem Textknacker.

Textknacker ► S. 296

Der Lotuseffekt – der Natur abgeschaut

[...] Der Bonner Botaniker und Bioniker Professor Wilhelm Barthlott machte in den 1970er-Jahren eine wichtige Entdeckung: Die Blätter der im fernen Osten beheimateten Lotusblume sind immer sauber. Sie haben die Eigenschaft, sich selbst zu reinigen.
5 In jahrzehntelanger Arbeit wurde dieser sogenannte Lotuseffekt genauestens untersucht. Mittlerweile ist er patentiert[1] und im praktischen Einsatz. [...]

[1] patentieren: eine Erfindung durch ein Patent zur alleinigen Nutzung schützen lassen

Fit für die Probe

Das Lotusblatt enthüllt erst unter dem Elektronenmikroskop sein Geheimnis: Auf der Blattoberfläche sitzen winzige Wachskristalle, die dem Blatt eine raue, genoppte Struktur verleihen. Die unzähligen mikroskopisch kleinen Noppen bewirken, dass Schmutzpartikel und Wassertropfen nur wenige Kontaktstellen mit dem Blatt haben und daher nicht anhaften können. Wassertropfen perlen kugelförmig ab und nehmen dabei Schmutz- und Staubpartikel mit. [...]

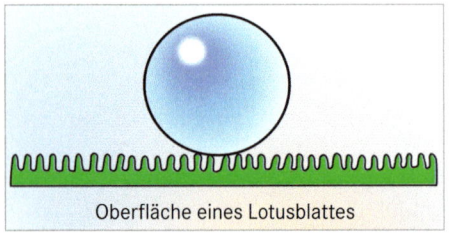
Oberfläche eines Lotusblattes

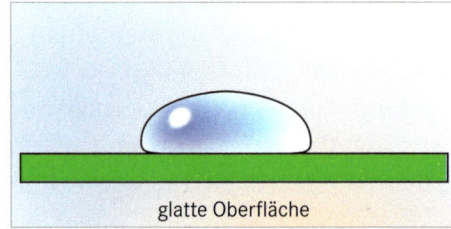
glatte Oberfläche

Forschern ist es gelungen, diese raue Mikrostruktur auf künstlichen Oberflächen nachzubilden. Der Lotuseffekt hat heutzutage viele Einsatzbereiche: Es gibt Fassadenfarbe, die Wasser und Schmutz von Hauswänden einfach abperlen lässt und Silikonwachs[2], das auf verschiedene Materialien aufgesprüht werden kann, zum Beispiel auf Markisen, Dachziegel oder Sensoren für Mautsysteme[3]. Der Lotuseffekt ist vor allem geeignet für Oberflächen, die ständig Wind und Wetter ausgesetzt sind. [...] Wissenschaftler sind dabei, weitere Anwendungsgebiete für den Lotuseffekt zu erschließen. Denkbar sind beispielsweise selbstreinigende Autolacke und Fensterscheiben. Damit würde ihr Säubern entfallen. Doch diese visionäre[4] Idee ist noch nicht Wirklichkeit geworden, was auch daran liegt, dass Lotuseffekt-Oberflächen automatisch matt werden. Kein gutes Argument in der Autobranche.
Es wird auch daran geforscht, Flugzeuge mit einer Lotuseffekt-Oberfläche zu versiegeln. Dann könnten sich Wassertropfen und Eiskristalle nicht mehr auf Tragflächen und Flugzeugrumpf halten. Das lästige Enteisen im Winter würde wegfallen. Doch die beschichtete Oberfläche ist für hohe Geschwindigkeiten noch nicht stabil genug. Die Oberflächenstruktur würde sofort zerstört werden.*

[2] das Silikon: ein künstlicher Stoff, der besonders in der Technik verwendet wird
[3] die Maut: eine Gebühr für die Nutzung von Straßen, Autobahnen oder Brücken
[4] visionär, die Vision: ein auf Zukünftiges entworfenes Bild

Fit für die Probe

Mit Hilfe des Sachtextes und der Abbildungen kannst du nun einen informierenden Text für eine Broschüre schreiben.

4 Plane deinen informierenden Text.
   a. Schreibe Schlüsselwörter aus dem Text auf.
   b. Erkläre mit eigenen Worten, was in den Abbildungen dargestellt ist und welche Textstelle sie genauer erklären.

5 Veranschauliche deine Informationen durch eigene Abbildungen. Erstelle ein Schaubild zur Funktionsweise des Lotuseffekts.

6 Schreibe deinen informierenden Text.
   - Erkläre, wie die Oberfläche des Lotusblattes sich auf Schmutzteilchen und Wassertropfen auswirkt.
   - Nenne Beispiele, welche Einsatzbereiche der Lotuseffekt hat.
   - Erkläre die Vor- und Nachteile des Lotuseffekts.

3. Schritt: Die Aufgabe überprüfen

7 a. Überprüfe deinen informierenden Text mit Hilfe der Checkliste.
   b. Überarbeite deinen Text, wenn nötig.

Checkliste: Einen informierenden Text schreiben	Ja	Nein
– Habe ich den Text genau gelesen?	☐	☐
– Habe ich die wichtigsten Informationen in meinem Text dargestellt?	☐	☐
– Habe ich die Abbildungen erklärt?	☐	☐
– Habe ich Beispiele aufgeschrieben?	☐	☐
– Habe ich eine passende Überschrift gefunden?	☐	☐
– Habe ich meinen Text in Einleitung, Hauptteil und Schluss gegliedert?	☐	☐
– Habe ich die Informationen durch ein Schaubild veranschaulicht?	☐	☐
– Habe ich sachlich geschrieben und Fachbegriffe richtig verwendet?	☐	☐
– Habe ich alles richtig geschrieben?	☐	☐

4. Schritt: Die Vorgehensweise auswerten

8 Schreibe deine Erfahrungen in dein Lerntagebuch:
   - Worauf achtest du, wenn du einen informierenden Text schreibst?
   - Was hat dir geholfen, die Aufgabe zu lösen?
   - Was setzt du dir als Ziel für deinen nächsten informierenden Text?

9 Vergleiche deine Erfahrungen mit deinen letzten Einträgen:
   - Was hat sich verändert?
   - Was gelingt dir jetzt gut oder besser?
   - Wie kannst du dich noch verbessern?

Mobil sein ist alles!

1. Was ist auf den Bildern dargestellt? Beschreibt die Bilder.
   – Wer ist unterwegs?
   – Was tun die Personen?

2. Sprecht über die Gedankenblasen.
   – Um welche Situationen geht es?
   – Welche Situationen kennt ihr?

3 Seht euch das Bild an und lest die Sprechblasen.
Wer ist gern unterwegs, wer nicht? Warum? Sprecht darüber.

4 Wer meint was? Ordnet die folgenden Aussagen den Meinungen in den Sprechblasen zu.

> A Ich bin nicht gerne mit öffentlichen Verkehrsmitteln unterwegs.
> B Ich möchte gerne unabhängiger unterwegs sein.
> C Lange unterwegs zu sein, macht mir nichts aus.
> D Mir ist es wichtig, unabhängig unterwegs zu sein.

5 Die Überschrift des Kapitels lautet **Mobil sein ist alles!**.
Diskutiert, was mobil sein für euch bedeutet?
- Welche Verkehrsmittel nutzt ihr, um mobil zu sein?
  Welche nutzt ihr nicht? Warum?
- Wohin seid ihr oft unterwegs?
- Mit wem seid ihr unterwegs?
- Wie lange seid ihr täglich unterwegs?

In diesem Kapitel informiert ihr euch über das Thema **Mobilität**.
Ihr erarbeitet dazu ein Referat zum Thema Mobilität und
eine Präsentation am Computer.
Außerdem lernt ihr, schriftlich Stellung zu nehmen.

Mobil sein in Bayern – sich über Mobilität informieren

Täglich müssen Menschen an verschiedene Orte gelangen. Im Sommer 2019 wurde eine Studie darüber veröffentlicht, wie sich die Menschen in Bayern fortbewegen.

1 Lies den Sachtext mit dem Textknacker.

Textknacker ▶ S. 296

Megastudie über Mobilität in Bayern veröffentlicht

Eine neue Mobilitätsstudie zeigt, wie sich die Menschen in Bayern bewegen. Insgesamt wurden in Bayern dafür 100 000 Personen befragt, die in einer Zeitspanne von mehr als einem Jahr rund 300 000 Wege zurückgelegt haben.

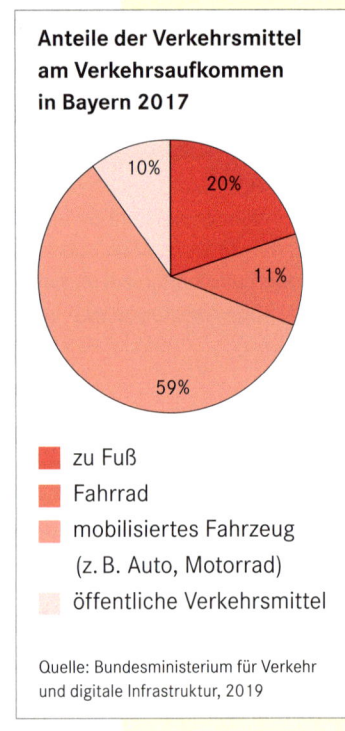

5 Für Bayerns Verkehrsminister Dr. Hans Reichhart ist der gewaltige Datenschatz eine Kompassnadel, die der künftigen Verkehrsplanung hilft, den richtigen Weg einzuschlagen. „Mobilität ist ein Grundbedürfnis des Menschen. Und sie befindet sich gerade in einem starken Wandel. Für uns heißt das: Mobilität nicht
10 einschränken, sondern weiter verbessern und vereinfachen", sagte Reichhart im Sommer 2019 auf der Pressekonferenz im Verkehrsministerium. Die Studie zeige besonders den Unterschied zwischen den Städten und den ländlichen Regionen. Während die Menschen in den Ballungsräumen[1] immer öfter auf das Auto
15 verzichten, ist der ländliche Raum laut Reichhart nach wie vor sehr stark auf das Auto angewiesen. „Wir wollen alle Verkehrsmittel im Blick haben und nicht das eine gegen das andere ausspielen. Es gibt auch nicht das eine Verkehrskonzept, das überall in Bayern passt. Deswegen wollen wir den Kommunen einen Werkzeugkasten an die Hand
20 geben, aus dem sie sich bedienen können. Wir haben jetzt verlässliche Daten und wissen, wie sich die Menschen in den Regionen bevorzugt fortbewegen. Auf dieser Grundlage kann jetzt von den Kommunen und Landkreisen das Angebot passgenau verbessert werden", so der Verkehrsminister. […] Auch müsse jeder selbst sein Verkehrsverhalten hinterfragen, bevor er mit
25 dem Finger auf andere zeige. „Mobilität geht uns alle an! Jeder muss wissen, dass er mit seiner Entscheidung für ein Verkehrsmittel das Angebot steuert", sagte Reichhart auf der Pressekonferenz. So zeige die Studie beispielsweise, dass jeder dritte Schüler mit dem Auto zur Schule gefahren wird und nicht den Schulbus oder das Fahrrad nimmt. Das produziere laut Reichhart unnötigen
30 Stau vor den Schulen. „Der Stau entsteht nicht einfach so. Wir sind alle selbst Stauverursacher. Das muss uns bewusst sein."

[1] der Ballungsraum: ein Gebiet, in dem viele Menschen wohnen und in dem es viel Industrie gibt

Der Freistaat fördert die Anschaffung von ÖPNV-Linienbussen mit mindestens 30 Millionen Euro jährlich, 2018 sogar mit fast 56 Millionen Euro. Davon profitieren auch Schüler, die den ÖPNV für den sicheren Weg zur
35 Schule nutzen. Erfreulich findet Reichhart die Zahlen zum Radverkehr. „Wir stehen bundesweit gut da. Die bayerischen Städte schneiden in der Statistik gut ab. Fahrradfahren ist beliebt. Das bestärkt uns darin, dass unser Radverkehrsprogramm[2] den Nerv der Zeit getroffen hat", sagte Reichhart.
40 In Erlangen, der bayerischen Radlhauptstadt, liegt der Radverkehrsanteil beispielsweise bei 28 Prozent, auch die Landeshauptstadt München schneidet mit einem Radverkehrsanteil von 18 Prozent gut ab. Für den Verkehrsminister dennoch kein Grund, die Füße
45 hochzulegen. „Auch in den ländlichen Regionen sehen wir eine neue Entwicklung. Durch die E-Bikes werden immer weitere Strecken mit dem schnellen und vergleichsweise umweltfreundlichen Antrieb zurückgelegt", sagte Reichhart. So erhöht sich die
50 durchschnittlich zurückgelegte Wegstrecke mit dem E-Bike im Vergleich zum Fahrrad von 5,1 auf 7,3 Kilometer [...]. Deshalb will Reichhart verstärkt Fahrradwege entlang der Staatsstraßen bauen.
„Das ist nicht nur ein Plus für die Verkehrssicherheit, sondern gut für die
55 Gesundheit. Wer sich bewegt, bleibt fit."
Bundesweit wurden für die umfangreiche Studie „Mobilität in Deutschland" mehr als 300 000 Personen befragt, davon 100 000 in Bayern. [...] Für den Verkehrsminister Reichhart ist das eine gute Basis und bildet für die nächsten zehn Jahre eine wertvolle Grundlage für künftige Verkehrsplanung. [...]*

[2] Das Radverkehrsprogramm Bayern 2025 wurde 2017 gestartet, um das Fahrrad als Verkehrsmittel für den Alltagsverkehr attraktiver zu machen, z. B. durch den Ausbau des Radverkehrsnetzes und die Verbesserung der Beschilderung sowie der Verkehrssicherheit.

Was erfährst du in dem Sachtext und der Grafik über Mobilität in Bayern?

2 Beantworte die folgenden Fragen in Stichworten.
- Welche Verkehrsmittel nutzen die Menschen in Bayern?
- Welche Vorteile und Nachteile haben die einzelnen Verkehrsmittel?
- Warum wird die Mobilitätsstudie als Kompassnadel (Z. 6) bezeichnet?
- Wie unterscheiden sich die Gewohnheiten in Ballungsräumen von denen in ländlichen Gegenden? Welche Gründe werden genannt?

3 Welche Bedeutung hat die Studie für die künftige Verkehrsplanung?
a. Notiert in Stichworten, wie die Studie bei der Verkehrsplanung hilft.
b. Schreibt Möglichkeiten auf, wie ihr selbst die Verkehrsplanung beeinflussen könnt.

Ein Referat vorbereiten

Die Klasse 8d spricht darüber, wie es mit dem Verkehr weitergehen kann und welche Verkehrsmittel in Zukunft vielleicht genutzt werden.

1 Lies die Äußerungen.

> Wir haben jetzt einen Bürgerbus im Ort.

> Der öffentliche Nahverkehr sollte überall kostenlos für alle sein!

> In 20 Jahren werden alle Autos selbst fahren.

> Meine Eltern schwärmen von ihren E-Bikes.

In einem Referat könnt ihr andere über ein selbst gewähltes Thema aus dem Bereich **Mobilität** informieren.

1. Schritt: Das Thema aussuchen und Fragen formulieren

2 a. Bildet Dreiergruppen.
b. Was wisst ihr bereits über das Thema **Mobilität**? Schreibt es in einer Mindmap auf.

Eine Mindmap gestalten
▶ S. 300

3 a. Entscheidet euch für einen Schwerpunkt aus dem Bereich **Mobilität**.
b. Notiert Fragen zu eurem Thema: Was möchtet ihr zusätzlich herausfinden?

2. Schritt: Informationen beschaffen

4 Recherchiert in der Bibliothek oder im Internet Informationen, Hörbeiträge oder Dokumentationen zu eurem Thema.

Im Internet recherchieren
▶ S. 297

3. Schritt: Informationen aus Texten entnehmen

5 Jede/Jeder liest die Texte mit dem Textknacker, hört die Hörbeiträge oder sieht die Dokumentationen an.

6 a. Notiert die wichtigsten Informationen in Stichworten auf einzelne Karteikarten.
b. Notiert unter euren Informationen die Quellen: den Namen der Autorin/ des Autors, den Titel des Textes und des Buches, der Zeitschrift oder der Internetseite.
c. Schreibt auf jede Karteikarte eine passende Überschrift.

Zitieren
▶ S. 303

7 Was habt ihr über euer Thema erfahren?
   a. Prüft, ob ihr alle Fragen aus Aufgabe 3 beantworten könnt.
   b. Recherchiert gegebenenfalls weitere Texte.

4. Schritt: Das Referat gliedern und die Notizen ordnen

8 In welcher Reihenfolge möchtet ihr eure Informationen vortragen?
   a. Ordnet eure Karteikarten.
   b. Nummeriert sie in der richtigen Reihenfolge.

5. Schritt: Überschrift, Einleitung und Schluss formulieren

9 a. Formuliert eine Überschrift, die euer Thema deutlich macht.
   b. Beschreibt im Einleitungssatz genau, was ihr vorstellen wollt.
   c. Schreibt in einem oder zwei Schlusssätzen auf, was für euch eine ganz besondere Information war und warum.

Mit einer Computer-Präsentation könnt ihr euer Referat veranschaulichen. Dazu bereitet ihr am Computer Präsentationsfolien vor.

10 Überlegt, welche Informationen ihr mit Folien veranschaulichen wollt.
   a. Lest noch einmal eure Karteikarten.
   b. Überlegt, an welchen Stellen ihr Folien einsetzen möchtet. Markiert auf den Karteikarten die wichtigsten Stichworte.
   c. Wählt zur Veranschaulichung eurer Folien geeignete Bilder aus.
   Tipp: Ihr könnt auch eigene Tabellen oder Grafiken erstellen.

11 Was ist bei der Erstellung von Folien zu beachten? Schreibt Tipps auf.

> **Starthilfe**
> – angemessene Schriftart und Schriftgröße wählen (der Text muss auch aus der Entfernung deutlich lesbar sein)
> – eine gut lesbare Schriftfarbe verwenden
> – ...

12 Erstellt mit Hilfe eurer Ergebnisse der Aufgaben 10 und 11 Folien für euer Referat.

Eine Präsentation am Computer gestalten
▶ S. 299

Mit einer Animation könnt ihr die Folien lebendiger gestalten.

13 Wählt Möglichkeiten zur Animation von Schriften und Abbildungen aus.
   a. Überlegt, welche Textteile animiert werden sollen.
   b. Überlegt euch eine Reihenfolge für eure Animation.
   Tipp: Nur das Wichtigste sollte sparsam animiert werden.

Das Referat präsentieren

Nun habt ihr euer Referat vorbereitet und könnt den Vortrag üben und halten.

1 a. Überlegt, wie ihr das Referat aufteilen wollt.
b. Übt euren Vortrag mit Hilfe eurer Computer-Präsentation mehrmals.
Tipp: Die Folien helfen euch beim freien Sprechen.

Mit einem Feedback-Bogen können die Zuhörerinnen und Zuhörer den Vortragenden ein nützliches Feedback geben.

2 Sammelt zunächst wichtige Feedback-Kriterien in einer Tabelle.
a. Legt eine Tabelle mit drei Spalten an.
b. Sammelt Kriterien und ordnet sie in eure Tabelle.

Starthilfe		
die Körperhaltung und die Sprache	der Inhalt	die Präsentation
deutlich und frei sprechen …	…	…
…	…	…

deutlich und frei sprechen
Blickkontakt
Thema verständlich
keine offenen Fragen
Informationen ordnen
Folien/Handout übersichtlich
Bilder und Grafiken

3 Entwickelt gemeinsam einen Feedback-Bogen.
a. Formuliert Sätze aus den Kriterien, um persönliches Feedback zu geben.
b. Schreibt die Sätze nach den Bereichen geordnet auf.

Feedback-Bogen: Ein Referat präsentieren 😊 😐 ☹

Die Körperhaltung und die Sprache
– Ihr habt laut und deutlich gesprochen.
– …

Der Inhalt
– Ihr habt das Thema verständlich formuliert.
– …

…

4 Präsentiert mit Hilfe eurer Computer-Präsentation gruppenweise euer Referat. Die Zuhörenden machen sich Notizen zur Körperhaltung und zur Sprache, zum Inhalt und zur Gestaltung der Computer-Präsentation.

5 a. Gebt nach jeder Präsentation den Vortragenden Feedback: Was ist gut gelungen? Was kann verbessert werden?
b. Die Empfänger des Feedbacks fassen in eigenen Worten zusammen, was sie durch die Rückmeldung erfahren haben.

Feedback geben
▶ S. 299

Mit Argumenten überzeugen

Klara, Marek und Kim haben ein Referat über das Thema Nachhaltige Mobilität gehört. Sie diskutieren, ob es leicht ist, nachhaltig mobil zu sein.

1 Lies das Gespräch.

Klara: Es ist mittlerweile einfach, auf ein Auto zu verzichten. Manche Strecken sind für das Fahrrad zu lang, aber für E-Bikes geeignet. Meine Eltern fahren zum Beispiel nicht mehr mit dem Auto zur Arbeit, sondern mit ihren E-Bikes.

5 **Marek:** Manche Erfindungen verursachen neue Probleme. In größeren Städten kann man ab 18 Jahren E-Tretroller ausleihen, um damit zur nächsten Haltestelle zu fahren. Viele Leute fahren stattdessen aber nur zum Spaß. Das ist genauso schlecht für die Umwelt wie das Auto.

Kim: Auf dem Land ist es schwer. Öffentliche Verkehrsmittel fahren selten.
10 Verpasse ich zum Beispiel morgens den Bus, komme ich zu spät zum Unterricht.

2 Wie sind die Meinungen? Wer findet, dass es leicht ist, nachhaltig mobil zu sein, wer nicht? Schreibt es auf.

Klara, Marek und Kim formulieren Argumente. Ein Argument besteht aus einer Behauptung, einer Begründung und einem Beispiel oder Vergleich.

3 Untersucht die Argumente von Klara, Marek und Kim genauer.
   a. Erstellt eine Tabelle mit drei Spalten.
   b. Tragt die Behauptungen und Begründungen in die ersten beiden Spalten der Tabelle ein.

Starthilfe

die Behauptung	die Begründung	das Beispiel/der Vergleich
Es ist mittlerweile …	Manche Strecken sind …	
…	…	

4 Wie veranschaulichen Klara, Marek und Kim ihre Begründungen?
   a. Ergänzt in eurer Tabelle die Beispiele und den Vergleich.
   b. Wie unterscheidet sich eine Begründung von einem Beispiel oder Vergleich? Sprecht darüber.

5 Wem stimmst du zu?
   a. Schreibe deine Meinung auf.
   b. Überlege dir ein passendes Argument dazu.
   c. Trage dein Argument in die Tabelle von Aufgabe 3 ein.

Eine Argumentationskette entwickeln

Kim hat ihre Meinung mit einer Argumentationskette belegt und eine Schlussfolgerung zu ihrer Meinung formuliert.

1 Lies Kims Argumentationskette.

Ich finde, dass im Moment noch zu viele Leute auf ein Auto angewiesen sind, da viele Busse nur alle 30 oder 60 Minuten fahren. Wenn ich **beispielsweise** meinen Bus verpasse, müssen meine Eltern mich mit dem Auto fahren. Außerdem sind andere Verkehrsmittel nicht immer sicher, **weil** es nicht überall abgegrenzte Wege gibt. Ich fühle mich trotz Helm auf manchen Strecken mit dem Fahrrad nicht **so** sicher **wie** im Auto. **Deswegen** bin ich der Meinung, dass die Angebote für nachhaltige Mobilität in ländlichen Regionen verbessert werden müssen.

2 Wie ist Kims Argumentationskette aufgebaut?
  a. Schreibt die Argumentationskette ab.
  b. Nummeriert die einzelnen Argumente.
  c. Markiert die Behauptungen, Begründungen und Beispiele oder Vergleiche unterschiedlich.
  d. Wie lautet Kims Schlussfolgerung? Unterstreicht sie.

Auch Marek möchte eine Argumentationskette entwickeln. Er hat Argumente für seine Meinung gesammelt.

> *Viele Angebote in großen Städten verursachen ein Durcheinander. Leih-Verkehrsmittel wie Fahrräder oder E-Tretroller werden nur zum Spaß geliehen und einfach irgendwo wieder abgestellt. So werden beispielsweise Fußgängerwege blockiert.*
>
> *Die Leih-Unternehmen wollen nur Geld verdienen und nicht die Umwelt schonen. Die Leih-Verkehrsmittel werden nur dort angeboten, wo viele Touristen sind und wo der öffentliche Nahverkehr ohnehin gut ausgebaut ist. In Randbereichen und kleinen Städten ...*

3 a. Schreibt das erste Argument ab.
  b. Markiert Behauptung, Begründung und Beispiel oder Vergleich.

4 Das zweite Argument ist noch nicht vollständig. Ergänzt die fehlenden Bestandteile und schreibt es auf.

5 Mit Verknüpfungswörtern könnt ihr die Zusammenhänge eurer Argumente deutlich machen.
Verknüpft Mareks Behauptungen, Begründungen und Beispiele oder Vergleiche mit passenden Wörtern.

> **Sprachspeicher**
> weil
> da
> denn
> zum Beispiel/z. B.
> beispielweise
> so ... wie
> mehr/weniger als

Mareks Argumentationskette ist noch wirkungsvoller, wenn er das überzeugendste Argument am Schluss nennt.

6 Welches Argument findet ihr am überzeugendsten?
    a. Nummeriert die Argumente: vom schwächsten zum stärksten.
    b. Schreibt die Argumente der Reihe nach auf.
       Verdeutlicht die Reihenfolge mit passenden Satzanfängen.

> **Sprachspeicher**
> Ich meine/finde, dass ..., Außerdem ..., Noch wichtiger ist für mich ...

Marek formuliert eine Schlussfolgerung, die sich auf seine Meinung bezieht.

7 Welche Schlussfolgerung passt zu Mareks Argumentationskette? Notiert sie.

> **Sprachspeicher**
> Daher meine ich, ...
> Deswegen bin ich der Meinung/Ansicht, dass ...
> Deswegen bin ich für/gegen ...
> Daher empfehle ich ...
> Aus diesen Gründen finde ich ...

Nun kannst du deine eigene Argumentationskette formulieren.

8 Welche Meinung hast du zu nachhaltiger Mobilität?
Schreibe eine eigene Argumentationskette auf.
Verwende deine Ergebnisse von Aufgabe 5 auf Seite 55.

Arbeitstechnik: Eine Argumentationskette entwickeln

Du kannst andere überzeugen, wenn du deine Meinung mit Argumenten (Behauptung, Begründung, Beispiel oder Vergleich) begründest und sie zu einer Argumentationskette verknüpfst.
- Schreibe mindestens drei Behauptungen auf.
- Finde Begründungen, die deine Behauptungen unterstützen.
- Notiere anschauliche Beispiele und Vergleiche.
- Gewichte deine Argumente. Nenne das überzeugendste am Schluss.
- Verknüpfe deine Sätze durch passende Wörter oder Wortgruppen.
- Formuliere eine Schlussfolgerung, die sich auf deine Meinung bezieht.

Schriftlich Stellung nehmen

Nachhaltige Mobilität soll die Umwelt schonen.
Eine Jugendzeitschrift hat Lenas Artikel dazu veröffentlicht.

1 Lest den Artikel mit dem Textknacker.

Textknacker ▶ S. 296

Nachhaltig mobil sein ist kinderleicht!

Mobilität ist ein Thema, das uns alle angeht. Denn jeder von uns möchte in die Schule, zur Arbeit und in der Freizeit schnell, unabhängig und sicher unterwegs sein. Der Alltag sieht allerdings anders aus: Lärm, Stau, stinkende Abgase, Umweltverschmutzung und Unfallgefahr: Es ist höchste
5 Zeit, dass wir unsere Verkehrsgewohnheiten ändern und weniger das Auto nutzen. Es gibt heutzutage viele Alternativen zum Auto. Mit öffentlichen Verkehrsmitteln komme ich jederzeit zu meinem Ziel. Bei mir um die Ecke fährt beispielsweise alle fünf bis zehn Minuten die nächste U-Bahn oder S-Bahn. Darüber hinaus gibt es bei uns in der Innenstadt viele
10 Leih-Unternehmen, die Fahrräder, E-Bikes oder E-Tretroller anbieten. Ab 18 Jahren kann man sie einfach über eine App finden, ausleihen und woanders zurückgeben. Das will ich auch machen, wenn ich 18 bin, dann bin ich noch schneller und flexibler.
Noch wichtiger ist für mich, dass wir den Verkehr sicherer machen, wenn
15 mehr Leute auf das Auto verzichten. Die Straßen sind nicht mehr so voll. Dann gibt es zum Beispiel weniger Staus und Unfälle und die Menschen sind nicht mehr so gestresst und aggressiv.
Aus diesen Gründen empfehle ich, dass wir alle häufiger auf das Auto verzichten. Stattdessen sollten wir öfter die vielen Alternativen nutzen,
20 die angeboten werden. *(Lena K., München)*

Wie seid ihr in eurer Stadt unterwegs?
Schreibt uns eure Meinung zu nachhaltiger Mobilität.

2 Beantwortet die folgenden Fragen in Stichworten:
– Welche Meinung hat Lena zu nachhaltiger Mobilität?
– Welche Argumente nennt sie, um ihre Meinung zu stützen?

3 a. Welche Meinung habt ihr zu nachhaltiger Mobilität? Besprecht es.
b. Begründet eure Meinung.

Was denkst du über nachhaltige Mobilität?
In einem Leserbrief an die Zeitung kannst du dazu Stellung nehmen.

4 Ein Leserbrief ist eine persönliche Stellungnahme zu einem Thema. Welche Absichten können Leserbriefe haben? Stelle Vermutungen an.

Leserbrief ▶ S. 295

58

1. Schritt: Den Text planen

5 a. Notiere Stichpunkte zu folgenden Fragen:
- Worum geht es in dem Artikel?
- Wie ist deine Meinung dazu?
- Welche Argumente hast du für deine Meinung?

b. Nummeriere deine Argumente: vom schwächsten zum stärksten.

2. Schritt: Den Text schreiben

6 a. Schreibe in der Einleitung auf, um welches Thema es geht.
b. Formuliere dann deine Meinung ohne Begründungen.

7 Formuliere im Hauptteil deine Argumentationskette.
a. Nenne und erkläre deine Behauptungen und Begründungen.
b. Notiere anschauliche Beispiele und Vergleiche.
c. Gewichte deine Argumente. Nenne das überzeugendste am Schluss.
d. Verknüpfe deine Sätze mit passenden Wörtern oder Wortgruppen.

8 a. Lies noch einmal den Artikel von Lena.
b. Welchen Argumenten willst du zustimmen? Welchen widersprechen? Schreibe dazu weitere Argumente und Gegenargumente auf.

9 Formuliere eine Schlussfolgerung, die sich auf deine Meinung bezieht: Wie willst du dein eigenes Verhalten ändern? Was empfiehlst du anderen?

Sprachspeicher
Es ist richtig, dass …

Aber …

Ich stimme … zu, weil …

3. Schritt: Den Text überarbeiten

10 a. Fertigt mit Hilfe der Arbeitstechnik eine Checkliste zum Leserbrief an.
b. Überprüft eure Entwürfe gegenseitig und überarbeitet sie, wenn nötig.

Arbeitstechnik: Schriftlich Stellung nehmen

Wenn du eine Meinung vertreten willst, begründe sie mit Argumenten. Ein Argument besteht aus einer Behauptung, einer Begründung und einem anschaulichen Beispiel oder Vergleich.

1. Schritt: Den Text planen
- Finde Pro-Argumente, wenn du dafür bist.
- Finde Kontra-Argumente, wenn du dagegen bist.

2. Schritt: Den Text schreiben
- Ordne deine Argumente.
- Verknüpfe deine Argumente zu einer Argumentationskette.
- Formuliere eine Schlussfolgerung, die sich auf deine Meinung bezieht.

3. Schritt: Den Text überarbeiten
- Überprüfe und überarbeite anschließend deinen Text.

Extra Sprache

Argumente verknüpfen

Merve hat Lenas Artikel gelesen und sich über das Thema informiert.
Sie möchte einen Leserbrief an die Zeitung schreiben.

1 Merve hat bereits drei Behauptungen notiert.
Formuliere dazu passende Begründungen und Beispiele oder Vergleiche.

1. Neue Verkehrsmittel sind nicht immer umweltfreundlich.
2. Manche neuen Erfindungen verursachen andere Probleme.
3. Die Alternativen zum Auto sind nicht überall so vielfältig wie in der Großstadt.

Argumente sind dann besonders überzeugend, wenn sie miteinander verbunden werden. Sie können durch ein Wort, eine Wortgruppe oder mit Hilfe eines Satzes verknüpft werden.

2 a. Verknüpfe deine Argumente aus Aufgabe 1 zu einer Argumentationskette. Verwende die Wörter und Wortgruppen vom Rand.
  b. Unterstreiche die Wörter und Wortgruppen, mit denen du die Argumente verknüpft hast.
  c. Formuliere eine Schlussfolgerung, die sich auf deine Meinung bezieht.

> **Sprachspeicher**
>
> Ich bin der Ansicht, ...
>
> Außerdem ...
>
> Deshalb ...
>
> Aus diesen Gründen finde ich ...

Du kannst andere noch besser von deiner Meinung überzeugen, wenn du Gegenargumente entkräftest.

3 a. Sieh dir noch einmal Lenas Argumente auf Seite 58 an.
  b. Was spricht gegen ihre Argumente? Finde Kontra-Argumente.

> **Starthilfe**
> Es gibt nicht überall gute Alternativen, weil öffentliche Verkehrsmittel auf dem Land ...

4 Ergänze deine Argumentationskette aus Aufgabe 2.
  a. Entkräfte eines von Lenas Argumenten.
     Verwende deine Ergebnisse von Aufgabe 3.
  b. Formuliere eine Schlussfolgerung, die sich auf Lenas Artikel bezieht.
     Die folgenden Formulierungen können dir helfen.

... dass Lena in vielen Punkten Recht hat, zum Beispiel wenn sie sagt, dass weniger Autos auf den Straßen den Verkehr sicherer machen.
... glaube ich, dass die Angebote in manchen Regionen verbessert werden müssen.

Extra Sprache

Empfehlungen mit dem Konjunktiv II formulieren

Die Klasse 8d hat Empfehlungen notiert, um umweltschonend mobil zu sein.

– Er müsste öfter den Bus nutzen.
– Ihr solltet mehr zu Fuß gehen.
– Autofahrer könnten mehr Fahrgemeinschaften bilden.

1 a. Was empfehlen die Schülerinnen und Schüler? Besprecht es.
b. Schreibt die Empfehlungen ab und markiert jeweils die gebeugten Verben.

Mit dem Konjunktiv II kannst du Empfehlungen formulieren.

2 Schreibe die folgenden Empfehlungen ab und ergänze sie.
a. Ersetze den Infinitiv in Klammern durch die passende Verbform.
b. Markiere jeweils das Verb im Konjunktiv II.

Meine Eltern (sollen) weniger mit dem Auto fahren. Sie (können) stattdessen öfter das Fahrrad nehmen. Dann (müssen) sie auch einen Helm tragen.

Starthilfe
Meine Eltern **sollten** weniger mit dem Auto fahren.

Du kannst Möglichkeiten, Aufforderungen oder Notwendigkeiten formulieren.

3 a. Ersetze bei den Empfehlungen aus Aufgabe 1 und 2 die Verben im Konjunktiv II. Schreibe die Sätze auf.
b. Besprecht, wie die Bedeutung sich jeweils verändert.
c. Ergänze in Klammern, welche Art von Empfehlung formuliert ist.

Starthilfe
Er müsste öfter… (Notwendigkeit) → Er sollte … (Aufforderung) → Er könnte …

4 Schreibe eigene Empfehlungen auf und notiere die Art von Empfehlung.

Merkwissen
Mit dem Konjunktiv II (Möglichkeitsform) kannst du ausdrücken, dass etwas nicht oder noch nicht Wirklichkeit ist, oder etwas für die Zukunft empfehlen. Der Konjunktiv II wird vom Präteritum abgeleitet.
  er konnte den Bus nehmen → er könnte den Bus nehmen
  er musste den Bus nehmen → er müsste den Bus nehmen
aber er sollte den Bus nehmen → er sollte den Bus nehmen

Sprachspeicher

Konjunktiv II können:
ich könnte
du könntest
er/sie/es könnte
wir könnten
ihr könntet
sie könnten

Konjunktiv II sollen:
ich sollte
du solltest
er/sie/es sollte
wir sollten
ihr solltet
sie sollten

Konjunktiv II müssen:
ich müsste
du müsstest
er/sie/es müsste
wir müssten
ihr müsstet
sie müssten

Teste dich!

Schriftlich Stellung nehmen

Hier kannst du überprüfen, wie gut du schriftlich Stellung nehmen kannst.

In der Zeitung hat Kim eine Werbeanzeige zu einem Mofa-Kurs gesehen. Sie diskutiert mit Marek über Vorteile und Nachteile.

1 Lies die Diskussion zwischen Kim und Marek.

Kim: Ich meine, dass ein Mofa-Kurs eine gute Idee ist, weil ich dann unabhängig von meinen Eltern und den öffentlichen Verkehrsmitteln unterwegs bin.
5 **Marek:** Ich finde, dass ein Mofa-Führerschein völlig überflüssig ist. Du musst das Mofa betanken, das kostet zusätzlich Geld. Radfahren ist im Vergleich günstiger und besser für die Gesundheit.
Kim: Wenn ich mit dem Mofa zur Schule fahre, müssen meine Eltern
10 mich nicht bringen, dadurch ist morgens weniger Stau vor der Schule.
Marek: Mofas verursachen aber Abgase und sind schlecht für die Umwelt.

Mofa-Führerschein erwerben!

Du bist 15 Jahre alt?
Melde dich bei uns an und mach den Führerschein der Klasse M!

Das erwartet dich:

kleine Kurse, theoretische und fahrpraktische Übungen, Unterricht bei geprüften und erfahrenen Fahrlehrern

Helm und feste Kleidung tragen!
Max. 25 km/h fahren!

2 Wer ist für den Mofa-Kurs, wer dagegen?
    a. Schreibe die Meinungen von Kim und Marek in Stichworten auf.
    b. Notiere jeweils die Behauptungen, Begründungen und Beispiele oder Vergleiche in Stichworten.
    c. Welche Argumente sind nicht vollständig? Ergänze sie.

Was hältst du vom Mofa-Kurs? In einem Leserbrief an die Zeitung kannst du zu der Anzeige Stellung nehmen.

3 **a.** Bist du für oder gegen einen Mofa-Kurs? Notiere deine Meinung.
    b. Schreibe mindestens drei Behauptungen auf.
    c. Formuliere überzeugende Begründungen und anschauliche Beispiele oder Vergleiche, um deine Behauptungen zu stützen.
    d. Verknüpfe deine Argumente zu einer Argumentationskette.

4 Schreibe einen Leserbrief an die Zeitung, in dem du zu der Anzeige Stellung nimmst.

5 **a.** Besprich deine Arbeitsergebnisse mit deiner Lehrkraft.
    b. Schreibe in dein Lerntagebuch:
       – Was ist dir gut gelungen?
       – Was kannst du noch verbessern?

Fördern

Schriftlich Stellung nehmen

Hier übst du noch einmal, schriftlich Stellung zu nehmen. Du entscheidest, ob du die Aufgaben auf den Seiten 63 bis 64 mit mehr Hilfen oder die kniffligeren Aufgaben auf Seite 65 lösen willst.

Die Schülerzeitung berichtet über das Thema **Unterwegs in den Ferien**. Dafür hat Larissa, die Reporterin, Patrick zu seinen Ferien interviewt.

1 Lies das Interview mit dem Textknacker.

Textknacker ▶ S. 296

Larissa: Patrick, das Sonderthema unserer Ausgabe ist „Unterwegs in den Ferien". Schülerinnen und Schüler berichten darüber, wie sie die Ferien verbracht haben. Was hast du in den Ferien gemacht?
Patrick: Ich habe mir das Ferienticket meines Verkehrsverbunds[1] gekauft.
5 **Larissa:** Was bedeutet das?
Patrick: Das Ticket hat sich gelohnt. In den sechs Wochen konnte ich alle Verkehrsmittel des Nahverkehrs im gesamten Verbund kostenlos nutzen. Ich habe zum Beispiel meine Tante besucht, Freunde getroffen, Ausflüge gemacht.
Larissa: Das klingt ja toll! Wie hast du es denn genutzt?
10 **Patrick:** Ich bin viel und weit gefahren, weil mein Freund das Ticket auch hatte. Wir waren zum Beispiel an einem Badesee, der 50 Kilometer entfernt ist. Mit dem Fahrrad ist das zu weit, aber mit dem Zug kann man ihn gut erreichen. Zum Shoppen sind wir in eine andere Stadt gefahren, da gibt es einen Laden, in den ich immer schon einmal wollte. Es gibt viel zu entdecken,
15 wenn man will. Manches ist ein bisschen unpraktisch, weil man immer schauen muss, wie man an sein Ziel kommt und wann man fahren kann. Auf dem Weg zum Badesee haben mein Freund und ich beispielsweise den Umstieg verpasst und mussten fast eine Stunde auf den nächsten Zug warten.
Larissa: Wem kannst du das Ticket empfehlen, wem nicht?
20 **Patrick:** Ich kann das Ticket nicht empfehlen, wenn man nur wenig Zeit hat und auch keinen Freund oder keine Freundin, der oder die mitmacht. Man sollte auch Erfahrungen mit öffentlichen Verkehrsmitteln haben oder eine gute App, die passende Verbindungen anzeigt. Man muss sich vorher genau informieren, denn nicht alles ist gut mit Bussen oder Bahnen zu erreichen.
25 **Larissa:** Willst du das Ticket in den nächsten Ferien wieder kaufen?
Patrick: Wahrscheinlich schon. Wenn man es viel nutzt, ist es nicht allzu teuer. Außerdem bin ich dann unabhängig von meinen Eltern, die arbeiten müssen.
Larissa: Danke für das Gespräch, Patrick.

30 **Wie ist eure Meinung zum Ferienticket? Schreibt uns einen Leserbrief!**

---

[1] der Verkehrsverbund: ein Zusammenschluss der Verkehrsunternehmen einer Stadt oder eines Gebietes. Busse, U-Bahnen, S-Bahnen, Straßenbahnen und Nahverkehrszüge des Verbundes können mit einheitlichen Preisen, Fahrkarten und Fahrplänen genutzt werden.

Fördern

Patrick nennt verschiedene Argumente für und gegen das Ferienticket.

2 Welche Argumente nennt Patrick?
  a. Trage seine Behauptungen, Begründungen und Beispiele oder Vergleiche in eine Tabelle ein.
  b. Nicht alle Argumente sind vollständig. Ergänze sie in deiner Tabelle.
  c. Welche Argumente sprechen für, welche gegen das Ferienticket? Markiere Pro-Argumente grün und Kontra-Argumente rot.

Starthilfe

die Behauptung	die Begründung	das Beispiel/der Vergleich
Das Ticket hat sich gelohnt.	In den sechs Wochen konnte ich …	Ich habe zum Beispiel meine Tante besucht …
Man kann viel und weit …	…	…
…	…	…

3 Welche Meinung hast du zum Ferienticket? Ergänze in der Tabelle aus Aufgabe 2 zwei weitere Argumente, die deine Meinung stützen.

Die Schülerzeitung ruft dazu auf, in einem Leserbrief Stellung zum Ferienticket zu nehmen.

4 Schreibe eine kurze Einleitung für den Leserbrief:
  – Wozu möchtest du Stellung nehmen? Nenne das Thema.
  – Schreibe auf, wie du auf das Thema gekommen bist.
  – Formuliere deine Meinung in einem vollständigen Satz.

Starthilfe

Ich möchte mich heute zum Thema … äußern. In der letzten Ausgabe der Schülerzeitung habe ich ein Interview über … gelesen. Ich finde, dass …

5 Nenne und erkläre im Hauptteil deine Argumente. Verwende deine Ergebnisse aus Aufgabe 3.
  – Schreibe mindestens vier Behauptungen in vollständigen Sätzen auf.
  – Erkläre deine Behauptungen mit passenden Begründungen.
  – Unterstütze deine Begründungen mit Beispielen und Vergleichen.
  – Gewichte deine Argumente. Nenne das stärkste zum Schluss.
  – Verknüpfe deine Sätze sinnvoll.

6 Fasse zum Schluss deine Meinung noch einmal kurz zusammen:
  – Welche Schlussfolgerung ziehst du für dich?
  – Was empfiehlst du anderen?

7 Überprüft eure Entwürfe gegenseitig und überarbeitet sie, wenn nötig. Wendet auch den Rechtschreib-Check an.

Sprachspeicher

Ich nehme mir vor, …

Man könnte …

Der Rechtschreib-Check
▶ S. 304

Fordern

Selma hat in der Zeitung einen Kommentar über kostenlosen öffentlichen Nahverkehr gelesen. Sie diskutiert mit Daniel darüber, ob Bus und Bahn umsonst sein sollten.

Du kannst zu der Frage schriftlich Stellung nehmen.

1 a. Lies die Äußerungen von Selma und Daniel.
b. Notiere jeweils ihre Meinungen und Argumente in Stichworten.

Selma: Die öffentlichen Verkehrsmittel sollten kostenlos sein. Die Leute würden dann nicht mehr mit dem Auto fahren, weil sie viel Geld sparen könnten, zum Beispiel für Benzin. Außerdem können die Fahrgäste dann viel spontaner unterwegs sein, weil sie sich nicht vorher überlegen müssen, welche Fahrkarte sie brauchen.

Daniel: Die öffentlichen Verkehrsmittel können nicht kostenlos angeboten werden, weil die Verkehrsunternehmen keine Einnahmen haben, sondern nur Ausgaben. Durch die steigenden Fahrgastzahlen müssten mehr Verkehrsmittel angeboten werden. Dafür fehlt dann auch das Geld.

Sollten öffentliche Verkehrsmittel kostenlos sein? Nimm zu der Frage Stellung und schreibe einen Leserbrief, in dem deine Meinung deutlich wird.

2 Plane deinen Leserbrief.
a. Notiere Stichworte zu deiner Meinung.
b. Formuliere mindestens fünf Behauptungen.
c. Notiere überzeugende Begründungen und anschauliche Beispiele oder Vergleiche, um deine Behauptungen zu stützen.
d. Gewichte deine Argumente. Nenne das stärkste zum Schluss.
e. Notiere eine Schlussfolgerung, die sich auf deine Meinung bezieht.

3 Welchen Argumenten von Selma oder Daniel stimmst du zu? Finde Argumente und Gegenargumente.

4 Schreibe einen Entwurf für deinen Leserbrief am Computer.
– Nenne in der Einleitung das Thema, zu dem du Stellung nehmen möchtest, und deine Meinung dazu.
– Verknüpfe im Hauptteil deine Argumente zu einer Argumentationskette.
– Fasse im Schluss deine Meinung noch einmal kurz zusammen.

> **Starthilfe**
> Ich möchte zum Thema … Stellung nehmen.
> In der Zeitung / In einem Internetforum habe ich gelesen, dass …
> Meiner Meinung nach …
> …
> Daher empfehle ich … / Deswegen wünsche ich mir …

5 Überprüft eure Entwürfe gegenseitig und überarbeitet sie, wenn nötig.

Fit für die Probe

Schriftlich Stellung nehmen

Hier übst du Schritt für Schritt, dich auf eine Probe vorzubereiten.

> In der Schülerzeitung ist ein Artikel zum Thema „Die Stadt der Zukunft: Weniger Straßen für mehr Mobilität" erschienen. Schreibe einen Leserbrief an die Zeitung und nimm Stellung zu der Frage, ob veränderte Verkehrsgewohnheiten das Leben in der Stadt verbessern können.

1. Schritt: Die Aufgabe verstehen

Aufgaben verstehen ▶ S. 297

1 a. Lies die Aufgabe im Kasten oben mehrfach durch.
     b. Welche wichtigen Wörter sagen dir genauer, was du tun sollst? Schreibe sie auf.

> – Ich lese den Zeitungsartikel über die Stadt der Zukunft. Dann nehme ich in einem Leserbrief Stellung dazu, ob veränderte Verkehrsgewohnheiten das Leben in der Stadt verbessern können.
> – Ich nehme in einem Leserbrief Stellung dazu, ob veränderte Verkehrsgewohnheiten das Leben in der Stadt verbessern können. Danach lese ich den Zeitungsartikel und ergänze weitere Informationen.

2. Schritt: Die Aufgabe bearbeiten

2 Lies den Artikel mit dem Textknacker.

Textknacker ▶ S. 296

Die Stadt der Zukunft: Weniger Straßen für mehr Mobilität

Mobilität ist ein wichtiger Teil unseres Lebens. Täglich legen wir mehrere Wege zurück, ob zur Schule, zur Arbeit, in der Freizeit. Straßen und Parkplätze sind so angelegt, dass wir möglichst schnell, unabhängig und flexibel sind. Das Leben in der Stadt wird dabei immer schwieriger und unangenehmer.
5 Zum einen werden Straßen und Parkplätze immer voller. Zum anderen ist Wohnraum wegen der steigenden Einwohnerzahlen knapp und teuer. Das belastet die Menschen sehr. Deswegen breiten sie sich immer weiter ins Umland aus und bebauen neue Flächen, um günstiger und ruhiger im Grünen zu leben. Dafür nehmen sie längere Wege in Kauf und benötigen Autos,
10 Straßen, Parkplätze. Wie kann man das Stadtklima verbessern? Die Menschen müssten ihre Verkehrsgewohnheiten ändern. Weil der Verkehr in europäischen Städten bis zu zehn Prozent der Fläche einnimmt, würde eine Verringerung des Verkehrs Flächen freisetzen. Statt der Straßen und Parkplätze wäre mehr Platz, um Wohnhäuser, Läden, Parks und Erholungs-
15 räume zu schaffen. Dann wäre es vielleicht auch einfacher, unabhängig und umweltfreundlich mobil zu sein, weil die täglichen Wege kürzer wären.

66

Fit für die Probe

3 **a.** Schreibe in Stichworten auf, worum es in dem Artikel geht.
  b. Notiere, welche Ideen für eine Stadt der Zukunft genannt werden.

4 Können veränderte Verkehrsgewohnheiten das Leben in der Stadt verbessern? Notiere deine Meinung.

5 Notiere überzeugende Argumente, die deine Meinung stützen.
  a. Schreibe mindestens drei Behauptungen auf, die zu deiner Meinung passen.
  b. Finde zu jeder Behauptung eine passende Begründung.
  c. Ergänze jeweils passende Beispiele oder Vergleiche.
  d. Nummeriere deine Argumente: vom schwächsten zum stärksten.

6 Welche Schlussfolgerung ziehst du für dich? Schreibe Stichworte auf.

Mit Hilfe deiner Notizen kannst du den Leserbrief schreiben.

7 Können veränderte Verkehrsgewohnheiten das Leben in der Stadt verbessern? Schreibe einen Leserbrief und nimm Stellung zu der Frage.
  a. Schreibe eine kurze Einleitung auf.
  b. Überzeuge im Hauptteil mit deinen Argumenten. Verknüpfe sie sinnvoll zu einer Argumentationskette.
  c. Schreibe zwei bis drei Schlusssätze auf.

3. Schritt: Die Aufgabe überprüfen

8 **a.** Überprüfe deinen Leserbrief mit Hilfe der folgenden Checkliste.
  b. Überarbeite anschließend deinen Leserbrief, wenn nötig.

Checkliste: Schriftlich Stellung nehmen	Ja	Nein
– Habe ich in der Einleitung das Thema genannt?	☐	☐
– Habe ich meine Meinung aufgeschrieben?	☐	☐
– Habe ich mindestens vier Argumente genannt?	☐	☐
– Habe ich meine Behauptungen mit Begründungen erklärt und mit Beispielen oder Vergleichen veranschaulicht?	☐	☐
– Habe ich meine Argumente zu einer Argumentationskette verknüpft?	☐	☐
– Habe ich eine Schlussfolgerung formuliert?	☐	☐
– Habe ich alles richtig geschrieben?	☐	☐

4. Schritt: Die Vorgehensweise auswerten

9 Schreibe deine Erfahrungen in dein Lerntagebuch: Was setzt du dir als Ziel für deinen nächsten argumentierenden Text?

Auf der Suche nach dem Glück

Das Glück ist das Einzige, was sich verdoppelt, wenn man es teilt.
(Albert Schweitzer, deutsch-französischer Arzt und Philosoph, 1875–1965)

talih

fortune

Willst du glücklich sein im Leben,
trage bei zu andrer Glück,
denn die Freude, die wir geben,
kehrt ins eigene Herz zurück.
(deutsches Sprichwort)

LIEBE 1

wenni hammgäih
und du bisd ned dähamm
moui erschd waddn
bis du hammkummsd
nou binni aa dähamm

Fitzgerald Kusz

счастье

sreća

Viele Menschen versäumen das kleine Glück, während sie auf das große vergebens warten.
(Pearl S. Buck, amerikanische Schriftstellerin, 1892–1973)

felicidad

Das Glück kommt zu denen, die lachen.
(japanisches Sprichwort)

Glück wird von Menschen unterschiedlich empfunden.

1 a. Seht euch die Bilder genau an.
   b. Was haben sie mit dem Thema **Glück** zu tun? Sprecht darüber.

2 Tauscht euch über die folgenden Fragen aus:
   – Was bedeutet Glück für euch?
   – Wann fühlt ihr euch glücklich?

Für das Glück gibt es auf der Welt viele Symbole und Wörter.

3 Welche Glückssymbole kennt ihr? Stellt sie euch gegenseitig vor.

4 Manchmal braucht man im Leben besonders viel Glück. Was hilft dir, wenn du Glück brauchst? Hast du einen Glücksbringer? Erzähle davon.

5 Du sprichst noch eine weitere Sprache.
   a. Schreibt das Wort **Glück** in verschiedenen Sprachen auf. Gibt es mehrere Bezeichnungen, die unterschiedliche Bedeutungen haben?
   b. Sprecht darüber, welche Gemeinsamkeiten ihr feststellen könnt.

In Sprichwörtern, Zitaten und Gedichten sind ganz unterschiedliche Vorstellungen vom Glück zu finden.

6 a. Lest die Sprichwörter und die Zitate auf Seite 68.
   b. Welche Vorstellungen vom Glück findet ihr in diesen Sprichwörtern und Zitaten? Gebt sie mit eigenen Worten wieder.

7 Das Gedicht „LIEBE 1" ist im fränkischen Dialekt geschrieben.
   a. Lest das Gedicht laut oder lasst es euch vorlesen.
   b. Versucht, das Gedicht ins Hochdeutsche zu übertragen.
   c. Sprecht darüber, was das Gedicht mit Glück zu tun hat.

8 Vergleicht die Vorstellungen vom Glück mit euren Ansichten. Welchen stimmt ihr zu? Begründet.

In diesem Kapitel lest ihr Auszüge aus Jugendbüchern, die vom Glück auf ganz unterschiedliche Weise handeln. Um die Texte besser zu verstehen, setzt ihr euch mit den Gedanken, Gefühlen und Wünschen der Hauptfiguren auseinander und nutzt die zusätzlichen Informationen aus einem Sachtext.

Zu einem Auszug aus einem Jugendbuch schreiben

Das folgende Jugendbuch erzählt von dem 14-jährigen Louis, der auf Anraten seiner Großmutter sein Schulpraktikum im Friseursalon „Marielou" antritt.

1 Lies den folgenden Auszug.

Textknacker ▶ S. 296

Über kurz oder lang   Marie-Aude Murail

[…] „Sag mal, du kommst ja gut zurecht … Haben Sie gesehen, Madame Marielou?"
Alle machten ihm Komplimente. Seine gesamte Schulzeit über hatte Louis nie so viel Lob eingeheimst.
5 „Was muss man für eine Ausbildung machen, um Friseur zu werden?"
„Die Ausbildung dauert drei Jahre", sagte Fifi.
„Nach der neunten?"
„Ja, und dann kommt die Ausbildung zum Meister. Noch mal zwei Jahre. Dann kannst du einen Salon aufmachen und Lehrlinge nehmen. Und dann
10 hast du noch zwei Jahre, bis du die Ausbilderprüfung machen kannst. Die braucht man, um unterrichten zu können."
„Soll ich dir das Zeug zeigen, das ich in der Schule machen muss?", mischte Garance sich ein. Aus ihrem kleinen Rucksack zog sie ein völlig verknittertes Aufgabenblatt, das Louis überflog. […]
15 Madame Marielou runzelte die Stirn. Louis überraschte sie. Im Grunde war er hilfsbereit, aufgeweckt und ruhig. Fifi behauptete, er sei für das Friseurhandwerk begabt. Warum nicht? Madame Marielou sah ihm einen Moment hinterher.
„Gehen Sie gern zur Schule, Louis?"
20 Er hatte sich gerade gebückt, um eine Ausgabe von *Elle* aufzuheben, die unter einen Stuhl gerutscht war. Er richtete sich auf.
„Nein."
Er überlegte, wie er seine Antwort etwas relativieren[1] könnte, ihm fiel aber nichts ein. Sie lautete *nein*.*

2 Was erfährst du über Louis? Notiere Stichworte.

3 „Alle machten ihm Komplimente. Seine gesamte Schulzeit über hatte Louis nie so viel Lob eingeheimst." (Z. 3–4) Wie fühlt sich Louis in diesem Moment? Schreibe drei mögliche Gedanken auf.

---

[1] relativieren: abschwächen

25 Gegen elf Uhr gab es eine hübsche Überraschung für Louis. Großmama betrat den Salon. Sie hatte einen Termin bei Clara.

„Garderobe, Louis", scherzte Madame Marielou. Aber der Junge nahm die Sache ernst. Er nahm seiner Großmutter den Mantel ab und legte ihr einen Umhang um. Dann fragte er um die Erlaubnis, sie shampoonieren zu dürfen.

30 Als Großmama auf dem Sessel saß, beugte Louis sich über das Waschbecken und flüsterte ihr zu.

„Wusstest du, dass Madame Marielou im Rollstuhl sitzt?"

An Großmamas weit aufgerissenen Augen erriet Louis, dass das neu für sie war. Er lachte leise.

35 Als Clara mit der Wasserwelle anfing, setzte Louis sich auf den Hocker.

„Hast du dich hier auch nicht zu sehr gelangweilt?", fragte Großmama.

Louis hatte so viel zu antworten, dass er nicht wusste, womit er beginnen sollte.*

4 Großmama überrascht Louis bei seinem Praktikum. Was denkt er in dem Moment, als sie den Laden betritt? Schreibe seine Gedanken auf.

5 Louis hat viel zu erzählen. Schreibt einen Dialog zwischen Louis und seiner Großmutter.
  a. Wovon könnte Louis berichten? Notiert zunächst Stichworte.
  b. Schreibt das Gespräch zwischen Louis und Großmama auf.
  c. Tragt eure Dialoge anschließend in der Klasse vor.

„Nur noch einen Tag durchhalten", fügte Großmama hinzu.
40 „Danach hast du Ferien und kannst dich ausruhen."
Ja, nur noch einen Tag. Die Zeit drängt, er musste reden. Rede, Louis. Jetzt.
„Es gefällt mir", sagte er.
„Was denn, mein Liebling?"
45 „Hier!"
„Eine nette Atmosphäre, nicht?"
„Nein. Na, doch, ja", ächzte Louis. „Aber das ist es nicht … Ich meine … Friseur. Anscheinend ist die Ausbildung gar nicht so einfach. Sie geht drei Jahre bis zur Prüfung, und dann
50 kann man noch den Meister machen. Fifi hat's mir erklärt."
Beim Reden knackte Louis mit den Fingern. Großmama hörte zu, zögerte noch, ihn zu verstehen.
„Meinst du damit, du hättest Interesse, eine … Würdest du gern Friseur lernen?"
55 „Ich lasse Sie zwei Minuten allein", flüsterte Clara.
„Eine Tasse Tee?"
Großmama willigte ein und hustete, um die Stille aufzulösen, die langsam unangenehm wurde. Louis saß mit gesenktem Kopf da. Er brauchte Hilfe. Hilfe, um zu reden.

60 „Weißt du, ich war in der Bäckerei sehr glücklich."
Louis warf heftig den Kopf nach hinten:
„Friseur werden nur Versager!"
„Aber nein, Louis, Friseur wird man, weil man das mag."
„Es ist ein handwerklicher Beruf."
65 „Was soll das denn heißen? *Handwerklicher Beruf!*", rief Großmama empört.
„Ein Chirurg hat doch auch einen handwerklichen Beruf – und ein Bildhauer
und ein Zahnarzt, arbeiten die etwa nicht mit ihren Händen?"
Louis hörte auf, mit den Fingern zu knacken.
„Ich will was mit meinen Händen machen."
70 Er lächelte seinem Spiegelbild zu. So, er hatte es gesagt.
„Ihr Tee!"
Clara stellte das Tablett vor ihrer Kundin ab und fügte hinzu:
„Entschuldige, Louis, ich glaube, du wirst gebraucht."
„Geh, mein Großer", sagte Großmama. „Und wenn du mich brauchst,
75 weißt du, wo du mich findest ..." [...]

An diesem Abend fragte Madame Feyrières ihren Sohn
beim Abendessen, wie sein Praktikum zu Ende
gegangen sei.
„Gut", antwortete er. [...]
80 Monsieur Feyrières hatte den Eindruck,
die Zimmerdecke würde ihm auf den Kopf fallen.
„Louis weiß jetzt ganz tolle Sachen", bemerkte Floriane.
„Ganz tolle Sachen, die zu nichts nutze sind",
erwiderte Monsieur Feyrières und fasste sich wieder. [...]
85 Louis sah seinen Vater schmerzerfüllt an.
Ihm war, als würde ihm ein Nagel ins Herz gerammt. [...]*

6 Sprecht über die folgenden Fragen zum Text:
– Was vertraut Louis seiner Großmutter im Salon an?
– Warum fällt es ihm so schwer, mit ihr darüber zu reden?
– Wie reagiert Louis' Großmutter auf sein Geständnis?

7 Was hält der Vater vom Beruf des Friseurs?
Belege deine Meinung mit einer passenden Textstelle.

8 „Louis sah seinen Vater schmerzerfüllt an. Ihm war, als würde ihm
ein Nagel ins Herz gerammt." (Z. 85–86)
Erkläre diese Redewendung mit eigenen Worten im Textzusammenhang.

9 Was hat die Geschichte von Louis mit dem Thema **Glück** zu tun?
Diskutiert in der Klasse darüber.

Du kannst eine Figur besser verstehen, wenn du dich in sie hineinversetzt.
Ⓦ Wähle aus: Du kannst einen Tagebucheintrag (Aufgaben 10 und 11), einen
Dialog (Aufgabe 12 und 13) oder einen Brief (Aufgaben 14 bis 17) schreiben.

Einen Tagebucheintrag schreiben

Jedes Familienmitglied hat seine eigene Meinung zu Louis' Berufswunsch.

10 a. Wähle eine Figur aus.
b. Was weißt du schon über diese Figur? Mache dir Notizen zu der Figur, ihrer Situation, ihrem Charakter …
c. Was denkt die Figur über Louis' Berufswunsch? Schreibe Stichworte auf.

11 Schreibe einen Tagebucheintrag aus der Sicht dieser Figur.
Beantworte dabei die folgenden Fragen:
– Wie hat die Figur den Tag erlebt?
– Welche Gedanken hatte sie?
– Wie hat sie sich gefühlt?

> **Starthilfe**
> Liebes Tagebuch,
> eigentlich hatte ich heute einen sehr schönen Tag.
> Ich mache gerade ein Praktikum bei einem Friseur und es gefällt mir wirklich
> sehr gut! Ich kann mir sogar vorstellen, dass …

Sprachspeicher
Ich bin unsicher, weil …

Es hat mich geärgert/verletzt, dass …

Ich bin enttäuscht darüber, dass …

Ich habe Angst vor …/ Angst, dass …

Einen Dialog schreiben

Am nächsten Tag möchte Louis noch einmal mit seinem Vater über seinen Berufswunsch reden. Wie könnte dieses Gespräch verlaufen?

12 a. Tauscht euch über die folgenden Fragen aus:
– Was denkt Louis über seinen Berufswunsch?
– Wie denkt der Vater darüber?
– Wie könnten Louis und sein Vater ihre Meinungen begründen?
b. Macht euch Notizen zu den beiden Figuren.

13 Erarbeitet einen Dialog.
a. Zeichnet Sprechblasen auf ein Blatt Papier und schreibt das Gespräch auf.
b. Spielt euer Gespräch als kurze Szene der Klasse vor.

Szenisch spielen ▶ S. 298

Einen Brief schreiben

**Stelle dir vor, du bist eine Freundin oder ein Freund von Louis.
Du wünschst dir, dass Louis glücklich ist, und möchtest seinem Vater einen Brief schreiben.**

14 Lies den Jugendbuchauszug noch einmal.

15 Beantworte die folgenden Fragen in Stichworten:
- Was genau gefällt Louis am Beruf des Friseurs?
- Was spricht gegen die Ausbildung zum Friseur?
- Wie fühlt sich Louis nach dem Abendessen?
- Was wünscht sich Louis von seinem Vater?
- Was denkst du über das Verhalten des Vaters?
- Wer sollte deiner Meinung nach entscheiden, welchen Beruf man wählt?

16 Schreibe einen Brief an Louis' Vater.
Verwende deine Notizen aus Aufgabe 15.
- Notiere den Ort und das Datum oben rechts.
- Wähle eine passende Anrede.
- Beginne damit, warum du den Brief schreibst.
- Schreibe deine Meinung über Louis und seine Situation auf.
- Formuliere deine Wünsche für Louis.
- Beende den Brief mit einem passenden Gruß und unterschreibe ihn.

17 a. Überarbeite anschließend deinen Brief.
Überprüfe auch die Rechtschreibung.
b. Lest euch eure Briefe gegenseitig vor.

Während des Lesens und des Schreibens zum Text hast du dir eine genauere Vorstellung von Louis und seinem Vater gemacht.

18 Sprecht über die folgenden Fragen:
- Wie habt ihr Louis und seinen Vater nach dem Lesen des Textes gesehen?
- Wie denkt ihr jetzt über sie?
- Hat sich eure Sicht auf die beiden Figuren im Laufe des Kapitels verändert?
- Habt ihr den Text durch die Schreibaufgaben besser verstanden?

19 Schreibe deine Gedanken zu dem Jugendbuchauszug auf.
- Du kannst schreiben, wie er auf dich wirkt.
- Du kannst einen Bezug zu deinem Leben herstellen.
- Du kannst aufschreiben, was dich zum Nachdenken anregt.

Sprachspeicher

Ich bin hin- und hergerissen

Etwas fand ich unfair

Ich denke/finde, dass …

Sie sollten versuchen, … zu verstehen, … dass …

Ich wünsche mir, dass …

Der Rechtschreib-Check
▶ S. 304

Einen Sachtext mit Grafik in Beziehung zum Thema des Jugendbuchs setzen

Die Glücksforschung ist die Erforschung der Bedingungen, unter denen sich Menschen als glücklich bezeichnen und/oder glücklich sind.

1 Was ist eurer Meinung nach wichtig, um glücklich zu sein? Sammelt Quellen des Glücks und schreibt sie auf.

2 Lies den folgenden Sachtext mit dem Textknacker.

Textknacker ▶ S.296

Weltglückstag: Auf der Suche nach dem Glück

Das Streben nach Glück eint uns alle: Die meisten Menschen wollen gern glücklich sein, wissen aber gar nicht, was sie überhaupt glücklich macht. Die Antwort auf diese Frage sucht manch einer sein Leben lang, andere dagegen scheinen einfach so glücklich und zufrieden zu sein. Und so
5 mühelos das scheint, ist es eigentlich auch, sagt die Glücksforschung. Aber was macht denn nun glücklich?
Jeder Mensch definiert Glück anders. Für die UN-Vollversammlung bedeutet es soziales und ökologisches[1] Wohlbefinden sowie Zufriedenheit. Um das zu fördern, wurde 2012 der Tag des Glücks für den 20. März ausgerufen – auf
10 Bestreben des kleinen asiatischen Landes Bhutan. Bereits seit den 1970er-Jahren gibt es dort eine […] Zielsetzung, die das nationale Glück fördert. Der Tag des Glücks soll die Gesellschaften[2] für einen Diskurs[3] über die Frage motivieren, was sie glücklich machen würde und wie das gegebenenfalls erreicht werden kann.
15 Mit diesen Fragen setzt sich auch die Glücksforschung auseinander. Soziologen und Psychologen beschäftigen sich hier allerdings mit unserem individuellen[4], subjektiven Wohlbefinden. Objektive Antworten auf die Frage, was Glück ist, können nämlich gar nicht gefunden werden, erklärt Professor Manfred Spitzer. […]
20 Auf die Frage, was uns Menschen glücklich macht, gibt es also viele individuelle Antworten. Eine davon lautet schlicht, dass der Mensch glücklich ist, der häufig positive Gefühle hat und der im Großen und Ganzen mit seinem Leben zufrieden ist. […] Diese Art von Glück habe sogar Konsequenzen[5] für die Gesundheit: „Glück entlastet das Immunsystem, das heißt: Wir sind
25 gesünder und leben länger. […]" Was weniger helfe, sei, wenn die Ziele Geld, Schönheit und Popularität[6] seien.

[1] ökologisch: den Schutz der Umwelt betreffend
[2] die Gesellschaft: die Gesamtheit der Menschen, die in einem Staat zusammenleben
[3] der Diskurs: die Diskussion
[4] individuell: den Einzelnen betreffend
[5] die Konsequenz: die Auswirkung
[6] die Popularität: die Beliebtheit

Macht Geld also wirklich nicht glücklich? Eher nicht, lautet die einhellige[7] Meinung der meisten Glücksforscher. [...] Es machen vor allem die Dinge glücklich, die uns [...] entscheidend geprägt haben: Also etwa Zeit mit der Familie zu verbringen oder mit vertrauten Menschen [...].
Doch auch unsere Umgebung hat einen deutlichen Einfluss auf unser Wohlbefinden: Bewegung und natürliche Umgebung, Wald, Bäume und Wiesen können unser Glücksgefühl positiv beeinflussen.
Forscher zählen [...] außerdem diese Faktoren für Glück auf:
eine stabile Liebesbeziehung, Gesundheit, ein den eigenen Fähigkeiten entsprechender Beruf, Freunde, Kinder und Geld für Grundbedürfnisse.

Unter gewissen Umständen kann Geld aber tatsächlich glücklicher machen. Mehrere Untersuchungen haben nämlich gezeigt, dass es glücklicher macht, Geld für andere auszugeben. [...] Wenn man jedoch Geld für sich selbst ausgibt, wird man nicht glücklicher, aber auch nicht trauriger – zumindest, wenn es sich um Sachwerte handelt. Denn, wer sich selbst mit Geld eine Freude machen will, sollte in Erlebnisse investieren, rät Professor Spitzer: „Wenn Sie aber eine Party schmeißen oder eine Reise machen – am besten mit Ihrer ganzen Familie. Diese Reise wird in Ihrem Kopf immer schöner. Sie kennen ja die rosarote Brille für Vergangenes. Das heißt, es verstaubt nicht, es verrostet nicht, es wird immer besser über die Zeit. Deswegen trägt es zu Ihrem Lebensglück langfristig immer mehr bei. Und dann haben Sie die Chance, dass Ihnen das ausgegebene Geld auch ein bisschen Glück bringt."
Der Lottogewinn auf dem Konto allein sorgt also nicht für das große Lebensglück. Er verschafft vielleicht Sicherheit, Einfluss und Macht, aber nicht unbedingt Glück. [...]*

[7] einhellig: einstimmig

3 a. Lege eine Folie über den Text und markiere in jedem Absatz die Schlüsselwörter.
b. Worum geht es in den einzelnen Absätzen? Fasse jeden Absatz in einem Satz zusammen.

👥 **4** Ihr müsst nicht jedes Wort im Text verstehen. Klärt gemeinsam unbekannte Wörter, die wichtig sind für das Textverständnis.
– Manche Wörter werden unter dem Text mit Fußnoten erklärt. Lest die Fußnoten.
– Andere Wörter werden im Text selbst erklärt. Ihr könnt sie aus dem Zusammenhang verstehen.
– Schlagt unbekannte Wörter, die ihr weder mit Hilfe der Fußnoten noch aus dem Textzusammenhang klären könnt, in einem Wörterbuch oder Lexikon nach.

Nachschlagen ▶ S. 305

5 a. Beantworte die folgenden Fragen zum Sachtext in Stichworten:
– Warum gibt es den Weltglückstag?
– Zu welchen Ergebnissen kommt die Glücksforschung?
– Welchen Einfluss hat Glück auf die Gesundheit?
b. Belege deine Antworten mit passenden Textstellen.

6 a. Werte die Grafik aus:
– Worüber informiert die Grafik?
– Was ist wichtig, um glücklich zu sein? Was ist weniger wichtig?
b. Fasse deine Ergebnisse in einem kurzen Text zusammen.

7 Was ist für dich wichtig, um glücklich zu sein?
a. Schreibe deine Quellen des Glücks auf.
b. Sammelt eure Ergebnisse in der Klasse.
c. Stellt eure Ergebnisse in einem Balkendiagramm dar.

8 „Geld macht eher nicht glücklich." Oder doch? Was denkst du darüber? Schreibe deine Meinung auf und begründe sie.

🔘 **9** Wie kannst du zum Glück anderer beitragen?
a. Sammle Ideen, was du tun kannst, damit andere mehr Glück erfahren.
b. Überlege dir drei konkrete Ziele, wen du in nächster Zeit glücklich machen willst und wie du das tun kannst.

> jemandem helfen
>
> etwas verschenken
>
> Zeit mit jemandem verbringen
>
> etwas für den Schutz der Umwelt tun
>
> sich für andere/ Tiere einsetzen

Auch Louis aus dem Jugendbuch „Über kurz oder lang" ist auf der Suche danach, was ihn glücklich macht.

10 Lies noch einmal deine Ergebnisse zu den Seiten 70 bis 74.

11 Was würden die Glücksforscher Louis raten? Schreibe eine E-Mail an Louis, in der du ihm Tipps für ein weiteres glückliches Leben gibst. Beziehe dabei die Informationen des Sachtextes und der Grafik mit ein.

Extra Sprache

Wortfelder verwenden

Wortfelder helfen dir, Gedanken und Gefühle abwechslungsreich zu beschreiben. Die folgenden Begriffe gehören zum Wortfeld **Glück**.

> die Freude, fröhlich, sorglos, die Zufriedenheit, ausgeglichen, sich freuen, der Spaß, der Wunsch, erfüllt, der Glücksbringer, das Wohlbefinden, glücklicherweise, das Vergnügen, wünschen, der Zufall, glücklich, die Träume, vergnügt, die Dankbarkeit

1
  a. Lies die Begriffe zum Wortfeld **Glück**.
  b. Ordne die Begriffe nach Wortarten in eine Tabelle ein. Schreibe die Nomen mit dem bestimmten Artikel auf.
  c. Findet weitere Begriffe zum Wortfeld **Glück** und ergänzt eure Tabelle.

Starthilfe

Nomen	Verben	Adjektive
die Freude	sich freuen	glücklich
…	…	…

2 Glück, Freude und Zufriedenheit liegen dicht beieinander.
  a. Was bedeuten diese Begriffe? Notiert Stichworte.
  b. Was haben sie gemeinsam? Wie unterscheiden sie sich? Sprecht darüber.

3 Welche Begriffe aus dem Wortfeld **Glück** sprechen dich besonders an?
  a. Wähle fünf Begriffe aus.
  b. Schreibe mit jedem Begriff einen Satz auf.

Das Wort **Glück** kann unterschiedliche Bedeutungen haben.

Gestern bin ich auf der Treppe gestolpert. Ich hatte Glück, dass ich mich nicht verletzt habe.

Glück bedeutet für mich, mit meinen Freunden Spaß zu haben.

4 a. Lest die Sprechblasen.
  b. Was bedeutet das Wort **Glück** jeweils? Sprecht darüber.

5 Im Englischen gibt es zwei unterschiedliche Wörter, die im Deutschen mit **Glück** übersetzt werden: **luck** und **happiness**. Ordnet die beiden Begriffe den Sprechblasen zu.

Redewendungen und Sprichwörter verstehen

Über das Glück gibt es viele Redewendungen.

> das Glück auf seiner Seite haben
> etwas auf gut Glück tun
> mehr Glück als Verstand haben
> Glück im Unglück haben

 1 a. Versucht, die Bedeutung der Redewendungen zu erklären.
b. Überlegt euch zu jeder Redewendung eine passende Situation.

Auch in Mundart kann man ausdrücken, wenn jemand großes Glück hat.

> Du hosch fai an Dusl khedd. (Schwäbisch)
> Do host a gscheids Dusel ghod. (Mittelbairisch)
> Da hast fei an Duusl ghabt. (Fränkisch)

 2 a. Lest die Sätze laut oder lasst sie euch vorlesen.
b. Welche Gemeinsamkeiten könnt ihr erkennen? Sprecht darüber.

Im Deutschen gibt es auch viele Sprichwörter über das Glück.

> Jeder ist seines Glückes Schmied.
> Trautes Heim, Glück allein.
> Glück und Glas, wie leicht bricht das.
> Glück im Spiel, Pech in der Liebe.

 3 Was bedeuten die Sprichwörter?
a. Lest die folgenden Erklärungen.
b. Ordnet die Erklärungen den Sprichwörtern richtig zu.

> Das Glück kann schnell wieder vorbei sein.
> Zu Hause ist es doch am schönsten.
> Man kann nicht immer Glück haben.
> Jeder ist selbst dafür verantwortlich, dass er glücklich wird.

4 a. Sammelt weitere Redewendungen und Sprichwörter zum Thema **Glück**, vielleicht auch in anderen Sprachen.
b. Erklärt euch gegenseitig die Bedeutung der Redewendungen und Sprichwörter.

Weitere Sprichwörter und Redensarten
▶ S. 266–267

Teste dich!

Zu einem Jugendbuchauszug schreiben

Hier kannst du überprüfen, ob du einen Jugendbuchauszug erschließen und dazu schreiben kannst.

1 Lies den folgenden Jugendbuchauszug.

Textknacker ▶ S. 296

Fette Ferien   Jochen Till

Tobias möchte in den Sommerferien eigentlich nur seine Ruhe haben. Stattdessen schickt sein Vater ihn in ein Ferienlager.

„Und benimm dich, verstanden? Dass mir ja keine Klagen kommen!" Genau, klagen! Das hätte ich noch versuchen können. Geht das? Kann man seinen Vater verklagen, weil er einen gegen seinen Willen für volle zwei Wochen in ein [...] Ferienlager irgendwo in der Pampa[1] schickt? In Amerika ginge das, da
5 kann man alles und jeden wegen Pipifax verklagen und wird stinkreich dabei. Aber was hilft's, ich bin nicht in Amerika, und jetzt ist es sowieso zu spät, da kommt der Bus. Komisch, es sind gar keine Gitterstäbe[2] an den Fenstern, wie ich erwartet hatte. „Tobias! Guck mich gefälligst an, wenn ich mit dir rede! Ob du mich verstanden hast, will ich wissen."
10 „Ja, ja, verstanden. Werd ich denn früher entlassen, wenn ich mich gut benehme?" „Jetzt fang nicht wieder so an, Tobias! Das hatten wir doch alles schon besprochen. Du kannst langsam wirklich damit aufhören, so zu tun, als würde ich dich mit diesen Ferien bestrafen wollen."
Tut er aber. Genau das ist es doch. Mein Zeugnis war nicht so
15 berauschend [...], deswegen stehe ich jetzt hier und warte auf meinen Abtransport ins Sträflingslager. [...]
„Wart's mal ab, in zwei Wochen wirst du nicht mehr dort wegwollen, das verspreche ich dir. Du wirst jede Menge Spaß haben, vertrau mir."
Bestimmt nicht so viel Spaß wie er mit seiner Neuen. Noch so
20 ein Grund, warum er mich abschiebt.
Er will mich aus dem Weg haben, damit er in Ruhe mit dieser Tamara rummachen kann. Er hat sie beim Chatten kennen gelernt und benimmt sich wie ein liebeskranker Volltrottel, sobald sie sich in seiner Nähe befindet. Zugegeben, sie sieht verdammt gut aus, was sie allerdings zu einem sehr
25 großen Teil der Tatsache zu verdanken hat, dass sie erst 21 ist. Das muss man sich mal reinziehen. Die Frau ist gerade mal ein Jahr älter als Maja, meine Schwester. Oh, Mann, wie gerne wäre ich mit Maja und Thomas nach Frankreich zum Zelten gefahren. Sie wollten mich mitnehmen [...], aber nein, mein werter Herr Papa musste ja auf diesem [...] Ferienlager-Mist bestehen.

[1] die Pampa: hier: ganz weit draußen
[2] die Gitterstäbe: hier: Die Zellen in Gefängnissen haben Gitterstäbe.

Teste dich!

30 „Hast du auch alles? Was ist mit der Taschenlampe? Hast du die Taschenlampe? Die wirst du dringend brauchen, weil …"
„Ja, ja, weil wir da ganz tolle Nachtwanderungen und ähnlichen altmodischen Schwachsinn im Dunkeln machen, ich weiß, Papa."
„Das ist kein altmodischer Schwachsinn, das ist old school, oder wie man
35 das heutzutage nennt, und es macht wirklich Spaß, Tobias!"
Gibt es etwas Peinlicheres als Erwachsene, die versuchen, so zu reden wie wir, obwohl sie keine Ahnung haben? „Mit old school bezeichnet man etwas Gutes, Papa. Etwas, das sich bewährt hat und immer noch da ist. Ferienlager sind nicht old school." […]
40 „Wenn du schon mit dieser Einstellung losfährst, verdirbst du dir nur selbst die Laune und allen anderen wahrscheinlich auch. Positiv denken, Tobias. Immer positiv. Nur so kommst du weiter im Leben. Los, lächle doch mal, dann geht's dir gleich besser." Oh, nein, nicht auch noch die Positiv-Keule, Papa. […]
„Es geht los, du musst einsteigen. Warte, ich helfe dir mit dem Rucksack."
45 „Nein, lass, das schaff ich schon." Das hätte mir noch gefehlt, dass meine Mitsträflinge mich, bevor es überhaupt losgeht, als Weichei beobachten können, das sich von seinem Papa beim Tragen helfen lässt. „Wie du willst. Tja, dann also bis in zwei Wochen, Sohnemann. Ich wünsche dir eine ganz tolle Zeit." „Ja, ja, bis dann. Tschüss." Ich schultere meinen Rucksack und trotte[3] los
50 in Richtung Bus. „Lächeln, Tobias! Immer lächeln!", ruft er mir hinterher. Ich drehe mich noch einmal zu ihm um und ziehe mühsam meine Mundwinkel nach oben, ohne auch nur einen Zahn dabei zu zeigen. „Siehst du, das ist schon viel besser! Und vergiss bitte nicht, Herrn Wismuth ganz besonders herzlich von mir zu grüßen, ja?" Er zwinkert mir zu.
55 „Ja, ja, grüßen, mach ich."
Ich drücke meinen Rucksack jemandem in die Hand, der ihn achtlos in den Gepäckraum wirft, und besteige den Bus. Ein letzter Blick zurück. Papa steht noch da und winkt grinsend. Ich winke mit einer Hand schlaff zurück und gehe die Stufen nach oben. Das war's, jetzt gibt es wirklich kein Zurück mehr,
60 ich befinde mich im Sträflingsbus mit Zielort Ferienhölle. […]*

[3] ich trotte: ich gehe langsam und lustlos zu etwas hin

2 „[…] ich befinde mich im Sträflingsbus mit Zielort Ferienhölle." (Z. 60)
Am Abend schreibt Tobias eine E-Mail an seinen besten Freund.
  a. Wie hat Tobias den Tag erlebt? Was denkt er über das Ferienlager? Was denkt er über seinen Vater? Notiere Stichworte.
  b. Verfasse eine E-Mail aus der Sicht von Tobias und schreibe über seine Gedanken und Gefühle.

3 Schreibe in dein Lerntagebuch:
  – Was hat dir geholfen, die Hauptfigur besser zu verstehen?
  – Was gelingt dir gut, was möchtest du noch weiter üben?

Fördern/Fordern

Zu einem Textauszug schreiben

Hier übst du noch einmal, einen Textauszug zu verstehen und aus der Sicht der Figuren zu schreiben.

Zimtküsse Deniz Selek

Die 14-jährige Sahra hat ein paar Probleme – mit der Trennung ihrer Eltern, mit ihrer besten Freundin und mit einem Jungen. Sie braucht Abstand von allem und fährt in den Ferien zu ihrer Großmutter, auf Türkisch „Babaanne", nach Istanbul. Gemeinsam besuchen sie die Insel Büyükada.

[…] Auf dieser Insel scheint die Zeit stehengeblieben zu sein.
„Sahra, sieh doch nur, diese alten Villen! Sind die nicht wunderschön?" Babaanne zeigt nach rechts auf ein besonders kunstvolles Holzhaus. Zwei üppige Johannisbrotbäume flankieren[1] eine riesige Veranda
5 mit Säulenaufgang. Das Grundstück dahinter scheint kein Ende zu nehmen.
„Hier findest du alte Häuser schön, und bei uns willst du, dass sie abgerissen werden!" Mein Ton ist schärfer als beabsichtigt.
„Ich will nicht, dass alte Häuser abgerissen werden, Sahra; ich wollte nur, dass unser Nachbarhaus abgerissen wird."
10 Mein Ärger verwandelt sich sofort in Neugier. „Warum das denn?"
Sie lacht verlegen und weicht meinem Blick aus. „Gib mir noch ein paar Minuten, ja?"
Der Kutscher lenkt das Pferd in eine ruhige Allee. Wir sind die einzigen Verkehrsteilnehmer auf der ganzen Strecke. Nicht einmal Passanten[2]
15 auf dem Bürgersteig. Nur gelbe und rote Blätter, die am Straßenrand aufwirbeln, und helles Vogelgezwitscher aus dem Blätterdach über uns. Die Glöckchen klingeln im Takt der Pferdehufe. Klackklack, klackklack, klackklack. Nach dem quirligen Lärm der Großstadt kommen mir diese Geräusche fast unnatürlich vor.
20 „Hier sind wir damals auch langgefahren", sagt Babaanne.
„Und die Kutsche war auch hellgrün."
„Mit Dede[3]?"
Babaanne wirft einen Blick auf den Kutscher und sagt dann leise: „Nein, Güzelim. Nicht mit Dede."
25 „Mit wem?", frage ich ebenso leise.
„Mit jemandem, der mir sehr viel bedeutet hat. Ein sehr kluger und schöner Mann. Groß und blond, mit braunen Augen."
Wie Karl, denke ich.
„Er ist vor langer Zeit gestorben. Er war Kapitän
30 eines Handelsschiffes und …" Babaanne lächelt und schweigt.
Mit einer Hand greift sie nach dem kleinen Anker an ihrem Hals.

[1] flankieren: auf beiden Seiten von jemandem/etwas sein
[2] die Passanten: die Fußgänger
[3] Dede: Türkisch für „Großvater"

Fördern/Fordern

„Ist die Kette von ihm?"

„Ja, sie ist von ihm. Er hat sie mir geschenkt. Hier auf dieser Insel."

Sie bricht wieder ab und schaut auf ihre Hände. Dann strafft sie sich und
35 lächelt mich an, so wie immer. „Auch deine Babaanne war einmal jung, weißt du?"

Ich nicke nur, damit sie weiterspricht.

„Zu meiner Zeit gab es für Männer und Frauen andere Regeln als heute. Bei uns bestimmten die Eltern, wen man heiratete und wen nicht.
40 Wir konnten uns das nicht aussuchen. Wir konnten nicht machen, was wir wollten." Ich nicke wieder stumm.

„Dein Dede war ein guter Mensch. Sehr großzügig und freundlich. Seine Eltern und meine Eltern hatten sich darauf geeinigt, dass wir heiraten sollten. Es war damals nichts Besonderes, dass wir uns kaum kannten.
45 Nie wäre ich auf den Gedanken gekommen, meinen Eltern zu widersprechen oder mich zu weigern. Er sah nett aus und hatte eine schöne Stimme. Das reichte mir. Ich wurde gerade neunzehn, als wir heirateten, und viele Jahre war ich sehr zufrieden mit meinem Leben. Es ging uns gut. Dein Onkel und dein Baba[4] wuchsen heran. Dann zogen wir in diese Wohnung,
50 neben das Kapitänshaus."

„Das war unser Kapitän?", zische ich erschrocken.

Babaanne ignoriert meine Frage. „Er war auch verheiratet und hatte einen Sohn und eine Tochter. Auch ihn hatte man mit einer Frau verheiratet, die er nicht kannte. Sie mochten sich nicht besonders. Aber an eine Scheidung war
55 nicht zu denken. So etwas machte man damals einfach nicht." Sie schweigt. Ungläubig sehe ich sie an. Meine Oma?!

„Ich habe diese Geschichte niemandem erzählt." Wieder lächelt sie verlegen. „Jetzt kann ich sie endlich loslassen. Jetzt, wo das Haus weg ist."

„Wusste Dede davon?", frage ich. „Und die Frau des Kapitäns?"
60 Babaanne schüttelt den Kopf. „Nein. Ich denke nicht. Wir haben uns ja auch nur aus der Ferne angesehen und sehr wenig miteinander gesprochen. Es war nicht wie heute, Sahra, wo die Menschen aufeinander zugehen, wenn sie sich mögen. Das war damals unmöglich. Da gab es strenge Gesetze. Wir waren an unsere Partner gebunden. Außerdem hätte es
65 sofort Gerede gegeben. Wir wären in Teufels Küche gekommen[5]. Das wollten wir nicht. Nein, uns verband eine stille Zuneigung. Wir wussten, dass wir eigentlich füreinander bestimmt sind, aber wohl nicht in diesem Leben. Er hat nur einmal meine Hand gehalten. Hier auf Büyükada, als wir uns ein einziges Mal trafen. Wir hatten unsere Familien belogen und
70 uns davongestohlen, dieses eine Mal. Es waren die schönsten und schrecklichsten Stunden meines Lebens. Es ging uns nicht gut damit. Wir hatten das Gefühl, etwas Unrechtes zu tun. Etwas, wofür wir schwer bestraft werden würden. Und gleichzeitig war es so richtig, so wahr und so vollkommen, neben ihm in der hellgrünen Kutsche zu sitzen und seine Hand

---

[4] Baba: Türkisch für „Vater"
[5] in Teufels Küche kommen: Redewendung für: in Schwierigkeiten kommen

Fördern

75 auf meiner zu spüren. Mehr war nicht nötig für unser Glück. Mehr brauchten wir nicht. In diesem Augenblick wusste ich, dass wir uns nie verlieren würden. Dass er mein Herz für immer besetzen würde, ganz gleich, mit wem wir verheiratet waren. Das gab mir all die Jahre viel Kraft, besonders als er starb." So hat Babaanne noch nie zu mir gesprochen. Auf einmal ist sie mir fremd.
80 Auch ihr Ausdruck hat sich verändert. Sie ist nicht mehr nur meine Oma, sondern vielleicht sogar ein bisschen wie meine Mutter. Oder ist das etwas ganz anderes? [...]*

Du entscheidest, ob du die Aufgaben auf Seite 84 mit mehr Hilfen oder die kniffligeren Aufgaben auf Seite 85 lösen möchtest.

Bei dem Ausflug vertraut die Großmutter Sahra ein Geheimnis an.

1 Lies den Jugendbuchauszug auf den Seiten 82 bis 84.

Textknacker ▶ S. 296

2 Mache dir Notizen zu den folgenden Fragen:
- Wie fühlt sich Sahra, als sie auf Büyükada ankommen?
- Welche Erinnerungen weckt der Ausflug bei Babaanne?
- Warum ist es etwas ganz Besonderes, dass Babaanne Sahra ihr Geheimnis anvertraut?

3 Worin besteht das Glück für Babaanne?
a. Überlegt, ob sie mit ihrem Leben glücklich ist.
b. Begründet mit Hilfe von passenden Textstellen.

Sahra sieht Babaanne nach dem Gespräch mit anderen Augen.

4 „So hat Babaanne noch nie zu mir gesprochen. Auf einmal ist sie mir fremd." (Z. 79) Wie reagiert Sahra auf das Geständnis ihrer Babaanne? Welche Gedanken gehen ihr durch den Kopf? Schreibe Stichworte auf.

Am Abend denkt Sahra über das Gespräch mit ihrer Babaanne nach.

5 Schreibe einen Tagebucheintrag in der Ich-Form.
Die folgenden Fragen helfen dir dabei:
- Was denkt Sahra über den Tag?
- Wie sieht sie ihre Babaanne nun?
- Wie haben sich ihre Gefühle und Gedanken verändert?

6 a. Überprüfe deinen Text mit Hilfe einer Checkliste.
b. Überarbeite anschließend deinen Text.

Fordern

Sahra erfährt bei dem Ausflug das Lebensgeheimnis ihrer Großmutter.

1 Lies den Jugendbuchauszug auf den Seiten 82 bis 84.

2 Welches Geheimnis vertraut Babaanne Sahra an? Warum ist das etwas ganz Besonderes? Fasse den Inhalt des Auszugs in wenigen Sätzen zusammen.

3 Wie bewertet Sahra Babaannes Geheimnis?
Suche Textstellen, an denen deutlich wird, welche Haltung sie hat.

Während des Gesprächs gehen Sahra viele Gedanken durch den Kopf.

4 „Sie schweigt. Ungläubig sehe ich sie an. Meine Oma?!" (Z. 55–56)
Notiere, was Sahra in dem Moment durch den Kopf gehen könnte.

5 „Auf einmal ist sie mir fremd. Auch ihr Ausdruck hat sich verändert. Sie ist nicht mehr nur meine Oma, sondern vielleicht sogar ein bisschen wie meine Mutter. Oder ist das etwas ganz anderes?" (Z. 79–82)
Schreibe Stichworte zu den folgenden Fragen auf:
– Warum ist Babaanne Sahra plötzlich fremd?
– Warum könnte Babaanne wie Sahras Mutter sein? Was haben sie gemeinsam?

Sahras Gedanken kannst du in einem inneren Monolog wiedergeben.

6 Lies den Text noch einmal genau.
Notiere dabei Stichworte zu Sahras Gedanken und Gefühlen.

7 a. Schreibe den inneren Monolog mit Hilfe deiner Notizen. Beachte dabei:
– Die einzelnen Gedanken müssen nicht sortiert sein. Sie können durcheinandergeraten, abschweifen oder abbrechen.
– Schreibe im Präsens.
– Achte darauf, dass die Gedanken nicht dem Inhalt des Textes widersprechen.
b. Überarbeitet anschließend eure Texte.

Ein Sprichwort lautet: „Jeder ist seines Glückes Schmied."

8 Auf wen in dem Jugendbuchauszug trifft dieses Sprichwort zu?
Sprecht darüber und begründet eure Meinung.

9 Warum könnte Babaanne Sahra ihr Geheimnis anvertraut haben?
Worin besteht das Glück für Babaanne? Was könnte die Geschichte mit Sahras Leben zu tun haben? Schreibe deine Gedanken auf.

Weitere Sprichwörter und Redensarten
▶ S. 266–267

Ein Beruf für dich

1 Seht euch die Bilder an.
  – In welchen Situationen seht ihr die Personen?
  – Was tun sie auf den Bildern?
  – Was könnten sie jeweils sagen oder denken?
  Sprecht darüber.

Olga und Paul überlegen, welche Art von Beruf zu ihnen passt.

Raumausstatterin fänd ich gut.
Aber kann ich das?
Bei meinem Betriebspraktikum
habe ich erste Einblicke gewonnen.

Fachkraft im Gastgewerbe,
das wär was!
Ich möchte mich für einen
Ausbildungsplatz bewerben.
Aber wo?

2 a. Seht euch die Bilder an und lest die Gedankenblasen.
    b. Besprecht: Worüber denken Olga und Paul nach?
       Wo und wie könnten sich die beiden informieren?

Für jeden Beruf braucht man besondere Stärken und Fähigkeiten.

3 a. Welche Stärken und Fähigkeiten brauchen Olga und Paul
       in ihren Wunschberufen? Begründet.
    b. In welchen Berufen braucht ihr die folgenden Stärken und Fähigkeiten?
       Begründet.

die Kontaktfreude	die Sorgfalt	die Zuverlässigkeit
die Ausdauer	die Genauigkeit	die Teamfähigkeit
das technische Verständnis	der Ordnungssinn	die Höflichkeit

4 Welche Berufe möchtet ihr erlernen? Warum?

5 Was musst du wissen, bevor du dich für einen Ausbildungsplatz bewirbst?
    Sprecht darüber in der Klasse.

In diesem Kapitel bereitet ihr euch auf die Bewerbung für einen
Ausbildungsplatz vor.
Dabei lernt ihr, wie ihr ein Bewerbungsschreiben und einen Lebenslauf
verfasst und wie ihr euch auf ein Bewerbungsgespräch vorbereitet.

Sich vorab informieren

Wie bewirbt man sich richtig? Jasmin und Peter führen dazu ein Interview mit der Ausbildungsleiterin Frau Tosun.

1 Lies das Interview.

Jasmin: Guten Tag, Frau Tosun. Danke, dass Sie sich Zeit nehmen.
Peter: Was gehört eigentlich alles zu einer vollständigen Bewerbung?
Frau Tosun: Ein Bewerbungsanschreiben, ein tabellarischer Lebenslauf und ein aktuelles Lichtbild werden erwartet.
5 Manche Betriebe wünschen eine Zeugniskopie, wir auch.
Jasmin: Wofür brauchen Sie eine Zeugniskopie?
Frau Tosun: Wir wollen vermeiden, dass jemand ein Praktikum in einem Bereich absolviert, der ihm aller Voraussicht nach nicht liegen wird. Wenn jemand z. B. in
10 Mathematik und Naturwissenschaften große Schwächen hat, würden wir ihm in jedem Fall abraten, ein Praktikum als Zerspanungsmechaniker zu machen.

Peter: Worauf muss ich denn bei einer Bewerbung besonders achten?
Frau Tosun: Eine vollständige und fehlerfreie Bewerbung ist wichtig.
15 Denn eine fehlerhafte Bewerbung könnte im Papierkorb landen. Wer sich bei der Bewerbung nicht richtig bemüht, der strengt sich im Betrieb vermutlich auch nicht an.
Jasmin: Oh, das verstehe ich. Und was ist für uns noch wichtig?
Frau Tosun: Pünktlichkeit ist wichtig, denn wir müssen die Termine
20 für unsere Kunden einhalten. Überlegt euch also vor der Bewerbung: Wie komme ich pünktlich zum Praktikumsort? Welche Verkehrsmittel nutze ich? Wie viel Zeit brauche ich?
Jasmin und Peter: Vielen Dank für das Gespräch, Frau Tosun.

Für einen Ausbildungsplatz müsst ihr euch schriftlich bewerben.

2 Was ist bei einer schriftlichen Bewerbung wichtig?
Beantwortet die folgenden Fragen in Stichworten:
- Was gehört zu einer vollständigen Bewerbung?
- Weshalb verlangen manche Betriebe auch das letzte Zeugnis?
- Warum muss eine Bewerbung fehlerfrei sein?
- Was ist sonst noch wichtig?

3 Notiert Stichworte zu folgenden Fragen:
- Welche Stärken und Fähigkeiten habt ihr?
- Welche Berufe möchtet ihr erlernen? Warum?
- Wo und wie möchtet ihr euch über den Ausbildungsberuf informieren?

**Nicht in jedem Betrieb kann man eine Ausbildung machen.
Daher erkundigt sich Olga telefonisch.**

Carola Schmitz:
Einrichtungshaus Brahm, guten Morgen.
Mein Name ist Carola Schmitz.
Was kann ich für Sie tun?

Olga:
Guten Morgen.
Mein Name ist Olga Baric. Ich möchte
fragen, ob Sie einen Ausbildungsplatz
für mich haben.

Carola Schmitz:
Ich verbinde dich
mit unserem
Ausbildungsleiter.

4 Sprecht über das Telefonat: Wo sucht Olga einen Ausbildungsplatz?
Wie stellt sie ihr Anliegen dar?

Frau Schmitz verbindet Olga mit dem Ausbildungsleiter, Herrn Kunda.

Herr Kunda: Kunda. Guten Tag. Wie kann ich helfen?
Olga: Guten Tag. Mein Name ist Olga Baric. Ich möchte mich nach
einem Ausbildungsplatz als Raumausstatterin erkundigen.
Herr Kunda: In welcher Klasse bist du?
5 **Olga:** Ich gehe in die 8. Klasse der Mittelschule am Park.
Herr Kunda: Weshalb bewirbst du dich gerade bei uns?
Olga: Ich habe mich im Internet über Ihren Betrieb informiert, denn ich
interessiere mich für den Beruf der Raumausstatterin. Durch eine Ausbildung
bei Ihnen könnte ich meinen Wunschberuf erlernen. Ich habe auch schon ein
10 Praktikum in diesem Bereich gemacht. Haben Sie noch freie Ausbildungsplätze?
Herr Kunda: Wann könntest du mit der Ausbildung beginnen?
Olga: Im nächsten Jahr beende ich die Schule und könnte eine Ausbildung
beginnen.
Herr Kunda: Ja, in dem Zeitraum haben wir noch freie Ausbildungsplätze.
15 Wir benötigen zunächst deine schriftliche Bewerbung und die Praktikums-
bescheinigung deiner Schule sowie dein letztes Zeugnis.
Olga: Danke. Ich werde mich darum kümmern.
Herr Kunda: Gut. Ich erwarte deine schriftliche Bewerbung in den
nächsten Tagen. Bis dann, Olga.
Olga: Vielen Dank für das Gespräch, Herr Kunda.

5 a. Lest das Gespräch zwischen Herrn Kunda und Olga mit verteilten Rollen.
  b. Untersucht das Gespräch genauer:
   – Welche Fragen stellt Herr Kunda, was antwortet Olga?
   – Wie sprechen sie miteinander? Wodurch wird das Gespräch höflich?

**Oft findet eine erste Kontaktaufnahme mit einem Betrieb telefonisch statt. Ihr
erkundigt euch zum Beispiel, ob der Betrieb eine Ausbildungsstelle anbietet.**

6 a. Schreibt ein eigenes Telefongespräch auf.
   Verwendet eure Ergebnisse der Aufgaben 3 bis 5.
  b. Spielt das Gespräch mit verteilten Rollen.

Ein Bewerbungsschreiben verfassen

Paul bewirbt sich mit diesem Schreiben für einen Ausbildungsplatz.

1 Lies Pauls Bewerbungsschreiben.

1 Paul Lorenzen
Turmstraße 12
97070 Würzburg
Tel.: 0162/2081430
E-Mail: paul_lorenzen@beispiel.de

2 Würzburg, 28.03.20..

3 **Restaurant am Flussufer**
Herrn Bernhard Heise
Mainstraße 48
97070 Würzburg

4 **Bewerbung um einen Ausbildungsplatz
als Fachkraft im Gastgewerbe**

5 Sehr geehrter Herr Heise,

6 hiermit bewerbe ich mich bei Ihnen um einen Ausbildungsplatz
7 als Fachkraft im Gastgewerbe.
8 Zurzeit besuche ich die Klasse 8a der Mittelschule am Park in Würzburg, die ich voraussichtlich im Sommer 20.. mit dem Qualifizierenden Mittelschulabschluss verlassen werde.
9 In meiner Freizeit helfe ich in der Eisdiele meiner Eltern aus. Dabei macht es mir großen Spaß, die Gäste zu bedienen.
10 Ihr Betrieb wurde mir von unserer Beratungslehrerin genannt. Ich habe mich im Internet über Ihr Restaurant informiert und bin neugierig geworden. Während meines Praktikums habe ich mehr über den Beruf der Fachkraft im Gastgewerbe erfahren. Das Praktikum hat mir gezeigt, dass mir dieser Beruf Spaß macht.

11 Über eine Zusage oder eine Einladung zu einem Gespräch würde ich mich sehr freuen.

12 Mit freundlichen Grüßen
13 *Paul Lorenzen*

14 Anlagen: Lebenslauf, Lichtbild, letztes Zeugnis

2 Wo bewirbt sich Paul mit dem Schreiben? Warum? Notiere Stichworte.

Ein Bewerbungsschreiben hat besondere Bestandteile.

die Unterschrift	der Betreff (das Anliegen)	die Anschrift des Empfängers
der Absender	der Ort und das Datum	die Anrede
die Grußformel	der Anlagenvermerk (was der Bewerbung beigefügt ist)	

3 a. Sieh dir die Bestandteile eines Bewerbungsschreibens an.
b. Ordne den Teilen die passenden Abschnitte aus Pauls Schreiben zu.

Bei einem Bewerbungsschreiben ist auch wichtig, was du schreibst.
Die folgenden Informationen sind für den Empfänger wichtig:

die persönlichen Interessen	die Bitte zum Schluss	die Gründe für das Interesse am Ausbildungsplatz/Beruf
der Zweck des Schreibens	die Angaben zur Schule	der Ausbildungsbeginn

4 a. Was schreibt Paul dazu im Hauptteil seines Schreibens? Ordne die Informationen den passenden Abschnitten in Pauls Schreiben zu.
b. Warum könnten die Informationen für den Empfänger wichtig sein? Stelle Vermutungen an.

5 Erstelle eine Checkliste **Ein Bewerbungsschreiben verfassen**.
Schreibe dazu die Teile eines Bewerbungsschreibens aus Aufgabe 3 und die Informationen aus Aufgabe 4 in der richtigen Reihenfolge auf.

Ein Bewerbungsschreiben verfassen ▶ S. 302

Du kannst nun dein eigenes Bewerbungsschreiben planen und schreiben.

6 Plane dein Bewerbungsschreiben.
a. Mache dir Notizen zu den folgenden Fragen.
– Welche persönlichen Interessen hast du?
– Welcher Beruf interessiert dich? Warum?
b. Schreibe deine Interessen und Begründungen auf.
Probiere verschiedene Formulierungen aus.

7 Schreibe dein Bewerbungsschreiben am Computer.
– Schreibe auf, wofür du dich bewerben möchtest.
– Gib an, woher du von dem Ausbildungsplatz weißt.
– Begründe, warum du diese Ausbildung machen möchtest.
– Beachte die Bestandteile eines Bewerbungsschreibens.
– Achte auf sachliche Formulierungen und eine korrekte Rechtschreibung.

Rechtschreibstrategien und Regeln ▶ S. 305–306

8 Überprüfe und überarbeite dein Bewerbungsschreiben mit Hilfe deiner Checkliste von Aufgabe 5.

Einen tabellarischen Lebenslauf schreiben

Der tabellarische Lebenslauf gehört zu einer vollständigen Bewerbung. Olga möchte ihre Angaben für den Lebenslauf ordnen.

A Grundschule: 01. 08. 20.. – 31. 07. 20.. Grundschule Rimpar
weiterführende Schule: seit 01. 08. 20.. Mittelschule am Park, Würzburg

B Würzburg, 25. 03. 20..
Olga Baric

C Sprachkenntnisse: Deutsch, Englisch, Albanisch und etwas Serbisch
Lieblingsfächer: Deutsch, Kunst, Ernährung und Soziales
Hobbys: Lesen und Sport

D Name: Olga Baric
Anschrift: Marktstraße 257, 97080 Würzburg
Telefon: 0162/2090503
E- Mail: o.baric@example.net
Geburtsdatum: 1. Februar 20..
Geburtsort: Priština / Kosovo

1 Du kannst die Teile von Olgas Lebenslauf ordnen.
  a. Bringe die Teile A bis D in die richtige Reihenfolge.
   Tipp: Die Teilüberschriften auf dem Muster helfen dir.
  b. Schreibe Olgas Lebenslauf geordnet auf.

Du kannst nun deinen eigenen tabellarischen Lebenslauf schreiben.

2 Schreibe deinen tabellarischen Lebenslauf.
Orientiere dich an dem Aufbau von Olgas Lebenslauf.

3 Überprüfe deinen Lebenslauf: Sind alle Angaben vollständig und in der richtigen Reihenfolge? Hast du alles richtig geschrieben?

4 a. Überarbeite deinen Lebenslauf, wenn nötig.
  b. Schreibe deinen Lebenslauf am Computer.

Mit eurem Lebenslauf sind eure Bewerbungsunterlagen vollständig. Diese könnt ihr auch für euer Betriebspraktikum in Klasse 8 nutzen. Heftet sie in eurem Berufswahlordner ab.

Lebenslauf

Zur Person

Schulbildung

Besondere Kenntnisse und Interessen

Datum

Unterschrift

Einen tabellarischen Lebenslauf schreiben
▶ S. 302

Sich online bewerben

Viele größere Betriebe bieten Online-Formulare zur Bewerbung an.
Olga möchte sich bewerben und hat das Formular ausgefüllt.

Ausbildung als Raumausstatterin/Raumausstatter

Anrede*:	[x] Frau [ ] Herr
Titel:	
Vorname*:	Olga
Nachname*:	Baric
Geburtsdatum*:	01. 02. 20..
Straße*:	Marktstraße 257
Postleitzahl*:	97080
Ort*:	Würzburg
E-Mail-Adresse*:	o.baric@example.net
Telefon*:	0162/2090503
Mobiltelefon:	
Bewerbungsunterlagen*:	(Anlagen hochladen)
Weitere Dokumente:	(auswählen)

[Datenschutzerklärung]

(Bewerbung einreichen)   (abbrechen)

1 Sieh dir das Formular genau an. Notiere Stichworte.
– Um welche Stelle bewirbt sich Olga?
– Welche Felder hat Olga ausgefüllt, welche nicht? Warum?
– Was bedeuten die mit * gekennzeichneten Felder?

2 Olga soll ihre Bewerbungsunterlagen hochladen.
Besprecht gemeinsam: Welche Unterlagen sind damit gemeint?

3 Fülle das Online-Formular mit deinen eigenen Angaben aus.
  a. Übertrage das Muster und ergänze deine Angaben.
  b. Überprüfe deine Angaben:
    – Hast du alle mit * gekennzeichneten Felder ausgefüllt?
    – Hast du alles richtig geschrieben?

> **Info**
>
> Große Betriebe bieten auf ihrer Homepage häufig Online-Formulare zur Bewerbung an. Du füllst im Formular alle mit * gekennzeichneten Felder aus und fügst die Dokumente mit deinen Bewerbungsunterlagen hinzu.
> Bei vielen kleineren Betrieben kannst du dich per E-Mail bewerben. In einem kurzen Text stellst du dein Anliegen vor und weist auf deine Bewerbungsunterlagen im Anhang der E-Mail hin.

Ein Bewerbungsgespräch führen

In einem Bewerbungsgespräch werden euch viele Fragen gestellt.

- Warum hast du dich bei unserem Betrieb für einen Ausbildungsplatz beworben?
- Warum interessierst du dich für diesen Beruf?
- Was sind in der Schule deine Lieblingsfächer?
- Welche Fragen hast du an uns?

Stärken haben

sich über den Betrieb informiert haben

die Tätigkeiten kennen

Interesse zeigen

1 a. Lest die Fragen in den Sprechblasen.
b. Was möchte der Betrieb mit den Fragen herausfinden? Notiert Stichworte.

Paul hat sich für einen Ausbildungsplatz im Restaurant am Flussufer beworben. Der Ausbildungsleiter hat ihn zu einem Gespräch eingeladen.

Herr Heise: Warum interessierst du dich für den Beruf der Fachkraft im Gastgewerbe?
Paul: Ich habe mein Betriebspraktikum in dem Bereich gemacht und es hat mir gezeigt, dass der Beruf für mich genau richtig ist. Außerdem macht es mir
5 Spaß, in der Eisdiele meiner Eltern auszuhelfen.
Herr Heise: Wie bist du auf unseren Betrieb gekommen?
Paul: Unsere Beratungslehrerin hat mir Ihren Betrieb empfohlen.
Herr Heise: In welchem Schulfach siehst du deine Stärken, wo die Schwächen?
Paul: Ich kann alles ziemlich gut, besonders Mathe. Dass ich in Deutsch
10 und in Natur und Technik schlechte Noten habe, liegt an meinen Lehrern.
Herr Heise: Hast du noch Fragen?
Paul: Ich habe mich ja schon ein bisschen über Ihren Betrieb informiert. Dennoch würde mich interessieren, wie meine Tätigkeiten genau aussehen. Und stimmt es, dass die Arbeit schon um 7 Uhr morgens beginnt? Gilt das
15 auch für mich?

2 a. Lest das Bewerbungsgespräch mit verteilten Rollen.
b. Untersucht das Gespräch genauer. Begründet eure Antworten:
– Was ist Paul gut gelungen, was nicht so gut?
– Was hättet ihr anders gesagt?

3 Bereitet ein eigenes Bewerbungsgespräch vor.
a. Schreibt zu den Fragen aus Aufgabe 1 Antworten auf, die zu eurem jeweiligen Wunschberuf passen. Notiert auch Fragen an den Betrieb.
b. Lest eure Gespräche mit verteilten Rollen.
c. Überprüft eure Gespräche: Sind die Antworten sachlich und gut begründet?

**In einem Bewerbungsgespräch ist nicht nur wichtig, was ihr sagt.
Der äußere Eindruck und die Körpersprache sind ebenfalls sehr wichtig.**

4 a. Ein altes Sprichwort lautet: **Kleider machen Leute**. Sprecht darüber.
Was könnte es mit einem Bewerbungsgespräch zu tun haben?
b. Für welchen Beruf möchtet ihr euch bewerben?
Wie würdet ihr euch bei dem Bewerbungsgespräch kleiden? Begründet.

**Auch die Körpersprache spielt in einem Bewerbungsgespräch
eine große Rolle.**

5 a. Seht euch das Bild an und beschreibt die
Mimik und Gestik in den Varianten 1 bis 4.
b. Tauscht euch darüber aus, wie sie jeweils
auf euch wirken. Begründet auch, was ihr
geeignet findet oder nicht geeignet findet.
c. Notiert in Stichworten, wie ihr euch mit
eurer Körpersprache in Bewerbungsgesprächen
präsentieren könnt.

6 Übt noch einmal eure Bewerbungsgespräche aus Aufgabe 3.
a. Eine/Einer zeigt, wie sie/er sich bei den Gesprächen setzen würde.
Die/Der andere gibt an, wie die Körperhaltung wirkt.
b. Tauscht die Rollen.

7 Ergänzt die folgende Checkliste für Bewerbungsgespräche.
Verwendet eure Ergebnisse aus den Aufgaben 1 bis 6.

Checkliste: Ein Bewerbungsgespräch führen	Ja	Nein
Vor dem Gespräch:		
– Habe ich mich über den Beruf und den Betrieb ausreichend informiert?	☐	☐
– Habe ich mir eigene Fragen überlegt und notiert?	☐	☐
– Habe ich angemessene Kleidung ausgewählt?	☐	☐
– ...	☐	☐
Während des Gesprächs:		
– Beantworte ich alle Fragen?	☐	☐
– Spreche ich höflich und sachlich?	☐	☐
– Halte ich Blickkontakt mit meinem Gesprächspartner?	☐	☐
– ...	☐	☐

**Heftet eure Checkliste Ein Bewerbungsgespräch führen in euren
Berufswahlordner ab. Vor einem Gespräch könnt ihr euch damit vorbereiten.**

Extra Sprache

Begründungen formulieren

In Bewerbungsschreiben solltest du dein Interesse an der Ausbildung begründen. Dazu eignen sich Nebensätze mit den Konjunktionen **weil** und **da**.

1 a. Verbinde die folgenden Sätze sinnvoll mit den Konjunktionen **weil** und **da**.
b. Schreibe die Sätze auf.

Ich interessiere mich für eine praktische Tätigkeit,	mich Autos und ihre Technik begeistern.
Den Umgang mit Menschen finde ich spannend,	ich gerne mit den Händen arbeite.
Der Umgang mit Autos interessiert mich,	ich gerne neue Leute kennen lerne.

2 Verbinde die Sätze mit der Konjunktion **weil** oder **da**.
Schreibe die Satzgefüge auf. Denke daran, die Kommas zu setzen.

Satzgefüge ▶ S. 314

Starthilfe
Ich bewerbe mich um einen Ausbildungsplatz als Kfz-Mechatronikerin, weil …

Ich bewerbe mich um einen Ausbildungsplatz als Kfz-Mechatronikerin.	Ich kann gut mit kleinen Kindern umgehen.
Ich bewerbe mich als Maler und Lackierer.	Gemeinsam mit meiner Mutter backe ich mit Begeisterung Brot und Gebäck.
Ich interessiere mich für den Beruf des Kinderpflegers.	Ich bin sorgfältig und arbeite gerne kreativ mit Farben.
Ich möchte den Beruf des Bäckers erlernen.	Ich kann gut rechnen und bin handwerklich geschickt.

Damit dein Bewerbungsschreiben abwechslungsreicher klingt, kannst du Hauptsätze und Nebensätze umstellen.

3 Stelle die Sätze aus Aufgabe 2 so um, dass der Nebensatz vorne steht.
a. Schreibe die Sätze auf.
b. Markiere im Hauptsatz und im Nebensatz das gebeugte Verb.

4 Für welchen Ausbildungsplatz möchtest du dich bewerben? Warum?
Schreibe eigene Satzgefüge mit **weil** und **da** auf.

Extra Sprache

Anredepronomen verwenden

**In sachlichen Briefen und E-Mails verwendest du Anredepronomen.
Die Anredepronomen in der Höflichkeitsanrede schreibt man groß.**

Anredepronomen
▶ S. 307

1 a. Schreibe die folgenden Sätze ab.
   b. Welche Anredepronomen findest du in den Sätzen?
      Unterstreiche die Anredepronomen.

Können Sie mir mitteilen, wie lange die Ausbildung dauert?
Im Internet habe ich mich über Ihren Betrieb informiert.
Ich stehe Ihnen gerne für ein Bewerbungsgespräch zur Verfügung.
Bis wann müssen meine Bewerbungsunterlagen in Ihrem Betrieb vorliegen?
Von Bekannten ist mir Ihr Betrieb empfohlen worden.

2 In dieser E-Mail an einen Personalchef fehlen die Anredepronomen.
Schreibe die E-Mail ab und setze dabei passende Anredepronomen ein.

Sehr geehrter Herr Maier,

auf ? Homepage konnten wir lesen, dass es in ? Betrieb unterschiedliche Berufe gibt. Haben wir als 8. Klasse die Möglichkeit, ? Betrieb bei einer Besichtigung kennen zu lernen? Wenn ja, wann wäre ein Besuch bei ? im Betrieb möglich? Könnten ? uns bitte eine Rückmeldung zu unseren Fragen geben? Wir freuen uns, von ? zu hören.

Mit freundlichen Grüßen
Klasse 8a der Mittelschule II, Nürnberg

> **Merkwissen**
>
> Das Anredepronomen **Sie** (Personalpronomen, Höflichkeitsanrede) schreibt man **groß**. Das gilt für alle Fälle (Kasus): Sie, Ihrer, Ihnen. Auch das **Possessivpronomen Ihr/Ihre** schreibt man groß: Ihr Betrieb, Ihre E-Mail.

3 Schreibe eine E-Mail mit einem Anschreiben, das du für eine Online-Bewerbung verwenden könntest.
Verwende passende Anredepronomen in der Höflichkeitsanrede.

> **Starthilfe**
>
> An: kunda@example.com
> Betreff: Bewerbung um einen Ausbildungsplatz als ...
> Angefügt: Bewerbung_Olga_Baric.pdf (3 MB)
>
> Sehr geehrter Herr Kunda,
> anbei übersende ich Ihnen meine Bewerbungsunterlagen ...

Ein Bewerbungsschreiben überarbeiten

Hier kannst du überprüfen, wie gut du ein Bewerbungsschreiben überarbeiten kannst.

1 Lies Olgas Bewerbungsschreiben.

> Olga Baric
> Marktstraße 257
> 0162/2090503
> o.baric@example.net
>
> Einrichtungshaus Brahm
> Bahnhofstr. 2
> 97090 Würzburg
>
> Sehr geehrter Herr Kunda,
>
> hiermit bewerbe ich mich um einen Ausbildungsplatz
> für eine Ausbildung als Raumausstatterin.
> Zurzeit besuche ich die Mittelschule am Park in Würzburg.
> In meiner Freizeit helfe ich meiner Mutter, die ein Schreibwarengeschäft
> betreibt. Dabei werde ich oft gelobt und bekomme eine kleine Belohnung,
> über die ich mich freue. Meine Hobbys sind Lesen und Sport.
> Über Ihren Betrieb habe ich mich informiert. Klingt alles ganz toll.
> Daher möchte ich eine Ausbildung bei Ihnen beginnen. Ein Praktikum
> habe ich bereits gemacht.
>
> Mit freundlichen Grüßen
> *Olga Baric*

2 Überprüfe Olgas Bewerbungsschreiben. Am Rand findest du Hinweise.

3 Überarbeite Olgas Bewerbungsschreiben.
Schreibe es verbessert auf, ergänze dabei fehlende Angaben.

4 a. Besprich deine Arbeitsergebnisse mit deiner Lehrkraft.
b. Schreibe in dein Lerntagebuch:
– Was gelingt dir gut beim Schreiben einer Bewerbung?
– Was solltest du noch üben?

Teste dich!

Achtung: Fehler!

- der Ausbildungsbeginn
- der Ort und das Datum
- der Absender
- die Bitte zum Schluss
- die Begründung
- der Anlagenvermerk
- sachliche Formulierungen
- der Betreff

Fördern

Ein Bewerbungsschreiben verfassen

Für dein Betriebspraktikum in Klasse 8 wird manchmal auch gewünscht, dass du dich dafür schriftlich bewirbst.
Hier übst du noch einmal, ein Bewerbungsschreiben zu verfassen.
Du entscheidest, ob du die Aufgaben auf Seite 99 mit mehr Hilfen oder die kniffligeren Aufgaben auf den Seiten 100 bis 101 lösen willst.

Yannik möchte sich für ein Praktikum als Florist bewerben.
Er hat sich für sein Bewerbungsschreiben Notizen gemacht.

1 Lies Yanniks Notizen.

Bestandteile eines Bewerbungsschreibens	Stichworte für mein Bewerbungsschreiben
1 der Absender	A Mit freundlichen Grüßen
2 der Ort und das Datum	B Passau, 27.03.20..
3 die Anschrift des Empfängers	C Praktikumsplatz als Florist
4 der Betreff	D vom 05.05. – 19.05.20..
5 die Anrede	E Lebenslauf, letztes Zeugnis
6 der Zweck des Schreibens	F 8. Klasse der Mittelschule Passau
7 der Zeitraum des Praktikums	G Blumen Kranz, Ringstr. 3, 94032 Passau
8 die Angaben zur Schule	H Lieblingsfächer: Deutsch, Kunst
9 die persönlichen Interessen	J Yannik Pezzold, Burgstr. 4, 94035 Passau, Tel.: 0162/2084453,
10 die Gründe für das Interesse an diesem Praktikumsplatz	K Y.Pezzold@beispiel.de
11 die Bitte zum Schluss	L Hobbys: Handball, Basteln, Eltern bei Gartenarbeit helfen
12 Grußformel	
13 die Unterschrift	
14 der Anlagenvermerk	

2 a. Ordne Yanniks Stichworte für sein Bewerbungsschreiben den Bestandteilen eines Bewerbungsschreibens zu.
b. Ergänze fehlende Angaben.

> **Starthilfe**
> 1 – I, 2 – B, 3 – ...

3 Verfasse Yanniks Bewerbungsschreiben mit Hilfe der geordneten Notizen.

4 a. Überprüfe das Bewerbungsschreiben.
– Hast du alle Angaben gemacht?
– Hast du sachliche Formulierungen verwendet und alles richtig geschrieben?
b. Überarbeite anschließend das Bewerbungsschreiben, wenn nötig.

Fordern

Manche Betriebe schreiben ihre Praktikumsplätze mit einer Stellenanzeige aus. Du kannst die Anzeige auswerten und ein Bewerbungsschreiben verfassen.

Praktikum im Einzelhandel (w/m/d)
Bei uns lernen Sie den Arbeitsalltag in einem Supermarkt kennen. Sie erfahren, wie man Waren bestellt und Kundengespräche führt. So können Sie herausfinden, ob dieser Beruf zu Ihnen passt. Gute Mathematikkenntnisse und höfliches Auftreten werden vorausgesetzt.
Bitte senden Sie Ihre vollständigen Bewerbungsunterlagen an:
Sieben-Markt, Am Markt 7, 95362 Kulmbach.

Praktikum in der Tierpflege (w/m/d)
In einem Praktikum in unserem Tierheim unterstützen Sie uns bei der Betreuung der Tiere. Dabei ist viel Verantwortungsgefühl und ein Händchen für Tiere gefragt.
Möchten Sie den spannenden Beruf Tierpfleger/in entdecken?

1 Einzelhandel oder Tierpflege: Wo möchtest du ein Praktikum machen?
   a. Lies die beiden Stellenanzeigen.
   W b. Wähle eine der beiden Stellen aus.

2 Werte die gewählte Stellenanzeige aus. Notiere Stichworte:
   – Um welchen Beruf und welche Stelle geht es?
   – Welche Tätigkeiten übt eine Praktikantin oder ein Praktikant aus?
   – Welche Fähigkeiten und Fertigkeiten soll eine Bewerberin oder ein Bewerber mitbringen?

Mit dem Bewerbungsschreiben machst du Werbung für dich. Du begründest, warum du dich für die Stelle interessierst und warum du geeignet bist.

3 a. Womit kannst du für dich werben?
   – Welche Fähigkeiten und Stärken hast du, die zum Berufsbild passen?
   – Wie kannst du deine Fähigkeiten und Stärken belegen?
   b. Lege eine Tabelle an und schreibe Stichworte auf.
   Notiere in der ersten Spalte deine Ergebnisse von Aufgabe 2.

Starthilfe

in Stellenanzeige geforderte Fähigkeiten und Fertigkeiten	meine Fähigkeiten und Stärken	Belege für meine Fähigkeiten und Stärken
– gute Mathematikkenntnisse	– interessiere mich für Mathe und …	– habe gute Noten in …
…	…	…

Fordern

Du kannst nun dein Bewerbungsschreiben verfassen.

4 Beginne mit dem Adresskopf deines Schreibens.
  a. Schreibe deinen Namen, deine Adresse und deine E-Mail-Adresse auf die linke Seite.
  Schreibe deinen Wohnort und das Datum in die rechte obere Ecke.
  b. Lasse zwei Zeilen Platz und notiere die Anschrift des Empfängers.
  c. Lasse wieder zwei Zeilen Platz und schreibe den Betreff des Schreibens auf.

W 5 Leite dein Bewerbungsschreiben ein.
Welche Formulierungen eignen sich am besten als Einleitung?
Wähle aus den folgenden Formulierungsvorschlägen aus.

> Sehr geehrte/r Herr ? /Frau ? ,

> Sehr geehrte Damen und Herren,

> hiermit bewerbe ich mich bei Ihnen für ein zweiwöchiges Praktikum in der Zeit vom ? bis ? .

> an meiner Schule wird in der Zeit vom ? bis ? ein Betriebspraktikum durchgeführt. Gerne würde ich dieses Praktikum in Ihrer Firma absolvieren.

6 Formuliere den Hauptteil deines Bewerbungsschreibens.
  – Gib an, wann und wie lange dein Praktikum stattfinden soll.
  – Nenne und begründe deine persönlichen Interessen für diesen Beruf und den Betrieb. Verwende deine Ergebnisse von Aufgabe 3.

7 Schreibe eine passende Schlussformulierung und Angaben zu den Anlagen auf. Du kannst den folgenden Vorschlag verwenden.

> Über eine Zusage oder eine Einladung zu einem Gespräch würde ich mich sehr freuen.
>
> Mit freundlichen Grüßen
>
> Anlagen: Lebenslauf, Zeugnis

8 Überprüft eure Bewerbungsschreiben gegenseitig:
  – Sind alle wichtigen Bestandteile und Angaben enthalten?
  – Wird auf die Fähigkeiten und Fertigkeiten eingegangen, die in der Stellenanzeige genannt werden?
  – Sind die Begründungen überzeugend?
  – Wurden sachliche Formulierungen verwendet und ist alles richtig geschrieben?

9 a. Überarbeite dein Bewerbungsschreiben, falls nötig.
  b. Schreibe dein überarbeitetes Bewerbungsschreiben am Computer.

Texte am Computer überarbeiten
▶ S. 230–231

Berufsfelder erkunden

Dienstleistung — Verkehr, Logistik — Landwirtschaft, Natur, Umwelt
Produktion, Fertigung — Gesundheit — Soziales, Pädagogik
Wirtschaft, Verwaltung — Metall, Maschinenbau — Kunst, Kultur, Gestaltung

In Deutschland gibt es über 300 staatlich anerkannte Ausbildungsberufe. Sie werden in 15 verschiedene Berufsfelder eingeteilt, damit man sich leichter orientieren kann.

1 Seht euch die abgebildeten Berufsfelder an und sprecht darüber.
  – Was zeichnet ein Berufsfeld aus?
  – Was könnte sich hinter den abgebildeten Berufsfeldern verbergen?

2 a. Zu welchen Berufsfeldern gehören die folgenden Berufe? Ordnet zu.
  b. Ordnet den Berufsfeldern weitere Berufe zu. Begründet.

> Klempner/in, Altenpfleger/in, Friseur/in, Forstwirt/in, Bühnenmaler/in, Fachlagerist/in
> Chemikant/in, Kauffrau/Kaufmann im Einzelhandel, Heilerziehungspflegehelfer/in

3 Recherchiert gemeinsam: Welche sechs Berufsfelder gibt es außerdem? Welche Berufe gehören jeweils zu dem Berufsfeld?

**In jedem Beruf braucht man bestimmte Voraussetzungen.
Die Schülerinnen und Schüler der Klasse 8a sprechen
über ihre persönlichen Interessen und Stärken.**

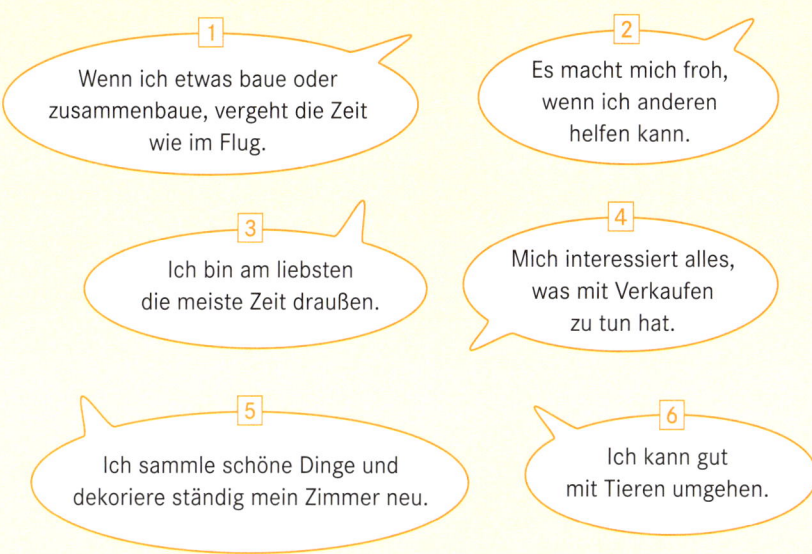

4 a. Lest die Aussagen der Schülerinnen und Schüler.
    b. Zu welchem Berufsfeld könnten die Interessen jeweils passen?
       Kommen mehrere infrage? Begründet eure Zuordnung.

5 a. Welche Interessen und Stärken habt ihr? Schreibt Stichworte auf.
    b. Überlegt und begründet:
      – Welche Berufsfelder von Seite 102 könnten zu euch passen?
      – Welche der in Aufgabe 2 genannten Berufe interessieren euch?
      – Welche hier nicht genannten Berufe interessieren euch?

6 Was möchtet ihr über ein bestimmtes Berufsfeld oder einen Beruf wissen?
    Sammelt gemeinsam Fragen.
    Die folgenden Stichworte können euch helfen.

> die Kenntnisse und Fähigkeiten, der Schulabschluss, die Ausbildungsinhalte,
> die Tätigkeiten, die Ausbildungsdauer, die Arbeitszeit, der Arbeitsort,
> die Ausbildungsvergütung, der Berufsalltag

**In diesem Kapitel lest ihr Texte unterschiedlicher Medien über verschiedene
Berufsfelder. Ihr schreibt informierende Texte und präsentiert
eure Ergebnisse in Form eines Lapbooks.**

Sich über Berufsfelder informieren

Besa und Leon möchten sich über das Berufsfeld Landwirtschaft, Natur, Umwelt informieren.
Im Internet finden sie einen passenden Informationstext.

Textknacker ▶ S. 296

1 Lies den Informationstext mit dem Textknacker.

Das Berufsfeld Landwirtschaft, Natur und Umwelt

Bei Wind und Wetter
Forstwirte/-wirtinnen pflegen Waldbestände. Kaminkehrer/innen erklimmen Kaminsimse. Landwirte/-wirtinnen züchten Tiere. Sie alle sind unterschiedlichen Witterungseinflüssen ausgesetzt.
5 Ob im Umweltschutz, in der Land- und Forstwirtschaft oder im Gartenbau: Fachkräfte sollten mit den speziellen Arbeitsorten und -bedingungen – zugige Ställe, stickige Gewächshäuser und Tätigkeiten im Regen – umgehen können.

Im Takt mit der Natur
Typisch für Berufe mit Pflanzen und Tieren ist, dass die Natur den Takt
10 vorgibt: Das bedeutet nicht nur, dass Tiere täglich mehrmals gefüttert werden müssen oder die Arbeit im Ackerbau von den Jahreszeiten abhängt. Durch besondere Ereignisse kann es zu unregelmäßigen Arbeitszeiten kommen: Wenn ein Fohlen das Licht der Welt erblickt, ist ein/e Pferdewirt/in auch nachts oder am Wochenende im Stall.

15 *Mit Technik umgehen*
Überall ist moderne Technik im Einsatz: Laborkräfte in der Landwirtschaft beobachten Bakterien unter dem Mikroskop. In vielen Berufen gehört es dazu, die Geräte notfalls selbst zu reparieren. Aber selbst wenn voll- und teilautomatisierte Maschinen die Arbeit erleichtern, kann sie körperlich
20 anstrengen, denn die Kartoffelernte muss eingebracht und der Schweinestall muss ausgemistet werden.

Verwaltungsaufgaben
Organisatorische und kaufmännische Tätigkeiten fallen ebenfalls an.
Wer einen Gewinn erzielen will, muss rechnen können. Oft spezialisieren
25 sich Betriebe und stellen einzelne Waren in großen Mengen her.
Fische, Weintrauben und Rinder werden verwertet und schließlich verkauft.
[…]*

2 Schreibe zu dem Text Stichworte auf:
– Was erfährst du über das Berufsfeld **Landwirtschaft, Natur, Umwelt**?
– Was findest du besonders interessant?

Mit Hilfe von Oberbegriffen und Unterbegriffen möchten Besa und Leon ihre Stichworte ordnen.
Mit Oberbegriffen kann man sich einen Überblick über die Besonderheiten des Berufsfelds verschaffen.

3 a. Ordne deine Ergebnisse aus Aufgabe 2 den Oberbegriffen vom Rand zu.
b. Vergleicht eure Ergebnisse in der Klasse.

die Arbeitsbereiche
die Arbeitszeit
der Arbeitsort
das Arbeitsmittel
die Belastungen
die Tätigkeiten

```
Berufsfeld Landwirtschaft, Natur, Umwelt
die Arbeitsbereiche
– Umweltschutz
– ...
die Arbeitszeit
– unregelmäßig
– ...
```

Mit Unterbegriffen oder Untergruppen kann man die Berufe des Berufsfelds ordnen. Dafür eignet sich besonders eine Mindmap.

4 a. Erstellt eine Mindmap zum Berufsfeld **Landwirtschaft, Natur, Umwelt**.
b. Ordnet die im Informationstext auf Seite 104 genannten Berufe in der Mindmap den passenden Untergruppen zu.
c. Ergänzt weitere Berufe aus diesem Berufsfeld.
Tipp: Ihr findet Informationen im Internet, in Veröffentlichungen der Agentur für Arbeit, der Industrie- und Handelskammer und der Handwerkskammer.

Eine Mindmap gestalten
▶ S. 300

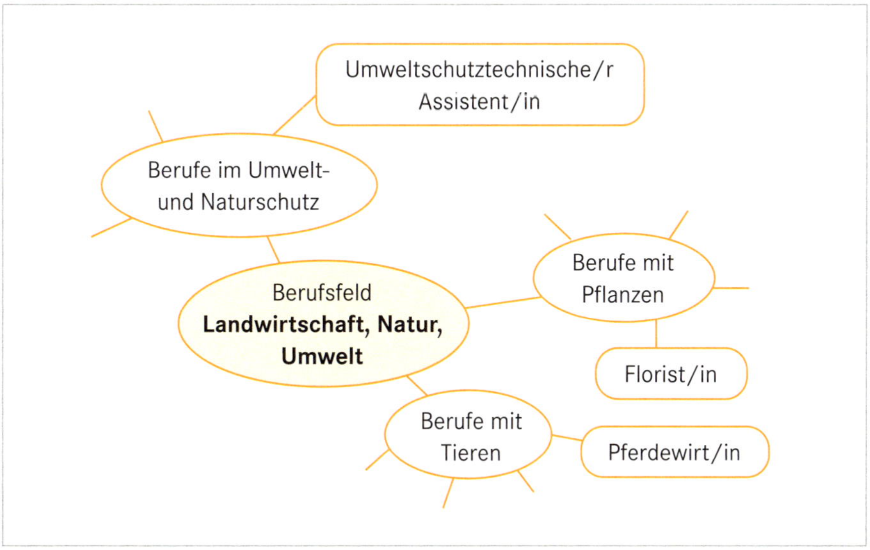

- Umweltschutztechnische/r Assistent/in
- Berufe im Umwelt- und Naturschutz
- Berufsfeld **Landwirtschaft, Natur, Umwelt**
- Berufe mit Pflanzen
- Florist/in
- Berufe mit Tieren
- Pferdewirt/in

5 Könnt ihr euch vorstellen, einen Beruf aus dem Berufsfeld **Landwirtschaft, Natur, Umwelt** zu ergreifen? Begründet eure Meinung.

Besa und Leon haben zu einigen Berufen weitere Texte und Grafiken aus unterschiedlichen Medien zusammengetragen.

6 Arbeitet in Dreiergruppen.
   a. Verteilt in der Gruppe die Texte A bis C von den Seiten 106 bis 108. Zu jedem Text gehört auch eine Grafik.
   b. Jeder erschließt seinen Text und seine Grafik mit dem Textknacker.

Textknacker ▶ S. 296

Der folgende Text stammt aus einer Broschüre über alle anerkannten Ausbildungsberufe, die jährlich veröffentlicht wird.

Text A: Kaminkehrer/in

Berufstyp: Anerkannter Ausbildungsberuf
Ausbildungsdauer: 3 Jahre
Kaminkehrer/innen überprüfen Heizungs-, Abgas- und Lüftungsanlagen sowie ähnliche Einrichtungen auf ihre Betriebs- und Brandsicherheit.
5 Dabei richten sie sich nach bau- und umweltschutzrechtlichen Vorgaben und ermitteln Energieeinsparpotenziale.
Kaminkehrer/innen reinigen Feuerungsanlagen und Rauchableitungen und entfernen Ablagerungen aus Lüftungsanlagen. Außerdem führen sie Feuerstätten- und Brandverhütungsschauen sowie
10 Immissionsschutzmessungen durch, veranlassen die Beseitigung vorgefundener Mängel und dokumentieren ihre Mess-, Prüf- und Arbeitsergebnisse. Auch die Kundenberatung gehört zu ihren Aufgaben. Dabei beantworten sie etwa Fragen zu Energieeffizienz, Brandschutz und Klimaschutz. Darüber hinaus sind Kaminkehrer/innen an baurechtlichen
15 Prüfungen und Begutachtungen beteiligt.
Sie finden Beschäftigung
   – in Betrieben des Schornsteinhandwerks,
   – in Energieberatungsunternehmen.*

Grafik A: Schulabschlüsse der Ausbildungsanfänger/innen im Beruf Kaminkehrer/in im Jahr 2017

- ohne Abschluss
- mit mittlerem Bildungsabschluss
- erfolgreicher und qualifizierender Abschluss der Mittelschule
- Hochschulreife

1%
15%
25%
59%

7 Was erfährst du im Text und in der Grafik über den Beruf Kaminkehrer/in? Schreibe Stichworte auf.

Auf einer Internetplattform informiert Herr Huber, der Geschäftsführer einer Gärtnerei, in einem Interview über seinen Beruf als Gärtner.

Text B: Gärtner/in – ein Beruf für Naturfreunde

Herr Huber, kommen nur die Harten in den Garten oder kann jeder Gärtner werden?

Grundsätzlich kann das jeder werden. Gärtner ist weder ein typischer Frauen- noch ein typischer Männerberuf. Natürlich muss hier und dort
5 mit angepackt werden […]. Aber es gibt ebenso Aufgaben, bei denen Form- und Fingerspitzengefühl und Kreativität gefragt sind.

Keine Voraussetzungen für Bewerber?

Na ja, Biologie sollte vielleicht kein Fremdfach sein. Grundkenntnisse in Mathe und Deutsch können auch nicht schaden. Aber ob ein Bewerber
10 in Englisch eine Vier oder Fünf hatte, ist mir wurscht. […]

Was hat die Leidenschaft bei Ihnen geweckt?

Die Arbeit mit Pflanzen an der frischen Luft. Und der Beruf ist durchaus abwechslungsreich. Es kommt selten vor, dass wir einmal einen Tag lang das Gleiche machen, weil unterschiedliche Pflanzen eben auch unterschiedliche
15 Ansprüche haben. Das beginnt beim Topfen und endet mit dem Verkauf. Auch Gestaltung gehört dazu. Sei es für Begräbnisse, Hochzeiten oder einfach Blumenkästen.

Dennoch hat auch die Gärtnerbranche Schwierigkeiten, Nachwuchs zu finden.

20 Zumindest im Bereich der Produktion, ja. Das liegt zum Teil am Image. Und zum Teil daran, dass unser Produkt einfach nicht genug abwirft, um so hohe Löhne zahlen zu können wie etwa den Landschaftsgärtnern oder in anderen Branchen. […]

**Geringer Lohn lässt sich aber ja ändern. Zum Beispiel durch
25 Weiterbildung.**

Stimmt und da gibt es viele Möglichkeiten. Wer drei Jahre als Gehilfe (Geselle) gearbeitet hat, kann den Meister machen. […]*

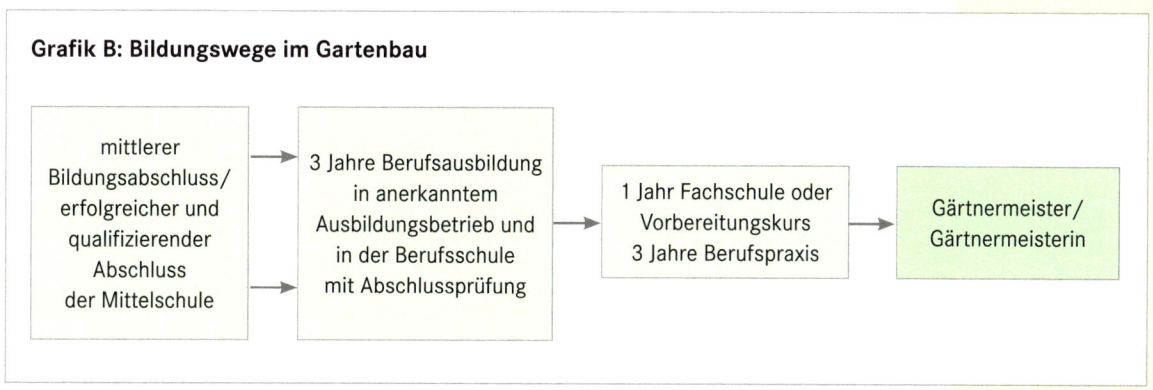

Grafik B: Bildungswege im Gartenbau

8 Was erfährst du im Text und in der Grafik über den Beruf Gärtner/in? Schreibe Stichworte auf.

Die Reportage über den Landwirt Tobias stammt von einer Internetplattform.

Text C: In der Landwirtschaft ist kein Tag wie der andere

Während seiner Ausbildung zum Landwirt hat Tobias (20) gemerkt, dass er nicht nur gerne in der Natur arbeitet, sondern auch etwas für sie tun möchte. Daher ist die Arbeit als Bio-Landwirt genau das Richtige für ihn. Tobias ist mit der Landwirtschaft aufgewachsen. [...] Schon als Jugendlichem hat ihm die Arbeit auf dem Hof gut gefallen. Trotzdem machte er Praktika in verschiedenen Berufen: in der Landwirtschaft, als Elektroniker und als Maurer. „Dabei wurde mir klar: Ich will Landwirt werden, bei den anderen Berufen fehlt mir der Umgang mit der Natur."

Theorie und Praxis während der Ausbildung

Das erste Jahr der Ausbildung fand – wie in einigen Bundesländern üblich – in Vollzeit an einer Berufsschule statt, als Berufsgrundschuljahr (BGJ). Das zweite und dritte Ausbildungsjahr arbeitete Tobias im Betrieb und besuchte einmal pro Woche die Berufsschule. Für die praktische Ausbildung verließ Tobias den elterlichen Hof, weil er neue Erfahrungen sammeln wollte. [...]

Abwechslung garantiert

Heute führt Tobias zusammen mit seinen Eltern den Hof. Er baut Zuckerrüben, Mais, Weizen, Roggen und Hafer an. Zum Betrieb gehören inzwischen auch 40 Mutterkühe und 600 Legehennen – jede Menge Arbeit also. Dafür braucht Tobias Durchhaltevermögen. Geduld und Verantwortungsbewusstsein sind auch wichtig, etwa bei der Versorgung der Tiere. Die Arbeit ist nicht gleichmäßig übers Jahr verteilt: „Im Sommer, wenn wir ernten, arbeite ich oft von frühmorgens bis 11 Uhr nachts. Dafür ist es im Winter entspannt, da fange ich erst um 8 Uhr an und arbeite bis 15 oder 16 Uhr." Im Winter ist auf den Feldern nicht so viel zu tun, dafür stehen neben der Stallarbeit vor allem Büroarbeit und die Vorbereitung fürs nächste Jahr an. [...] Was Tobias an seinem Beruf gut findet? „Bei der Ernte sehe ich, was ich das ganze Jahr über geleistet habe." Und noch eine gute Seite hat die Arbeit als Landwirt für Tobias: „Kein Tag ist wie der andere und auch jedes Jahr ist anders als das vorherige."*

Grafik C: Berufsanfänger Landwirt/in (betriebliche Ausbildung – nach Herkunft der/des Auszubildenden)

Jahr	Bayern gesamt	Oberbayern	Niederbayern	Oberpfalz	Oberfranken	Mittelfranken	Unterfranken	Schwaben	andere Bundesländer
2014	772	217	129	80	68	59	58	124	37
2015	814	227	126	98	63	76	55	145	27
2016	853	262	126	112	64	78	43	141	27
2017	775	241	129	73	58	51	46	147	30
2018	797	263	111	82	64	65	46	128	38
2019	714	214	89	78	59	70	40	127	37

Quelle: Bayerischer Agrarbericht 2020

9 Schreibe aus dem Text und der Grafik Stichworte zum Beruf Landwirt/in auf.

Was habt ihr in den Texten und Grafiken über die Berufe erfahren?

 10 a. Informiert euch gegenseitig mit Hilfe eurer Notizen über die drei vorgestellten Berufe.
b. Könnte ein Beruf davon zu euch passen? Begründet.

Die Texte und Grafiken enthalten unterschiedliche Informationen über die Berufe.

11 Prüft zunächst, welche Informationen ihr zum jeweiligen Beruf erhalten habt.
a. Legt für jeden Beruf eine Tabelle an.
b. Überprüft jeden Text und jede Grafik mit folgenden Fragen:
– Werden die **Beschäftigungsmöglichkeiten** genannt?
– Werden die **Arbeitszeiten** genannt?
– Informiert der Text über den **Arbeitsort**?
– Werden konkrete **Tätigkeiten** in dem Beruf genannt?
– Gibt es Informationen zu dem nötigen **Schulabschluss**?
– Erfährst du etwas über besondere **Anforderungen**?
– Werden **Ausbildungsdauer** und **Weiterbildungsmöglichkeiten** erwähnt?
– Erfährst du etwas über die **Chancen**, einen Ausbildungsplatz zu bekommen?
c. Tragt die Informationen in der Tabelle ein.

Starthilfe		
Beruf: Kaminkehrer/in	Welche Informationen gibt der Text A?	Welche Informationen gibt die Grafik A?
Beschäftigungsmöglichkeiten	Betriebe des Kaminkehrerhandwerks …	…
Arbeitszeiten	…	…
…	…	…

12 a. Vergleicht den Informationsgehalt der Texte mit Hilfe eurer Tabellen: Welcher Text und welche Grafik helfen am besten bei der Berufsorientierung?
b. Begründet eure Entscheidung.
c. Vergleicht eure Ergebnisse in der Klasse.

 13 Wo fehlen noch Informationen in euren Tabellen? Sammelt Ideen, wie ihr euch weitere Informationen beschaffen könnt.

14 Kannst du dir vorstellen, einen der drei Berufe später auszuüben? Begründe deine Entscheidung in Stichworten.

Podcast
Interviews
Filme zu Berufsbildern
Blogs
Ausbildungsmessen

Andere über Berufsfelder informieren

Ihr habt nun einiges über das Berufsfeld Landwirtschaft, Natur, Umwelt erfahren. Ihr könnt euch über andere Berufsfelder informieren und die Ergebnisse eurer Klasse in Form eines Lapbooks präsentieren.

1. Schritt: Das Berufsfeld aussuchen und die Arbeit planen

1 a. Bildet Dreiergruppen.
b. Wählt aus der Übersicht auf Seite 102 ein Berufsfeld aus.
c. Sprecht euch mit den anderen Gruppen ab, damit möglichst jedes Berufsfeld bearbeitet wird.
d. Schreibt Fragen zu eurem Thema auf.
Tipp: Ihr könnt die Ergebnisse aus Aufgabe 5 von Seite 103 nutzen.

2 a. Ordnet die Fragen nach Themenbereichen.
Tipp: Ihr könnt die Ergebnisse aus Aufgabe 11 von Seite 109 nutzen.
b. Schreibt zu jedem Themenbereich die Fragen auf eine Karteikarte.
c. Teilt die Themenbereiche unter euch auf.

3 Plant das Lapbook. Notiert Stichworte:
– Was wisst ihr bereits über ein Lapbook?
– An wen richtet sich euer Lapbook?
– Welche einzelnen Elemente braucht ihr dafür?

> kurze, informierende Texte
> Tabellen, Diagramme, Abbildungen
> Klappelemente

2. Schritt: Informationen beschaffen

4 a. Recherchiert zu euren Themen passende Texte und Abbildungen aus unterschiedlichen Medien, z. B. in der Bibliothek oder im Internet.
Tipp: Notiert zu jedem Material die Quelle mit Autorin oder Autor, Titel des Textes oder der Abbildung und der genauen Fundstelle.
b. Ordnet eure Materialien: Habt ihr alle Informationen, um die Fragen zu euren Themen beantworten zu können?

Richtig zitieren ▶ S. 303

3. Schritt: Informierende Texte schreiben

5 a. Schreibt zu euren Themen jeweils einen kurzen, informierenden Text. Wenn ihr fremde Texte zitiert, gebt die Quelle an.
b. Findet eine passende Überschrift.
c. Ergänzt die Texte mit geeigneten Abbildungen.

Einen informierenden Text schreiben ▶ S. 300

4. Schritt: Das Lapbook gestalten

Ein Lapbook ist eine Faltmappe zum Aufklappen. Ihr könnt damit Informationen zu einem bestimmten Thema anschaulich präsentieren.

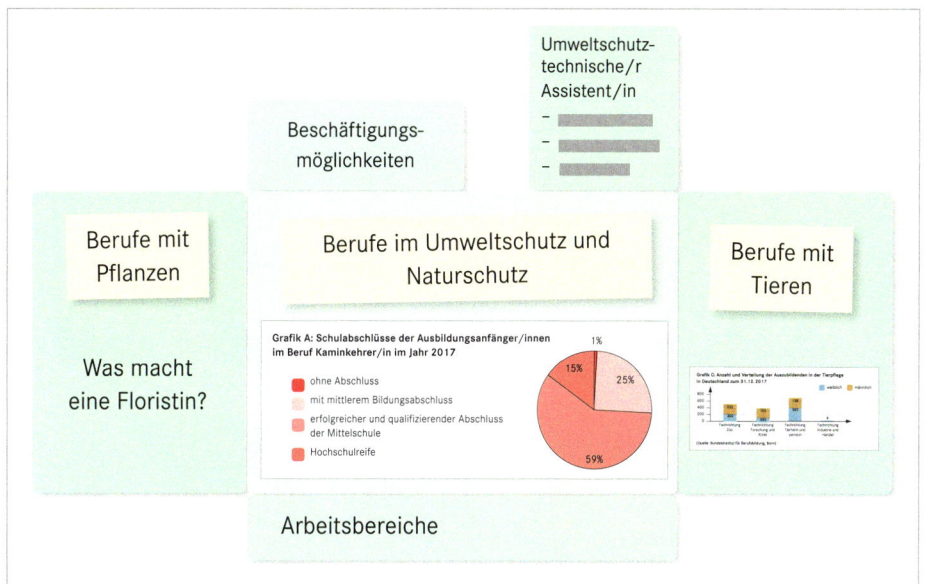

6 a. Informiert euch über die Gestaltung eines Lapbooks.
  Tipp: Im Internet findet ihr viele Beispiele.
  b. Besorgt die nötigen Materialien: Fotokarton, Papier, Schere, Kleber, Stifte.

Ein Lapbook gestalten
▶ S. 210–211

7 Gestaltet die Vorderseite des Lapbooks.
  a. Schreibt das Berufsfeld auf.
  b. Klebt passende Abbildungen dazu.

8 a. Sprecht darüber, wie ihr die Innenseiten des Lapbooks gestalten wollt:
  – Welche Texte und Bilder stellen das Berufsfeld am besten vor?
  – Welche besonderen Klapp- oder Faltelemente sind geeignet?
  – Wie sollen die einzelnen Teile angeordnet werden?
  b. Gestaltet euer Lapbook übersichtlich und gut lesbar.
  Achtet auch auf die richtige Rechtschreibung.

5. Schritt: Das Lapbook präsentieren

9 Präsentiert eure Lapbooks gruppenweise in der Klasse.

10 Gebt euch gegenseitig ein Feedback:
  – Werden die Berufsfelder in den Lapbooks so vorgestellt, dass ihr gut informiert seid?
  – Habt ihr Informationen vermisst? Fandet ihr etwas überflüssig?
  – Hat euch die Gestaltung gefallen? Warum?

Feedback geben ▶ S. 299

Aktuelles vom Tage

Ihr könnt euch jeden Tag auf verschiedene Art und Weise über das aktuelle Tagesgeschehen informieren.

- im Chat
- in den Nachrichten
- im Fernsehen
- …

1 a. Seht euch die Collage an und lest die Sprechblasen.
b. Wie könnte die Schülerin die Information erhalten haben? Sammelt Ideen an der Tafel.

2 Welche Vor- und Nachteile haben die einzelnen Medien, wenn ihr euch über tagesaktuelle Nachrichten informieren möchtet?
Tragt die Vor- und Nachteile gemeinsam in einer Tabelle zusammen.

vertrauensvolle Quelle
mit Videos erklärt
Leserkommentare
…

Starthilfe

das Medium	die Vorteile	die Nachteile
Smartphone	– Aktualität – …	– Internetzugang nötig – …
Zeitung	– …	– …

3 Sprecht über eure Erfahrungen mit dem Zeitunglesen.
- Kennt ihr Personen, die regelmäßig Zeitung lesen? In welchen Situationen lesen sie die Zeitung?
- Wie muss eine Zeitung gestaltet sein, damit sie euch anspricht?

Viele Menschen informieren sich in Tageszeitungen.
In Deutschland erscheinen täglich etwa 350 verschiedene Zeitungen.

4 Seht euch die Titelseite der Tageszeitung an und sprecht darüber.
- Woran erkennt ihr, dass es sich um eine Zeitungsseite handelt?
- Kennt ihr weitere Tageszeitungen? Erstellt eine Sammlung.

5 Bringt verschiedene Zeitungen vom selben Tag mit in den Unterricht.
   a. Untersucht die Zeitungen mit Hilfe der folgenden Fragen:
   - Welche Besonderheiten gibt es bei der äußeren Gestaltung?
   - Welche Gemeinsamkeiten und Unterschiede fallen euch auf?
   b. Lest euch Artikel vor, die ihr interessant findet.
      Begründet, was euch daran jeweils interessiert.
      Tipp: Bewahrt die mitgebrachten Zeitungen im Klassenraum auf.
      Ihr könnt sie während der Arbeit am Kapitel immer wieder verwenden.

6 Die meisten Zeitungen kann man heute als Online-Zeitung im Internet lesen.
Warum gibt es weiterhin gedruckte Zeitungen? Nennt mögliche Gründe.

In diesem Kapitel lernt ihr, euch in Zeitungen zu orientieren. Ihr untersucht
den Aufbau von Zeitungen und die Merkmale unterschiedlicher Textsorten.
Am Schluss erstellt ihr eine Klassenzeitung.

Den Aufbau einer Zeitung untersuchen

Die erste Seite einer Zeitung ist die **Titelseite**.
Die Titelseite besteht aus verschiedenen Bausteinen.

1 Seht euch die abgebildete Titelseite an und sprecht darüber. Worauf fällt euer Blick zuerst? Was fällt euch auf?

Info

Ein **Foto** macht den Textinhalt anschaulich. Es zeigt z. B. Ereignisse oder Personen zum Thema.

Unter dem Foto steht die **Bildunterschrift**: Dies sind knappe Informationen zum Bild oder zum Thema des Artikels.

Eine **Anreißermeldung** reißt das Thema eines Artikels an. Sie soll Interesse wecken, den vollständigen Artikel weiterzulesen.

Im **Zeitungskopf** stehen: der Titel der Zeitung, das Datum, die Ausgabenummer und der Preis.

Die Überschrift eines Artikels nennt man **Schlagzeile**. Sie macht in knapper, auffälliger Sprache auf das Thema des Artikels aufmerksam.

Im **Leitartikel** wird ein besonders wichtiges Ereignis des Tages kommentiert.

2 Wie ist diese Titelseite aufgebaut?
  a. Lest die Information am Rand.
  b. Ordnet den Nummern 1–6 die passenden Begriffe zu.

  Starthilfe
  1 – der Zeitungskopf, 2 – …

3 Warum könnte man die Titelseite als wichtigste Seite der Zeitung bezeichnen? Sammelt mögliche Gründe.

Tageszeitungen enthalten Informationen zu verschiedenen Themen. Damit die Leserinnen und Leser sich schnell zurechtfinden, sind die Artikel in Sachgebiete (thematische Bereiche) geordnet. Sie heißen **Ressorts**.

Videobeweis beim Fußball bleibt umstritten ⟨1⟩

Frankfurt – Nach nur wenigen Spieltagen in der aktuellen Saison dominiert ein Thema: Der Videobeweis erhitzt die Gemüter von Verantwortlichen, Spielern und Fans. Unklare Regeln, lange Spielunterbrechungen und unverständliche Entscheidungen sorgen für Ärger. [...]

Neuer Gesetzesvorschlag zur Organspende ⟨2⟩

Berlin – Immer weniger Menschen in Deutschland sind bereit, ihre Organe nach dem Tod zu spenden. Das ist besonders dramatisch, da viele Menschen auf Spenderorgane angewiesen sind und oft jahrelang darauf warten. Ein neuer Vorschlag kam nun vom Bundesgesundheitsminister. [...]

Fachkonferenz zur Zukunft von E-Autos ⟨3⟩

Düsseldorf – Fehlende Reichweite? Klimaverbesserer oder -zerstörer? Zu teuer oder angemessen? Über die Zukunft von E-Autos diskutierten Wissenschaftler und Experten im Rahmen einer dreitägigen Fachveranstaltung zum Thema „E-Autos: Die Zukunft der Mobilität?". [...]

Einbruchserie in Nürnberger Schulen gestoppt ⟨4⟩

Nürnberg – Wie berichtet, wurde in den vergangenen Wochen in mehrere Nürnberger Schulen eingebrochen, wodurch ein hoher Sachschaden entstand. Vier Täter zwischen 17 und 21 Jahren wurden nun in der Nacht von Freitag auf Samstag gefasst. [...]

---

4 Über welches Sachgebiet informieren die einzelnen Zeitungsartikel?
  a. Ordnet den Artikeln ⟨1⟩–⟨4⟩ je ein passendes Ressort vom Rand zu.
  b. Ordnet die Schlagzeilen ⟨5⟩–⟨7⟩ den übrigen Ressorts zu.

  ⟨5⟩ Vulkane, Weite, Wasser: Unterwegs in Island
  ⟨6⟩ Die aktuellen Börsennews
  ⟨7⟩ Theaterpreis an bekannten Schauspieler verliehen

5 a. Vergleicht verschiedene Tageszeitungen vom selben Tag miteinander.
  – Wie ist die Titelseite gestaltet (Aufbau, Bilder)?
  – Zu welchem Ereignis gibt es einen Leitartikel auf der Titelseite?
  – Welche Ressorts gibt es in der Zeitung?
  – Welches Ressort umfasst die meisten Seiten?
  b. Spricht euch die Zeitung an? Begründet eure Meinung.

6 Welchen Artikel findet ihr lesenswert? Stellt ihn der Klasse vor und begründet, warum der Artikel euer Interesse geweckt hat.

Politik
Wirtschaft
Kultur und Medien
Sport
Lokales – Aus der Region
Wissenschaft
Blick in die Welt

Einen Zeitungsbericht untersuchen

Dieser Zeitungsbericht informiert über die Vor- und Nachteile von E-Autos.

1 Lest den Zeitungsbericht mit dem Textknacker.

Textknacker ▶ S. 296

Info

Ein Zeitungsbericht informiert sachlich und knapp über ein Ereignis oder einen Sachverhalt.

[1] **E-Mobilität: Der Funke zündet nicht**   Volker Thomas

[2] **E-Autos in Deutschland finden noch zu wenige Käufer**

[3] *Nur eine Minderheit von Autokäufern entscheidet sich in Deutschland für ein Elektroauto. Wenige Ladestationen, die geringe Reichweite und der Preis wirken abschreckend. Doch für Ballungsräume wäre das E-Auto ideal.*

[4] Zwar ist die Zahl der in Deutschland zugelassenen E-Autos nach Angaben des Statistischen Bundesamtes im zweiten Halbjahr 2019 sprunghaft auf jetzt 83 000 Fahrzeuge gestiegen, aber das ist angesichts von 44 Millionen zugelassenen Kfz in Deutschland verschwindend gering. Dabei erhält jeder Käufer eines E-Autos eine Prämie von 4 000 Euro, die zur Hälfte der Staat, zur anderen Hälfte der Autohersteller trägt. Das soll die hohen Anschaffungskosten eines Elektroautos ausgleichen. Außerdem sind E-Autos zehn Jahre von der Steuer befreit. Doch die Abhängigkeit von Ladestationen schreckt viele Autofahrer ab. Denn üblicherweise haben die Akku-betriebenen Fahrzeuge eine geringere Reichweite als Autos mit Verbrennungsmotor. Aber der Ausbau eines landesweiten Netzes von Ladestationen geht nur schleppend voran. Und der Einbau einer eigenen Ladestation in der Garage kann schon mal mehr als 1 000 Euro kosten.
Keine Abgase, kein Lärm – dabei sind die kleineren, schicken „Stromer" eigentlich wie gemacht für kurze Wege in der Stadt: zum Einkaufen, die Fahrt zum Fitness-Studio oder zum Park-and-Ride-Parkplatz, von wo es dann mit der Bahn weitergeht. Wer sein Auto täglich nur für wenige Kilometer nutzt, fährt mit den leisen und schadstofffreien Kleinwagen am besten. Gerade in diesem Bereich konkurrieren viele Anbieter auch aus Japan und Südkorea mit bezahlbaren Preisen um Kunden.
In Deutschland dagegen streitet man sich immer noch um den Standort einer eigenen Batteriefabrik, die Akkus für die Mittel- und Oberklasse liefern soll.

Wie die meisten Berichte beantworten auch Zeitungsberichte W-Fragen.

2 Worum geht es in dem Zeitungsbericht?
Erschließt den Inhalt mit Hilfe von **W-Fragen**.
   a. Notiert untereinander W-Fragen, die der Zeitungsbericht beantwortet.
   b. Schreibt die Antworten in Stichworten dazu.

> **Starthilfe**
> **Was passiert?** E-Autos verkaufen sich wenig
> **Wo passiert es?** in Deutschland
> **Wann …?** …

W-Fragen
Was?
Wo?
Wer?
Wann?
Wie?
Warum?
Mit welchen Folgen?

Ein Zeitungsbericht besteht aus verschiedenen Textteilen.
Du kannst sie bereits am Schriftbild erkennen.

3 Seht euch die verschiedenen Textteile des Zeitungsberichts genau an.
   a. Ordnet den Textteilen 1 – 4 die passende Bezeichnung vom Rand zu.
   b. Begründet eure Zuordnung.

> **Starthilfe**
> (1) die Schlagzeile – steht ganz oben
> (2) die Unterzeile – steht unter …
> (3) …

die Schlagzeile
die Unterzeile
der Nachrichten-
körper
der Vorspann

Die einzelnen Textteile erfüllen unterschiedliche Funktionen.

4 Was erfahrt ihr durch das Lesen der Schlagzeile und der Unterzeile über den Inhalt des Zeitungsberichts? Schreibt es in eigenen Worten auf.

> **Starthilfe**
> Vermutlich geht es in dem Zeitungsbericht um das Thema Elektroautos und …

5 Untersucht die Schlagzeile des Zeitungsberichts genauer.
   a. Was könnte damit gemeint sein? Stellt Vermutungen an.
   b. Findet ihr die Schlagzeile gelungen? Begründet.

6 Beantwortet die folgenden Fragen zum Vorspann und zum Nachrichtenkörper:
– Wo werden die wichtigsten Informationen knapp und überblicksartig zusammengefasst?
– Wo stehen weitere Details, wie Hintergrundinformationen oder Vorteile und Nachteile?

7 Welche Funktionen erfüllen die einzelnen Textteile?
Ordnet jedem Textteil die passende Funktion vom Rand zu.

Interesse wecken
das Thema nennen
Informationskern zusammenfassen
W-Fragen beantworten

Einen Kommentar untersuchen

Viele Zeitungen enthalten auch einen Kommentar.

1 Lest den Kommentar über Elektroautos mit dem Textknacker.

Textknacker ▶ S. 296

Info
Ein Kommentar ist eine persönliche Stellungnahme. Die Autorin oder der Autor untersucht aktuelle Ereignisse und stellt Informationen zu dem Thema aus persönlicher Sicht dar.

Das Verkehrssystem von morgen muss sich am Menschen ausrichten
Volker Thomas

Vielleicht werden sich Jugendliche in einigen Jahrzehnten darüber lustig machen, dass jeder Mensch einmal sein eigenes Fahrzeug besaß. Damit fuhr er morgens zur Arbeit, ließ es den ganzen Tag dort stehen und fuhr abends wieder zurück. Zwischendurch stand er stundenlang im Stau. „Stehzeug"
5 hätte es eigentlich heißen müssen, nicht Fahrzeug.
Der Verkehr in unseren Städten ist heute an eine Grenze gelangt. Autos verstopfen Straßen und verbrauchen Rohstoffe. Sie verschlechtern das Klima und stellen die Städte mit Lärm, Abgasen und Feinstaub vor gewaltige Probleme. All diese Probleme werden in den nächsten Jahren noch zunehmen,
10 denn die Weltbevölkerung wächst weiter und immer mehr Menschen zieht es in die großen Städte. Wir brauchen Elektroautos statt Benzin- und Dieselfahrzeuge, fordern daher viele Kritiker.
Doch auch Elektroautos verbrauchen bei der Herstellung zu viele Rohstoffe. Und der Strom, den sie zum Antrieb benötigen, kommt eben auch aus
15 Kraftwerken, die Energie in riesigen Mengen bereitstellen müssen.
Eine umfassende Lösung für die Zukunft bedeutet daher viel mehr als der Wechsel vom Benzin hin zur Batterie und muss lauten: weniger Autos in den Städten und dafür neue Konzepte für den Verkehr.
Car-Sharing, also ein Auto, das sich viele Menschen teilen, ist ein erster Schritt
20 in die richtige Richtung. Schon jetzt verzichten viele junge Menschen bewusst auf das eigene Auto. Denn fast an jeder Ecke steht heute bereits ein Mietwagen oder ein Mietroller, den man mit einer Smartphone-App aufschließen und nutzen kann, solange man ihn braucht. Anschließend lässt man ihn einfach für eine andere Person stehen.
25 Die Städte müssen grundlegend umdenken, wenn sie eine Zukunft haben wollen. Sie brauchen einen leistungsfähigen öffentlichen Nahverkehr mit mehr Bussen und Bahnen, damit Autofahrer von weiter weg schon vor der Stadt umsteigen. Nur mehr und besser ausgebaute Radwege bringen Fahrradmuffel in den Sattel. Gefragt sind außerdem neue und umweltfreundliche
30 Transportmittel: Lastenfahrräder, Transporter mit Elektroantrieb, Sammeltaxis. Kurz: Das Verkehrssystem von morgen muss sich am Menschen und nicht am Auto ausrichten.

2 Welche Meinung vertritt der Autor des Kommentars?
Begründet eure Einschätzung.

> A Der Autor Volker Thomas ist der Meinung, dass wir umdenken müssen und ein neues Verkehrssystem mit weniger Autos brauchen.
> B Aus Sicht des Autors wird auf deutschen Straßen schon genug für den Klimaschutz getan.

3 Der Kommentar enthält einige schwierige Textstellen.
   a. Überlegt zu zweit, was mit den folgenden Formulierungen gemeint ist.
   b. Klärt gemeinsam weitere schwierige Textstellen.

> – „der Wechsel vom Benzin hin zur Batterie" (Z. 17)
> – „einen leistungsfähigen öffentlichen Nahverkehr" (Z. 26)

4 Untersucht den Kommentar und notiert Stichworte mit Zeilenangaben:
   – Welche Textstellen verdeutlichen die Meinung des Autors?
   – Mit welchen Argumenten begründet er seine Meinung?

> **Starthilfe**
> Meinung: Verkehr ist an Grenzen gelangt (Z. 6)
> Begründung: Autos verstopfen Straßen (Z. 6–7)
> Meinung: …
> …

5 Warum werden in Zeitungen persönliche Meinungen veröffentlicht?
Sprecht darüber.

In diesem Kapitel habt ihr verschiedene Textsorten einer Zeitung und deren Merkmale kennen gelernt. Ihr könnt die Merkmale gegenüberstellen.

6 a. Übertragt die folgende Tabelle zu den Textsorten Bericht und Kommentar in euer Heft.
   b. Tragt bei jeder Textsorte ein, ob das Merkmal zutrifft.
   c. Vergleicht eure Ergebnisse in der Klasse.

Starthilfe

das Merkmal	der Bericht	der Kommentar
sachliche Informationen	ja	…
Gefühle und Gedanken des Autors	nein	…
direkte Zitate	…	…
Informationen aus persönlicher Sicht	…	…
Meinungen und Argumente	…	…

Schlagzeilen untersuchen und formulieren

Schlagzeilen sollen bei den Leserinnen und Lesern Neugierde auf den Artikel wecken und zum Lesen anregen.

| Skandal in Lebensmittelfabrik | Ausgleich in letzter Minute | Große Freude im Tierpark |

1 a. Welche Inhalte vermutet ihr in den Artikeln zu diesen Schlagzeilen? Tauscht euch darüber aus.
b. Denkt euch eine passende Unterzeile mit genauen Informationen aus.

Schlagzeilen sollten kurz sein, damit die Leserinnen und Leser sie auf einen Blick erfassen können.

2 Die Schlagzeile zum folgenden Bericht ist zu lang geraten.
 a. Lies die Schlagzeile und den Anfang des Berichts genau.
 b. Schreibe die Schlagzeile ab und streiche überflüssige Informationen.
 c. Schreibe eine eigene Schlagzeile auf.
 d. Vergleicht eure überarbeiteten Schlagzeilen.

> **Großes Interesse zahlreicher begeisterter Besucherinnen und Besucher auf Münchner Messe für Elektroautos**
>
> Zahlreiche Bürgerinnen und Bürger versammelten sich auf einer Messe für Elektroautos in München. Sie zeigten sich sehr interessiert an den technischen Neuerungen, die an Ständen vorgestellt wurden. […]

Der folgende Zeitungsartikel hat noch keine Schlagzeile.

> **Augsburg** – Nach dem schweren Unwetter vom vergangenen Wochenende sind die großflächigen Aufräumarbeiten abgeschlossen. Die Züge des Nah- und Fernverkehrs können den Betrieb wieder aufnehmen. Das Unwetter, welches von Süden nach Nordosten gezogen war, hatte den Nah- und Fernverkehr für die letzten Tage ins Chaos gestürzt. Mehrere Streckenabschnitte mussten von umgestürzten Bäumen und Ästen befreit werden.

3 a. Worüber informiert der Text? Notiere das Wichtigste in Stichworten.
 b. Formuliere mit Hilfe der Stichworte eine Schlagzeile.
 c. Vergleicht eure Schlagzeilen. Begründet, welche ihr gelungen findet.

Projektidee: Eine Zeitung gestalten

Welches Thema ist euch als Klasse wichtig? Worüber möchtet ihr informieren? Ihr könnt zu dem Thema verschiedene Artikel schreiben und eine eigene Klassenzeitung gestalten.

> Umweltschutz an der Schule
>
> Die Geschichte unserer Schule
>
> Jugendangebote in unserer Stadt
>
> Unsere Partnerstadt

1 a. Sammelt in der Klasse Themen und Ereignisse, die für andere Klassen, Eltern oder Geschwister interessant sein könnten.
   b. Einigt euch gemeinsam auf ein Thema.

2 a. Bildet Dreier- oder Vierergruppen.
   b. Bericht oder Kommentar? Wählt in der Gruppe eine Textsorte aus.
   c. Notiert Stichworte zu den Merkmalen eurer Textsorte.
   Tipp: Ihr könnt eure Ergebnisse aus Aufgabe 7 auf Seite 119 verwenden.

3 Informiert euch vor dem Schreiben genau über euer Thema.
   a. Sucht im Internet oder in einer Bibliothek nach Informationen.
   b. Macht euch Notizen und notiert die Quellenangaben.

4 Schreibt euren Artikel am Computer. Beachtet die Merkmale der Textsorte.

5 a. Legt die Schriftart und die Schriftgröße für euren Artikel fest.
   b. Sammelt Bilder, die zu eurem Artikel passen.
      Tipp: Überlegt genau, welche Wirkung ihr mit dem Bild erzeugen wollt.
   c. Formuliert passende Bildunterschriften.
   d. Besprecht, wie ihr Text und Bilder anordnen wollt.

6 Überprüft euren Artikel mit Hilfe einer anderen Gruppe.
   a. Tauscht die Artikel aus. Prüft jeweils, ob der Text verständlich ist, die Merkmale beachtet wurden und ob Schlagzeile und Bildauswahl passen.
   b. Überarbeitet euren Artikel mit Hilfe der Rückmeldungen.

Texte gemeinsam überarbeiten ► S. 221

7 Erstellt gemeinsam die Klassenzeitung.
   a. Einigt euch auf einen Namen für die Zeitung.
   b. Gestaltet eine Titelseite mit Leitartikel, Zeitungskopf und Anreißermeldungen.
   c. Kopiert die Titelseite und eure Artikel mehrfach und heftet die Seiten zu Zeitungen zusammen.

8 Veröffentlicht die Klassenzeitungen.
   – Legt sie in der Schulbibliothek aus.
   – Oder verteilt sie an Schülerinnen und Schüler, Lehrerinnen und Lehrer sowie Eltern.

See-Nachrichten Ausgabe 1 | März 2020

Klassenzeitung der Klasse 8c
Schule am See Neuhausen

Müll in den Fluren – so kann's nicht weitergehen
Ein Kommentar von Mersa Aslan
Vor einem halben Jahr gab es unser großes Schulprojekt zum Thema „Unsere Schule soll sauberer werden" mit vielen Aktionen und großem Engagement aller. Wenn man heute nach Schulschluss durch die Flure geht, merkt man leider nicht mehr viel davon: Gut zwei Mülltüten voller Abfall kommen laut Hausmeister Biel täglich beim Fegen des Schulgebäudes zusammen. Das ist zu viel!
Die meisten Schülerinnen und Schüler achten auf Sauberkeit, aber einigen scheint das Thema völlig egal zu sein. Was ist so schwierig daran, seinen Abfall in einen Mülleimer zu werfen? Bitte helft mit, damit sich an der Schule wieder alle wohlfühlen können!   ► Seite 2

Alter Pausenhof in neuem Glanz
Große Renovierungsaktion der 8. Klassen
In der letzten Woche vor den Sommerferien ist es wieder so weit. Insgesamt 145 Schülerinnen und Schüler werden zusammen mit Eltern und Lehrkräften ...   ► Seite 3

Kein Sportplatz wie jeder andere
Jeder kennt ihn, die meisten lieben ihn. Doch wer weiß schon, welch bewegte Geschichte unser Sportplatz hinter sich hat? Es begann im Jahr 1897 ...   ► Seite 4

Die Welt der Medien

Wenn ich morgens mit dem Schulbus fahre, höre ich oft Musik übers Smartphone.

Für die Schule lese ich gerade unsere Tageszeitung online. Die haben manchmal auch passende Videos.

In der Chatgruppe mit meinen Freundinnen bequatschen wir einfach alles.

Letztens hab ich ein cooles Erklärvideo zu Mathe gesehen, jetzt hab ich's kapiert.

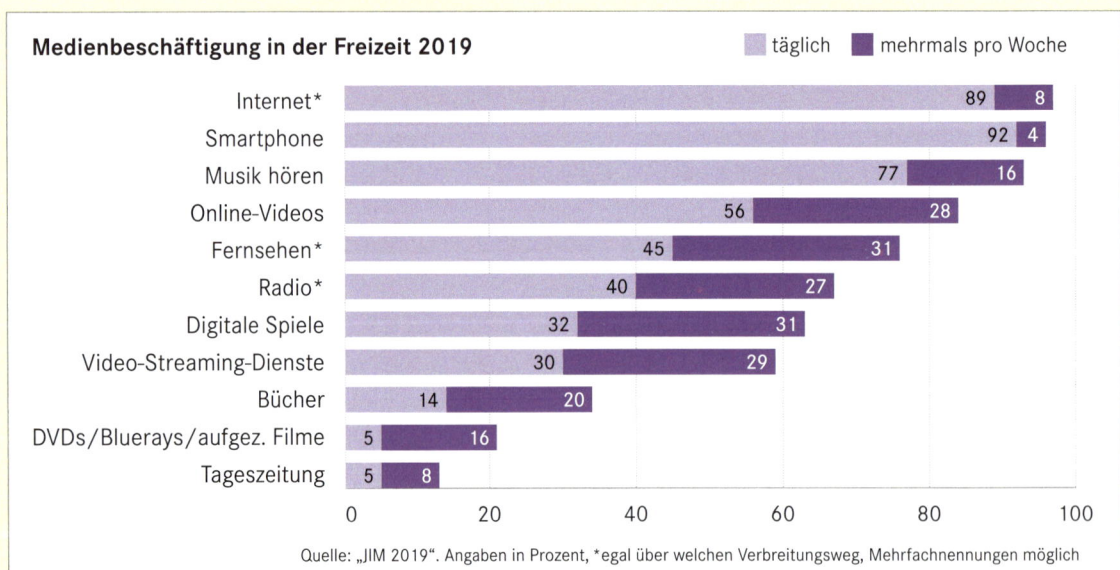

Medienbeschäftigung in der Freizeit 2019 — täglich, mehrmals pro Woche

Medium	täglich	mehrmals pro Woche
Internet*	89	8
Smartphone	92	4
Musik hören	77	16
Online-Videos	56	28
Fernsehen*	45	31
Radio*	40	27
Digitale Spiele	32	31
Video-Streaming-Dienste	30	29
Bücher	14	20
DVDs/Bluerays/aufgez. Filme	5	16
Tageszeitung	5	8

Quelle: „JIM 2019". Angaben in Prozent, *egal über welchen Verbreitungsweg, Mehrfachnennungen möglich

Heutzutage haben Jugendliche oft Zugang zu einem breiten Medienangebot.

1 a. Seht euch die Fotos an.
b. Lest die Sprechblasen und die Grafik.

2 Sprecht über eure Mediennutzung:
- Welche Medien nutzt ihr?
- Wann und wofür nutzt ihr diese Medien?

> - Kurznachrichten auf dem Smartphone schreiben
> - Musik am Computer streamen
> - Daten in der Cloud speichern
> - Filme auf dem Laptop schauen

Medien haben unterschiedliche Funktionen: Mit ihnen kann man sich informieren, sich unterhalten oder mit anderen kommunizieren.

3 Wofür nutzt ihr welche Medien? Ordnet den Medien die Funktionen **Information**, **Unterhaltung** und **Kommunikation** zu.

Die Mediennutzung hat sich in den vergangenen Jahren stark verändert.

4 Lest die beiden Aussagen.

Die durchschnittliche Internet-Nutzungsdauer von Jugendlichen im Jahr 2019 lag bei 205 Minuten pro Tag. Im Jahr 2008 waren es 117 Minuten.

Die durchschnittliche Sehdauer bei der Nutzung des Fernsehgeräts lag bei den 14- bis 19-Jährigen 2019 bei 52 Minuten pro Tag. Im Jahr 2008 waren es 122 Minuten.

5 a. Gebt mit eigenen Worten wieder, wie sich die Internet- und Fernsehnutzung von Jugendlichen von 2008 zu 2019 jeweils verändert hat.
b. Wie erklärt ihr euch die veränderten Nutzungszeiten? Begründet.

6 Diskutiert in der Klasse über eure eigene Mediennutzung:
- Welche Angaben findet ihr erstaunlich?
- Wie viel Zeit verbringt ihr selbst im Internet oder vor dem Fernseher?
- Welche Medienangebote nutzt ihr?
- Auf welchen Geräten nutzt ihr die Angebote?
- Welche Formen der Nutzung sind euch persönlich am wichtigsten?

In diesem Kapitel untersucht ihr eure Mediennutzung und entwickelt Ideen, Medien verantwortungsbewusst zu nutzen und im Internet respektvoll miteinander umzugehen. Außerdem lernt ihr, wie Erklärvideos gestaltet werden, und erstellt anschließend eigene Erklärvideos.

Medien verantwortungsbewusst nutzen

Weißt du eigentlich, wie lange du täglich digitale Medienangebote nutzt? Deine Nutzung kannst du mit Hilfe eines Medienprotokolls untersuchen.

1 Untersuche für zwei oder drei Tage deine Mediennutzung.
  a. Notiere jeweils, welche Angebote du wie lange nutzt.
  b. Trage die Ergebnisse in einer Tabelle zusammen.

Starthilfe

Was?	1. Tag	2. Tag	3. Tag
chatten	... min.	... min.	... min.
Videos schauen	...	...	...
...	...	...	...

2 Erstelle ein Balkendiagramm zu deiner Mediennutzung.
Zeichne für jede Tätigkeit eine Säule mit deiner Minutenangabe.
Beziehe dich dabei immer auf die Gesamtminuten pro Tätigkeit.

Grafiken ▶ S. 295

3 Wertet eure Medienprotokolle in der Gruppe aus:
  – Womit verbringt ihr die meiste Zeit?
  – Welche Ergebnisse überraschen euch vielleicht?
  – Was möchtet ihr vielleicht ändern?
    Wie könnt ihr das erreichen?

Medienverbände empfehlen für Jugendliche eine Bildschirmzeit von einer Stunde pro Lebensjahr in der Woche.

4 Entwerft einen Zeitplan für die sinnvolle Nutzung digitaler Medienangebote.
  a. Welche Angebote sind euch wichtig? Schreibt sie auf.
  b. Berechnet eure empfohlene wöchentliche Bildschirmzeit.
  c. Überlegt, welche Bildschirmzeit für jedes Angebot pro Tag oder pro Woche sinnvoll ist. Überschreitet insgesamt nicht die empfohlene wöchentliche Bildschirmzeit.

5 Wie kann es euch gelingen, euer Vorhaben umzusetzen?
Sammelt Ideen in der Klasse.

6 a. Probiert eure Ideen eine Woche lang aus.
  b. Wertet anschließend euren Versuch aus:
    – Was ist euch leichtgefallen?
    – Was möchtet ihr noch einmal verändern?

– Nachrichtenton ausschalten
– Wecker/Timer stellen
– Nachrichten nur zweimal täglich lesen
– App zur Zeitbegrenzung nutzen

Nicht alle Medieninhalte, die Kindern und Jugendlichen in digitalen Medien begegnen, sind auch für sie geeignet. Daher gibt es gesetzliche Regelungen, die vor ungeeigneten Medieninhalten schützen sollen. In Deutschland ist dies im Jugendmedienschutz-Staatsvertrag geregelt.

7 a. Lest den folgenden Text mehrmals Satz für Satz.
b. Klärt gemeinsam unbekannte Wörter.

Textknacker ▶ S. 296

Entwicklungsbeeinträchtigende Angebote

Der Jugendmedienschutz-Staatsvertrag spricht in § 5 von entwicklungsbeeinträchtigenden Angeboten. Grundsätzlich werden darunter solche Angebote verstanden, die geeignet sind, auf die Entwicklung der Persönlichkeit von Kindern und Jugendlichen einen negativen [...] Einfluss auszuüben. Derartige Angebote
5 können die Entwicklung von Kindern und Jugendlichen zu eigenverantwortlichen, sich innerhalb der sozialen Gemeinschaft frei entfaltenden Menschen hemmen [...]. Insbesondere spielt bei der Einordnung der Inhalte eine Rolle, inwieweit sie bei Kindern und Jugendlichen unterschiedlicher Altersstufen sexual- oder sozialethisch desorientierend wirken bzw. gewaltbefürwortende Einstellungen fördern
10 oder sie übermäßig ängstigen können. Will ein Anbieter solche Inhalte über das Internet verbreiten, muss er Sorge dafür tragen, dass Kinder und Jugendliche der betroffenen Altersstufe sie üblicherweise nicht wahrnehmen. [...] Der Anbieter kann dieser Pflicht in unterschiedlicher Weise nachkommen. Er kann z. B.
– das Angebot technisch mit einer Altersstufe kennzeichnen, sodass ein
15   Jugendschutzprogramm sie zutreffend erkennen und verhindern kann, dass jüngere Nutzer für sie ungeeignete Inhalte abrufen können oder
– den Zugang zu dem Angebot durch andere technische Mittel erschweren, z. B. die Abfrage des Personalausweises oder
– das Angebot nur dann verfügbar halten, wenn Kinder und Jugendliche
20   der betroffenen Altersstufe dieses üblicherweise nicht wahrnehmen (Sendezeitbeschränkung). [...]*

8 Sprecht über die folgenden Fragen:
– Was sind „entwicklungsbeeinträchtigende Angebote"?
– Warum sind diese Regelungen wichtig?
– Wie können Medienanbieter sicherstellen, dass Kinder und Jugendliche keinen Zugang zu ungeeigneten Inhalten haben?

Was bedeutet der Jugendmedienschutz für euren persönlichen Umgang mit digitalen Medien?

9 Diskutiert in der Klasse über die Bedeutung des Jugendmedienschutzes:
– Findest du den Jugendmedienschutz sinnvoll?
– Welche Beispiele für die Einhaltung des Jugendmedienschutzes kennt ihr?

Ein Erklärvideo untersuchen

Juri will sich über die Folgen des Klimawandels informieren.
Er hat einen Lexikonartikel und ein Erklärvideo recherchiert.

1 Lest den Auszug aus dem Lexikon und seht euch den Bildausschnitt aus dem Erklärvideo an.

Der Klimawandel,
auch **Klimawechsel**, bezeichnet die Veränderung des Klimas auf der Erde. Dieser Überlegung liegt die Annahme zu Grunde, dass der Ausstoß von Treibhausgasen zu einer Erhöhung der Jahresdurchschnittstemperaturen führt.
[...]

2 Vergleicht den Lexikonauszug und das Erklärvideo:
– Was unterscheidet das Erklärvideo von einem Informationstext?
– Wann würdet ihr einen Informationstext lesen, wann ein Erklärvideo ansehen?

Einige Medienangebote werden gezielt auf die unterschiedlichen Bedürfnisse und Wünsche der Nutzerinnen und Nutzer zugeschnitten: Zum Beispiel werden sachliche Informationen oft auf unterhaltsame Weise präsentiert. Diese Angebote nennt man Infotainment.

3 Lest den Informationstext.

> **Info**
>
> Das Wort **Infotainment** setzt sich zusammen aus den Begriffen **Info**rmation und Enter**tainment** (engl. „Unterhaltung"). Im Infotainment werden also Sachverhalte aus Wissenschaft, Wirtschaft, Politik mit Unterhaltungselementen vermischt. Als Infotainment versteht man z. B. Quizshows, Wissens-Podcasts oder Erklärvideos zu Lernthemen.

4 Welche Medienangebote aus dem Bereich des Infotainments kennt ihr?
a. Beschreibt, um welches Angebot es sich handelt.
b. Erklärt, wie darin Information mit Unterhaltung verbunden wird.

In einem Erklärvideo werden Informationen anschaulich präsentiert.

5 a. Tauscht euch in der Klasse über die folgenden Fragen aus:
- Welche Arten von Erklärvideos kennt ihr?
- Mit welchem Ziel seht ihr euch Erklärvideos an?
- Wann findet ihr Erklärvideos hilfreich, wann eher nicht?

b. Recherchiert gelungene Erklärvideos und stellt sie in der Klasse vor.

Die folgenden Ausschnitte aus dem Erklärvideo „Die Folgen des Klimawandels" könnt ihr genauer untersuchen.

6 a. Seht euch die Bilder an. Beschreibt, was ihr seht.
b. Worüber informieren euch die Bilder? Stellt Vermutungen an.
c. Lest dann den gesprochenen Text.

Willkommen, ihr Lieben!
Unsere Erde erwärmt sich – das steht fest.
Aber wieso ist der Klimawandel eigentlich
so problematisch?
Hier erfahrt ihr drei Gründe.

Grund Nummer 1:
Durch den Klimawandel steigen die
Temperaturen in vielen Ländern der Erde an.
Es kommt zu längeren Dürrezeiten.
Dadurch ist die Zahl der Waldbrände in
den letzten Jahren dramatisch gestiegen.

Grund Nummer 2:
Durch den Klimawandel steigt der
Meeresspiegel immer weiter an. Die Zahl
der Überschwemmungen wird zunehmen.

Jetzt kommt – ihr habt's euch fast gedacht –
Grund Nummer 3:
Durch den Klimawandel wird es auf der Erde
immer häufiger zu Stürmen kommen.
In Städten und Dörfern können dadurch
große Schäden entstehen.

7 An wen richtet sich dieses Erklärvideo?
Begründet mit passenden Textstellen.

Sich adressatenbezogen
äußern ▶ S. 309

Im Erklärvideo werden manche Informationen durch Bilder vermittelt, andere durch den gesprochenen Text.

Bild und Ton ▶ S. 294

8 Seht euch den Ausschnitt genau an und lest den gesprochenen Text.

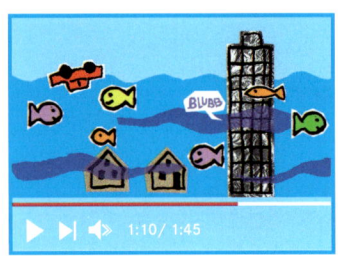

Grund Nummer 2:
Durch den Klimawandel steigt der Meeresspiegel immer weiter an. Die Zahl der Überschwemmungen wird zunehmen.

9 Vergleicht den Informationsgehalt von Bild und gesprochenem Text:
– Welche Informationen erhaltet ihr nur durch das Bild?
– Welche Informationen erhaltet ihr durch den gesprochenen Text?

10 Anstatt nur in einem Text werden die Informationen durch Bilder unterstützt und schrittweise dargestellt. Überlegt, welche Vorteile das hat.

Um die Informationen verständlich darzustellen, werden verschiedene bildliche Darstellungsmittel verwendet.

11 Untersucht die bildliche Gestaltung des Erklärvideos genauer:
Mit welchen Mitteln wird eine einfache und verständliche Präsentation der Informationen erreicht?

12 Mit Bildern können Informationen auch übertrieben dargestellt werden. Welche Wirkung wird dadurch bei den Nutzerinnen und Nutzern erzeugt?

Sich adressatenbezogen äußern ▶ S. 309

Auch die Sprache beeinflusst uns darin, wie wir Informationen wahrnehmen.

13 a. Lest noch einmal die gesprochenen Texte.
b. Welche Besonderheiten zur Sprache fallen euch auf? Sprecht darüber.
c. Beschreibt die Wirkung der Sprache auf die Nutzerinnen und Nutzer.

Manche Erklärvideos werden auch mit Musik unterlegt.

14 a. Erprobt, welche Rolle die Auswahl von Musik spielt:
– Spielt zu den Ausschnitten aus dem Erklärvideo zunächst ein schnelles, fröhliches Lied ab.
– Spielt anschließend ein trauriges Lied als Hintergrundmusik ab.
b. Beschreibt jeweils die Wirkung der Musik auf die Bilder.
c. Vergleicht die Wirkung der Musik: Für welche Musikauswahl würdet ihr euch entscheiden?

Respektvoll im Internet kommunizieren

Juri hat sich das Erklärvideo „Die Folgen des Klimawandels" angesehen. Das Erklärvideo wurde von anderen Nutzerinnen und Nutzern kommentiert.

1 Lest die Kommentare.

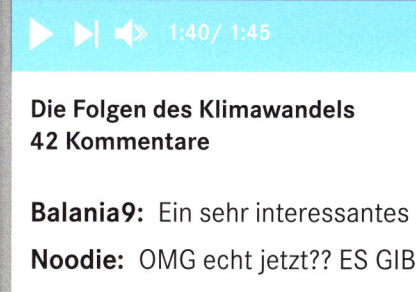

Die Folgen des Klimawandels
42 Kommentare   2 1.543 Aufrufe

Balania9: Ein sehr interessantes Video, cool gemacht 😊
Noodie: OMG echt jetzt?? ES GIBT KEINEN KLIMAWANDEL!!!!
  Tessa: Das sind wissenschaftliche Fakten, die kannst du nachlesen.
    Noodie: BLA BLA BLA
Jonah: Sers, leutz!
Petitaxxx: Danke, super erklärt!
Welon: Wegen mir kanns ruhig wärmer werden *Sonnenbrille auf*
Ava-Lisa: Das ist ja furchtbar! 😟 😟 😟 Also der Klimawandel und nicht dein Video. 😊 Ich bin auch der Meinung, dass die Erderwärmung nicht weiter ansteigen sollte. Was kann ich denn gegen den Klimawandel tun?

2 Worum geht es in den Kommentaren? Sprecht darüber.

Auch in der Kommunikation im Internet ist ein respektvoller und fairer Umgang miteinander wichtig.

3 Welche Regeln für einen respektvollen Umgang miteinander im Internet kennt ihr? Sammelt sie an der Tafel.

4 Tauscht euch über die folgenden Fragen aus:
  – Welche Regeln wurden in den Kommentaren nicht beachtet?
  – Wie könnten die Kommentare besser formuliert werden?

5 Welche Regeln für einen respektvollen Umgang miteinander im Internet sind euch besonders wichtig? Erstellt gemeinsam ein Plakat.

– höflich bleiben
– andere nicht beleidigen
– beim Thema bleiben
– …

Ein Plakat gestalten
▶ S. 290

Projektidee: Ein Erklärvideo erstellen

In Gruppenarbeit könnt ihr nun ein eigenes Erklärvideo erstellen.
Am besten verwendet ihr dazu die sogenannte Legetechnik.

Info
Viele Erklärvideos werden mit der **Legetechnik** erstellt. Der Inhalt konzentriert sich auf die Kernaussagen und wird oft in Form einer kleinen Geschichte präsentiert. Zunächst werden einzelne Bilder auf Papier gezeichnet und ausgeschnitten. Es werden einfache, klare Bilder und Symbole verwendet. Mit Pfeilen können z. B. Zusammenhänge verdeutlicht werden. Anschließend werden die Bilder auf eine Fläche gelegt und bewegt und dabei abgefilmt. Oft wird auch ein kurzer Text dazu gesprochen.

1 Bildet Gruppen mit vier bis fünf Schülerinnen und Schülern.

1. Schritt: Das Thema auswählen und Informationen recherchieren

2 Sammelt Ideen für euer Erklärvideo: Welche Themen interessieren euch?

– Klimawandel
– Medienzeit
– …

3 a. Entscheidet euch: Über welches Thema wollt ihr die anderen informieren?
b. Recherchiert Informationen (Bibliothek, Internet, jemanden befragen …).

4 Entscheidet euch für eine konkrete Fragestellung. Beschränkt euch auf das Wesentliche. Das Video sollte nicht länger als zwei Minuten werden.

– Wie funktioniert der Treibhauseffekt?
– Wie kannst du im Haushalt Energie sparen?
– Wie kannst du weniger Zeit mit Medien verbringen?
– …

2. Schritt: Ein Storyboard entwickeln

5 Plant den Aufbau eures Erklärvideos mit Hilfe eines Storyboards.
a. Übertragt die folgende Tabelle auf ein großes Blatt.
b. Überlegt euch eine Abfolge von fünf bis zehn Szenen.

Starthilfe

Erklärvideo zum Thema: „Wie kannst du weniger Zeit mit Medien verbringen?"	
Szene	**gesprochener Text**
1: Figur A (Schüler) mit Augenringen über Smartphone gebeugt; Uhr mit Aufschrift „24 h" → alles wegschieben	Kennt ihr das?
2: lachende Figur B (Freund), Sporttasche, Fußball, Eisbecher → alles durchstreichen, über den lachenden Mund einen traurigen legen	Keine Zeit mehr für …
…	…

3. Schritt: Das Erklärvideo vorbereiten

6 Zeichnet einfache, anschauliche Skizzen zu den Szenen.
- Überlegt, welche Bilder und Symbole besonders wichtig sind, um die Informationen zu veranschaulichen.
- Ihr könnt auch Sprechblasen mit wichtigen Begriffen ergänzen.

7 Notiert passende Texte zu den Skizzen.
- Formuliert kurze und einfache Sätze.
- Verwendet die nötigen Fachbegriffe und erläutert sie.
- Wiederholt nicht einfach nur, was auf den Bildern zu sehen ist.

8 Zur Erstellung eines Erklärvideos gehören verschiedene Aufgaben: zeichnen, die Bilder legen, filmen, den Text sprechen, am Computer bearbeiten. Verteilt die Aufgaben.

Nun könnt ihr den Dreh vorbereiten.

9 a. Zeichnet eure Bilder, Symbole, Sprechblasen, Pfeile … auf.
b. Schneidet dann alles aus und legt die Materialien bereit.

10 Probt das Legen, z. B. auf dem Tisch oder einem Bogen Tonpapier.
- In welcher Reihenfolge sollen die Bilder ins Bild geschoben werden?
- Wie lange sollen sie jeweils zu sehen sein?
- Passt der gesprochene Text zu dem, was gerade zu sehen ist?

11 Macht auch einige Probeaufnahmen, um die Lichtverhältnisse, die Schärfe der Bilder und die Lautstärke für die Tonaufnahmen zu überprüfen.
Tipps:
- Mit einem Stativ könnt ihr verwackelte Aufnahmen vermeiden.
- Der Text sollte langsam, laut und deutlich gesprochen werden.

4. Schritt: Das Erklärvideo aufnehmen

12 Nehmt nun euer Erklärvideo mit einem Smartphone oder einem Tablet auf.
Tipps:
- Filmt das Erklärvideo am besten zweimal.
- Am Computer könnt ihr eure Videos mit Hilfe kostenloser Programme nachbearbeiten, z. B. Tonaufnahmen ergänzen.

5. Schritt: Das Erklärvideo präsentieren

13 a. Präsentiert euer fertiges Erklärvideo in der Klasse.
b. Gebt euch gegenseitig Rückmeldung zum Inhalt, zur Veranschaulichung und zur Sprache.

Feedback geben ▶ S. 299

So ein Drama! – Romeo und Julia

1. Romeo und Julia gelten als das berühmteste Liebespaar der Weltliteratur.
   Sprecht über die folgenden Fragen:
   - Was wisst ihr schon über diese beiden Figuren?
   - Woher kennt ihr die Geschichte von Romeo und Julia?

William Shakespeare schrieb „Romeo und Julia" als ein Theaterstück.
Es ist eines seiner bekanntesten Werke.

2 Was wisst ihr schon über Theaterstücke?
  a. Habt ihr schon einmal ein Theaterstück gesehen oder gelesen? Berichtet davon.
  b. Nennt Fachbegriffe, die zum Theater oder zu Theaterstücken gehören, und erklärt sie.

3 Lest den Sachtext über William Shakespeare.

> Sprachspeicher
> die Regieanweisung
> die Szene
> der Akt
> der Dialog
> der Monolog

William Shakespeare war ein englischer Dramatiker, Lyriker und Schauspieler. Er lebte von 1564 bis 1616 und gilt noch heute als der erfolgreichste Bühnenautor seiner Zeit. Vermutlich stammte er aus einer wohlhabenden Familie in Stratford-upon-Avon. Mit 18 Jahren heiratete
5 Shakespeare die acht Jahre ältere Bauerntochter Anne Hathaway, mit der er drei Kinder hatte. Um 1586 zog er nach London. Er war Mitbesitzer des Londoner Globe Theatre und erwarb Wohlstand und hohes Ansehen sowohl beim Volk als auch am Hof der englischen Königin Elisabeth I. Die Dramen[1] von William Shakespeare gehören noch immer zu den am
10 meisten aufgeführten und verfilmten Theaterstücken der Weltliteratur.

[1] das Drama – die Dramen: Oberbegriff für Texte, die für das Theater geschrieben wurden

Auch „Romeo und Julia" wird heute noch häufig aufgeführt.
Bevor die Handlung des Dramas beginnt, treten Schauspieler
auf die Bühne und führen mit einer Vorrede in die Handlung ein.

4 a. Lest die kurze Vorrede zum Drama.
  b. Worum könnte es in diesem Drama gehen? Stellt Vermutungen an.

Mehrere Schauspieler treten auf und sprechen im Chor:

Zwei angesehene Familien aus Verona,
wo dieses Theaterstück spielen wird,
sind seit langer Zeit verfeindet
und bekämpfen sich bis aufs Blut.
Aus diesen Familien stammen zwei Liebende [...].*

In diesem Kapitel untersucht ihr das Drama „Romeo und Julia"
von William Shakespeare. Ihr erschließt Auszüge aus diesem Drama und
lernt Merkmale von Dramen kennen. Außerdem informiert ihr euch über
Hintergründe und den Handlungsort von „Romeo und Julia".

Ein Drama untersuchen

Auf den folgenden Seiten lernst du das Drama „Romeo und Julia" näher kennen.
Die Handlung spielt um das Jahr 1300 in der italienischen Stadt Verona. Die beiden adligen Familien Montague und Capulet sind seit Generationen zerstritten.

1 Lies die Szene aus dem Drama.

Textknacker ▶ S. 296

Romeo und Julia   William Shakespeare

1. Akt, 5. Szene (Auszug)

Romeo Montague schleicht sich zu einem Ball der Capulets.

Romeo *(er erblickt Julia. Zu einem Diener)*: Wer ist die Dame dort, die jetzt dem Ritter ihre Hand reicht?
Diener: Ich weiß nicht, Sir.
Romeo *(voller Bewunderung)*: Sie leuchtet heller als alle Fackeln, ihre
5 Schönheit strahlt mehr als ein Diamant am Ohr einer dunklen Schönen. Sie ist wie eine schneeweiße Taube inmitten ihrer Begleiterinnen, die wie Krähen wirken neben ihr. Ich will aufpassen, wo sie nach dem Tanz Platz nimmt. Ich will mit meiner plumpen Hand ihre zarte Hand berühren. Mein Herz, hast du je geliebt, dann vergiss es! Erst heute Abend sehe ich –
10 die wahre Schönheit!
[…]
Romeo *(er himmelt Julia an und nimmt ihre Hand)*:
Wenn ich mit meiner unwürdigen Hand dich Heilige entweihe, ist das nur eine leichte Sünde. Meine Lippen
15 sind bereit, die grobe Berührung durch einen zarten Kuss zu mildern.
Julia: Da tun Sie Ihrer Hand wirklich Unrecht, sie drückt mir ja ihre Verehrung aus. Auch Heiligenfiguren haben Hände, die ein andächtiger
20 Pilger[1] berühren darf.
Romeo: Haben Heilige nicht auch Lippen, und fromme Pilger ebenso?
Julia: Pilger sollten sie zum Beten gebrauchen.
Romeo: Liebe Heilige, lass die Lippen tun,
25 was die Hände taten,
damit aus Glaube nicht Verzweiflung wird.
Julia *(lächelnd)*: Heiligenfiguren halten still, wenn sie dem Betenden eine Bitte gewähren.

[1] der Pilger: ein Gläubiger auf dem Weg zu einem religiösen Ort

Romeo: Dann halte auch still, wenn ich tue, wofür ich gebetet habe. *(Er küsst sie.)* So sind meine Lippen von jeder Sünde frei.
Julia: Jetzt haben meine Lippen deine Sünde.
Romeo: Sünde von meinen Lippen? Ein süßer Vorwurf! Gib mir meine Sünde wieder. *(Er küsst sie noch einmal.)*
Julia: Du verstehst zu küssen. – *(Die Amme kommt.)*
Amme: Madam, Ihre Mutter möchte mit Ihnen sprechen. *(Julia geht zögernd weg.)*
Romeo *(zur Amme)***:** Wer ist ihre Mutter?
Amme: Na, junger Mann, ihre Mutter ist die Herrin dieses Hauses, eine gute Dame, klug und tugendsam. Ich habe ihre Tochter großgezogen, mit der Sie gerade gesprochen haben. Ich sage Ihnen, wer sie einmal bekommt, hat das ganz große Los gezogen.
Romeo: O Gott! Sie ist eine Capulet? – Ich würde für sie mein Leben hingeben.
[…]
(Alle verlassen nach und nach die Bühne. Nur Julia und die Amme bleiben.)
Julia: Komme her, Amme. Wer ist der Edelmann dort? […] Geh, frag nach seinem Namen. – Wenn er schon verheiratet sein sollte, dann will ich sterben, und mein Grab wird mein Brautbett sein. *(Amme hat sich erkundigt und kommt zurück.)*
Amme: Sein Name ist Romeo, ein Montague, der einzige Sohn unseres alten Feindes.
Julia: Meine große Liebe – zu dem verhassten Feind! Die Liebe beginnt für mich unheilvoll. Ich kannte ihn nicht, und jetzt liebe ich ihn, diesen verhassten Feind.*

Der 1. Akt führt die Zuschauer in die Handlung des Dramas ein.
Er gibt auch wichtige Hinweise auf den weiteren Handlungsverlauf.
Man nennt ihn auch Exposition.

2 Was hast du bis jetzt über die Handlung des Dramas erfahren? Fasse in eigenen Sätzen zusammen:
- Wo und wann spielt das Drama?
- Was passiert in der Szene?
- Wer sind die beiden Hauptfiguren? Was erfährst du über sie?
- Was ist das Problem?

3 a. In der Exposition bahnt sich der Konflikt des Dramas an. Beschreibt ihn in eigenen Worten
b. Wie könnte das Drama weitergehen? Stellt Vermutungen an.

> **Starthilfe**
> Die beiden Familien Montague und Capulet sind seit langer Zeit zerstritten. Dann lernen sich Romeo Montague und Julia Capulet kennen und …

Romeo und Julia begegnen sich schon bald wieder.
Die Szene, in der sie sich wiedersehen, ist die berühmte Balkonszene.

4 Lies die Balkonszene.

Textknacker ▶ S. 296

2. Akt, 2. Szene (Auszug)

Romeo schleicht sich zum Haus der Capulets und versteckt sich unter dem Balkon, der zu Julias Zimmer gehört.

Romeo: […] Was für ein Licht fällt durch das Fenster dort oben? Es ist wie die Morgensonne im Osten, und Julia ist meine Sonne! […]
Julia *(zu sich selbst)***:** O Romeo, Romeo! Warum musst du Romeo sein? Verleugne deinen Vater und lege deinen Namen ab. Oder, wenn du es nicht
5 kannst, schwöre mir deine Liebe, und ich will keine Capulet mehr sein.
Romeo *(zu sich selbst)***:** Soll ich länger zuhören? Oder soll ich antworten?
Julia: Nur *dein Name* ist mein Feind. Du bist, wie du bist – ob Montague oder nicht. Was bedeutet schon „Montague"? […] Dein Name ist kein Teil von dir. Nimm auch *mich*, wie ich bin.
10 **Romeo:** Ich nehme dich beim Wort. Nenne mich „Geliebter", und ich bin wie neu getauft.
Julia *(überrascht)***:** Wer bist du, fremder Mann, verborgen in der Nacht, der du dich in meine Gedanken einmischst?
Romeo: Meinen Namen will ich nicht nennen. Mein Name, liebe Heilige,
15 ist mir verhasst, weil er dich an deinen Feind erinnert.
Julia: Meine Ohren haben noch nicht hundert Worte von deinen Lippen aufgesogen, doch kenne ich den Klang. Bist du nicht Romeo und ein Montague?
Romeo: Weder der eine noch der andere, schönes Mädchen, wenn dir
20 diese Namen nicht gefallen.
Julia: Wie kamst du hierher, sag mir, und wozu? Die Gartenmauern sind hoch und schwer zu erklettern, und der Ort könnte für dich den Tod bedeuten, wenn meine Verwandten dich hier finden.
Romeo: Mit den leichten Flügeln der Liebe bin ich über die Mauer
25 geflogen. Steine können die Liebe nicht aufhalten, und was die Liebe kann, das wird sie auch versuchen. Deine Verwandten können mich nicht aufhalten.
Julia: Wenn sie dich sehen, werden sie dich ermorden.
Romeo: Viel mehr Gefahr liegt in deinen Augen als in tausend
30 Schwertern. Schau mich liebevoll an, und ich fürchte mich nicht mehr vor den Feinden.
Julia: Ich will nicht, um alles in der Welt, dass sie dich hier finden.
Romeo: Der Mantel der Nacht wird mich verbergen.
Nur wenn du mich nicht liebst, sollen sie mich hier finden,
35 dann kann mein Leben durch ihren Hass enden.
Was bedeutet mir schon mein Leben ohne deine Liebe?
Julia: Wer hat dir diesen Ort gezeigt?

Romeo: Die Liebe ließ mich nachforschen. Ich hätte dich gefunden, und wärst du auf einer fernen Insel, vom Meer umtost. Ich hätte alles für dich gewagt.

40 **Julia:** Du weißt, ich konnte dich in der Nacht nicht sehen, sonst würde ich mädchenhaft erröten, weil du alles mitgehört hast, was ich hier gesprochen habe. Gern würde ich die guten Sitten einhalten, gern würde ich meine Worte zurücknehmen. Aber wozu? Wichtig ist nur: Liebst du mich wirklich? Ich weiß, dass du ja sagen wirst, und will es glauben. Doch schwöre nichts,
45 Liebesschwüre sind oft falsch. O, edler Romeo, wenn du mich wirklich liebst, sag es offen und ehrlich. Aber wenn du glaubst, du hättest meine Liebe zu *schnell* gewonnen, werde ich widerspenstig sein und nein sagen. Aber nur in *diesem* Fall – sonst um nichts in der Welt. […]
Romeo: Wenn meines Herzens treue Liebe –
50 **Julia:** Lass die wohltönenden Worte heute Nacht. Alles geschieht so schnell, so unbedacht, wie ein Blitz, der schon vorüber ist, ehe man sagen kann: „Es blitzt." – Mein Süßer, gute Nacht! Die Knospe unserer Liebe kann sich öffnen und zur schönen Blüte werden durch die Wärme des Sommers, wenn wir uns wiedersehen. Gute Nacht! Gute Nacht! […]
55 **Romeo:** Schwör mir noch einmal deine Liebe.
Julia: Alles möchte ich dir geben. Meine Liebe ist so tief wie das Meer. Je mehr Liebe ich dir gebe, desto mehr Liebe habe ich, das Geben und das Nehmen sind unendlich. – […] Drei Worte noch, lieber Romeo, und dann wirklich gute Nacht. Wenn deine Liebe zu mir *ehrenhaft* ist, dein Ziel die *Ehe*,
60 gib mir morgen Bescheid durch jemanden, den ich dir schicken werde, wo und wann die kirchliche Trauung vollzogen werden soll. Dir will ich mein Schicksal zu Füßen legen und dir, als meinem Ehemann, durch die ganze Welt folgen. […] Morgen werde ich dir einen Boten schicken.*

5 Lest die berühmte Balkonszene mit verteilten Rollen.
Probiert dabei verschiedene Sprechweisen aus.

6 Im Dialog zwischen Romeo und Julia kommen sprachliche Bilder vor.
  a. Erklärt eines der folgenden sprachlichen Bilder näher:
   – **Romeo:** Der Mantel der Nacht wird mich verbergen. (Z. 33)
   – **Julia:** Meine Liebe ist so tief wie das Meer. (Z. 56)
  b. Findet zwei weitere sprachliche Bilder. Schreibt sie mit Erklärung auf.

  Starthilfe
  Mit dem sprachlichen Bild „..." meint Romeo/Julia …

Sprachliche Bilder
▶ S. 292

Romeo und Julia geben sich in der Balkonszene ein Eheversprechen.

7 Die Balkonszene ist eine Schlüsselszene für die weitere Handlung.
  a. Warum ist sie so wichtig? Erklärt es in eigenen Worten.
  b. Wie könnte das Drama weitergehen?
     Diskutiert in der Klasse über verschiedene Möglichkeiten.

Nachdem Romeo und Julia sich das Eheversprechen gegeben haben, werden sie heimlich von dem Priester Laurenz getraut.
Dann erreicht die Spannung im Drama ihren Höhepunkt.

8 Lies, wie das Drama weitergeht.

Textknacker ▶ S. 296

3. Akt, 1. Szene (Auszug)

Romeos Freunde Benvolio und Mercutio treffen auf Julias Cousin Tybalt.

Benvolio: Ich bitte dich, lieber Mercutio, wir wollen uns zurückziehen. Der Tag ist heiß, und viele Capulets sind hier. Wenn wir sie treffen, wird es wieder Streit geben. An heißen Tagen kommt das Blut schnell in Wallung. [...]
(Tybalt und andere treten auf)
5 **Benvolio:** O Gott, hier kommen die Capulets.
Mercutio: Beim Teufel, was soll's?
Tybalt *(zu seinen Leuten)*: Folgt mir, ich will mit ihnen sprechen. – Ihr Herren, guten Tag. Ein Wort mit einem von euch beiden.
Mercutio: Nur ein Wort? Wie wäre es mit einem Wort und einem Schlag mit
10 dem Schwert?
Tybalt: Ich bin gern dazu bereit, bei passender Gelegenheit.
Mercutio: Warum lange warten?
Tybalt: Mercutio, du bist doch ein Spielkamerad von Romeo?
Mercutio: Spielkamerad? Wenn du uns zu Spielern machen willst –
15 hier ist mein Geigenbogen. *(Er erhebt sein Schwert.)* Ein Tänzchen gefällig?
Benvolio: Wir sind hier in aller Öffentlichkeit. Entweder zieht ihr euch zurück oder sagt vernünftig, warum ihr euch streiten wollt. Alle Leute gaffen ja schon.
Mercutio: Lass sie gaffen. Ich jedenfalls ziehe mich *nicht* zurück, ich nicht!
20 *(Romeo tritt auf.)*
Tybalt: Gut! Friede sei mit euch! – Hier kommt mein Mann.
Mercutio: Dein Mann? Etwa dein Dienstmann? Lächerlich! Geh nur zum Duellplatz voraus, dann wird er dir folgen – wie ein Diener. [...]*

Romeo versucht, den Streit zu schlichten, doch Tybalt und Mercutio beginnen einen Kampf. Tybalt verwundet Mercutio tödlich und flieht.

Romeo: Dieser Tag bringt Unheil, wie wird das enden?
25 *(Tybalt tritt wieder auf.)*
Benvolio: Der wütende Tybalt kommt wieder zurück.
Romeo: Er triumphiert, und Mercutio ist erschlagen! Was soll jetzt alle Zurückhaltung? Feurige Wut soll mich jetzt leiten! *(Zu Tybalt:)* Tybalt, nimm den „elenden Schuft"
30 zurück! Mercutios Seele schwebt noch über unseren Köpfen und wartet auf deine, damit du sie begleitest. Entweder du – oder ich – oder wir beide werden ihr folgen.
Tybalt: Elendes Bürschchen, *du* sollst ihn begleiten.

Romeo: Diese Waffe wird alles entscheiden.

(Sie kämpfen. Tybalt unterliegt und wird getötet.)

Benvolio: Romeo, fort, fort! Hau ab! Die Polizisten kommen gleich! Tybalt ist tot! Steh nicht wie versteinert herum! Der Fürst wird dich zum Tode verurteilen, wenn sie dich kriegen. Weg! Verschwinde! *(Romeo läuft weg. [...] Der Fürst, der alte Montague, der alte Capulet, ihre Frauen und viele andere treten auf.)*

Fürst: Wo sind die verbrecherischen Anstifter dieses Streites?

Benvolio: O edler Fürst, ich kann den unglücklichen Verlauf dieser tödlichen Streitereien berichten: Der junge Romeo hat den Tybalt erschlagen, dort liegt der Mann – aber Tybalt hatte zuvor den tapferen Mercutio erschlagen.

Lady Capulet *(weinend bei Tybalts Leiche)***:** Tybalt, mein armer Neffe! Das Kind meines Bruders! *(Zum Fürsten:)* O Fürst! Das Blut meines lieben Verwandten wurde vergossen! Für unser Blut muss das Blut der Montagues vergossen werden! – Mein armer Vetter[1]!

Fürst: Benvolio, wer hat die Schlägerei angefangen?

Benvolio: Das war Tybalt. Romeo hat ihm gut zugeredet und ihm gesagt, dass der Streit unbedeutend sei und dass Ihr, mein Fürst, jedes Duell verboten hättet. Alles das konnte den hitzigen[2] Tybalt nicht besänftigen, der nichts vom Frieden wissen wollte. Stattdessen hat er den spitzen Stahl seines Schwerts auf die Brust des kühnen Mercutio gerichtet. Romeo hat laut gerufen: „Halt, Freunde, auseinander!" Er wollte sie trennen. Aber unter dem Arm von Romeo hindurch traf ein unglücklicher Stoß von Tybalt den kräftigen Mercutio. – Zunächst ist Tybalt geflohen, kam aber schnell zurück und hat Romeo angegriffen. Bevor ich mein Schwert ziehen konnte, um sie zu trennen, war der kräftige Tybalt erschlagen. Und während er stürzte, ist Romeo geflohen. [...]

Fürst: Romeo hat ihn erschlagen. Tybalt hat Mercutio erschlagen. Wer ist der Schuldige?

Montague: Nicht der Romeo, Fürst. Er war Mercutios Freund. Nicht er, sondern Tybalt war der Anstifter.

Fürst *(denkt nach)***:** Für sein Vergehen wird Romeo aus Verona verbannt. Ich werde eure Bitten und Entschuldigungen *nicht* anhören! Romeo soll aus der Stadt möglichst schnell verschwinden, wenn er gefasst wird, ist das seine letzte Stunde. [...]*

[1] Vetter: veraltet für Cousin   [2] hitzig: leidenschaftlich

Der Konflikt des Dramas erreicht seinen Höhepunkt mit dem Zusammentreffen der beiden Familien und dem Urteil des Fürsten.

9 Sprecht über die Szene:
- Welche Figuren treffen zusammen? Wie verhalten sie sich?
- Wie verläuft das Treffen? Wie endet es?

10 a. Erklärt das Urteil des Fürsten mit eigenen Worten.
  b. Wie wirkt sich das Urteil auf das Liebespaar und die weitere Handlung aus?

Im 4. Akt geht Romeo in Verbannung nach Mantua.
Das geschieht in der Zwischenzeit in Verona:

Julia wurde von ihren Eltern gezwungen, in die Heirat mit dem Grafen Paris einzuwilligen. Priester Laurenz gibt ihr ein Betäubungsmittel und so erscheint sie am Hochzeitsmorgen wie tot. Ihre verzweifelten Eltern bahren sie in der Familiengruft auf. Der Priester schickt Romeo einen Brief, in dem er ihm mitteilt, dass Julia nicht tot ist und er sie nach Mantua entführen soll.

11 Lies nun, wie das Drama endet.

Textknacker ▶ S. 296

5. Akt, 3. Szene (Auszug)

Romeo erhält den Brief nicht. Als er von Julias Tod erfährt, eilt er nach Verona zur Gruft der Capulets. Dort trifft er auf Graf Paris und tötet ihn. Er findet die scheinbar tote Julia und vergiftet sich aus Verzweiflung. Priester Laurenz kommt in der Gruft an, dann erwacht Julia.

Julia: O mein Vater! Wo ist er, mein Mann, mein Romeo?
Bruder Laurenz: [...] Komm, komm fort! Dein heimlicher Ehemann liegt hier tot, Graf Paris auch. Komm, ich will dich in ein Nonnenkloster bringen. Frag nicht lange, die Polizei kommt. Wir können hier nicht bleiben.
5 **Julia:** Geh du, ich bleibe hier. *(Bruder Laurenz geht.)* Was ist das? Ein Glas in der Hand von meinem Liebsten? Gift? Er starb durch Gift. – Du Schelm! Er hat alles ausgetrunken. Kein Tropfen ist übrig geblieben, um *mir* zu helfen. Ich will deine Lippen küssen. Vielleicht haftet dort noch ein Rest vom Gift. *(Sie küsst ihn.)* Deine Lippen sind warm!
10 **Polizeihauptmann:** Wo sind sie?
Julia: Was für ein Lärm? Schnell! O glücklicher Dolch! *(Sie reißt Romeos Dolch an sich.)* Lass mich sterben. *(Sie ersticht sich und fällt zu Boden. [...] Der Fürst tritt mit Gefolge auf.)*
Fürst: Was ist passiert? Warum weckt man mich aus meiner Morgenruhe?
15 *(Capulet und seine Frau treten auf.)*
Capulet: Warum schreien hier alle herum?
Lady Capulet: Die Leute auf der Straße schreien „Romeo", andere „Julia" und einige auch „Paris". Und alle rennen zu unserem Grabmal.
Fürst *(zu den Polizisten)*: Warum seid ihr so ängstlich?
20 **1. Polizist:** O mein Fürst, hier liegt Graf Paris erschlagen, und Romeo ist tot. Und Julia, die schon vorher tot war, ist noch warm und wurde wohl erst jetzt getötet.
Fürst: Untersucht, wie es zu diesen grässlichen Morden gekommen ist!
1. Polizist: Hier ist ein Priester und der Diener von Romeo.
25 Sie hatten Werkzeuge bei sich, um die Gruft der Toten zu öffnen.
Capulet: O Himmel! Frau, sieh nur, wie unsere Tochter blutet! Sieh den Dolch im Busen meiner Tochter!
Lady Capulet: Schrecklich! Ich werde das nicht überleben!

(Montague und andere treten auf.)

30 **Fürst:** Komm her, Montague. Früh bist du aufgestanden,
um den frühen Tod deines Sohns und Erben zu sehen.
Montague: O weh! Mein Fürst! Meine Frau ist heute Nacht gestorben. Der Schmerz über die Verbannung meines Sohnes hat sie umgebracht. Und jetzt *das* noch! – O Sohn! Was tust du? Du drängst dich vor deinem Vater ins Grab.
35 **Fürst:** Wir werden versuchen, die wahren Umstände aufzuklären.
Bringt die Verdächtigen her. [...]
Fürst: Capulet! Montague! Seht, was eure Zwietracht angerichtet hat!
Euer Hass hat die Liebe dieser jungen Menschen zerstört.
Der Himmel selbst hat euch bestraft.

40 **Capulet** *(geht auf Montague zu und reicht ihm die Hand)*:
O Bruder Montague, reich mir die Hand zur Versöhnung.
Um meiner Tochter willen. – Was kann ich mehr verlangen?
Montague: Ich kann dir mehr geben: Ich will für deine Tochter Julia
eine Statue aus reinem Gold machen lassen. Der Name deiner Tochter
45 soll unvergessen sein, solange die Stadt Verona besteht.
Capulet: Ebenso reich soll dein Sohn Romeo neben der Dame
seines Herzens liegen, ihr Andenken wird unsere Feindschaft besiegen.
Fürst: Ein trauriger Frieden entsteht an diesem Morgen.
Aus Kummer hält sich die Sonne noch verborgen. Nie gab es
50 eine traurigere Geschichte anderswo als die von Julia und Romeo.*

12 Sprecht gemeinsam über das Ende des Dramas:
– Was passiert? Wie endet es für die Hauptfiguren?
– Was habt ihr erwartet? Was überrascht euch?

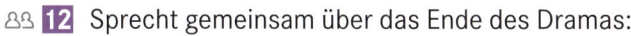

Klassische Dramen haben einen bestimmten Aufbau.

13 a. Lest das Merkwissen.
b. Ordnet die Szenen auf den Seiten 134 bis 141 den fünf Akten zu.
Notiert dazu für jede Szene einen Satz, der die eigentliche Handlung
der fünf Akte beschreibt. Schreibt auch einen Satz für den 4. Akt auf.

> **Merkwissen**
>
> Ein Theaterstück oder ein Drama ist meist in **Szenen** unterteilt. In längeren Dramen sind die Szenen oft in Hauptabschnitte zusammengefasst.
> Man nennt sie **Akt** oder **Aufzug**. In der Regel hat ein Drama fünf Akte:
> **1. Akt: Exposition:** Die Einführung in Zeit, Ort, Figuren und Konflikt findet statt.
> **2. Akt: Steigende Handlung:** Der Konflikt spitzt sich zu.
> **3. Akt: Höhepunkt:** Der Konflikt erreicht den Höhepunkt.
> **4. Akt: Fallende Handlung:** Es findet ein Lösungsversuch des Konflikts statt.
> **5. Akt: Katastrophe:** Die Handlung wird zum Schlimmen oder zum Guten aufgelöst.

Sich über Hintergründe informieren

Das Drama könnt ihr besser verstehen, wenn ihr dazu Hintergründe kennt und euch über den Handlungsort und die Handlungszeit informiert habt.

„Romeo und Julia" spielt in der italienischen Stadt Verona um das Jahr 1300.

1 Lies den Sachtext über das mittelalterliche Verona.

Textknacker ▶ S. 296

Das mittelalterliche Verona

Verona ist eine Stadt in Norditalien. Im Mittelalter war sie eine reiche Handelsstadt. Dort lebten wohlhabende Bürger in Großfamilien zusammen.
5 Während Jungen schon vor der Ehe erste Liebeserfahrungen machen durften, war dies Mädchen verboten. Sie heirateten jung, häufig schon mit zwölf oder dreizehn Jahren. Die Ehemänner waren oft sehr viel älter. Die Hochzeiten wurden von den
10 Familienoberhäuptern ausgehandelt und die Kinder durften sich nicht widersetzen. Über Verona herrschte ein vielseitig gebildeter Fürst. Er sorgte für Ruhe und Ordnung und sprach Recht, wenn Gesetze
15 gebrochen wurden. Neben der Todesstrafe war die Verbannung eine der härtesten Strafen. Dann wurden Gesetzesbrecher aus der Stadt vertrieben und somit aus der Gemeinschaft ausgeschlossen.

2 Was hast du über das mittelalterliche Verona erfahren?
Erkläre es mit eigenen Worten:
– Wer lebte in der Stadt?
– Wie war das Leben dort?
– Welche Regeln gab es?

3 Welche Besonderheiten über das Leben im mittelalterlichen Verona findet ihr in Shakespeares Drama wieder? Schreibt sie auf.

> **Starthilfe**
> Im mittelalterlichen Verona haben die Eltern ... Bei Romeo und Julia ...

4 Recherchiere im Internet oder in der Bibliothek weitere Besonderheiten über das mittelalterliche Verona, die du in William Shakespeares Drama wiederfindest.

Im Internet recherchieren ▶ S. 297

Projektidee: Szenische Umsetzungen reflektieren

„Romeo und Julia" wird oft aufgeführt und ist mehrfach verfilmt worden.
Ihr könnt euch gemeinsam eine szenische Umsetzung ansehen.

W Verfilmung oder Theateraufführung? Wählt Aufgabe 1 oder 2.

1 Entscheidet gemeinsam, welche **Verfilmung** ihr sehen möchtet.

2 a. Recherchiert im Internet oder in Zeitschriften, welche **Theateraufführungen** von „Romeo und Julia" oder von einem anderen Stück in eurer Nähe stattfinden.
b. Organisiert einen Theaterbesuch mit der Klasse.
c. Bereitet den Theaterbesuch gemeinsam vor. Besprecht zunächst:
– Was darf man während der Vorstellung tun, was nicht?
– Was erwartet ihr von dem Stück, das ihr sehen werdet?
– Worum geht es in dem Theaterstück? Wer sind die Hauptfiguren?

Im Internet recherchieren
▶ S. 297

Bereitet Beobachtungsaufgaben vor.

3 Bildet Gruppen aus drei bis vier Personen.
Jede Gruppe beobachtet eine der Hauptfiguren:
– Wie spricht die Figur? Wie ist ihre Mimik, wie ihre Gestik?
– Was fällt euch auf?
– Was würdet ihr anders machen?
Tipp: Bereitet Beobachtungskarten vor und notiert darauf Stichworte.

Beobachtungskarte
Figur: Julia Capulet
Schauspielerin: ...
Ausdruck: ...
Mimik: ...
Körperhaltung: ...
Gestik: ...

4 Welche Gestaltungsmittel machen die Umsetzung besonders?
a. Sammelt gemeinsam Gestaltungsmittel, die eine Verfilmung oder ein Theaterstück besonders machen.
b. Macht euch Notizen zu den Gestaltungsmitteln:
Wie wirken sie auf euch?

Bild und Ton ▶ S. 294

Wertet die Umsetzung anschließend gemeinsam aus.

5 a. Besprecht eure Beobachtungen zu der Umsetzung.
b. Formuliert eure Meinung dazu:
– Was hat euch besonders gefallen oder beeindruckt?
– Was fandet ihr weniger gelungen?
Was hättet ihr anders gemacht?
– Würdet ihr diese Umsetzung anderen empfehlen? Begründet.

Nichts ist undenkbar

Bücher können die Fantasie beflügeln und uns in andere Welten eintauchen lassen.

1 „Mit Geschichten kann ich in jede beliebige Welt eintauchen."
Erklärt diese Aussage.

2 Welche Bücher kennt ihr, die in fremden Welten spielen? Sprecht darüber.

3 Über welche Welt würdest du gerne einmal schreiben? Begründe.

Die folgenden Jugendbücher spielen in fremden Welten.

4   a. Seht euch die Cover an.
   b. Stellt Vermutungen an:
      Worum könnte es in den Büchern gehen?
   c. Welches Buch könntest du dir
      vorstellen, zu lesen?
      Begründe.

5   Lies die folgenden Textauszüge.

A Dem Kalender nach war die Zeit der Stürme seit acht Wochen vorbei. Letzte Woche war eine Gruppe draußen beim Point Armstrong gewesen, hatte das Druckzelt für das Silvesterfest aufgestellt, und prompt war kurz darauf wieder eine dicke, gelbe Staubwolke über die Ebene hinweggezogen und gestern Abend noch eine.
Die Verschlüsse der Raumanzüge klickten, die Anschlüsse gaben schrille Zischlaute von sich, Kontrollanzeigen leuchteten grün auf. Jeder Handgriff saß, wie man es nach hunderten Malen erwarten konnte, trotzdem dauerte das Anlegen der Raumanzüge seine Zeit. Sie kontrollierten sich gegenseitig noch einmal, setzten dann gleichzeitig mit Mrs Dumelle Helme auf, die mit einem beruhigenden, satten Geräusch einrasteten.

B Allmählich hellte der Bildschirm sich auf und gab den Blick frei auf eine sehr realistisch wirkende Waldlichtung, über der der Mond stand. In ihrer Mitte hockte eine Figur mit zerrissenem Hemd und fadenscheiniger Hose. Ohne Waffe, nur mit einem Stock in der Hand. Das sollte vermutlich seine Spielfigur sein. Probehalber klickte Nick rechts neben sie, woraufhin sie aufsprang und sich exakt an die gewählte Stelle bewegte. Okay, die Steuerung war idiotensicher und den Rest würde er ebenfalls in Kürze kapiert haben. Schließlich war das nicht sein erstes Spiel.

6   Wo könnte sich die Handlung in dem jeweiligen Buch abspielen?
   Stellt Vermutungen an.

7   a. Welcher Textauszug gehört zu welchem Buch? Ordne zu.
   b. Welches Buch verlockt dich nun am meisten zum Lesen?
      Hat sich deine Meinung geändert? Begründe.

In diesem Kapitel lest ihr Auszüge aus diesen Jugendbüchern.
Ihr untersucht, wie ihr fremde Welten besonders spannend beschreiben und gestalten könnt. Anschließend schreibt ihr selbst eine Geschichte.

Auszüge aus einem Jugendbuch lesen und untersuchen

Das folgende Jugendbuch „Das Marsprojekt" spielt im Jahr 2086.

1 Lies den Buchanfang mit dem Textknacker.

Textknacker ▶ S. 296

Das Marsprojekt. Das ferne Leuchten   Andreas Eschbach

Elinn konnte mit einem Raumanzug umgehen. Normalerweise.
Niemand wurde auf dem Mars geboren und dreizehn Jahre alt,
ohne mit einem Raumanzug umgehen zu können.
Aber in diesem Moment hatte sie alles vergessen.
5 Alle Vorsicht, und vor allem die Zeit, die verging und ihren Sauerstoffvorrat
verringerte.
Sie hatte *das Leuchten* gesehen.
Vergessen war die Marssiedlung, die weit hinter ihr in der rostig braunen
Ebene lag. Ihr eigenes Keuchen klang ihr in den Ohren, als sie über Felsen
10 und Geröll stieg. Ihr Atem schlug silbern gegen die Innenseite ihres Helms.
Sie hatte *das Leuchten* gesehen, und es war aus der Jefferson-Schlucht
gekommen.
Vergessen waren die Ermahnungen ihrer Mutter, sich nicht aus der Sichtweite
der oberen Station zu entfernen, vor allem nicht allein. Elinn stieg über den
15 felsigen Rand, sprang hinab auf eine Felsplatte, die einige Meter weiter unten
aus dem Hang ragte. Sie liebte solche Sprünge. Im Unterricht hatte sie gelernt,
dass die Schwerkraft auf der Erde dreimal so stark war wie die des Mars.
Ihres Mars. Ihrer Heimat. Hier konnte sie Dinge tun, die den Menschen
auf der Erde unmöglich waren.
20 Der Fels fühlte sich auch durch die Handschuhe hindurch kalt an,
als sie sich am Rand festhielt. Der weite Himmel über ihr war
gelb von den Staubstürmen, die um diese Jahreszeit
hoch oben in der dünnen Atmosphäre dahinfegten.
Doch die Sterne schimmerten dahinter hervor, kalt und
25 klar und verheißungsvoll.
Sie dachte nicht an die anderen. Die lachten sie immer
nur aus, wenn sie vom *Leuchten* erzählte.
Sie dachte auch nicht daran, die Anzeige des
Sauerstoffvorrats zu prüfen. Normalerweise war das etwas,
30 das einem, wenn man auf dem Mars lebte,
so in Fleisch und Blut überging
wie Zähneputzen.
Aber Elinn vergaß auch das
Zähneputzen manchmal.

35 Die gewöhnlichen Raumanzüge hatten keine Recyclingsysteme, denn
das waren große, schwere Geräte, und die Atemluft, die sie produzierten,
stank nach Chemie. Raumanzüge mit Komplettrecycling trug man nur bei
Expeditionen. Die Marssiedler hatten leichte, bequeme Raumanzüge an,
wenn sie hinausgingen, und da man selten mehr als ein paar Stunden draußen
40 war, kam man mit den Vorräten an Energie und Atemluft problemlos aus.
Elinn sprang über den Rand der Felsplatte, landete auf sandigem Geröll,
das unter ihren Füßen staubte, und rannte den Abhang dann in weiten,
eleganten Sätzen hinab, dem Grund der Schlucht entgegen. Als sie unten
angekommen war, hatte sie bereits nicht mehr genug Sauerstoff, um den
45 Rückweg zu schaffen. Aber auch das bemerkte sie nicht, sondern ging weiter,
immer weiter von der Marssiedlung weg. [...]*

Die Handlungsbausteine helfen dir, die Geschichte zu verstehen.

Handlungsbausteine:
- Hauptfigur/Situation
- Wunsch
- Hindernis
- Reaktion
- Ende

2 Was erfährst du über Elinn und den Planeten Mars?
  a. Lege eine Folie über den Text.
  b. Wie lebt Elinn? Wie wird der Planet Mars beschrieben?
     Markiere Wörter und Wortgruppen, die die Fragen beantworten.

3 a. Schreibe auf, welche Informationen der Textauszug über
        die Hauptfigur Elinn und den Planeten Mars enthält.
     b. Was unterscheidet Elinns Leben von eurem Leben? Sprecht darüber.

4 a. Welchen Wunsch hat Elinn? Schreibe ihn auf.
     b. „Sie dachte nicht an die anderen. Die lachten sie immer nur aus, wenn sie
        vom *Leuchten* erzählte." (Z. 26–27) Wie könnte sich Elinn in dem Moment
        fühlen, wenn die anderen über sie lachen? Notiere Stichworte.
     c. Was könnte hinter dem Leuchten stecken? Schreibe Vermutungen auf.
     d. Schreibe Elinns Gedanken und ihre Hoffnung in der Ich-Form auf.

5 Was erfahrt ihr über den Handlungsbaustein **Hindernis**?
     a. Lest noch einmal die Zeilen 28–34.
     b. Sprecht über die folgenden Fragen:
        – Was bemerkt Elinn nicht?
        – Warum kann dies für sie zur großen Gefahr werden?
     c. Notiert eure Ergebnisse in Stichworten.

6 Was könnte Elinn passieren? Tauscht euch darüber aus.

7 a. Untersucht die Erzählweise, die der Autor gewählt hat,
        um die Leserinnen und Leser neugierig zu machen:
        – Welchen Erzähler wählt er?
        – Welche Situation schildert er?
     b. Vergleicht die Wahl des Erzählers mit eurem Text zu Aufgabe 4d.

Erzählperspektive
▶ S. 293

In dem Jugendbuch finden sich immer wieder Stellen, an denen der Autor die Landschaft und die Lebensbedingungen auf dem Mars beschreibt, sodass sich die Leserinnen und Leser ein Bild machen können.

8 Lies den folgenden Textauszug.

Elinn, ihr Bruder Carl, Ariana und Ronny sind die einzigen Jugendlichen, die in der Marskolonie leben. Manchmal unternehmen sie Erkundungstouren, so auch an diesem Morgen.

Dass die Aussicht rings um die Asiatische Marsstation großartig war, daran erinnerten sie sich alle von ihren wenigen Besuchen dort. Doch an diesem Morgen war sie schlicht überwältigend.

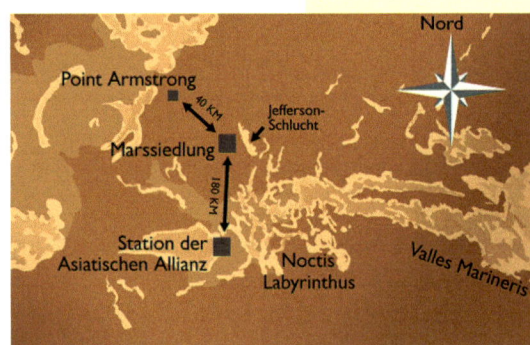

5 Sie hielten auf einem der Felsvorsprünge, von denen aus man in eines der gewaltigen Täler der Valles Marineris hinabschauen konnte, und standen dann am Fenster des Rover[1], schauten und schauten, ließen sich regelrecht durchtränken von dem Anblick,
10 der sich ihnen bot.
Die Sonne war inzwischen aufgegangen über den Valles, ein weicher Lichtfleck an einem hellorangefarbenen Himmel, und versprach einen strahlenden Tag. Sie leuchtete herab auf ferne Tafelberge und dunkel geäderte Berghänge, tauchte Felsschrunden[2] und Vorsprünge in rotgoldenen Schimmer, ließ den
15 Morgennebel, der in dem weit verästelten Canyon ruhte, so hell und weiß glänzen, dass man nicht bis auf den Boden sah. Der Nebel entstand, wenn die Sonne morgens Trockeneis von den ostwärts gerichteten Hängen verdampfen ließ, wo es sich in der Kälte der Nacht abgesetzt hatte, und um diese Zeit sah man noch viele weiße Punkte in dem zerklüfteten rostroten Gestein: Stellen,
20 die im Schatten lagen und dem gefrorenen Kohlendioxid noch eine Weile Schutz bieten würden.
„Unglaublich, oder?", meinte Ariana irgendwann mit rauer Stimme.
„Merkt ihr das auch?", fragte Elinn flüsternd. „Merkt ihr auch, dass wir hier zu Hause sind?"
25 Carl nickte, fast widerwillig. Ja, sie waren hier zu Hause. Die Erde würde ihnen immer zu heiß sein, zu hell, zu gewalttätig in jeder Hinsicht.
Schließlich fuhren sie weiter. Hier schien die Landschaft zu lodern, so hellrot war der Boden. Der Frühnebel bewegte sich langsam in dem gewaltigen Canyon, wogte wie ein weißer Ozean. Sie überquerten eine lang gezogene
30 Anhöhe, von deren höchstem Punkt aus, das wussten sie noch vom letzten Mal, man die Station bereits sehen würde.
„Wahnsinn", entfuhr es Ariana, als sich der Blick auf die Ebene vor dem Noctis Labyrinthus weitete. „Galaktisch!", rief Ronny aus. […]*

[1] der Rover: eigentlich ein (unbemanntes) Landefahrzeug für Planeten
[2] Felsschrunden: der Schrund: Randspalte eines Gletschers, Abgrund

Der Ort beziehungsweise die Räume spielen in dem Jugendbuch
„Das Marsprojekt" eine besondere Rolle.

9 Wo befinden sich die Jugendlichen? Sieh auf der Karte nach.

10 Wie stellst du dir den Ort vor, der beschrieben wird? Zeichne ein Bild.

11 Welchen Handlungsort beschreibt der Autor?
  a. Lege eine Folie über den Text und markiere Stellen, an denen der Autor den Ort und die Umgebung beschreibt.
  b. Mit welchen Adjektiven wird der Ort beschrieben? Schreibe sie aus dem Text auf.

Adjektive ▶ S. 312

12 Wie wirkt der Ort auf euch? Tauscht euch darüber aus.

> **Info**
> Der Raum beziehungsweise Handlungsort in einem Roman kann der geografische Ort sein, wo eine Handlung stattfindet, z. B. eine Landschaft oder eine Stadt.
> Oft hat der Raum Einfluss auf die Handlung.

13 Die Jugendlichen leben auf dem Mars.
  a. Lies noch einmal die Zeilen 22–26.
  b. Fühlen Elinn und Carl sich hier zu Hause? Beschreibe ihre Gedanken und Gefühle in einem kurzen Text.

14 a. Vergleicht eure Beschreibung der Gedanken und Gefühle mit der Beschreibung des Ortes durch den Autor.
  b. Was fällt euch auf? Tauscht euch darüber aus.

Andreas Eschbachs Roman hat eine wissenschaftliche Idee zum Thema,
die es schon seit Langem gibt und die immer noch aktuell ist:
die Besiedlung des Mars.

15 Welche Informationen in den Textauszügen entsprechen der Wirklichkeit bzw. dem Stand der Wissenschaft? Recherchiert dazu im Internet.

16 Was ist Science-Fiction?
Informiert euch darüber und notiert Merkmale.

Ist dies eine Welt, in die ihr tiefer eintauchen möchtet? Ihr könnt das Buch
als Klassenlektüre lesen oder in einer Bibliothek ausleihen.

Erzählmittel untersuchen

In dem folgenden Jugendbuch geht es um ein geheimnisvolles Computerspiel mit Namen „Erebos". Nick taucht mit seinem selbst geschaffenen Avatar[1] Sarius in die Spielwelt von Erebos ein.

1 Lies den Textauszug mit dem Textknacker.

Textknacker ▶ S. 296

Erebos Ursula Poznanski

Jemand nähert sich, Sarius kann Hufschläge hören. Ist es nur einer, sind es mehrere? Nun bewegt er sich doch, zieht sein Schwert und geht langsam auf den Saum des Waldes zu. Drizzel ist vorhin dort verschwunden, das will Sarius nun auch tun, Mut kann er sich nicht mehr leisten. Verdammt, warum
5 konnte er nicht gleich vorsichtiger sein?
Er steht bereits im Schatten der Bäume, als er das gepanzerte Pferd des Boten erkennt. […]
„Du hast dich beachtlich geschlagen", sagt der Bote.
„Danke. Ich habe es auf jeden Fall versucht."
10 „Es ist sehr bedauerlich, dass du so schwer verletzt wurdest. Einen weiteren Kampf wirst du nicht überleben."
Nicht, dass Sarius das nicht wüsste. Doch so, wie der Bote es sagt, klingt es, als wäre es nicht mehr zu ändern. Als wäre Sarius todgeweiht. Er zögert mit seiner Antwort und entschließt sich
15 letztlich, sie in eine Frage zu verpacken.
„Ich dachte, wir wollen einander helfen?"
„Ja. Das war mein Vorschlag. Ich denke, du bist kein blutiger Anfänger mehr. Du solltest bereit sein für das zweite Ritual."
Das ist mehr, als Sarius erwartet hat. Nach dem zweiten Ritual
20 wird er eine Zwei[2] sein, vermutet er.
„Ich werde dich also heilen und dir mehr Stärke, mehr Ausdauer und eine bessere Ausrüstung geben", fährt der Bote fort. „Ist das in deinem Sinn?"
„Natürlich", antwortet Sarius.
Nun muss die Forderung des Boten kommen, der Preis, den er für all das
25 zahlen soll. […]
„Und was kann ich für dich tun?", fragt Sarius, als ihm die Pause zu lange dauert. […]
„Folgendes trage ich dir auf: Fahre morgen nach Totteridge[3] zur St Andrew's Church[4]. Dort steht eine uralte Eibe. In ihrer unmittelbaren Umgebung wirst
30 du eine Kiste finden, auf der das Wort ‚Galaris' steht. Sie ist verschlossen.

---

[1] der Avatar: die Spielfigur, der Spielcharakter
[2] die Zwei: hier eine Spielstufe. Je besser man spielt, desto höher kommt man.
[3] Totteridge: ein Stadtteil in London
[4] St Andrew's Church: eine Kirche im Londoner Stadtteil Totteridge

Du wirst sie nicht öffnen, sondern in der Tasche verstauen, die du mitgebracht hast. Damit begibst du dich zum Dollis Road Viaduct[5], dort, wo es über die Dollis Road führt. Du legst die Kiste ins Gebüsch, unter einen der Bögen nahe der Straße. Verstecke sie so, dass nicht jeder Uneingeweihte sie sehen kann.
35 Dann geh, ohne dich umzuwenden. Hast du alles verstanden?"
Sarius starrt den Boten wortlos an. Nein, er begreift gar nichts. Totteridge und Dollis Road? Die liegen in London, nicht in der Welt von Erebos. Oder doch? Er zögert, überlegt, fragt zur Sicherheit schließlich nach.
„Das heißt, ich muss deinen Auftrag in London erfüllen? In der Realität?"
40 „Genau das heißt es. Was immer ‚Realität' bedeuten mag." […]
„Gut, ich tu es."
„Das freut mich. Warte nicht zu lange. Wir sehen uns morgen, noch vor dem Mittag. Bis dahin muss deine Aufgabe erfüllt sein. Falls du mich enttäuschst …"
45 Zum ersten Mal, seit Sarius ihm begegnet ist, stiehlt sich ein Lächeln in die Züge des Boten. Als wüsste er um die Hintergedanken in Sarius' Kopf.
„… falls du mich enttäuschst, ist dies unsere letzte Zusammenkunft unter freundschaftlichen Umständen." […]*

[5] Dollis Road Viaduct: eine Straßenbrücke, die aus mehreren Bögen besteht

2 Was erfahrt ihr über Sarius? Wo befindet er sich? Notiert Stichworte.

3 Untersucht das Gespräch zwischen Sarius und dem Boten genauer.
    a. Lest das Gespräch mit verteilten Rollen. Probiert verschiedene Möglichkeiten der Betonung aus.
    b. Ergänzt eure Notizen:
      – Welchen Auftrag soll Sarius erfüllen?
      – In welcher Welt wartet seine Aufgabe auf ihn?
      – Wie fühlt Sarius sich, als er den Auftrag des Boten hört?

Betont vorlesen ▶ S. 298

4 Erebos scheint ein besonderes Spiel zu sein. Was ist daran ungewöhnlich? Sprecht darüber.

5 „Was immer ‚Realität' bedeuten mag." (Z. 40)
Was könnte der Bote damit meinen? Tauscht euch darüber aus.

6 Sprecht in der Klasse über die folgenden Fragen:
Welche Computerspiele kennt ihr? Wie realitätsnah sind diese?

Der Textauszug ist im Präsens geschrieben.

7 **a.** Lest den Text noch einmal.
    b. Wie wirkt die Verwendung des Präsens auf euch? Sprecht darüber.

Am nächsten Morgen wacht Nick früh auf, Erebos lässt ihm keine Ruhe.

Nick seufzte. Mit Weiterschlafen war es wohl nichts, wenn ihm dauernd
das Spiel im Kopf herumspukte. Er rekelte sich, setzte sich auf und schwang
die Beine über die Bettkante.
Totteridge war nicht weit. Die Northern Line[6] war seine Heimstrecke,
da konnte er schon mal schnell zur St Andrew's Church fahren, nur der Form
halber. Obwohl das Spiel ja nicht mehr startete. Probehalber setzte sich Nick
an den Computer und versuchte es noch einmal, mit dem gleichen Ergebnis
wie vor dem Schlafengehen. Erebos ließ sich nicht öffnen.
Das Internet funktionierte zum Glück und so hatte Nick innerhalb weniger
Minuten [...] den Standort der St Andrew's Church gefunden – und sogar
ein Bild von der Eibe, die angeblich zweitausend Jahre alt war und damit
das älteste Lebewesen Londons. Wow. Ihre Äste setzten so tief an,
dass sie auf dem Bild aussah wie ein enormer Busch. [...]*

Erebos lässt sich nicht mehr starten. Also macht Nick sich auf den Weg, um den Auftrag des Boten zu überprüfen.

Nick stieg bei Totteridge & Whetstone[7] aus und musste zehn Minuten
auf den Bus warten, der ihn [...] zur Kirche brachte.
Die Eibe war nicht zu übersehen. [...]
Mit einem Mal wurde ihm bewusst, wie absurd diese Situation war.
Wieso war er hier? Weil eine Computerspielfigur ihm aufgetragen hatte,
etwas unter einem Baum zu suchen? Mein Gott, war das lächerlich. [...]
Er ging weiter, duckte sich unter den tief hängenden Zweigen,
erreichte die Rückseite des Baumriesen. Bückte sich.
Etwas Hellbraunes, Eckiges lugte zwischen den Pflanzen hervor, die sich
dicht an der rissigen Borke des Baumes gruppiert hatten. Nick bog
die Stängel auseinander. Die Kiste hatte etwa die Größe eines dicken
Buchs und war bei den Seitenkanten mit breitem, schwarzem
Klebeband umwickelt. Ungläubig hob Nick sie hoch, registrierte
flüchtig, dass sie schwer war, und wischte gedankenverloren die
haften gebliebene Erde ab. „Galaris", stand in schwungvoller Schrift
auf dem Holz und darunter ein Datum: 18. 03.
Nick kämpfte gegen ein Gefühl der Unwirklichkeit an.
Der 18. März war sein Geburtstag. [...]*

[6] Northern Line: eine U-Bahn-Linie in London   [7] Totteridge & Whetstone: eine U-Bahn-Station

8 Beantwortet die folgenden Fragen in Stichworten:
– Warum wird nun von Nick und nicht mehr von Sarius erzählt?
– In welchen zwei Welten befindet sich die Hauptfigur?

9 „Mit einem Mal wurde ihm bewusst, wie absurd diese Situation war."
(Z. 65) Was meint Nick damit? Tauscht euch darüber aus.

Die Autorin verwendet verschiedene sprachliche Mittel, um die Geschichte besonders spannend, anschaulich und lebendig zu gestalten.

10 a. Was denkt und fühlt Nick, während er auf die Eibe zugeht? Belege deine Antwort mit Zeilenangaben.
b. Beschreibe Nicks Gedanken und Gefühle, als er die Kiste findet. Schreibe Wörter und Wortgruppen aus dem Text auf.

11 Untersucht die Zeitform genauer.
a. Lest noch einmal im Text nach: In welcher Zeitform ist dieser Textauszug geschrieben?
b. Vergleicht die Zeitform mit dem Textauszug auf den Seiten 150–151. Was fällt euch auf?
c. Beschreibt die Wirkung der unterschiedlichen Zeitformen.
d. Überlegt, warum die Autorin unterschiedliche Zeitformen verwendet haben könnte.

Zeitformen der Verben
▶ S. 310–311

Geschichten können aus verschiedenen Perspektiven erzählt werden.

12 Welche Erzählperspektive hat die Autorin in den Auszügen verwendet?
a. Lies das Merkwissen.
b. Schreibe auf, welche Erzählperspektive in den Auszügen verwendet wird.
c. Belege deine Antwort mit einer passenden Textstelle.

Merkwissen
– Der Er-Erzähler/Die Sie-Erzählerin ist nicht am Geschehen beteiligt. Er oder sie erzählt das Geschehen von allen Figuren in der Er- oder Sie-Form. Dabei weiß er oder sie nicht mehr als die handelnden Personen.
– Der Ich-Erzähler/die Ich-Erzählerin ist direkt am Geschehen beteiligt. Er oder sie beschreibt das Geschehen aus seiner oder ihrer Sicht. Gedanken und Gefühle des Ich-Erzählers/der Ich-Erzählerin werden deutlich.

13 Formuliere die Zeilen 72–79 in die andere Erzählperspektive um. Schreibe den Text auf.

Starthilfe
Die Kiste hatte etwa die Größe eines dicken Buchs und war bei den Seitenkanten mit breitem, schwarzem Klebeband umwickelt. Ungläubig hob ich sie hoch, …

14 Sprecht über die folgenden Fragen:
– Wie unterscheiden sich die beiden Erzählperspektiven in ihrer Wirkung?
– Warum hat sich die Autorin wohl für die Er-/Sie-Form entschieden?

15 Wie könnte die Geschichte weitergehen? Schreibe eine Fortsetzung auf.

Eine Geschichte schreiben

Nichts ist undenkbar – mit Geschichten kann man in jede beliebige Welt eintauchen. Du kannst nun eine eigene Geschichte schreiben.

Plane zunächst deine Geschichte.
Der Handlungsort spielt dabei eine besondere Rolle.

> eine versunkene Stadt
> hinter dem Spiegel
> an einem magischen Ort
> eine Zeitreise

W **1** Wähle eine Grundidee für deine Geschichte:
  – Soll eine fremde Welt erkundet werden?
  – Sollen sich zwei Welten miteinander vermischen?

2 Was ist das Besondere an deiner Welt?
  Sammle Ideen in einem Cluster.
  – Wie sieht es dort aus?
  – Wie riecht es dort?
  – Wer oder was lebt dort?
  – Mit welchen Adjektiven lässt sich die Welt beschreiben?

Mit einem Cluster Ideen sammeln ▶ S. 300

Die Handlungsbausteine helfen dir, eine Geschichte zu entwickeln.
Lege für jeden Handlungsbaustein eine Karteikarte an.

3 a. Wer soll die Hauptfigur in deiner Geschichte sein?
   Beschreibe sie mit Hilfe eines Steckbriefes, z. B. Name, Alter, Aussehen, Charakter.
  b. In welcher Situation ist die Hauptfigur? An welchem Ort befindet sie sich?
   Notiere deine Ideen und beschreibe den Handlungsort genau.

4 Welchen Wunsch hat deine Hauptfigur? Welche Aufgabe muss sie erfüllen?
  Schreibe Stichworte auf die zweite Karteikarte.

5 Warum kann sich die Hauptfigur ihren Wunsch nicht erfüllen?
  Welches Hindernis steht ihr im Weg? Schreibe deine Ideen
  auf die dritte Karteikarte.

6 Was könnte deine Hauptfigur tun, um das Hindernis zu überwinden?
  Wie reagiert sie darauf? Welche Folgen könnte die Reaktion haben?
  Welche Schwierigkeiten ergeben sich vielleicht aus dem Handlungsort?
  Notiere deine Ideen auf einer weiteren Karteikarte.

7 Wie soll deine Geschichte enden?
  Schreibe eine Idee für das Ende auf die fünfte Karteikarte.
  Tipp: Ein unerwartetes Ende kann das Interesse der Leserinnen und Leser belohnen.

Nun kannst du deine Geschichte schreiben.

8 Wie beginnt das Abenteuer? Was sollten deine Leserinnen oder Leser erfahren, damit sie die Geschichte weiterlesen möchten?
  a. Plane den Aufbau deiner Geschichte möglichst spannend. Probiere verschiedene Möglichkeiten aus.
  b. Bringe die Karteikarten in die Reihenfolge, in der du deine Geschichte erzählen möchtest.

W **9** a. Entscheide dich für eine Erzählzeit: Präsens oder Präteritum?
  b. Entscheide dich für eine Erzählperspektive: Erzählst du in der Er-/Sie-Form oder in der Ich-Form?

Zeitformen der Verben ▶ S. 310

10 Schreibe einleitende Worte auf, die zu der Geschichte und zur Stimmung passen.

11 Erzähle die Erlebnisse deiner Hauptfigur lebendig, ausführlich und abwechslungsreich.
  – Schreibe auf, was die Hauptfigur alles erlebt.
  – Gibt es ein plötzliches Ereignis? Beschreibe es anschaulich mit treffenden Adjektiven und Verben.
  – Gibt es ein plötzliches Aufeinandertreffen? Verwende wörtliche Rede.
  – Was denkt und fühlt deine Hauptfigur? Beschreibe ihre Gedanken und Gefühle.
  – Verwende unterschiedliche Satzanfänge.

Sprachspeicher
düster
geheimnisvoll
gewaltig
knorrig
seltsam
sonderbar
unbehaglich
wärmend

12 Wie endet deine Geschichte? Erzähle, wie sich die Spannung löst.

13 Überlege dir eine Überschrift, die die Leserinnen und Leser neugierig macht.

Anschließend kannst du deine Geschichte überarbeiten.
Du kannst mit einer Partnerin oder einem Partner arbeiten oder in der Gruppe.
W Wähle Aufgabe 14 oder 15.

14 a. Erstellt gemeinsam eine Checkliste.
  b. Überprüft eure Geschichten gegenseitig mit Hilfe der Checkliste.

15 Überprüft eure Geschichten gemeinsam mit Hilfe der Arbeitstechnik „Über den Rand hinaus schreiben".

Texte gemeinsam überarbeiten ▶ S. 221

16 a. Überarbeite anschließend deine Geschichte mit Hilfe der Tipps, die ihr bei der Überprüfung eurer Texte erhalten habt.
  b. Schreibe deine überarbeitete Geschichte noch einmal auf.
  Tipp: Du kannst deine Geschichte auch am Computer schreiben.

Projektidee:
Ein Jugendbuch präsentieren

Wenn du ein Buch gelesen hast, kannst du es anderen mit einem Lapbook präsentieren. Ein Lapbook ist eine Mappe, die sich mehrfach aufklappen lässt. In das Lapbook werden z. B. Umschläge, Taschen, Faltbücher und Pop-ups mit Informationen, eigenen Texten und Bildern eingeklebt.

Hier findest du Ideen, ein Lapbook zu deinem Lieblingsbuch oder zur Klassenlektüre zu gestalten.

W **1** Zu welchem Buch möchtest du ein Lapbook gestalten? Wähle ein Jugendbuch aus, das du vorstellen möchtest.

2 Gestalte den Umschlag deines Lapbooks.
- Lege die benötigten Materialien bereit: Du brauchst ein großes, farbiges Plakat, buntes Papier, eine Schere, Kleber, Stifte, Musterbeutelklammern.
- Falte die Seiten des Plakats rechts und links genau in die Mitte des Plakates.

3 Die Außenklappen kannst du als eine Art Cover gestalten, das neugierig auf den Inhalt deines Lapbooks macht.
- Schreibe den Buchtitel und den Namen der Autorin oder des Autors auf.
- Überlege dir weitere Ideen, wie du die Neugier wecken kannst.

Gestalte nun den Innenteil deines Lapbooks.
Bei der Gestaltung sind dir keine Grenzen gesetzt – du kannst aus vielen verschiedenen Gestaltungsmöglichkeiten auswählen, z. B. Umschlag, Taschen, Faltbuch, Kreisbuch, Fächer, Streichholztasche usw.

4 a. Überlege, mit welchen Elementen du deine Ideen und Gedanken darstellen möchtest.
b. Erstelle eine Skizze für dein Lapbook.

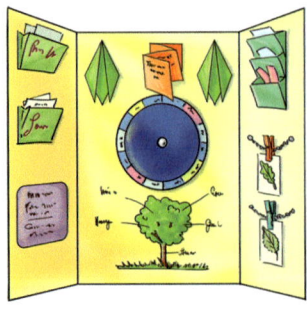 

Nun kannst du die einzelnen Elemente gestalten.
Verwende für jede Aufgabe eine andere Darstellungsform.
Du kannst deine Texte auch am Computer schreiben.

5 Gestalte zunächst Elemente mit den wichtigsten Informationen zum Buch.
   a. Recherchiere im Internet über die Autorin oder den Autor und stelle sie oder ihn kurz vor, z. B. in Form eines Steckbriefs.
   b. Stelle die Hauptfiguren vor. Beschreibe sie in einem kurzen Text. Du kannst sie auch zeichnen.
   c. Schreibe zu jedem Kapitel eine kurze Inhaltszusammenfassung.

Im Internet recherchieren ▶ S. 297

Eine Textzusammenfassung schreiben ▶ S. 303

W Gestalte weitere Elemente. Du kannst aus den folgenden Ideen auswählen.

6 Schreibe einen Brief an eine der Hauptfiguren.
Gib Tipps, wie sie/er handeln sollte, erkläre, wie du ihr/sein Handeln bisher findest, oder stelle Fragen, die dich interessieren.

7 Schreibe einen Tagebucheintrag aus der Sicht einer der Hauptfiguren.
Berichte von einem aufregenden Tag oder Erlebnis.
Beschreibe die Gedanken und Gefühle.

8 Stelle einen Handlungsort genauer vor. Erstelle z. B. eine Landkarte, zeichne den Ort oder erstelle einen Flyer, mit dem du Werbung für diesen Ort machen möchtest.

Zum Schluss fügst du die Elemente zu deinem Lapbook zusammen.

9 Achte bei der Gestaltung des Lapbooks auch auf die äußere Form:
   – Schreibe gut lesbar und fehlerfrei.
   – Schneide ordentlich aus und klebe sorgfältig auf.
   – Gestalte dein Lapbook farbig und ergänze deine Texte durch Bilder oder Zeichnungen.

Nach dem Gestalten kannst du dein Lapbook präsentieren.

Eine Präsentation frei vortragen ▶ S. 299

10 a. Stelle die Inhalte deines Lapbooks kurz vor.
Zeige, was sich in deinen kleinen Büchlein, Umschlägen usw. befindet.
   b. Sprich auch über die folgenden Fragen: Was war gut? Was hat dir nicht so gut gefallen? Wem würdest du dieses Buch empfehlen?

11 Stellt eure Lapbooks im Klassenraum aus und macht einen Gallery-Walk.
   a. Seht euch jedes Lapbook genau an und macht euch Notizen:
   Was ist gut gelungen? Was gefällt euch? Welche Tipps habt ihr noch?
   b. Tauscht euch anschließend über die Lapbooks aus.

Feedback geben ▶ S. 299

Im Bann der Großstadt: Gedichte

Fußgängerzone (1998)
Olaf N. Schwanke

Gleich Geschäftsschluß! Eben
darum müssen manche Menschen laufen,
um noch schnell was wichtiges zu kaufen;
parfümier'n ihr Leben.

Frost will sich verbreiten.
Und beizeiten blaue Dämm'rungslichter
fallen in verzerrte Fast-Gesichter,
woll'n durch Kleidung gleiten.

Alles schließt und endet einsam.
Du empfindest es als heilsam,
doch du würd'st was geben ...

Das Geschäft für Schmuck und Glitter
läßt herab die Eisengitter.
Gleich Geschäftsschluß? Eben! Ⓡ

Moderne Landschaft (1982)
Uwe Greßmann

Stahlbäume wachsen auf den
Bürgersteigen;
Und es zweigen die Drähte
Von Baum zu Baum.
Darunter brüllen
Die elektrischen Tiere
Mit Menschen im Herzen vorüber.
Und so mancher gehet vorbei dort
Und findet nichts weiter dabei;
Denn die steinerne Landschaft
Ist ja auch seine Mutter.

Meine Stadt (um 1974)
Josef Reding

Meine Stadt ist oft schmutzig;
aber mein kleiner Bruder ist es auch,
und ich mag ihn.
Meine Stadt ist oft laut;
aber meine große Schwester ist es auch,
und ich mag sie.

Meine Stadt ist dunkel
wie die Stimme meines Vaters
und hell wie die Augen meiner Mutter.
Meine Stadt und ich sind Freunde,
die sich kennen [...]*

In der Nachberschafd (2013)
Helmut Haberkamm

Horch amoll, heersders nedd
do hadd doch aaner gschriea
do hadd doch etz aans blägd?
Horch amoll, woss woorn dees
woor des nedd dreem bei denna?
Na ja, horngmer lieber goor nedd noo
des woor ja bloß bei denna!

cars and cars (1973)
Eugen Gomringer

cars and cars
cars and elevators
cars and men
elevators and elevators
elevators and men
men and cars and elevators
men and men

trains and trains
trains and men and elevators
trains and elevators
men and trains
men and men

cars and trains
cars and men and trains
men and men

men and men

Das Leben in einer Großstadt hat viele Gesichter. In diesen Gedichten beschreiben Dichter, wie sie die Stadt und das Leben darin empfinden.

1 a. Seht euch die Bilder an und lest die Gedichte.
b. Welche Erfahrungen habt ihr selbst mit einer Großstadt gemacht? Sprecht darüber.

2 Ihr kennt bereits einige Gedichtmerkmale.
Welche findet ihr in den Gedichten? Nennt sie.

3 Das Gedicht „In der Nachberschafd" ist in fränkischem Dialekt geschrieben.
a. Versucht, den Text gemeinsam ins Hochdeutsche zu übersetzen.
b. Vergleicht die Wirkung eures übersetzten Gedichts und des Originals.

4 Welches der Gedichte gefällt euch am besten?
a. Sprecht darüber.
b. Lest euch gegenseitig dieses Gedicht vor.

In diesem Kapitel lernt ihr Gedichte zum Thema **Großstadt** kennen.
Ihr untersucht die Gedichte, tragt sie ausdrucksvoll vor und findet Zusammenhänge zwischen den Texten und ihrer Entstehungszeit.

Ein Großstadtgedicht vortragen

Der Dichter Orhan Veli hat in einer Großstadt genau hingehört und der Umgebung nachgespürt. Er hat das folgende Gedicht geschrieben.

1
a. Sieh dir die Bilder an. Lies die Überschrift.
b. Worum könnte es in dem Gedicht gehen? Schreibe Stichworte auf.
c. Vergleicht eure Ergebnisse in der Klasse.
d. Was wisst ihr über Istanbul? Sprecht darüber.

Ich höre Istanbul (1941)   Orhan Veli

Ich höre Istanbul, meine Augen geschlossen.
Zuerst weht ein leichter Wind,
Leicht bewegen sich
Die Blätter in den Bäumen.
5 In der Ferne, weit in der Ferne.
Pausenlos die Glocke der Wasserverkäufer.
Ich höre Istanbul, meine Augen geschlossen.

Ich höre Istanbul, meine Augen geschlossen.
In der Höhe die Schreie der Vögel,
10 Die in Scharen fliegen.
Die großen Fischernetze werden eingezogen,
Die Füße einer Frau berühren das Wasser.
Ich höre Istanbul, meine Augen geschlossen.

Ich höre Istanbul, meine Augen geschlossen.
15 Der kühle Basar,
Mahmutpascha[1] mit dem Geschrei der Verkäufer,
Die Höfe voll Tauben.
Das Gehämmer von den Docks[2] her;
Im Frühlingswind der Geruch von Schweiß.
20 Ich höre Istanbul, meine Augen geschlossen.

Ich höre Istanbul, meine Augen geschlossen.
Im Kopf den Rausch vergangener Feste.
Eine Strandvilla mit halbdunklen Bootshäusern,
Das Sausen der Südwinde legt sich.
25 Ich höre Istanbul, meine Augen geschlossen.
[...]*

[1] Mahmutpascha: Geschäfts- und Basarviertel in Istanbul
[2] die Docks: Werkstätten für Schiffe

Wenn ihr das Gedicht mit geschlossenen Augen hört,
könnt ihr euch vieles besser vorstellen.

2 a. Lest das Gedicht in der Klasse vor:
- Eine oder einer liest vor.
- Die anderen hören mit geschlossenen Augen zu.

b. Wie klingt Istanbul für euch? Beschreibt es gemeinsam.

In vielen Gedichten spricht jemand in der Ich-Form: das **lyrische Ich**.

3 Untersuche das **lyrische Ich** genauer.
a. Übertrage die folgende Tabelle in dein Heft.
b. Finde im Text, was das lyrische Ich hört, riecht oder was es fühlt.
c. Trage die Sinneseindrücke mit den Textstellen und dem dazugehörigen Vers in die Tabelle ein.

Merkmale von
Gedichten ▶ S. 293

Starthilfe

Sinneseindruck	Textstelle	Vers
hören	leichter Wind	Vers 2
– …	– …	

4 Überlege, wer das lyrische Ich sein könnte. Begründe deine Ideen.

In dem Gedicht kommen viele Wiederholungen vor.

5 Welcher Satz wird in dem Gedicht mehrfach wiederholt?
Schreibe ihn auf und gib die Verse dazu an.

6 a. Lest euch das Gedicht noch einmal laut vor.
b. Wie wirken die Wiederholungen auf euch? Sprecht darüber.

Bereitet den Gedichtvortrag gemeinsam vor.

7 a. Schreibt zu jeder Strophe des Gedichts Stichworte auf:
- Wovon handelt die Strophe? Wo ist das lyrische Ich gerade?
- Was hört, riecht oder fühlt das lyrische Ich?

Tipp: Nutzt dazu die Ergebnisse der Aufgaben 3 bis 5.

b. Wie könnt ihr die Inhalte der Strophen am besten vortragen?
- Lest manche Verse lauter vor, manche leiser.
- Lest schneller oder langsamer.
- Betont wichtige Wörter in den Versen.

Betont vorlesen
oder vortragen
▶ S. 298

8 Tragt das Gedicht ausdrucksvoll vor.

Ein Gedicht untersuchen

Der Dichter des folgenden Gedichts heißt Kurt Tucholsky und wurde 1890 in Berlin geboren. Du kannst nun Schritt für Schritt den Inhalt, die Form und die Sprache des Gedichts untersuchen.

1 Das Gedicht trägt den Titel „Augen in der Groß-Stadt".
Worum könnte es in dem Gedicht gehen?
Schreibe deine Ideen auf.

2 Lies das Gedicht von Kurt Tucholsky mehrmals leise durch.

Augen in der Groß-Stadt (1930)   Kurt Tucholsky

Wenn du zur Arbeit gehst
am frühen Morgen,
wenn du am Bahnhof stehst
mit deinen Sorgen:
5   da zeigt die Stadt
     dir asphaltglatt
  im Menschentrichter
  Millionen Gesichter:
Zwei fremde Augen, ein kurzer Blick,
10 die Braue, Pupillen, die Lider –
Was war das? Vielleicht dein
Lebensglück ...
Vorbei, verweht, nie wieder.

Du gehst dein Leben lang
15 auf tausend Straßen;
du siehst auf deinem Gang,
die dich vergaßen.
     Ein Auge winkt,
     die Seele klingt;
20   du hast's gefunden,
     nur für Sekunden ...
Zwei fremde Augen, ein kurzer Blick,
die Braue, Pupillen, die Lider;
Was war das? Kein Mensch dreht die Zeit zurück ...
25 Vorbei, verweht, nie wieder.

Du musst auf deinem Gang
durch Städte wandern;
siehst einen Pulsschlag lang
den fremden Andern.
30   Es kann ein Feind sein,
      es kann ein Freund sein,
      es kann im Kampfe dein
      Genosse sein.
      Es sieht hinüber
35   und zieht vorüber ...
Zwei fremde Augen, ein kurzer Blick,
die Braue, Pupillen, die Lider.
Was war das?
      Von der großen Menschheit ein Stück!
40 Vorbei, verweht, nie wieder.

3 Was wird in dem Gedicht beschrieben? Schreibe einen Satz dazu auf.

Der Aufbau und die Form des Gedichts geben dir Hinweise auf den Inhalt.

4 Beantworte diese Fragen schriftlich in Stichworten.
Ergänze auch die Versangaben:
– Wie ist der Aufbau des Gedichts?
  Wie viele Verse, wie viele Strophen hat das Gedicht?
– Welche Reimformen werden verwendet?
– Wie ist die Form des Gedichts?
  Was fällt dir bei der Anordnung der Zeilen auf?

Reimformen
▶ S. 292

5 a. Vergleicht eure Ergebnisse aus der Aufgabe 4.
b. Beschreibt schriftlich, wie der Aufbau und die Form auf euch wirken.

Starthilfe
In jeder Strophe sind einige Verse eingerückt (1. Strophe: V. 5 bis 8, 2. Strophe: …). Dadurch wirkt das Gedicht …

In dem Gedicht kommen viele Wiederholungen vor. Das können einzelne Wörter, Wortgruppen oder sogar mehrere Verse sein.

6 Welche Wiederholungen entdeckst du in dem Gedicht?
a. Lege eine Folie über das Gedicht und markiere alle Wiederholungen.
Tipp: Vergleiche die einzelnen Strophen, Verse und Reime miteinander.
b. Schreibe die Wiederholungen auf. Gib jeweils die Verse an.

Starthilfe
„Wenn …" – „wenn …" (V. 1 und 3) „Zwei fremde Augen …" (V. …)

Einige Verse werden in jeder Strophe wiederholt.

7 Überlegt gemeinsam:
Woran erinnern euch diese Textwiederholungen?
Tipp: Auch der Text für ein Lied kann ein Gedicht sein.

8 Aus welchem Grund könnte der Dichter in seinem Gedicht Wiederholungen verwendet haben?
a. Wählt die Vermutung aus dem Kasten aus, die eurer Meinung nach am besten passt.
b. Begründet eure Wahl.

A	So bleibt das Gedicht besser im Gedächtnis.
B	So wird gezeigt, wie wichtig diese Stellen sind.
C	So war es leichter für den Autor.

Manchmal werden Dinge, Tiere oder Pflanzen in Gedichten als Personen dargestellt, also vermenschlicht. Das nennt man Personifikation.

9 a. Lies im Gedicht die Verse 5 und 18 und überlege:
- Kann eine Stadt dir etwas „zeigen" (V. 5)?
- Kann ein Auge „winken" (V. 18)?

b. Erkläre diese Personifikationen mit eigenen Worten.

c. Finde eine weitere Personifikation in dem Gedicht und erkläre sie.

> **Starthilfe**
> In einer Stadt kann man viel entdecken, wenn man sich aufmerksam umsieht …

Außer Personifikationen findest du in dem Gedicht noch andere sprachliche Bilder. Sie werden Metapher genannt.

10 a. Lies die Metaphern am Rand.

b. Gib jeweils die Zeilenangabe an und überlege:
- Was könnten diese Metaphern aussagen?
- Welche Besonderheiten der Großstadt machen sie deutlich?

c. Erkläre die übertragene Bedeutung dieser Metaphern schriftlich.

d. Finde noch weitere Metaphern im Gedicht und erkläre sie.

> **Starthilfe**
> „asphaltglatt": glatt wie Asphalt. Asphalt hat keine Unebenheiten. Dieses Bild wird hier auf Menschen übertragen: Auch sie wirken glatt und einförmig, schlecht zu unterscheiden. …

asphaltglatt

im Menschentrichter

kein Mensch dreht die Zeit zurück

einen Pulsschlag lang

> **Merkwissen**
> Sprachliche Bilder machen ein Gedicht besonders anschaulich.
> Zu den sprachlichen Bildern gehört die **Metapher**.
> Bei einer Metapher wird ein Wort oder eine Wortgruppe aus dem Zusammenhang herausgenommen und auf etwas anderes übertragen:
> **ein Meer von Blumen**.

Das lyrische Ich stellt in dem Gedicht seine Sicht auf eine Großstadt dar.

11 Welche Sicht hat das lyrische Ich auf die Großstadt?
a. Lest die folgenden Aussagen A und B.
b. Wählt die Aussage aus, die ihr für das Gedicht passend findet.
c. Begründet eure Wahl.

> A   In einer Großstadt begegnen sich die Menschen nur flüchtig, weil das Leben so hektisch ist. Die Menschen bleiben allein.
>
> B   In einer Großstadt ist immer viel los. Hier lernt man besonders viele Menschen kennen.

Ein Gedicht in seiner Zeit verstehen

In Gedichten über die Großstadt spielt häufig die Arbeit eine Rolle.
So ist es auch in dem folgenden Gedicht „Die Fabrik".

1 Was verbindet ihr mit dem Begriff **Fabrik**? Sprecht darüber.

2 Lies das folgende Gedicht mehrmals leise.

Die Fabrik (1921)   Gerrit Engelke

Düster, breit, kahl und eckig
Liegt im armen Vorort die Fabrik.
Zuckend schwillt, schrill und brutal
Aus den Toren Maschinen-Musik.

5   Schlot[1] und Rohr und Schlot und Schlot,
Heißdurchkochtes Turmgestein,
Speien dickes Qualmgewölk
Über traurigstarre Häuser, Straßenkot.

Tausend Mann, Schicht[2] um Schicht,
10 Saugt die laute Arbeits-Hölle auf.
Zwingt sie all in harte Pflicht
Stunde um Stunde.

Bis der Pfiff heiser gellt:
Aus offnem Tore strömen dann
15 Mädchen, Frauen, Mann und Mann –
Blasses Volk – müde – verquält –

Schläft der Ort –: glüh und grell
Schreit aus hundert Fenstern Licht!
Kraftgesumm, Rädersausen, Qualm durchbricht
20 Roh und dumpf die Nacht –

Tag und Nacht: Lärm und Dampf,
Immer Arbeit, immer Kampf:
Unerbittlich schröpft das Moloch[3]-Haus
Stahl und Mensch um Menschen aus.

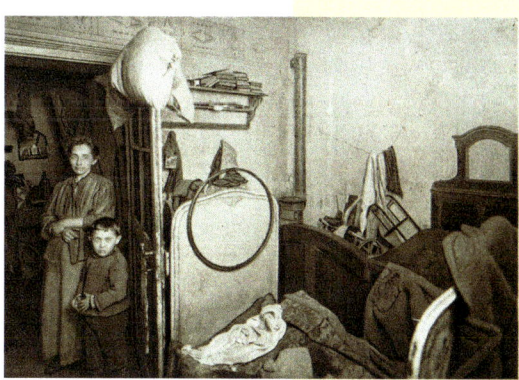

[1] der Schlot: ein hoher Fabrikschornstein
[2] die Schicht: hier: der Abschnitt eines Arbeitstages in durchgehend arbeitenden Betrieben
[3] der Moloch: eine grausame Macht, die alles zu verschlingen droht

Untersuche nun den Inhalt und den Aufbau des Gedichts.

3 a. Wie wirkt das Gedicht auf dich? Schreibe einen Satz dazu auf.
b. Worum geht es in dem Gedicht?
   Notiere zu jeder Strophe Stichworte.
c. Gib den Inhalt mit Hilfe der Stichworte wieder.

> **Starthilfe**
> 1. Strophe: Fabrik, Maschinen-Musik
> 2. Strophe: ...

4 a. Untersuche den Aufbau des Gedichts:
   – Wie viele Verse, wie viele Strophen hat das Gedicht?
   – Welche Reimformen werden verwendet?
b. Die Reimform wechselt oft in dem Gedicht.
   Einige Verse reimen sich gar nicht.
   Überlege, welche Wirkung damit erreicht werden soll.

Du kannst ein Gedicht oft besser verstehen, wenn du etwas über die Entstehungszeit weißt. Dieses Gedicht entstand zur Zeit der Industrialisierung.

5 a. Lies den folgenden Text über die Zeit der Industrialisierung.
b. Schreibe Stichworte über das Leben der Arbeiter zu der Zeit auf.
c. Vergleiche deine Stichworte mit dem Gedicht.
   Findest du Aussagen dazu in dem Gedicht wieder?
   Schreibe die Textstellen auf und gib die Verse an.

Um 1840 begann in Deutschland die **Industrialisierung**. Durch die Erfindung neuartiger Maschinen konnten viele Dinge schneller und einfacher hergestellt werden als vorher in Handarbeit. In den Randbezirken der Städte wurden große Fabrikhallen gebaut, in denen die Maschinen
5 rund um die Uhr liefen. Die Menschen arbeiteten im Schichtbetrieb täglich bis zu 14 Stunden sechs Tage in der Woche. Die Arbeitsbedingungen waren schlecht. Trotzdem zogen immer mehr Menschen auf der Suche nach Arbeit in die Städte. In München stieg die Zahl der Einwohner von etwa 100 000 Menschen im Jahr 1850 auf knapp 600 000 im Jahr 1920 an. Sie
10 lebten dicht gedrängt in engen, dunklen Wohnungen und in schlechten hygienischen Verhältnissen. Viele waren krank.

6 Wie sind die Arbeitsbedingungen in einer Fabrik heute?
a. Sammelt Informationen dazu: Ihr könnt Eltern, Verwandte und Bekannte befragen oder im Internet recherchieren.
b. Was hat sich seit 1921 geändert? Sprecht darüber.

Im Internet recherchieren
▶ S. 297

In diesem Gedicht entsteht eine besondere Stimmung durch die Wortwahl.

7 a. Lest noch einmal das Gedicht.
b. Klärt gemeinsam die Bedeutung von schwierigen Wörtern.
Tipp: Betrachtet bei den zusammengesetzten Wörtern zuerst die Einzelteile.

Nachschlagen
▶ S. 305

8 Untersuche nun die Sprache genauer.
a. Übertrage die Tabelle in dein Heft.
b. Schreibe alle Adjektive, die Nomen mit ihren Artikeln und die Verben in der Grundform in der Tabelle auf.
c. Markiere alle zusammengesetzten Wörter in deiner Tabelle.

Starthilfe

Adjektive	Nomen	Verben
düster, kahl, …	die Fabrik, der Vorort, die Tore, die Maschinen-Musik, …	schwellen, speien, …

9 a. Lies die Wörter aus deiner Tabelle laut vor.
b. Welche Stimmung wird durch die Wörter erzeugt? Beschreibe es in Stichworten.
c. Wie wirken die zusammengesetzten Wörter auf dich? Schreibe dazu einen Satz.

10 Die drei folgenden sprachlichen Bilder findest du in dem Gedicht.
Was bedeuten sie? Schreibe jeweils mit eigenen Worten eine Erklärung auf.

> A „Zuckend schwillt […] aus den Toren Maschinen-Musik" (V. 3 und 4)
> B „Schlot und Rohr […] speien dickes Qualmgewölk" (V. 5 und 7)
> C „Tausend Mann […] saugt die laute Arbeits-Hölle auf" (V. 9 und 10)

Starthilfe

A Aus den Fabriktoren kommen unregelmäßige Maschinengeräusche, die immer lauter werden …

Du hast dich nun sehr genau mit dem Gedicht beschäftigt.

11 Lies noch einmal deinen ersten Eindruck in Aufgabe 3a.
Hat sich dein Eindruck nun verändert? Begründe.

12 Überlegt gemeinsam:
Warum könnte Gerrit Engelke dieses Gedicht geschrieben haben?

13 Tragt die Strophen des Gedichts abwechselnd ausdrucksvoll vor.

Betont vorlesen
oder vortragen
▶ S. 298

Teste dich!

Ein Gedicht untersuchen und in seiner Zeit verstehen

Überprüfe, ob du ein Gedicht untersuchen und Zusammenhänge zwischen dem Gedicht und seiner Entstehungszeit herstellen kannst.

1 Lies das Gedicht mehrmals leise durch.

Spät nachts (1933)   Mascha Kaléko

Jetzt ruhn auch schon die letzten Großstadthäuser.
Im Tanzpalast ist die Musik verstummt
Bis auf den Boy, der einen Schlager summt.
Und hinter Schenkentüren[1] wird es leiser.

5 Es schläft der Lärm der Autos und Maschinen,
Und blasse Kinder träumen still vom Glück.
Ein Ehepaar kehrt stumm vom Fest zurück,
Die dürren Schatten zittern auf Gardinen.

Ein Omnibus durchrattert tote Straßen.
10 Auf kalter Parkbank schnarcht ein Vagabund[2].
Durch dunkle Tore irrt ein fremder Hund
Und weint um Menschen, die ihn blind vergaßen.

In schwarzen Fetzen hängt die Nacht zerrissen,
Und wer ein Bett hat, ging schon längst zur Ruh.
15 Jetzt fallen selbst dem Mond die Augen zu ...
Nur Kranke stöhnen wach in ihren Kissen.

Es ist so still, als könnte nichts geschehen.
Jetzt schweigt des Tages Lied vom Kampf ums Brot.
– Nur irgendwo geht einer in den Tod.
20 Und morgen wird es in der Zeitung stehen ...

[1] die Schenke: nicht mehr gebräuchlicher Ausdruck für eine Gaststätte
[2] der Vagabund: nicht mehr gebräuchlicher Ausdruck für einen obdachlosen Menschen

2 Notiere passende Textstellen und gib die Verse an:
   – Was kann man nachts sehen, was kann man hören?
   – Wer ist nachts unterwegs?

3 Untersuche die äußere Form des Gedichts: Strophen, Verse, Reime.

Teste dich!

Die Stimmung des Gedichts wird mit sprachlichen Bildern verstärkt.

4 Welche Personifikationen findest du?
- a. Schreibe zwei Personifikationen aus dem Gedicht heraus.
- b. Erkläre die Personifikationen in eigenen Worten.
- c. Welche Stimmung wird mit den sprachlichen Bildern verstärkt? Begründe.

5 Du findest auch Metaphern als sprachliche Bilder in dem Gedicht. Beschreibe in eigenen Worten, was die folgenden Metaphern ausdrücken könnten.

> A „**In schwarzen Fetzen** hängt die Nacht zerrissen" (V. 13)
> B „Jetzt schweigt **des Tages Lied vom Kampf ums Brot.**" (V. 18)

Mascha Kalékos Gedicht „Spät nachts" erschien 1933.
Zu dieser Zeit hatten die Menschen in Deutschland
unter den Folgen der Weltwirtschaftskrise zu leiden.

6 a. Lies den folgenden Text.
b. Schreibe Stichworte über die „Goldenen Zwanziger" und über die Weltwirtschaftskrise auf.

Die **Zwanzigerjahre** des 20. Jahrhunderts werden häufig als die „Goldenen Zwanziger" bezeichnet. Die Menschen hatten den Ersten Weltkrieg überstanden und genossen den wirtschaftlichen Aufschwung. In Großstädten wie Berlin vergnügten sich damals viele Menschen im Trubel des Nachtlebens. Die **Weltwirtschaftskrise** beendete diese Zeit. Sie wurde 1929 durch den Zusammenbruch der Börse in den USA ausgelöst und wirkte sich auf viele Länder aus. Auch der deutschen Wirtschaft ging es immer schlechter.
Viele Betriebe wurden geschlossen. Die Zahl der Arbeitslosen stieg bis 1932 auf sechs Millionen. Die Bevölkerung litt unter Obdachlosigkeit, Hunger und Elend.

7 a. Finde in dem Gedicht Belege dafür, dass Armut herrscht. Schreibe passende Textstellen auf.
Tipp: Nutze dafür deine Stichworte aus der Aufgabe 6.
b. In der zweiten und dritten Strophe wird deutlich, dass nicht alle Menschen einen sicheren Schlafplatz haben. Schreibe die Verse heraus.

8 Welche Aufgaben fallen dir leicht? Was möchtest du noch weiter üben? Schreibe in dein Lerntagebuch.

Fördern

Ein Gedicht untersuchen und dazu schreiben

Hier übst du noch einmal, ein Gedicht zu untersuchen und einen eigenen Text dazu zu schreiben.

In einer Stadt   Imants Ziedonis

In einer grauen, grauen Stadt
war eine graue, graue Straße.

In dieser grauen, grauen Straße
stand ein graues, graues Haus.

5 In diesem grauen, grauen Haus
war ein graues, graues Zimmer.

In diesem grauen, grauen Zimmer
stand ein grauer, grauer Stuhl.

Auf diesem grauen, grauen Stuhl
10 saß ein grauer, grauer Mensch.

Er streckte eine graue, graue Hand aus
und schaltete den Farbfernseher ein.

Du entscheidest, ob du die Aufgaben auf dieser Seite mit mehr Hilfen oder die kniffligeren Aufgaben auf Seite 171 lösen willst.

1 Lies das Gedicht und beschreibe deinen ersten Eindruck.

2 Unterscheide die äußere Form des Gedichts: Strophen, Verse.

3 **a.** In dem Gedicht werden viele Wiederholungen verwendet. Schreibe die Wiederholungen mit den Versangaben auf.
b. Wie wirken die Wiederholungen auf dich? Schreibe Stichworte auf.
c. Die letzten beiden Verse unterscheiden sich von den anderen Versen. Was ist anders? Schreibe die Unterschiede auf.

4 Wie klingt das Gedicht ohne das Adjektiv **grau**? Lies es laut.

5 Warum könnte der Mensch den Farbfernseher einschalten?
a. Lies die folgenden Begründungen.
b. Welche Begründung findest du passend? Warum?
c. Was sagt das über das Leben des Menschen aus?

> A   Der Mensch möchte wissen, ob der Fernseher funktioniert.
> B   Der Mensch möchte seinem grauen Alltag entfliehen.
> C   Der Mensch kann ohne Fernseher nicht einschlafen.

6 Schreibe ein Parallelgedicht.
– Du kannst andere Farben oder andere Adjektive einsetzen.
– Du kannst den Menschen im letzten Vers etwas anderes tun lassen.

Fordern

Hier übst du, ein Gedicht genauer zu untersuchen und einen eigenen Text dazu zu schreiben.

1 a. Lies das Gedicht auf Seite 170.
b. Beschreibe deinen Eindruck. Erinnert dich das Gedicht an etwas?

Sprachspeicher
das Lied
der Rap
der Abzählvers

2 Untersuche das Gedicht genauer und schreibe Stichworte auf:
– Beschreibe die äußere Form des Gedichts: Strophen, Verse, Reim.
– Beschreibe die Sprache des Gedichts: Was fällt auf?
Welche Wiederholungen gibt es? Werden sprachliche Bilder verwendet?

3 Untersuche die Wörter am Ende jeder Zeile: Schreibe sie untereinander auf. Was fällt dir auf?

4 Ein Wort hat der Dichter besonders oft verwendet: das Adjektiv „grau".
– Wie verändert sich die Wirkung des Gedichts, wenn du das Adjektiv beim Vorlesen weglässt?
– Wie verändert sich die Wirkung, wenn du eine andere Farbe oder das Wort „bunt" einsetzt?

5 Das Gedicht heißt „In einer Stadt". Was erfährst du über diese Stadt? Schreibe zwei Sätze dazu auf.

6 Die letzten beiden Verse unterscheiden sich von den anderen Versen. Warum könnte der Mensch den Farbfernseher einschalten?
a. Formuliere eine Begründung.
b. Was sagt das über das Leben des Menschen aus?
Finde passende Wörter, um das Leben zu beschreiben.

Sprachspeicher
Sehnsucht
Alltag
grau

7 a. Schreibe ein Parallelgedicht.
– Du kannst andere Farben oder andere Adjektive einsetzen.
– Du kannst zu deiner Stadt oder einem ganz anderen Ort schreiben.
– Du kannst den Menschen im letzten Vers etwas anderes tun lassen.
b. Lies dein Gedicht laut vor.
c. Vergleiche die Wirkung des Originalgedichts mit deinem Parallelgedicht: Was hat sich verändert?

Jetzt kannst du deine Ergebnisse in einem Text zusammenfassen.

8 Schreibe einen zusammenfassenden Text über das Gedicht „In einer Stadt". Stelle auch Vermutungen darüber an, was Imants Ziedonis mit dem Gedicht beabsichtigte.

Geschichten,
die das Leben schreibt

1. Beschreibt das Bild.
   Stellt auch Vermutungen über den Ort, die Zeit und die Personen an.

2. Denkt euch eine kurze Geschichte zu dem Bild aus und erzählt sie euch gegenseitig.

Gute Geschichten müssen nicht immer in fremden Welten oder Zeiten spielen. Sie können auch mitten im Leben und im Alltag stattfinden.

3. Sprecht gemeinsam über die folgenden Fragen:
   – Welche Autorinnen und Autoren kennt ihr?
     Was schreiben sie für Geschichten?
   – Was zeichnet für euch eine gute Geschichte aus?
   – Was macht einen Text überhaupt erst zu einer Geschichte?

Kurzgeschichten handeln oft von alltäglichen Geschehnissen
im Leben ihrer Figuren.

4 Was wisst ihr bereits über Kurzgeschichten?
Sammelt Stichworte.

5 Lest die folgenden Anfänge von Kurzgeschichten.

> Die Frau lehnte am Fenster und sah hinüber. Der Wind trieb in leichten Stößen vom Fluss herauf und brachte nichts Neues. Die Frau hatte den starren Blick neugieriger Leute, die unersättlich sind. Es hatte ihr noch niemand den Gefallen getan, vor ihrem Haus niedergefahren zu werden.

> „Kennst du den schon? Kleine Jungs tragen Schlafanzüge mit Superman drauf, Superman trägt einen Schlafanzug mit Chuck Norris drauf!"
> „Ja, kenn ich. Jetzt halt die Klappe und trag mich einfach da hoch. Oder willst du warten, bis Chuck vorbeikommt und mit anpackt?"

> Diese Tussi! Denkt wohl, sie wäre die Schönste. Juhu, die Dauerwelle wächst schon heraus. Und diese Stiefelchen von ihr sind auch zu albern. Außerdem hat sie sowieso keine Ahnung. Von nix und wieder nix hat die 'ne Ahnung. Immer, wenn sie ihn sieht, schmeißt sie die Haare zurück wie 'ne Filmdiva.

6 Untersucht die Anfänge genauer:
- Was erfahrt ihr über die Hauptfiguren und die Situationen, in denen sie sich befinden?
- Was könnte an den Situationen alltäglich sein? Stellt Vermutungen an.
- Was erfahrt ihr alles nicht? Welche Fragen stellt ihr euch?

7 Worum könnte es in den Kurzgeschichten gehen?
Sprecht gemeinsam über eure Ideen.

In diesem Kapitel lest ihr verschiedene Kurzgeschichten
und untersucht ihre Merkmale.
Außerdem übt ihr, Kurzgeschichten zusammenzufassen.

Merkmale einer Kurzgeschichte untersuchen

Die folgende Kurzgeschichte erzählt von einem entscheidenden Moment.
Du erschließt den Text und untersuchst die Merkmale von Kurzgeschichten.

1 Lies die Kurzgeschichte mit dem Textknacker.

Textknacker ▶ S. 296

Das Fenster-Theater   Ilse Aichinger

Die Frau lehnte am Fenster und sah hinüber. Der Wind trieb in leichten Stößen vom Fluss herauf und brachte nichts Neues. Die Frau hatte den starren Blick neugieriger Leute, die unersättlich sind. Es hatte ihr noch niemand den Gefallen getan, vor ihrem Haus niedergefahren zu werden. Außerdem wohnte
5 sie im vorletzten Stock, die Straße lag zu tief unten. Der Lärm rauschte nur mehr leicht herauf. Alles lag zu tief unten. Als sie sich eben vom Fenster abwenden wollte, bemerkte sie, dass der Alte gegenüber Licht angedreht hatte. Da es noch ganz hell war, blieb dieses Licht für sich und machte den merkwürdigen Eindruck, den aufflammende Straßenlaternen unter der Sonne
10 machen. Als hätte einer an seinen Fenstern die Kerzen angesteckt, noch ehe die Prozession[1] die Kirche verlassen hat. Die Frau blieb am Fenster.
Der Alte öffnete und nickte herüber. Meint er mich?, dachte die Frau.
Die Wohnung über ihr stand leer und unterhalb lag eine Werkstatt, die um diese Zeit schon geschlossen war. Sie bewegte leicht den Kopf. Der Alte nickte
15 wieder. Er griff sich an die Stirne, entdeckte, dass er keinen Hut aufhatte, und verschwand im Inneren des Zimmers.
Gleich darauf kam er in Hut und Mantel wieder. Er zog den Hut und lächelte. Dann nahm er ein weißes Tuch aus der Tasche und begann zu winken. Erst leicht und dann immer eifriger. Er hing über die Brüstung[2], dass man Angst
20 bekam, er würde vornüberfallen. Die Frau trat einen Schritt zurück, aber das schien ihn nur zu bestärken. Er ließ das Tuch fallen, löste seinen Schal vom Hals – einen großen bunten Schal – und ließ ihn aus dem Fenster wehen. Dazu lächelte er. Und als sie noch einen weiteren Schritt zurücktrat, warf er den Hut mit einer heftigen Bewegung ab und wand den Schal wie einen
25 Turban um seinen Kopf. Dann kreuzte er die Arme über der Brust und verneigte sich. Sooft er aufsah, kniff er das linke Auge zu, als herrsche zwischen ihnen ein geheimes Einverständnis. Das bereitete ihr so lange Vergnügen, bis sie plötzlich nur mehr seine Beine in dünnen, geflickten Samthosen in die Luft ragen sah. Er stand auf dem Kopf. Als sein Gesicht
30 gerötet, erhitzt und freundlich wieder auftauchte, hatte sie schon die Polizei verständigt.

[1] die Prozession: ein feierlicher kirchlicher Umzug
[2] die Brüstung: eine Begrenzung aus Mauerwerk, Holz oder Metall, die zum Schutz vor einem Absturz angebracht wird

Und während er, in ein Leintuch gehüllt, abwechselnd an beiden Fenstern erschien, unterschied sie schon drei Gassen weiter über dem Geklingel der Straßenbahnen und dem gedämpften Lärm der Stadt das Hupen des Überfallautos³. Denn ihre Erklärung hatte nicht sehr klar und ihre Stimme erregt geklungen. Der alte Mann lachte jetzt, so dass sich sein Gesicht in tiefe Falten legte, streifte dann mit einer vagen Gebärde⁴ darüber, wurde ernst, schien das Lachen eine Sekunde lang in der hohlen Hand zu halten und warf es dann hinüber. Erst als der Wagen schon um die Ecke bog, gelang es der Frau, sich von seinem Anblick loszureißen. Sie kam atemlos unten an. Eine Menschenmenge hatte sich um den Polizeiwagen gesammelt. Die Polizisten waren abgesprungen, und die Menge kam hinter ihnen und der Frau her. Sobald man die Leute zu verscheuchen suchte, erklärten sie einstimmig, in diesem Hause zu wohnen. Einige davon kamen bis zum letzten Stock mit. Von den Stufen beobachteten sie, wie die Männer, nachdem ihr Klopfen vergeblich blieb und die Glocke⁵ allem Anschein nach nicht funktionierte, die Tür aufbrachen. Sie arbeiteten schnell und mit einer Sicherheit, von der jeder Einbrecher lernen konnte. Auch in dem Vorraum, dessen Fenster auf den Hof sahen, zögerten sie nicht eine Sekunde. Zwei von ihnen zogen die Stiefel aus und schlichen um die Ecke. Es war inzwischen finster geworden. Sie stießen an einen Kleiderständer, gewahrten⁶ den Lichtschein am Ende des schmalen Ganges und gingen ihm nach. Die Frau schlich hinter ihnen her.
Als die Tür aufflog, stand der alte Mann, mit dem Rücken zu ihnen gewandt, noch immer am Fenster. Er hielt ein großes, weißes Kissen auf dem Kopf, das er immer wieder abnahm, als bedeutete er jemandem, dass er schlafen wolle. Den Teppich, den er vom Boden genommen hatte, trug er um die Schultern. Da er schwerhörig war, wandte er sich auch nicht um, als die Männer schon knapp hinter ihm standen und die Frau über ihn hinweg in ihr eigenes finsteres Fenster sah.
Die Werkstatt unterhalb war, wie sie angenommen hatte, geschlossen. Aber in die Wohnung oberhalb musste eine neue Partei eingezogen sein. An eines der erleuchteten Zimmer war ein Gitterbett geschoben, in dem aufrecht ein kleiner Knabe stand. Auch er trug sein Kissen auf dem Kopf und die Bettdecke um die Schultern. Er sprang und winkte herüber und krähte vor Jubel. Er lachte, strich mit der Hand über das Gesicht, wurde ernst und schien das Lachen eine Sekunde lang in der hohlen Hand zu halten. Dann warf er es mit aller Kraft den Wachleuten ins Gesicht.*

---

³ das Überfallauto: Gemeint ist ein Polizeiauto.
⁴ die vage Gebärde: eine nicht eindeutige Bewegung der Hände
⁵ die Glocke: hier: die Klingel
⁶ gewahren: bemerken

2 Worum geht es in der Kurzgeschichte? Tauscht euch über den Inhalt aus.

Du kannst den Inhalt der Kurzgeschichte nun genauer untersuchen.

3 **a.** Wer ist die Hauptfigur?
In welcher Situation befindet sie sich zu Beginn? Notiere Stichworte.
b. Was wünscht sich die Hauptfigur? Notiere ihren Wunsch.
c. Warum könnte sie diesen Wunsch haben? Stelle Vermutungen an.

4 Die Hauptfigur beobachtet aus ihrem Fenster etwas im Haus gegenüber.
a. Was beobachtet die Frau? Schreibe Stichworte auf.
b. Welche Gedanken gehen ihr dabei durch den Kopf?
Notiere Textstellen, die etwas über ihre Gedanken aussagen.
c. Notiere Stichworte zu folgenden Fragen:
– Wie verhält sich die Frau? Was tut sie?
– Wie verhält sich der alte Mann im Haus gegenüber? Was tut er?

5 Notiere Stichworte zum weiteren Verlauf der Handlung:
– Welche Figuren sind an der Handlung beteiligt?
– Wie verhalten sie sich?
– An welchen Orten spielt sich das Geschehen jeweils ab?

Kurzgeschichten haben bestimmte Merkmale.
Du kannst sie nun genauer untersuchen.

Plötzlich warst du mitten in der Handlung der Kurzgeschichte.

6 **a.** Lies noch einmal den Anfang der Kurzgeschichte.
b. Notiere, was dir zum Anfang auffällt.

Kurzgeschichten handeln oft von alltäglichen Geschehnissen
im Leben ihrer Figuren.

7 Was ist alltäglich an dem Geschehen der Kurzgeschichte?
a. Was tut die Frau zu Beginn der Geschichte? Schreibe Stichworte auf.
b. Warum tut sie es? Stelle Vermutungen an.
c. Woran erkennst du, dass es sich dabei um ein alltägliches
Geschehen in ihrem Leben handelt? Belege deine Aussage
mit einem aussagekräftigen Zitat aus dem Text.

In der Handlung gibt es einen entscheidenden Moment, einen Wendepunkt.

8 Als die Frau in der Wohnung des Mannes ankommt,
erfährt sie den Grund für das Verhalten des Mannes.
a. Lies noch einmal die Zeilen 54–64.
b. Was erfährt die Frau? Fasse die Geschehnisse zusammen.

Sprachspeicher

Langeweile haben

neugierig sein

einsam sein

auf jemanden warten

9 Was bedeutet der Moment für die Frau?
Was bedeutet der Moment für die Handlung der Geschichte?
   a. Beantworte die folgenden Fragen in Stichworten:
      – Wie endet die Geschichte für die Frau?
      – Was könnte sie in dem Moment denken?
   b. Belege deine Deutung mit Zitaten aus dem Text.

Kurzgeschichten haben meist ein offenes oder überraschendes Ende.

10 Was erfährst du am Ende der Kurzgeschichte?
   a. Lies noch einmal die Zeilen 61–68.
   b. Fasse das Ende der Kurzgeschichte in eigenen Worten zusammen:
      – Was geschieht am Ende der Geschichte?
      – Wer ist die handelnde Figur?

11 Was erfährst du nicht? Schreibe Fragen dazu auf.

Für einen kurzen Augenblick warst du mitten im Leben der Hauptfigur.

12 Wie viel Zeit vergeht wohl zwischen dem Anfang und dem Ende der Kurzgeschichte? Stelle Vermutungen an.

Du hast nun wesentliche Merkmale von Kurzgeschichten im Text „Das Fenster-Theater" herausgearbeitet.

13 Fasse in einem kurzen Text zusammen, warum „Das Fenster-Theater" eine Kurzgeschichte ist. Verwende deine Ergebnisse von Aufgabe 6 bis 12.

> **Merkwissen**
>
> Eine Kurzgeschichte ist eine knappe, moderne Erzählung mit bestimmten Merkmalen. Kurzgeschichten handeln meist von einem **kurzen Ausschnitt** aus einem Geschehen **aus dem Alltag**, das mit dem **Wendepunkt** zu einem entscheidenden Moment im Leben einer oder mehrerer Figuren wird. Weitere Kennzeichen sind ein **unvermittelter Anfang** und ein **offenes Ende**, das viele Deutungsmöglichkeiten zulässt.

14 Sprecht gemeinsam über das Ende: Welches Ende hättet ihr erwartet?

15 Wie könnte die Kurzgeschichte weitergehen?
Entscheide dich für eine mögliche Fortsetzung und schreibe sie auf.

> – Die Frau erklärt der Polizei …
> – Der kleine Junge …
> – Der Mann dreht sich um und …

Eine Kurzgeschichte szenisch spielen

Ihr habt die Kurzgeschichte „Das Fenster-Theater" gelesen. Gemeinsam könnt ihr die Kurzgeschichte szenisch spielen.

Plant zunächst eure Spielszene.

1. Bildet Dreiergruppen.

2. Schreibt Stichworte zur Handlung eurer Spielszene auf. Die folgenden Fragen helfen euch dabei:
   - Was genau tut die Frau zu Beginn?
   - Wer verständigt sich mittels Mimik und Körpersprache mit wem?
   - Welche Mimik und Gestik des Mannes versteht die Frau falsch?

3. Formuliert weitere Fragen zur Handlung eurer Spielszene und beantwortet sie. Lest dazu noch einmal im Text nach und berücksichtigt eure Arbeitsergebnisse zu den Seiten 176 und 177.

4. In der Kurzgeschichte gibt es einen entscheidenden Moment. Sammelt Ideen, wie ihr diesen Moment darstellen könnt.
   a. Das Verhalten der Figuren wird im entscheidenden Moment erklärt. Wie könnt ihr die Figuren vor dem Moment darstellen, wie danach?
   b. Der entscheidende Moment soll eure Zuschauer überraschen. Wie könnt ihr den Handlungsort gestalten, so dass eure Zuschauer das Fenster mit dem Jungen nicht sehen?

Für eure Spielszene ist es wichtig, eine genaue Vorstellung von den Figuren zu haben. Versetzt euch dazu in die Figuren hinein.

5. Im Text heißt es: „Die Frau hatte den starren Blick neugieriger Leute". (Z. 2–3) Baut zwei Standbilder:
   a. Baut ein Standbild zu den Zeilen 2 bis 3. Wie stellt ihr euch die Mimik der Frau vor?
   b. Baut nun ein Standbild zum Ende der Geschichte. Welchen Gesichtsausdruck hat die Frau am Ende der Geschichte?
   c. Besprecht, was sich verändert hat.

6. Von dem Mann und dem Knaben wird gesagt, dass sie „eine Sekunde lang das Lachen in der Hand" halten, um es dem Gegenüber zuzuwerfen.
   a. Findet beide Textstellen.
   b. Probiert diese Geste aus. Was könnte sie bedeuten?

Ein Standbild bauen
▶ S. 298

Nun könnt ihr euch auf das Spielen eurer Szene vorbereiten.

7 Schreibt die Textstellen auf, in denen die Gesten und die Mimik der Frau, des Mannes und des Jungen beschrieben werden.

8 In der Kurzgeschichte gibt es keine Dialoge.
Was tun die Figuren? Was könnten sie sagen, denken und fühlen?
   a. Schreibt für die Frau einen inneren Monolog, in dem ihr ihre Gedanken und Gefühle zum Fenster-Theater verdeutlicht. Was denkt sie währenddessen, was am Ende?
   b. Notiert für den Mann und den Knaben jeweils mögliche Gedanken und Gefühle.

9 Erstellt Rollenkarten für die Figuren.
Verwendet eure Ergebnisse aus den Aufgaben 8 und 9.
   a. Schreibt die wichtigsten Eigenschaften der Figuren auf.
   b. Überlegt euch Regieanweisungen: Wie sprechen die Figuren, wie bewegen sie sich, wie ist ihre Mimik und Gestik?
   c. Ergänzt auch, welche Requisiten ihr für die Darstellung der Figuren jeweils benötigt, z. B. Kissen für den alten Mann und den Knaben.

10 Gestaltet den Handlungsort eurer Spielszene mit passenden Hintergrundbildern. Ihr könnt zum Beispiel Plakatwände verwenden.
Tipp: Denkt daran, dass eure Zuschauer das Fenster mit dem Jungen erst am Ende sehen sollen.

11 a. Verteilt die Rollen und probt die Spielszene.
   b. Stellt eure Spielszene der Klasse vor.

Szenisch spielen
▶ S. 298

Abschließend wertet ihr eure Spielszenen gemeinsam aus.

12 Die Darsteller äußern sich jeweils dazu, wie sie sich beim Spielen gefühlt haben:
   – Wie hat es sich angefühlt, die Frau darzustellen?
   – Wie hat es sich angefühlt, den Mann darzustellen?

13 Die Zuschauer äußern sich zur Spielszene:
   – Wie hat die Gruppe das Verhalten der Figuren dargestellt?
   – Sind ihre Gedanken und Gefühle jeweils deutlich geworden?
   – Wie wurde der entscheidende Moment dargestellt?
   – Wie ist es gelungen, das überraschende Ende darzustellen?

Feedback geben
▶ S. 299

14 Besprecht in der Klasse, wie ihr die Kurzgeschichte verstanden habt. Hat sich euer Verständnis nach dem szenischen Spielen verändert? Wenn ja, wie?

Eine Kurzgeschichte zusammenfassen

Auch die folgende Kurzgeschichte zeigt einen entscheidenden Moment im Leben ihrer Hauptfigur. Du erschließt die Kurzgeschichte und fasst sie in einer Textzusammenfassung zusammen.

1 Lies die Kurzgeschichte mit dem Textknacker.

Textknacker ▶ S. 296

Chuck Norris und all seine Freunde Marlene Röder

„Kennst du den schon? Kleine Jungs tragen Schlafanzüge mit Superman drauf, Superman trägt einen Schlafanzug mit Chuck Norris drauf!"
„Ja, kenn ich. Jetzt halt die Klappe und trag mich einfach da hoch. Oder willst du warten, bis Chuck vorbeikommt und mit anpackt?"
5 Chuck Norris ist ein Actionheld. Ich habe noch nie einen Film mit ihm gesehen, aber wie alle kenne ich die Witze. In denen geht es immer darum, dass Chuck Norris etwas tut, was eigentlich unmöglich ist. Leider ist er jetzt nicht hier, deswegen muss mein Kumpel Piet den Actionhelden spielen. Piet riecht nach Schweiß, als ich ihm den linken Arm um den Hals schlinge
10 und er seinen unter meine Kniekehlen schiebt und mich hochhebt und trägt wie eine verdammte Braut.
„Ich bin nicht sicher, ob das so 'ne geniale Idee ist, Ben", keucht er, während wir die Metalltreppe hochwanken.
„Klar ist das genial", behaupte ich, obwohl ich mir gerade auch nicht mehr so
15 sicher bin. Durch das Gitterwerk der Treppe kann man auf den Boden gucken. Er ist ziemlich tief unten.
Endlich sind wir oben. Piet setzt mich vorsichtig ab. Meine Beine, diese dummen, nutzlosen Anhängsel, baumeln über den Rand der Halfpipe. Über unserer zerkratzten, steilen, wunderbaren Halfpipe. Wie immer fühle ich mich
20 sofort besser.
„Jetzt noch den Rolli", sage ich. „Los, beeil dich, die anderen müssten gleich hier sein." Rainbow, denke ich, Rainbow, Rainbow.
Piet stöhnt, er hat einen ziemlich roten Kopf, aber er tut, was ich ihm sage, weil er weiß, dass mir das hier wirklich wichtig ist, und weil er ein guter
25 Kumpel ist, der beste, vielleicht sollte ich ihm das mal sagen, aber dann lass ich es doch. Er geht die Treppe wieder runter und ich sitze hier und kann die ganze Prärie[1] überblicken. Wir nennen es die Prärie, weil hier nichts ist. Keine Häuser, nur verrostete Bahnschienen und Glasscherben und über allem das hohe Gras. Mittendrin unsere Halfpipe. Horror für
30 jeden Rollifahrer. Außer für mich. Es stimmt nicht, was ich über den Namen gesagt habe. Wir nennen es die Prärie, weil es cool klingt.

[1] die Prärie: die Grassteppe in Nordamerika

Jetzt kann ich die anderen sehen, sie sind schon beim Skelett des kaputten Kinderwagens. Johnny geht voran, natürlich, dann Patexx und Fred mit seinem Punkerhund. Zuletzt kommt Rainbow, wie ein Leuchtfeuer am
35 Schluss. Sie geht mit ausgebreiteten Armen, als wollte sie mit den Händen über das Gras streichen, als wollte sie das Zittern spüren, das der Wind durch die Halme laufen lässt.

Ich würde das auch gerne machen, bei ihren Haaren. Wie sich das wohl anfühlt, all die Farben. Eigentlich heißt sie anders. Aber ich nenne sie
40 Rainbow, weil ihre Haare so bunt sind.

Vielleicht hat jemand einen Witz erzählt, denn jetzt kann ich sie lachen hören, ihr Lachen sprudelt über die ganze Prärie. Niemand kann so lachen wie Rainbow. Ohne sie sind Piets Chuck-Norris-Witze nur halb so lustig.

Es stimmt nicht, was ich über Rainbows Namen gesagt habe. Ich nenne sie
45 Rainbow, weil sie mir Glück bringt.

Johnny hat mich oben auf der Halfpipe gesehen, er salutiert[2] vor mir wie vor einem General und ruft: „Zu Diensten! Warum hast du uns herbestellt, Ben?"
Johnny ist eine echt coole Sau, und wäre Chuck Norris hier, würde er das bestimmt auch finden und er und Johnny wären Freunde.
50 Johnny und ich sind auch so was wie Freunde, wir reden oft übers Skaten und ich weiß, dass er mich respektiert, weil ich mehr Ahnung davon habe als Piet und die anderen Jungs.

Zumindest theoretisch.

Johnny hat mich auch schon auf Wettkämpfe mitgenommen. *Du bist doch
55 unser Maskottchen, Ben.* Er ist echt in Ordnung, und wenn Johnny loslegt, Mann, er macht unglaubliche Sachen mit seinem Board. „Chuck Norris isst keinen Honig. Chuck Norris kaut Bienen!", sagt Piet dann immer. Wenn wir skaten gehen, sagen wir manchmal, wir gehen Bienen kauen. Und wenn es auf dieser Welt einigermaßen gerecht zugehen würde, würde mir Johnny
60 beibringen, wie man sie richtig kaut.

„Wirste schon sehen, Johnny!", rufe ich zurück. „Wirste gleich sehen!"
Die Halfpipe ist echt hoch. Aber was soll mir schon passieren? Im Rollstuhl sitze ich ja schon.

Es stimmt nicht, was ich über das Skaten gesagt habe. Wir nennen es fliegen.
65 Fluchend zerrt Piet meinen Rolli auf die Plattform, klappt ihn auf und murmelt dabei, dass ich ihm was schuldig bin. Er hebt mich rein und ich lege den Gurt an. Unten witzeln Patexx und Fred, dass ich jetzt auch auf die Pipe will. Aber Rainbow lacht nicht. Nicht ein winziges bisschen.
„Was soll'n das werden, Ben?", fragt Johnny.
70 „Willst du das wirklich durchziehen, nur wegen letzter Woche ...?", fragt Piet.
Letzte Woche waren wir bei Johnny und haben DVDs übers Skaten geguckt und ein paar Folgen Jackass[3]. Rainbow hielt sich die Hände vor die Augen, während die Jackass-Truppe mit einem Bobbycar Rolltreppen runtersauste und alle möglichen anderen krassen Kamikaze-Aktionen machte.

---

[2] salutiert: militärischer Gruß mit der Hand an der Schläfe
[3] Jackass: eine amerikanische Fernsehsendung

75 Ich musste über Rainbow lachen und sie selbst lachte auch und wiederholte immer wieder: „Sind die mutig oder einfach total durchgeknallt, oh Gott, ich kann nicht hingucken!" Aber dann guckte sie doch.

Johnny war neue Cola holen gegangen und da habe ich sie gefragt, obwohl ich doch weiß, dass Rainbow auf Johnny steht, jeder weiß das, aber ich musste
80 trotzdem fragen, ob sie mal Bock hat, was mit mir zu machen. Nur wir beide. Rainbow zögerte ganz kurz, dann sagte sie: „Klar, warum nicht?" Und einen Moment hab ich gedacht, dass ich ein Glückspilz bin, aber dann habe ich kapiert, dass ich nur ein Krüppel bin. Jeden anderen hätte sie abblitzen lassen, weil sie sich wegen Johnny nicht mit anderen Jungs trifft. Aber ich zähle wohl
85 nicht als Junge, ich bin nur der im Rollstuhl. Mit mir auszugehen ist ungefähr so erotisch, wie seinen Opa durch den Park zu schieben. Na, danke.

Das war letzte Woche und da wusste ich, dass ich was ändern muss.

„Willste das wirklich machen?", wiederholt Piet.

Ich frage nur, ob er die Kamera hat.
90 „Klar", antwortet Piet und klappt die Videokamera auf: „Mach mal winke, winke für deine Fans."

Ich mache das Victory-Zeichen in die Kamera und sage: „Egal was passiert, du stellst das auf YouTube."

„Was soll'n das heißen, Ben, ‚egal was passiert'?"
95 Ich antworte nicht, setze den Helm auf, den ich mir gestern gekauft habe, rot und blau. Meine Finger zittern nur ein bisschen.

„Du hast gesagt, du kriegst das hin. Du rockst die Pipe. Es kann nichts passieren. Echt, Mann, dein Vater bringt mich um!" Piet umklammert die Griffe meines Rollis.
100 „Wenn's nach meinem Vater ginge, würde ich zu Hause in meinem Zimmer sitzen und Modellflugzeuge bauen."

Wir schauen uns an und schließlich nickt Piet, als würde ihn das Mühe kosten, und gibt die Griffe meines Rollis frei.

Das, was ich über meinen Vater gesagt habe, stimmt nicht.
105 Vielleicht könnte er es sogar verstehen.

Ich rolle vor zur Kante.

Die anderen unten an der Halfpipe haben jetzt kapiert, dass ich es ernst meine. Johnny ruft zu mir hoch:

„Hey, Ben, wir brauchen dich noch! Du bist doch
110 unser Maskottchen!" Aber ich hab keinen Bock, den Rest meines Lebens bloß das Scheißmaskottchen von anderen Leuten zu sein. Jetzt balanciere ich nur noch auf den Hinterreifen, es ist ein geiles Gefühl, den Rolli so unter Kontrolle zu haben.
115 „Mach keinen Scheiß, hörst du?!", brüllt Johnny und vielleicht ist das Angst in seiner Stimme. Rainbow ist ganz still und sieht aus, als würde sie sich am liebsten die Augen zuhalten.

„Chuck Norris hat bis unendlich gezählt. Zweimal!", flüstere ich, stoße mich ab über die Kante – und fliege.

Zunächst erschließt ihr den Inhalt der Kurzgeschichte.

2 Worum geht es in der Kurzgeschichte?
Beantwortet die folgenden Fragen in Stichworten:
- Wer ist die Hauptfigur und in welcher Situation befindet sie sich?
- Was wünscht sich die Hauptfigur?
- Was ist ihre geniale Idee?

3 Die Beziehungen zwischen den Figuren spielen eine besondere Rolle.
a. Welche weiteren Figuren kommen in der Kurzgeschichte vor?
Lest noch einmal den Text und notiert dabei ihre Namen.
b. Notiert zu jedem Namen Stichworte zu den folgenden Fragen.
Belegt eure Aussagen mit Zeilenangaben oder Zitaten aus dem Text.
- Was erfahrt ihr über die Figur?
- Was erfahrt ihr über ihre Beziehung zu Ben?
- In welcher Beziehung stehen die anderen Figuren zueinander?

Starthilfe
Piet: Bens Freund, filmt Ben auf der Halfpipe; sorgt sich um Ben (Z. 12);
Ben → ist Piet dankbar für seine Hilfe (Z. 24–25)
Johnny: …
…

4 Wie endet die Kurzgeschichte? Beantwortet die Fragen in Stichworten:
- Was erfahrt ihr am Ende?
- Welche Fragen stellt ihr euch?
- Wie könnte die Geschichte weitergehen?

5 Ben möchte mit seiner genialen Idee etwas beweisen. Besprecht es:
- Was möchte er seinen Freunden beweisen? Warum?
- Was haltet ihr von Bens genialer Idee? Wie weit würdet ihr gehen, um anderen etwas zu beweisen? Begründet eure Antwort.

6 Überprüfe, ob der Text „Chuck Norris und all seine Freunde"
eine Kurzgeschichte ist.
a. Welche Merkmale von Kurzgeschichten findest du im Text?
Schreibe sie untereinander auf.
b. Notiere Stichworte zu jedem der Merkmale.
c. Fasse in einem kurzen Text zusammen, ob und warum der Text eine Kurzgeschichte ist.

Starthilfe
Merkmal unvermittelter Anfang: mitten im Geschehen, Piet erzählt Witz …
Merkmal …
…

Mit einer Textzusammenfassung kannst du andere über den Inhalt der Kurzgeschichte informieren.

1. Schritt: Notizen zum Inhalt machen und ordnen

7 Fasse die wichtigsten Ereignisse der Kurzgeschichte in Stichworten zusammen.
   a. Teile die Kurzgeschichte in Handlungsabschnitte ein.
   b. Formuliere zu jedem Abschnitt eine passende Überschrift.
   c. Notiere zu jedem Abschnitt die wichtigsten Stichworte.

> **Starthilfe**
> Abschnitt 1 (Z. 1–16): Bens geniale Idee
> Ben kann nicht laufen, Piet trägt Ben Metalltreppe hoch, Bens geniale Idee …
> Abschnitt 2 (Z. 17–31): …
> …

2. Schritt: Die Einleitung formulieren

In der Einleitung der Textzusammenfassung informierst du über die Textsorte, die Autorin, den Titel und das Thema des Textes.

8 a. Fasse die Angaben über die Textsorte, die Autorin und den Titel des Textes in einem Satz zusammen.
W b. Wie könntest du das Thema des Textes benennen? Wähle eine der folgenden Formulierungen aus.

> Es geht um einen Jungen, der im Rollstuhl sitzt und sich und seinen Freunden beweisen will, dass er auch ein guter Skater ist.

> Der Rollstuhlfahrer Ben zeigt seinen Freunden, dass eine Behinderung kein Hindernis darstellen muss.

> Der Rollstuhlfahrer Ben möchte als gleichwertiges Gruppenmitglied gesehen werden und will dafür eine gefährliche Idee umsetzen.

9 Schreibe deine vollständige Einleitung auf.

3. Schritt: Den Hauptteil der Textzusammenfassung formulieren

Im Hauptteil deiner Textzusammenfassung fasst du die wichtigsten Ereignisse der Handlung zusammen.

10 a. Lies noch einmal deine Stichworte aus Aufgabe 7.
   b. Streiche überflüssige Stichworte.

11 In einer Textzusammenfassung verwendest du keine direkte Rede, du kannst wichtige Aussagen der Figuren in indirekter Rede wiedergeben. Formuliere die folgenden Aussagen in indirekte Rede um.

Verben im Konjunktiv I
► S. 311

- „Ich bin mir nicht sicher, ob das so 'ne geniale Idee ist, Ben", keucht Piet. (Z. 12)
- Johnny fragt: „Warum hast du uns herbestellt, Ben?" (Z. 47)
- Ben antwortet: „Wenn's nach meinem Vater ginge, würde ich zu Hause in meinem Zimmer sitzen und Modellflugzeuge bauen." (Z. 100–101)

12 Formuliere nun den Hauptteil deiner Textzusammenfassung.
- Verwende deine Stichworte aus Aufgabe 7.
- Gib wichtige Aussagen der Figuren in indirekter Rede wieder oder umschreibe sie.
- Verwende eigene Worte und achte auf eine sachliche Sprache.
- Schreibe im Präsens.

4. Schritt: Den Schluss formulieren

Im Schlussteil einer Textzusammenfassung kannst du dich dazu äußern, wie die Kurzgeschichte endet und wie du sie verstanden hast.

13 Formuliere deinen Schlussteil.
- Schreibe auf, wie die Kurzgeschichte endet.
- Äußere dich dazu, wie du die Kurzgeschichte verstanden hast.
- Gehe auf das Verhalten der Hauptfigur ein und nimm Stellung dazu.

> **Starthilfe**
> Am Ende der Kurzgeschichte … Man erfährt nicht, …
> Meiner Meinung nach soll die Kurzgeschichte zeigen, …
> Ich finde das Verhalten der Hauptfigur Ben …

14 a. Überprüft eure Textzusammenfassungen mit Hilfe der Arbeitstechnik.
b. Überarbeitet anschließend eure Textzusammenfassungen.

Arbeitstechnik: Eine Textzusammenfassung schreiben

Eine Textzusammenfassung informiert kurz über den wesentlichen Inhalt eines Textes.
- In der **Einleitung** nennst du den Autor, den Titel, die Textsorte und das Thema des Textes.
- Im **Hauptteil** fasst du die wichtigsten Ereignisse der Handlung zusammen.
- Schreibe sachlich und im Präsens.
- Verwende keine wörtliche Rede.
- Am **Schluss** gehst du auf das Ende des Textes ein. Beziehe das Verhalten der Hauptfigur ein und äußere dich, wie du den Text verstanden hast.

Teste dich!

Eine Kurzgeschichte zusammenfassen

Hier kannst du überprüfen, ob du die Merkmale einer Kurzgeschichte bestimmen und eine Textzusammenfassung schreiben kannst.

Eifersucht   Tanja Zimmermann

Diese Tussi! Denkt wohl, sie wäre die Schönste. Juhu, die Dauerwelle wächst schon heraus. Und diese Stiefelchen von ihr sind auch zu albern. Außerdem hat sie sowieso keine Ahnung. Von nix und wieder nix hat die 'ne Ahnung. Immer, wenn sie ihn sieht, schmeißt sie die Haare zurück wie 'ne Filmdiva.
5 Das sieht doch ein Blinder, was die für 'ne Show abzieht. Ja, okay, sie kann ganz gut tanzen. Besser als ich. Zugegeben. Hat auch 'ne ganz gute Stimme, schöne Augen, aber dieses ständige Getue. Die geht einem ja schon nach fünf Minuten auf die Nerven. Und der redet mit der ... stundenlang. Extra nicht hingucken. Nee, jetzt legt er auch noch
10 den Arm um die. Ich will hier weg! Aber aufstehen und gehen, das könnte der so passen. Damit die ihren Triumph hat.
Auf dem Klo sehe ich in den Spiegel, finde meine Augen widerlich und auch sonst, ich könnte kotzen. Genau, ich müsste jetzt in Ohnmacht fallen, dann wird ihm das schon leidtun, sich
15 stundenlang mit der zu unterhalten.
Als ich aus dem Klo komme, steht er da: „Sollen wir gehen?"
Ich versuche es betont gleichgültig mit einem Wenn-du-willst, kann gar nicht sagen, wie froh ich bin. An der Tür frage ich, was denn mit Kirsten ist.
20 „O Gott, eine Nervtante, nee, vielen Dank!" ...
„Och, ich find die ganz nett, eigentlich", murmle ich.

1 Erschließe den Inhalt der Kurzgeschichte und notiere Schlüsselwörter.
– Wer ist die Hauptfigur und in welcher Situation befindet sie sich?
– Welche weiteren Figuren kommen vor?
– Wie alt könnten die Figuren sein?
– In welcher Beziehung stehen die Figuren zueinander?

2 Überprüfe, ob der Text „Eifersucht" eine Kurzgeschichte ist.
Notiere dazu passende Stichworte zu jedem Merkmal von Kurzgeschichten.

3 a. Schreibe eine Textzusammenfassung zu der Kurzgeschichte.
b. Überarbeitet eure Textzusammenfassungen in Partnerarbeit.

4 Was kannst du schon gut? Was möchtest du noch weiter üben?
Schreibe in dein Lerntagebuch.

Eine Kurzgeschichte zusammenfassen

Hier übst du noch einmal, eine Kurzgeschichte zu erschließen und zusammenzufassen.

In der folgenden Kurzgeschichte sorgt ein Parka für einen Konflikt zwischen einem Jungen und seinen Eltern.

Die Sache mit dem Parka   Hanna Hanisch

Ich kann den braunen Parka nicht leiden. Er stört mich beim Radfahren, das Futter ist mir zu warm, die Kapuze ist mir lästig. Wenn er wenigstens grün wäre!
Und jeden Morgen dasselbe Thema: „Zieh deinen Parka an! Er liegt auf dem Küchenstuhl, vorgewärmt. Knöpf ihn richtig zu! Zieh die Kapuze über! Verstanden?"
Meistens schaffe ich es, so durchzukommen. Ich habe da meine Tricks: Ich gehe noch mal in mein Zimmer, lasse den Parka auf dem Bett liegen, lenke meine Mutter ab und verschwinde. Gestern stellt sich meine Mutter so lange neben mich, bis ich den Parka endlich über die Schultern hänge. Vor der Haustür klemme ich ihn in den Gepäckträger. Plötzlich packt mich jemand am Hals: Mein Vater!
Er schüttelt mich am Kragen. Ich komme mir vor wie ein junger Hund, der auf den Teppich gepinkelt hat.
„So betrügst du uns?", schreit er mich an, und einen Moment hab ich das Gefühl, als müsste ich um mich schlagen.
„Lass mich los!", schreie ich zurück. „Ich komme zu spät!"
„Mir egal!", brüllt mein Vater. „Wir reden jetzt oben ein Wort zusammen."
Er zieht mich in den Hausflur und treibt mich die Treppe hoch. Meine Mutter steht oben an der Flurtür und heult.
In der Küche muss ich mich setzen. Mein Vater steht vor mir; wie ein Riese steht er da.
Meine Güte! Was für ein Theater wegen diesem blöden Parka! „Du warst krank, mein Freund!", sagt mein Vater, und seine Stimme ist immer noch viel zu laut.
Ja doch, weiß ich! Ist schon eine Weile her. Jetzt bin ich eben wieder gesund.
„Du hattest eine Lungenentzündung, vierzig Fieber. Wir haben eine Menge Angst ausgestanden. Jeden Tag ist der Doktor gekommen. Doch wohl nicht zum Spaß, oder?"
„Dein Leben hat am seidenen Faden gehangen", schluchzt meine Mutter.
„Wir wollen deutlich mit ihm reden", sagt mein Vater. „Er versteht das sonst vielleicht nicht. Du warst am Abnippeln! Habe ich mich klar genug ausgedrückt?"

Fördern/Fordern

Mein Vater redet jetzt auch so mit Zitterstimme.
35 Mir wird komisch. Ich sehe die Küchenuhr wie etwas Fremdes. „Zehn vor acht?", denke ich.
„Wieso bin ich da noch zu Hause?" Überhaupt kommt mir das alles vor wie ein Film, in dem ich gar nicht mitspielen will.
Abnippeln hat mein Vater gesagt? Was soll das heißen?
40 Ich müsste jetzt eigentlich gar nicht mehr leben?
Tot sein?
Das gibt es doch gar nicht!
Man kann doch nicht einfach sterben.
Oder doch?
45 Ich mache mich steif und schließe die Augen.
Ich stelle mir vor, tot zu sein. „Warum habt ihr mir das nicht gesagt?", stoße ich mühsam aus meinem steifen Körper.
Mein Vater hat sich an den Küchentisch gesetzt.
Endlich ist er mir vom Leibe gerückt!
50 Meine Mutter steht auf und gießt ihm noch einmal Kaffee in seine Tasse.
Er schlürft in langen Zügen.
Mein Vater redet vor sich hin, als wäre ich gar nicht da. „Wenn einer gefährlich krank ist, sagt man ihm das nicht auf den Kopf zu. Was hilft ihm das? – Man setzt sich für ihn ein mit allen Kräften. Man legt sich ins Zeug, bis man selber
55 nicht mehr auf den Beinen stehen kann. Man bringt ihn durch, wie ein Wunder ist das. Und dann rennt so ein verbockter Dummkopf in die Schule ohne Mantel! Und verspielt vielleicht alles wieder. Kriegt einen Rückfall. Ich begreife das nicht."
Mein Vater lässt den Kopf hängen. Er tut mir leid.
60 Er hat Angst, ich erkälte mich. Kann ich ja verstehen!
Also gut, dann ziehe ich den Parka eben an. Es macht mir nichts aus. Hauptsache, ich habe keinen Ärger mehr.
„Du musst mir eine Entschuldigung schreiben",
sage ich plötzlich.
65 „Für die erste Stunde. Sonst kriege ich einen Eintrag."
Mein Vater zieht seinen Kugelschreiber und schreibt mir etwas auf seinen Notizblock. Ich stecke den Zettel in die Hosentasche. Dann hänge ich mir den Parka um und laufe aus der Küche, die Treppe hinunter, aus der
70 Haustür auf die Straße. Mein Körper ist nicht mehr steif. Er ist leicht wie Luft. Unten schwinge ich mich aufs Fahrrad, trete bergab in die Pedale. Der Wind zischt mir um die Ohren. Die Straße riecht nach verbrannten Briketts, nach Auspuffgas, nach nassem Laub. In der Kurve schreie ich Jippijäh!
75 Die Bremse fasst gut. Ich fühle mich großartig heute Morgen.*

Du entscheidest, ob du die Aufgaben auf Seite 189 mit mehr Hilfen oder die kniffligeren Aufgaben auf Seite 190 lösen möchtest.

Fördern

Zunächst kannst du die Kurzgeschichte erschließen.

1 Lies die Kurzgeschichte auf den Seiten 187 und 188 mit dem Textknacker.

Textknacker ▶ **S. 296**

2 Worum geht es in der Kurzgeschichte?
Notiere Stichworte zu folgenden Fragen:
- Was wünscht sich der Junge? Warum?
- Was wünschen sich seine Eltern? Warum?

3 Untersuche die Beziehung zwischen dem Jungen und seinen Eltern:
- Warum sorgen sich die Eltern um den Jungen?
- Wie verhalten sich die Eltern? Warum?
- Wie löst sich der Konflikt zwischen dem Jungen und seinen Eltern?

4 Schreibe Stichworte zum Ende der Kurzgeschichte auf:
- Was passiert am Ende, wie fühlt sich der Junge?
- Warum ändert sich die Einstellung des Jungen zum Parka?

5 Im letzten Absatz heißt es: „Die Bremse fasst gut." (Z. 75)
Wähle eine mögliche Bedeutung für diesen Satz aus. Begründe.

> A   Der Junge fühlt sich sicher beim Fahrradfahren.
> B   Der Junge versteht nun die Fürsorge der Eltern und fühlt sich sicher und geborgen.

6 Welche Merkmale von Kurzgeschichten erkennst du im Text „Die Sache mit dem Parka"? Schreibe sie auf.

Mit einer Textzusammenfassung kannst du andere über den wesentlichen Inhalt der Kurzgeschichte informieren.

7 Wie könntest du das Thema der Kurzgeschichte benennen?
Formuliere es in einem Satz.

> **Starthilfe**
> In der Kurzgeschichte geht es um einen Konflikt zwischen einem Jungen und …

8 Schreibe nun deine Textzusammenfassung zu der Kurzgeschichte.
   a. Informiere in der Einleitung über die Textsorte, die Autorin, den Titel und das Thema des Textes.
   b. Fasse im Hauptteil die wichtigsten Ereignisse der Handlung zusammen.
   c. Äußere dich im Schlussteil zum Ende und zum Verhalten der Hauptfigur.

9 a. Überprüfe deinen Entwurf mit einer Partnerin oder einem Partner.
   b. Überarbeite anschließend deinen Text.

Fordern

Du kannst die Kurzgeschichte erschließen und andere mit einer Textzusammenfassung über den wesentlichen Inhalt informieren.

1 Lies die Kurzgeschichte auf den Seiten 187 und 188 mit dem Textknacker. Textknacker ▶ S. 296

2 Ein Parka löst einen Konflikt zwischen einem Jungen und seinen Eltern aus. Wie ist es dazu gekommen?
– Was wünscht sich der Junge? Warum?
– Was wünschen sich seine Eltern? Warum?

3 a. Untersuche die Beziehung zwischen dem Jungen und seinen Eltern genauer.
– Warum sorgen sich die Eltern um ihren Sohn?
– Woran erkennst du, dass sie sich sorgen?
– Wie verhalten sich die Eltern? Wie verhält sich der Junge?
b. Beschreibe die Beziehung in einem kurzen Text.

4 Plötzlich fragt der Junge die Eltern: „Warum habt ihr mir das nicht gesagt?" (Z. 46). Was meint der Junge damit?
a. Erkläre, worauf sich die Frage bezieht.
b. Belege deine Antwort mit einer passenden Textstelle.

5 Wie endet die Kurzgeschichte? Notiere Stichworte.
– Was passiert am Ende, wie fühlt sich der Junge?
– Warum ändert sich die Einstellung des Jungen zum Parka?

6 Im letzten Absatz heißt es: „Die Bremse fasst gut." (Z. 75) Was bedeutet dieser Satz für den Jungen? Schreibe eine mögliche Bedeutung auf.

7 Überprüfe, ob der Text „Die Sache mit dem Parka" eine Kurzgeschichte ist.

Nun kannst du deine Textzusammenfassung schreiben.

8 Schreibe eine Textzusammenfassung zu der Kurzgeschichte.
a. Mache dir Notizen zum Inhalt und ordne sie.
b. Formuliere eine Einleitung mit allen notwendigen Angaben.
c. Fasse die wichtigsten Ereignisse im Hauptteil zusammen.
d. Gehe im Schlussteil auf das Ende ein und nimm Stellung zum Verhalten der Hauptfigur.

9 a. Überprüfe deinen Entwurf mit einer Partnerin oder einem Partner.
b. Überarbeite anschließend deinen Text.

Fit für die Probe

Eine Kurzgeschichte zusammenfassen

Hier übst du Schritt für Schritt, dich auf eine Probe vorzubereiten. Stelle dir vor, dies ist die Aufgabe für die Probe:

> Erschließe den folgenden Text und überprüfe, ob es sich bei dem Text um eine Kurzgeschichte handelt. Belege deine Meinung mit passenden Textstellen und schreibe eine Textzusammenfassung.

1. Schritt: Die Aufgabe verstehen

Aufgaben verstehen ► S. 297

1 a. Lies die Aufgabe mehrmals genau.
b. Was sollst du tun? Schreibe die richtige Erklärung ab.

- Ich prüfe, welche Merkmale von Kurzgeschichten ich in dem Text finde, und fasse den Inhalt in einer Textzusammenfassung zusammen. Dann nehme ich Stellung zum Verhalten der Hauptfigur.
- Ich weise die Merkmale von Kurzgeschichten in dem Text nach und gebe die Handlung möglichst ausführlich wieder.

2 Worauf sollst du achten, wenn du eine Textzusammenfassung schreiben möchtest? Notiere Stichworte.

2. Schritt: Die Aufgabe bearbeiten

3 Erschließe die Kurzgeschichte mit dem Textknacker.

Textknacker ► S. 296

Sommerschnee   Tanja Zimmermann

Mir ist alles so egal, ich fühle mich gut.
Der Regen macht mir nichts aus, meine Stiefel sind durchweicht, die Bahn kommt nicht. Neben mir hält ein Mercedes: „Engelchen, ich fahre dich nach Hause." Ich hab keine Angst, setze mich einfach
5 neben eine alte Frau, fühle mich sicher, mir kann nichts passieren!
In der Bahn stehe ich eingequetscht zwischen nass-stinkenden Persianermänteln[1] und grauen Anzugmännern.
Die Bahn bremst, eine dicke Frau fällt gegen mich, drückt mich an die Fensterscheibe. Die Leute fluchen, beschimpfen den Fahrer.
10 Ich lache. Beim Aussteigen drängt jeder den anderen, ich lasse mich treiben, bin glücklich, denke nur an dich!

[1] die Persianermäntel (Pl.): Fellmäntel

An der Ampel merke ich, dass ich zu laut singe. Eine Mutter mit Kinderwagen lacht mich an, eine aufgetakelte[2] Blondine mustert mich von oben bis unten. Ich weiß, ich bin klitschnass, meine weiße Hose ist nach 5 Tagen eher
15 dunkelgrau, doch ich weiß, dass sie dir gefällt. Meine Haare hängen nass und strähnig auf meiner Schulter. Du hast gesagt, du hast dich schon am ersten Tag in mich verliebt, und da hatte ich auch nasse Haare.
Ich laufe schnell über die Straße, leiste mir eine Packung Filterzigaretten, kaufe welche, die mir zu leicht sind, die du am liebsten magst.
20 Ein grelles Quietschen. Ein wütender Autofahrer brüllt, ob ich Tomaten auf den Augen hätte. Ich lache und beruhige ihn mit einem „kommt nicht noch mal vor". An einem Schaufenster bleibe ich trotzdem stehen, zupfe an meinen Haaren herum, ziehe die Hose über meine Stiefel, will dir ja gefallen. Ich will dir ja sogar sehr gefallen!
25 Auf der Apothekenuhr ist es fünf. Ich laufe quer über die nasse Wiese. Schliddere mehr, als dass ich laufe. Aber ich will dich nicht warten lassen, ich kann das auch nicht. Ich werde dann von Minute zu Minute nervöser, also laufe ich. Bevor ich schelle[3], atme ich erst ein paarmal tief durch, dann klingel ich, fünfmal hast du gesagt. Und meine Freude, dich zu sehen, ist endgültig
30 Sieger über meine Angst.
Erst dann bemerke ich den kleinen zusammengefalteten Zettel an der Wand. Ja, es tut dir leid, wirklich leid, dass du Vera wiedergetroffen hast! Ich soll es mir gutgehen lassen. Richtig gutgehen lassen soll ich es mir! Die brennende Zigarette hinterlässt Wunden auf meiner Hand. Das Rattern der vorbei-
35 fahrenden Laster, das Kindergeschrei, Hundegebell und das laut aufgedrehte Radio von gegenüber verschwimmen zu einem nervtötenden, Angst einjagenden Einheitsgeräusch, meine Augen nehmen nur noch die gröbsten Umrisse wahr. Wie eine alte Frau gehe ich den endlos langen Weg zur Haltestelle, meine Füße sind nass und kalt in den durchweichten Stiefeln.
40 Ein glatzköpfiger Mann pfeift hinter mir her, bietet mir sein Zimmer und sich an. Verschüchtert stehe ich in der Ecke neben dem Fahrplan, mein Gesicht spiegelt sich in der Scheibe. Wann kommt endlich diese elende Straßenbahn?

[2] aufgetakelt: übertrieben schick
[3] schellen: klingeln

4 Im Alltag ist man manchmal unangenehmen Situationen ausgesetzt.
  a. Notiere untereinander, in welche unangenehmen Situationen die Hauptfigur auf dem Weg zur Wohnung ihres Freundes gerät.
  b. Schreibe jeweils daneben, wie es ihr in der Situation geht.
  c. Warum ist sie trotzdem gut gelaunt? Notiere Textstellen zu dem Grund.

5 Vor der Wohnung ihres Freundes wendet sich die Handlung plötzlich.
  a. Beschreibe, was vor der Haustür ihres Freundes geschieht.
  b. Wie fühlt sich die Frau auf dem Heimweg? Wie empfindet sie die alltäglichen Situationen jetzt? Belege deine Aussagen am Text.

Fit für die Probe

6 Überprüfe, ob der Text „Sommerschnee" eine Kurzgeschichte ist.

7 Plane deine Textzusammenfassung.
   a. Teile den Text in Handlungsabschnitte ein.
   b. Notiere zu jedem Abschnitt die wichtigsten Stichworte.

8 Schreibe nun deine Textzusammenfassung zu der Kurzgeschichte. Verwende deine Ergebnisse aus den Aufgaben 6 und 7.
   a. Formuliere eine Einleitung mit allen wichtigen Angaben.
   b. Fasse im Hauptteil die wichtigsten Ereignisse der Handlung zusammen.
   c. Gehe im Schlussteil auf das Ende ein und darauf, wie du die Kurzgeschichte verstanden hast.

3. Schritt: Die Aufgabe überprüfen

9 a. Überprüfe deine Textzusammenfassung mit Hilfe der Checkliste.
   b. Überarbeite deinen Text, wenn nötig.

Checkliste: Eine Kurzgeschichte zusammenfassen	Ja	Nein
– Habe ich die Kurzgeschichte genau gelesen?	☐	☐
– Habe ich die Merkmale von Kurzgeschichten im Text erkannt?	☐	☐
– Habe ich in der Einleitung die Textsorte, den Autor, den Titel und das Thema genannt?	☐	☐
– Habe ich im Hauptteil die wichtigsten Handlungsschritte in eigenen Worten zusammengefasst?	☐	☐
– Habe ich im Schluss geschrieben, wie ich die Kurzgeschichte verstanden habe?	☐	☐
– Habe ich im Präsens geschrieben?	☐	☐
– Habe ich auf direkte Rede verzichtet?	☐	☐

4. Schritt: Die Vorgehensweise auswerten

10 Schreibe deine Erfahrungen in dein Lerntagebuch:
   – Worauf achtest du, wenn du eine Textzusammenfassung schreibst?
   – Was hat dir geholfen, die Aufgabe zu lösen?
   – Was setzt du dir als Ziel für deine nächste Schreibaufgabe?

11 Vergleiche deine Erfahrungen mit deinen letzten Einträgen:
   – Was hat sich verändert?
   – Was gelingt dir jetzt gut oder besser?
   – Wie kannst du dich noch verbessern?

Arbeitstechniken

In diesem Teil kannst du gezielt das Handwerkszeug üben, das du zum Lernen benötigst.

Das Lernen organisieren
Hier übst du, Aufgaben besser zu verstehen und richtig zu bearbeiten.

Lesen
Hier trainierst du, einen Sachtext und Grafiken mit dem Textknacker zu erschließen und eigene Grafiken zu erstellen.

Sich informieren
Du übst die Recherche im Internet. Dabei lernst du auch, die Glaubwürdigkeit einer Internetseite zu prüfen und die Informationen in eigenen Worten darzustellen. Zudem übst du das wörtliche Zitieren aus fremden Texten.

Miteinander arbeiten und präsentieren
Du trainierst, Informationen anschaulich zu präsentieren. Du lernst, wie du ein Lapbook gestaltest. Außerdem übst du, anderen ein hilfreiches Feedback zu geben.

Schreiben und überarbeiten
Auf diesen Seiten übst du, Texte zu schreiben und zu überarbeiten. Ihr lernt außerdem die Methode „Über den Rand hinaus schreiben" kennen, mit der ihr Texte gemeinsam überarbeiten könnt.

Das Lernen organisieren

Aufgaben verstehen

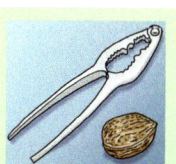

Du kannst Aufgaben in drei Schritten verstehen.

1 Lies die Aufgabe mehrmals genau – Satz für Satz.

> Verfasse einen informierenden Text für die Homepage eurer Schule zum Thema „Nachhaltigkeit und Umweltschutz" auf der Grundlage der bereitgestellten Materialien.
> **a.** Beschreibe in der Einleitung, was der Begriff „Nachhaltigkeit" bedeutet.
> **b.** Erkläre, warum Nachhaltigkeit für den Umweltschutz wichtig ist. Nutze dazu die Materialien als Quelle.
> **c.** Erläutere an drei konkreten Beispielen, wie ihr an eurer Schule etwas über Nachhaltigkeit und Umweltschutz lernen könnt.
> **d.** Belege deine Aussagen mit Textstellen aus den Materialien.

2 Untersuche die ersten drei Zeilen der Aufgabe:
– Was sollst du tun?
– Wofür sollst du es tun?
– Worüber sollst du schreiben?
– Auf welcher Grundlage sollst du schreiben?

3 Die Verben in der Aufgabe sagen dir, was du genau machen sollst.
   a. Schreibe die Verben aus den Teilaufgaben **a.** bis **d.** untereinander auf.
   b. Lies die Erklärungen und ordne sie den passenden Verben zu. Schreibe die Erklärungen zu den Verben.

> Erklärungen:
> – Ich stütze eigene Aussagen durch ein Zitat oder einen Verweis.
> – Ich stelle Zusammenhänge zwischen Sachverhalten her.
> – Ich gebe Merkmale in eigenen Worten wieder.
> – Ich zeige Vorgänge auf und veranschauliche sie.

4 Was sollst du tun? Wie sollst du die Aufgabe lösen? Schreibe es in deinen eigenen Worten auf.

> **Starthilfe**
> Ich soll einen … schreiben. Dazu soll ich zuerst in eigenen Worten wiedergeben, was der Begriff …

Lesen

Den Textknacker anwenden

Hier wiederholst du den Textknacker noch einmal Schritt für Schritt.

Zuerst siehst du dir den Sachtext und die Grafiken auf den Seiten 196 bis 198 an und verschaffst dir einen Überblick.

Textknacker ▶ S. 296

1. Schritt: Vor dem Lesen

1 a. Sieh dir den Text als Ganzes an.
b. Schreibe Stichworte auf:
– Was weißt du schon über das Thema?
– Was erzählen dir die Grafiken und die Überschriften?
– Worum könnte es in dem Text gehen? Begründe deine Vermutungen.

Du liest den Sachtext ein erstes Mal.

2. Schritt: Das erste Lesen

2 a. Lies den Text einmal durch.
b. Beantworte Fragen in Stichworten:
– Welche Wörter oder Wortgruppen fallen dir auf?
– Worum geht es? Überprüfe deine Vermutungen aus Aufgabe **1b**.

Die Forscher von morgen: Der Wettbewerb „Jugend forscht"

1 Wie kann man Plastikmüll vermeiden? Wie entsteht eine automatische Musikmaschine, bei der die Töne mit Murmeln erzeugt werden? Kann man die Umwelteinflüsse messen, die zum Bienensterben beitragen? Mit den Antworten auf diese und andere technische und naturwissenschaftliche
5 Fragen haben sich Schülerinnen und Schüler intensiv beschäftigt und ihre Forschungsergebnisse 2019 bei dem Landeswettbewerb „Jugend forscht" in Bayern vorgestellt.

2 „Jufo" – so die Abkürzung – ist mittlerweile der größte europäische Wettbewerb, der Forschertalente aufspürt und Leistungen junger
10 Menschen in den sogenannten MINT-Fächern[1] fördert. Er findet seit mehr als fünfzig Jahren deutschlandweit in allen Bundesländern statt; aus den Landessiegern werden dann zehn Bundessieger ermittelt. Veranstaltet wird der Wettbewerb von der Stiftung „Jugend forscht e. V.". Das Bundesministerium für Bildung und
15 Forschung beteiligt sich jedes Jahr an den Kosten der Durchführung.

[1] die MINT-Fächer: Mathematik, Informatik, Naturwissenschaften, Technik

3 Auch Unternehmen aus der Wirtschaft unterstützen den Wettbewerb als Sponsoren: Sie stellen Geld, Material oder geeignete Räumlichkeiten zur Verfügung. Für sie sind die jungen Talente von heute die qualifizierten[2] Fachkräfte von morgen. Diese Firmen richten auch ein Begleitprogramm mit Vorträgen und Arbeitsgruppen aus, bei dem die jungen Forscher etwas lernen und Kontakte knüpfen können. Und nicht zuletzt stiften sie die Preise. Neben Geldbeträgen und Sachpreisen kann man Einladungen zu Studienfahrten oder einen Praktikumsplatz gewinnen. Auf diese Weise sammeln die Gewinner praktische Erfahrungen und können ihre Talente ausprobieren.

4 Wer bei „Jugend forscht" mitmachen möchte, muss zwischen 15 und 21 Jahren alt sein. Man kann allein forschen oder sich in Gruppen zu maximal drei Personen zusammentun. Für Schülerinnen und Schüler, die mindestens in der vierten Klasse und jünger als 15 Jahre sind, gibt es eine eigene Unterabteilung. Sie heißt „Schüler experimentieren". Die Forscherarbeiten können für folgende Bereiche angemeldet werden: Arbeitswelt, Biologie, Chemie, Geo- und Raumwissenschaften, Mathematik/Informatik, Physik und Technik. Jedes Fachgebiet hat eine eigene Wettbewerbsjury, der die Ergebnisse präsentiert werden. Dazu gestalten die jungen Forscher einen Stand, auf dem sie ihren Arbeitsprozess verdeutlichen und die Ergebnisse zeigen. Außerdem müssen sie einen mündlichen Vortrag halten und Nachfragen der Jury beantworten.

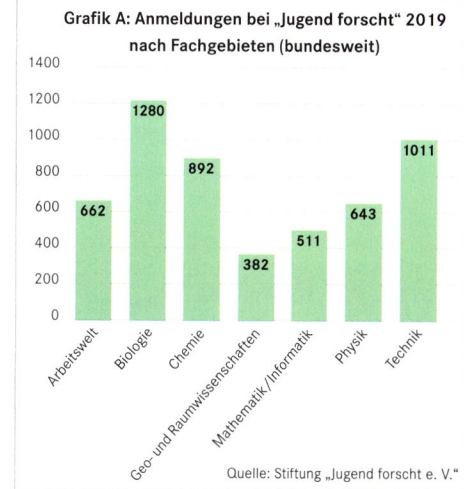

5 An vielen Schulen existieren[3] eigene „Jufo-AGs", in denen die Teilnehmenden Hilfestellungen bekommen und sich austauschen können. Auch Lehrkräfte sind häufig als Berater dabei. Die jungen Forscher können ihr Thema frei wählen, solange es zu den genannten Fachbereichen gehört. Meist werden aktuelle Fragestellungen der Zeit aufgegriffen. Im Jahr 2019 ging es z. B. verstärkt um Umweltschutz, Mobilität[4] und die Anwendung von neuen technischen Möglichkeiten.

Beispiele für Forschungsthemen aus Bayern 2019	
Arbeitswelt	Bau eines Rollstuhl-Untersatzes, damit der Rollstuhl auch im Winter und im Gelände gut fahren kann
Biologie	Erstellen einer Karte, auf der man sehen kann, in welchen Kirchen wie viele Fledermäuse vorkommen
Chemie	Entwicklung eines Bindemittels, um z. B. auf dem Meer Ölverschmutzungen umweltfreundlich beseitigen zu können
Mathematik/Informatik	Programmierung einer Mitfahrvermittlung für Smartphones
Technik	Bau einer funktionsfähigen Gitarre mit Hilfe eines 3-D-Druckers

[2] qualifiziert: gut ausgebildet, mit Sachkenntnissen
[3] existieren: vorhanden sein, bestehen
[4] die Mobilität: die Beweglichkeit (sich von einem Ort zu einem anderen bewegen können)

6 Den großen Erfolg konnten die Begründer von
„Jugend forscht" im Jahr 1965 noch nicht voraussehen:
Unter dem Motto „Wir suchen die Forscher von
morgen" riefen sie damals junge Menschen dazu
auf, selbstständig zu einem naturwissenschaftlichen
Thema zu forschen und die Ergebnisse einer
Wettbewerbsjury vorzustellen. Es trafen aus ganz
Deutschland 244 Anmeldungen ein – darunter 20 von
weiblichen Teilnehmerinnen. Heute melden sich Jahr
für Jahr ca. 12 000 Jugendliche an, wobei der Anteil
der Mädchen zwar steigt, aber immer noch deutlich
niedriger ist als der der Jungen. Es wäre schön, wenn
sich noch mehr Mädchen beteiligen würden, denn
„Wir suchen auch die Forscher**innen** von morgen"!

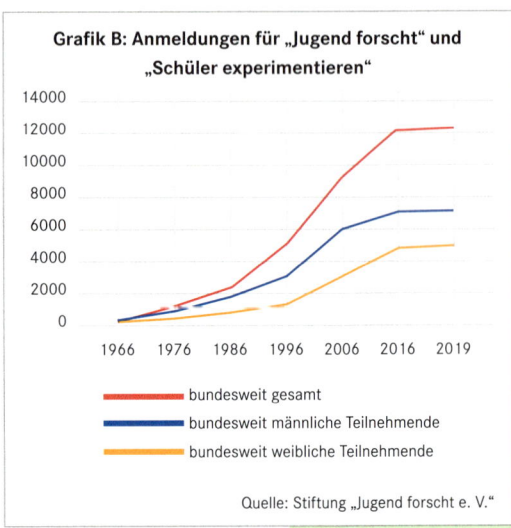

Nun „knackst" du den Text Absatz für Absatz. Schlüsselwörter helfen dir,
die wichtigsten Informationen in jedem Absatz zu erkennen.

3. Schritt:
Den Text genau lesen

3 a. Lies die Absätze **1** bis **6** genau.
b. Schreibe zu jedem Absatz Schlüsselwörter auf.
Tipp: Im ersten Absatz sind die Schlüsselwörter bereits hervorgehoben.

Absätze gliedern den Sachtext. Was in einem Absatz zusammensteht,
gehört inhaltlich zusammen.

4 a. Worum geht es in den einzelnen Absätzen? Schreibe für jeden Absatz
eine Zwischenüberschrift auf.
b. Notiere deine Schlüsselwörter unter die Zwischenüberschriften.

Starthilfe

Absatz 1:
Schülerinnen und Schüler stellen Forschungsergebnisse bei „Jugend forscht" vor.
technische und naturwissenschaftliche Fragen, Landeswettbewerb ...

Du musst nicht jedes Wort im Text verstehen. Manchmal ist ein
unbekanntes Wort aber wichtig für das Textverständnis.

5 Klärt gemeinsam unbekannte Wörter und schreibt sie zusammen mit
ihrer Bedeutung auf.
– Manche Wörter werden unter dem Text mit Fußnoten erklärt.
– Andere Wörter werden im Text selbst erklärt. Ihr könnt sie aus dem
Zusammenhang verstehen.
– Schlagt Wörter, die jetzt noch immer unbekannt sind, in einem
Wörterbuch oder Lexikon nach.

Nachschlagen ▶ S. 305

Zu dem Sachtext gehören auch eine Tabelle und zwei Grafiken.
Sie erklären Textstellen genauer und liefern zusätzliche Informationen.

6 a. Sieh dir die Tabelle auf Seite 197 genau an.
    b. Zu welchem Absatz gehört die Tabelle? Schreibe es auf.
    c. Worum geht es in der Tabelle? Schreibe einen Satz dazu auf.
    d. Es gibt im Text noch eine zweite Stelle, zu der die Tabelle passt.
       Sucht diese Stelle und sprecht darüber.

> **Sprachspeicher**
> Die Tabelle belegt, dass …
>
> Die Tabelle listet … auf.

7 a. Erschließe die Grafiken A und B auf den Seiten 197 und 198 mit dem
       Textknacker für Grafiken.
    b. Zu welchem Textabschnitt gehören die Grafiken jeweils? Lies noch
       einmal die passenden Sätze im Text und notiere die Zeilenangaben.
    c. Was zeigen die Grafiken? Erkläre es mit eigenen Worten.
    d. Was sagen die beiden Grafiken noch genauer als der Text?
       Sprecht darüber.

Textknacker für Grafiken
▶ S. 296

> **Starthilfe**
> Die Grafik A gibt an, wie viele … Sie gehört zu den Zeilen …
> Die Grafik B verdeutlicht, dass … Sie zeigt auf einen Blick, dass …

**Nach dem Lesen kannst du das Wichtigste aus dem Sachtext und
aus den Grafiken wiedergeben.**

4. Schritt:
Nach dem Lesen

8 Stelle den Wettbewerb „Jugend forscht" in einem kurzen informierenden
    Text für die Schülerzeitung oder die Homepage deiner Schule vor.

> **Starthilfe**
> In dem Wettbewerb „Jugend forscht" können Schülerinnen und Schüler …
> Der Wettbewerb hat das Ziel, …
> Die Unternehmen sind interessiert an …
> Die Teilnahme lohnt sich, weil …

9 Schreibe deine Erfahrungen beim Lesen des Sachtextes mit Grafiken
    in dein Lerntagebuch:
    – Was hast du gemacht, wie bist du vorgegangen?
    – Was war neu für dich?
    – Was ist dir gut gelungen?
    – Wobei brauchst du noch Hilfe?

> **Starthilfe**
> Heute habe ich einen Sachtext mit Grafiken Schritt für Schritt …
> Dabei war für mich neu, …
> Schwierigkeiten hatte ich …

Grafiken und ihre Funktion untersuchen

Sina will für die Schülerzeitung über „Jugend forscht" schreiben.
Sie findet in ihren Materialien ein Kreisdiagramm.

1 a. Sieh dir die Grafik an.
  b. Worum geht es in der Grafik? Erkläre es mit eigenen Worten.

Textknacker für Grafiken
▶ S. 296

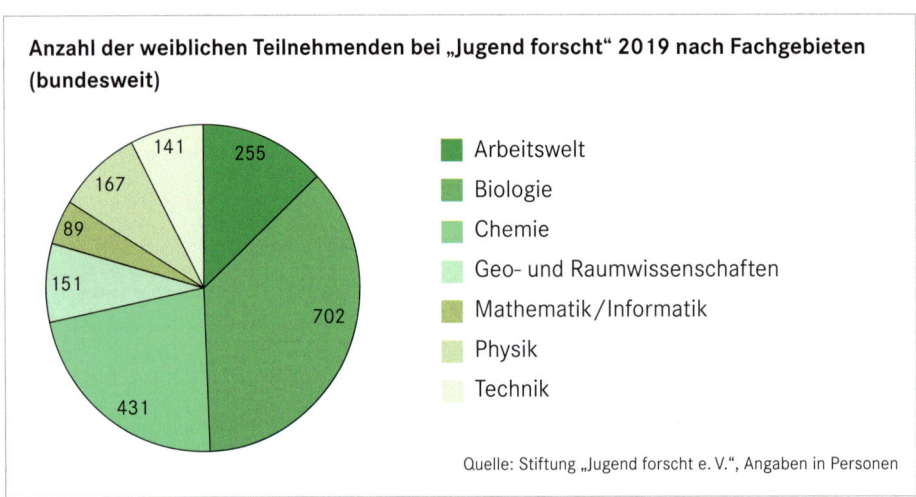

Anzahl der weiblichen Teilnehmenden bei „Jugend forscht" 2019 nach Fachgebieten (bundesweit)

- Arbeitswelt
- Biologie
- Chemie
- Geo- und Raumwissenschaften
- Mathematik / Informatik
- Physik
- Technik

Quelle: Stiftung „Jugend forscht e. V.", Angaben in Personen

2 Wie sind die Informationen veranschaulicht?
  a. Schreibe auf, wofür der gesamte Kreis steht.
  b. Schreibe auf, was durch die Farben der Kreisanteile ausgedrückt wird.
  c. Schreibe auf, was die Zahlen angeben.

In einem Kreisdiagramm werden Teile eines Ganzen miteinander verglichen.

3 Welche Informationen könnt ihr den Einzelteilen der Grafik entnehmen? Sprecht darüber.

Über die einzelnen Angaben hinaus kann man auf einen Blick weitere Informationen erkennen.

4 a. Untersucht das Kreisdiagramm genauer:
       Welche Informationen könnt ihr noch aus der Grafik ablesen?
       Was bedeutet die Formulierung „bundesweit" in der Überschrift?
  b. Schreibt mindestens zwei Sätze dazu auf.

> **Starthilfe**
> Es gibt insgesamt sieben …
> Auf den beiden ersten Plätzen der Anmeldungen liegen …

Sprachspeicher

Jedes Teilstück steht für …

Die Zahlen geben jeweils … an.

An der Größe der Teilstücke ist zu erkennen, dass …

Sina findet im Internet eine weitere Grafik zu „Jugend forscht".

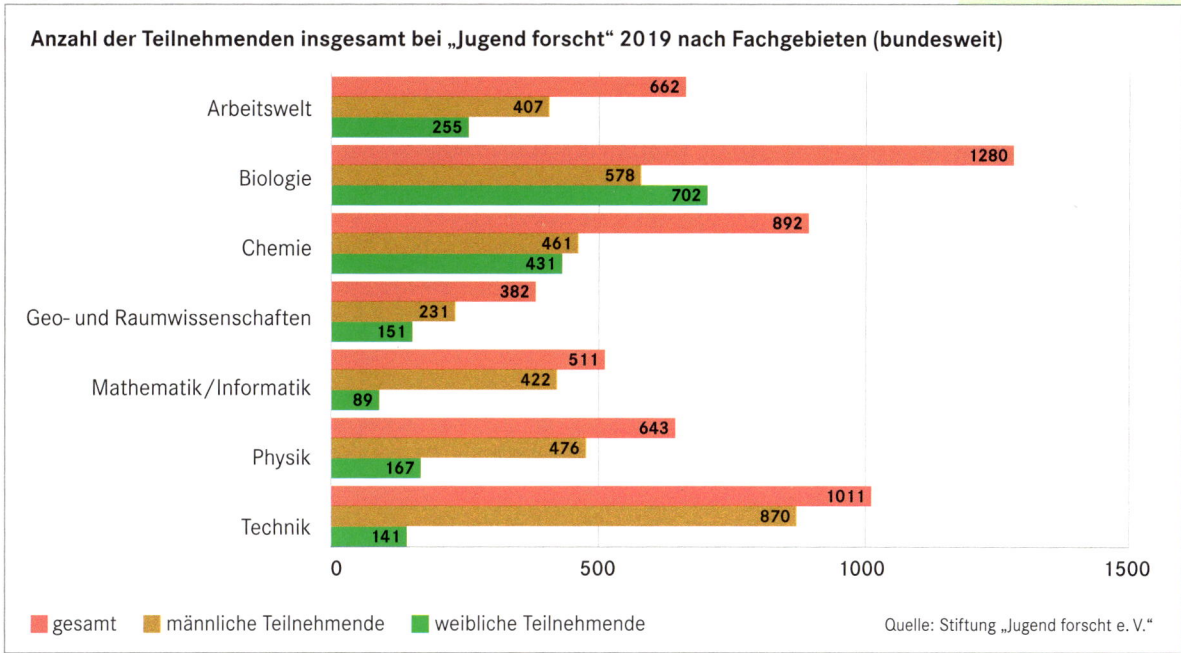

5 a. Sieh dir die Grafik an.
b. Worum geht es in dieser Grafik? Erkläre es mit eigenen Worten.

6 Wie sind die Informationen hier veranschaulicht?
a. Schreibe auf, was auf der linken Seite angegeben ist.
b. Schreibe auf, was die Balken bedeuten.
c. Schreibe auf, was durch die unterschiedlichen Farben der Balken ausgedrückt wird.

Sprachspeicher

Jedes Fachgebiet wird durch … dargestellt.

Die Farben stehen für …

Mit einem Balkendiagramm können verschiedene Mengen und Größen vergleichend dargestellt werden.

7 Ordne die Angaben aus dem Balkendiagramm in einer Tabelle.

Starthilfe

Fachgebiet	Weibliche Teilnehmende	Männliche Teilnehmende	Gesamt
Technik	…	…	…

Nun kannst du deine Ergebnisse auswerten.

8 a. Vergleicht die Darstellungsformen Tabelle, Kreisdiagramm und Balkendiagramm. Schreibt auf, wofür sie sich eignen.
b. Welches Diagramm empfehlt ihr Sina für ihren Text über „Jugend forscht"? Begründet.

Grafiken erschließen und erstellen

Mit Hilfe von Grafiken können Informationen übersichtlich und anschaulich dargestellt werden.

Der Textknacker hilft dir, die folgende Grafik zu erschließen.

Textknacker ▶ S. 296

1. Schritt: Vor dem Lesen

1
a. Sieh die Grafik als Ganzes an.
b. Lies die Überschrift.
c. Worüber gibt die Grafik Auskunft? Schreibe es auf.

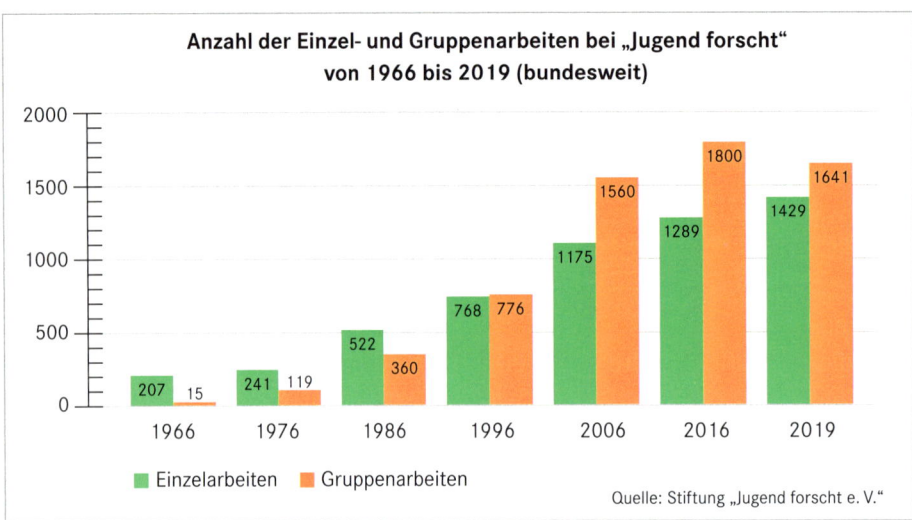

2. Schritt: Das erste Lesen

2
a. Überfliege die Grafik. Lies auch die Beschriftung.
b. Beantworte die folgenden Fragen in Stichworten:
  – Welche Form hat die Grafik: Kreisdiagramm, Säulendiagramm oder Balkendiagramm?
  – Woher stammen die Angaben?
  – Worüber informiert die Grafik?

Arten von Grafiken ▶ S. 295

3. Schritt: Die Grafik genau lesen

3 Untersuche die Grafik genauer.
Welche Informationen geben die einzelnen Teile? Notiere es.

Sprachspeicher

Die Grafik veranschaulicht, wie viele ...

Durch die unterschiedlichen Farben sieht man auf einen Blick ...

4. Schritt: Nach dem Lesen

4 Beschreibe die Grafik in einem kurzen zusammenhängenden Text.

Nun kannst du selbst Informationen übersichtlich und anschaulich in einer Grafik darstellen.

5 Lies den folgenden Text.

Jugend forscht besonders zahlreich in Bayern

Genau 2 001 Anmeldungen gingen im Jahr 2019 in Bayern für die Wettbewerbe „Jugend forscht" und „Schüler experimentieren" bei den Organisatoren ein. Damit belegte Bayern im Ländervergleich – zum wiederholten Mal – den ersten Platz. Es folgen die Länder Nordrhein-Westfalen (1 724), Rheinland-Pfalz (1 430) und Baden-Württemberg (1 406). Schlusslichter in dieser Reihenfolge sind das Saarland (228), Brandenburg (210) und Mecklenburg-Vorpommern (104). Diese Zahlen stammen aus der Statistik für das Jahr 2019 der Stiftung „Jugend forscht e.V." und sind auf der Internetseite der Stiftung veröffentlicht.

Insgesamt hatten sich 12 150 Schülerinnen und Schüler angemeldet, die gemeinsam über 6 000 Forschungsarbeiten einreichten.
Die dauerhaft hohen Anmeldezahlen aus Bayern beweisen, dass hier viele Kinder und Jugendliche die Chance ergreifen, im Rahmen dieser Wettbewerbe ihre Leistungen präsentieren zu können.

6 Ordne die Informationen über die Anmeldungen am Wettbewerb „Jugend forscht" in den Bundesländern in einer Tabelle.

Starthilfe						
Bayern	**Nordrhein-Westfalen**	**Rheinland-Pfalz**	...	...	...	...
2 001	1 724	...	...	...	...	...

7 Veranschauliche die Anmeldezahlen in Form eines Säulendiagramms. Verwende dafür ein Computerprogramm.
- Öffne ein leeres Dokument in einem Schreibprogramm.
- Gehe auf EINFÜGEN und klicke DIAGRAMM an.
- Wähle die gewünschte Form deines Diagramms aus: Klicke Säulendiagramm an und bestätige mit OK.
- Schreibe die Überschrift deiner Grafik auf.
- Übertrage deine Zahlen in die nun erschienene Tabelle am Computer. Während du die Zahlen eingibst, kannst du beobachten, wie sich dein Diagramm aufbaut.
- Du kannst noch das Layout verändern, indem du dir andere Farben aussuchst oder Beschriftungen hinzufügst.

8 **a.** Recherchiere die Anmeldezahlen weiterer Bundesländer für „Jugend forscht" im Jahr 2019.
b. Ergänze dein Diagramm mit diesen Daten.

Im Internet recherchieren
▶ S. 297

Sich informieren

Fakten von Fake News unterscheiden

In Deutschland hat jeder das Recht, seine Meinung in Wort, Schrift und Bild frei zu äußern. So besagt es das Grundgesetz der Bundesrepublik Deutschland.

1 Sprecht in der Klasse darüber, was das Grundrecht auf Meinungsfreiheit bedeutet.

Meinungsfreiheit bedeutet auch, dass zum Beispiel in den sozialen Medien jeder Nachrichten verfassen und verbreiten kann. Sicher ist euch dabei schon der Begriff **Fake News** begegnet.

2 Was ist mit **Fake News** gemeint? Schreibt eine kurze Definition auf.

3 Lest den folgenden Informationstext.

> **Info**
>
> Der Begriff **Fake News** setzt sich zusammen aus den englischen Begriffen **Fake** („gefälscht") und **News** („Nachrichten"). Fake News sind also gefälschte Nachrichten. Sie wirken wie echte Nachrichten, entsprechen aber nicht der Wahrheit. Die Leserinnen und Leser sollen durch falsche Behauptungen und Lügen bewusst beeinflussen werden.

4 Welche Erfahrungen habt ihr mit **Fake News** gemacht? Sprecht darüber und nennt Beispiele.

Falschmeldungen sind leider nicht selten und es ist nicht immer einfach, sie von echten Nachrichten zu unterscheiden.

5 Erschließt die folgende Grafik mit dem Textknacker für Grafiken.

Textknacker für Grafiken
▶ S. 296

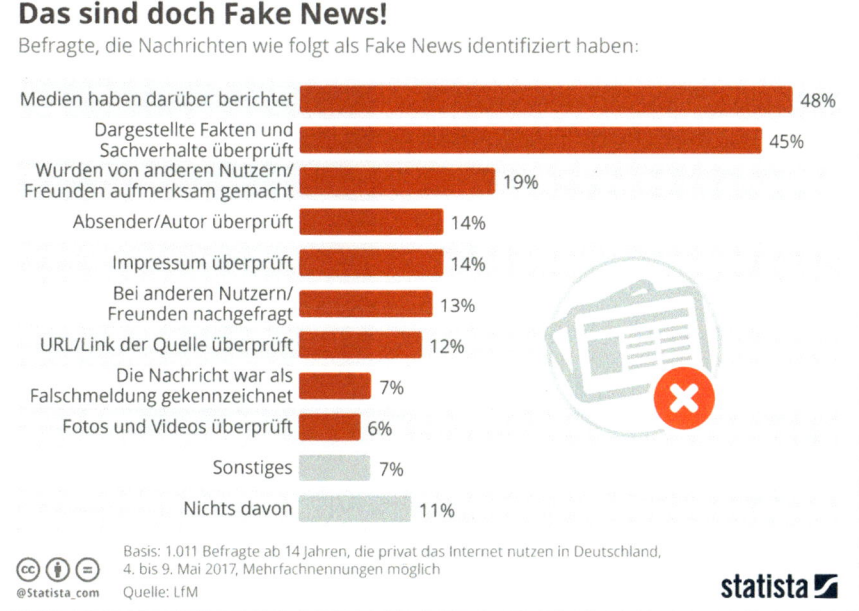

6 Schreibt auf, worüber die Grafik informiert.

> **Starthilfe**
> Das Balkendiagramm gibt in genauen Angaben wieder, wie viel Prozent der 1011 im Mai 2017 Befragten im Alter ab 14 Jahren ...

7 Wertet die Grafik gemeinsam aus:
- Welche Strategien werden genannt, um Fake News zu erkennen?
- Welche Strategien bevorzugen Internetnutzer, um Falschmeldungen zu entlarven?
- Was könnte unter „Sonstiges" gemeint sein? Stellt Vermutungen darüber an.

8 Formuliert Tipps, wie man Falschmeldungen auf die Schliche kommen kann.

Fake News werden häufig über soziale Medien verbreitet.

9 Besprecht in der Klasse die folgenden Fragen:
- Wer hat daran Interesse, Falschmeldungen in Umlauf zu bringen?
- Warum eignen sich digitale Medien eher als Printmedien für die Verbreitung?
- Was können solche Nachrichten bewirken?

Richtig zitieren

Mia möchte auf einer Stellwand über den Planeten Mars informieren.
Sie liest in zwei Büchern aus der Schulbücherei etwas zu diesem Thema.

1 Lies die beiden Texte mit dem Textknacker.

Textknacker ▶ S. 296

Der Mars ist mit einem Durchmesser von 6 794 km etwa halb so groß wie die Erde. Ein Marstag ist 39 Minuten länger als der 24-stündige Erdtag und ein Marsjahr ist fast doppelt so lang wie das 365-tägige Erdjahr.
5 Die Anziehungskraft des Mars ist nur etwa ein Drittel so stark wie auf der Erde.
[…]*

(Stuart Murray: Mars. Expeditionen zum roten Planeten.
Gerstenberg Verlag, Hildesheim 2005, S. 17)

Mars mit den beiden Monden Phobos und Deimos

Unser Nachbarplanet im Sonnensystem hat Astronomen seit Jahrhunderten fasziniert. In mancher Hinsicht ist er der Erde sehr ähnlich: Sein Tag dauert 25 Stunden, es gibt Vulkane, Täler und Eiskappen an den Polen, die sich mit den Jahreszeiten verändern. Vor Milliarden von
5 Jahren besaß der Mars noch eine Atmosphäre, in der möglicherweise Leben existierte. Trockene, gewundene Täler lassen darauf schließen, dass es einmal Flüsse gab. Allmählich aber entwich ein Großteil der Atmosphäre ins All, und der Planet erkaltete. Heute ist er eine frostige Wüste. […]*

(Peter Bond: Faszination Weltraum. Eine Reise durch unser Sonnensystem.
Verlag Dorling Kindersley, Starnberg 2004, S. 22)

Anschließend hat Mia diesen informierenden Text über den Mars verfasst:

Der Mars
Unser Nachbarplanet im Sonnensystem hat Astronomen seit Jahrhunderten fasziniert. Der Mars hat einen Durchmesser von 6 794 Kilometern. Die durchschnittliche Entfernung von der Sonne beträgt 227,9 Millionen Kilometer. Der Mars hat zwei Monde, Deimos und Phobos. In mancher Hinsicht ist er der Erde sehr ähnlich: Sein Tag dauert 25 Stunden, es gibt Vulkane, Täler und Eiskappen an den Polen. Die Anziehungskraft des Mars ist nur etwa ein Drittel so stark wie auf der Erde. Wegen seiner roten Farbe wurde der Mars nach dem Kriegsgott benannt. Auf dem Mars würde man ohne richtige Ausrüstung erfrieren und ersticken. Die Oberflächentemperatur beträgt −63 Grad.

Achtung: Fehler!

Einige Sätze hat Mia wörtlich aus den Büchern übernommen,
ohne sie als Zitate zu kennzeichnen.

2 Lege eine Folie über Mias Text und markiere die Sätze,
die Mia wörtlich aus einem der Bücher abgeschrieben hat.

3 Ordne deine markierten Sätze den beiden Büchern zu.
   a. Übertrage die Tabelle in dein Heft.
   b. Notiere in der ersten Zeile alle Angaben zu den beiden Büchern,
      die unter den Texten auf der Seite 206 stehen (Autor, Titel, Verlag,
      Erscheinungsort, Erscheinungsjahr, Seite).
   c. Trage darunter jeweils die markierten Sätze ein.
   d. Kennzeichne diese Sätze als Zitate: Setze sie in Anführungszeichen und
      notiere hinter den Zitaten in Klammern die Zeilenangaben.

Starthilfe	
Stuart Murray: Mars. Expeditionen zum roten Planeten. Gerstenberg Verlag, Hildesheim 2005, S. 17	…
…	„Unser Nachbarplanet …" (Z. …)

An einer Stelle hat Mia einen Satz aus dem Buch verkürzt.
Diese Auslassungen muss sie mit [...] kennzeichnen.

4 a. Finde den Satz, den Mia für ihren Text verkürzt hat.
   b. Schreibe den Satz richtig auf. Setze [...] an die ausgelassene Stelle.

5 Schreibe Mias Text mit Hilfe der Arbeitstechnik noch einmal richtig auf.

> **Starthilfe**
> „Unser Nachbarplanet im Sonnensystem hat Astronomen seit Jahrhunderten fasziniert."
> (Peter Bond: Faszination Weltraum. Eine Reise durch unser Sonnensystem.
> Verlag Dorling Kindersley, Starnberg 2004, S. 22, Z. 1-2) …

Arbeitstechnik: Wörtlich zitieren

Beim wörtlichen Zitieren übernimmst du aus anderen Texten (z. B. aus
Büchern, Zeitungen) Wörter, Wortgruppen oder Sätze in deinen Text,
ohne sie zu verändern.
– Damit die fremden Textteile zu erkennen sind, musst du sie
  in Anführungszeichen setzen.
– Wenn du Wörter in einem Zitat auslässt, füge an diese Stelle [...] ein.
– Gib in Klammern die Quelle und die genaue Textstelle (Seiten- und
  Zeilenzahl) an, die du zitierst.

Miteinander arbeiten und präsentieren

Informationen in einem Referat veranschaulichen

Tim und Elin wollen ein Referat über Radschnellwege mit unterschiedlichen Materialien veranschaulichen.

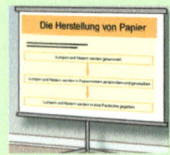

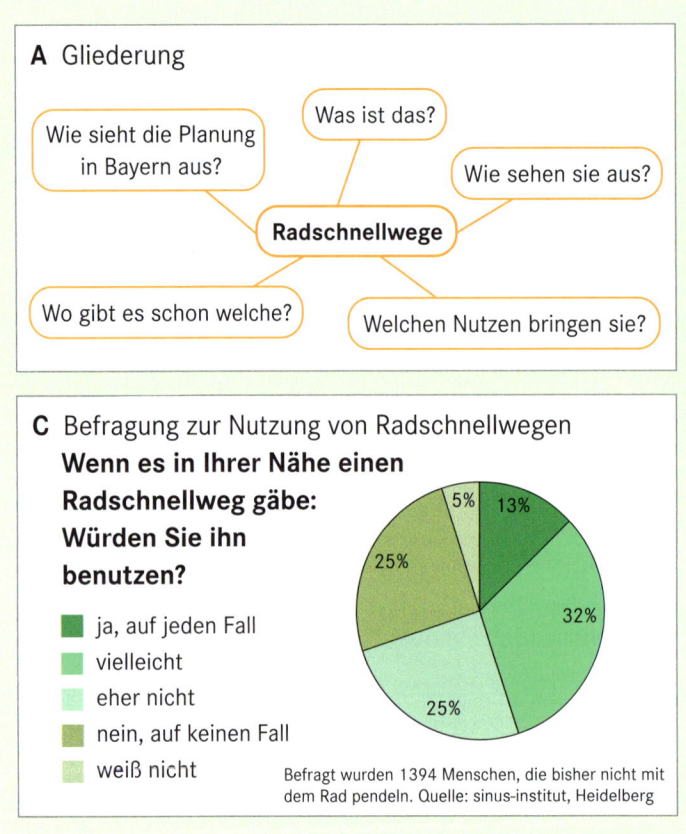

B Radschnellweg Ruhr in Mülheim an der Ruhr

A Gliederung
- Was ist das?
- Wie sieht die Planung in Bayern aus?
- Wie sehen sie aus?
- Radschnellwege
- Wo gibt es schon welche?
- Welchen Nutzen bringen sie?

C Befragung zur Nutzung von Radschnellwegen
Wenn es in Ihrer Nähe einen Radschnellweg gäbe: Würden Sie ihn benutzen?
- ja, auf jeden Fall – 13%
- vielleicht – 32%
- eher nicht – 25%
- nein, auf keinen Fall – 25%
- weiß nicht – 5%

Befragt wurden 1394 Menschen, die bisher nicht mit dem Rad pendeln. Quelle: sinus-institut, Heidelberg

D Kennzeichen der „Fahrrad-Autobahn":
- breite Fahrbahn nur für Fahrräder, getrennt vom sonstigen Verkehr
- verbindet Stadtteile oder Orte miteinander
- kaum Kurven oder Kreuzungen
- ermöglicht schnelles Radfahren

1 a. Seht euch die Materialien A bis D an.
– Zu welchem Thema gehören alle Materialien?
– Was wisst ihr schon über das Thema?
– Was findet ihr an dem Thema interessant?
b. Schreibt für jedes Material auf, in welcher Form es Informationen präsentiert.
c. Schreibt für jedes Material dazu, welche Informationen es enthält.

Starthilfe
Material A: Mindmap – Gliederung des Referats
Material B: Foto – …

Die Materialien sollen helfen, die Inhalte besser zu verstehen.
Deshalb wollen Tim und Elin einige Inhalte mit passenden Materialien
veranschaulichen.

2 a. Lest die Sätze 1 bis 4 zu weiteren Inhalten des Referats.
　　 b. Sprecht darüber:
　　　　Welche Materialien A bis D vom Rand passen zu welchen Inhalten?
　　　　Tipp: Es gibt verschiedene Möglichkeiten.

> 1 Tim will zeigen, wie viel CO_2 gespart werden kann, wenn durch die
>   Radschnellwege 1 000, 2 000 oder 3 000 Autos weniger fahren.
> 2 Elin hat recherchiert, wo es in Deutschland bereits Radschnellwege gibt.
> 3 Tim will den Entwurf für ein neues Verkehrszeichen für Radschnellwege
>   vorstellen.
> 4 Elin hat sich informiert, wo in Bayern Radschnellwege mit welcher Länge
>   geplant werden.

> A die Landkarte
> B das Foto
> C das Diagramm
> D die Tabelle

Die Materialien können Tim und Elin mit verschiedenen Medien präsentieren.

3 a. Schreibt die Medien vom Rand untereinander auf.
　　　　Lasst eine Zeile dazwischen frei.
　　 b. Sprecht darüber und schreibt Stichworte auf:
　　　　– Was braucht man für jedes Medium, um es einzusetzen?
　　　　– Welche Vor- und Nachteile haben die einzelnen Medien?
　　 c. Mit welchen Medien könnten die Materialien aus den Aufgaben 1 und 2
　　　　gut präsentiert werden? Begründet.

das Flipchart
das Lapbook
der Beamer
die Wandtafel
das Whiteboard

> **Starthilfe**
> – das Flipchart: große Papierbögen und passende Stifte
> 　　Vorteile: leicht zu transportieren …
> 　　Nachteile: begrenzter Platz zum Schreiben …
> – das Lapbook: …

> **Arbeitstechnik: Informationen in einem Referat veranschaulichen**
>
> – Finde Materialien, die wichtige Inhalte in deinem Referat veranschaulichen,
>   oder fertige selbst solche Materialien an.
> – Wähle Materialien aus, die zusätzliche Informationen für deine Zuhörerinnen
>   und Zuhörer enthalten.
> – Gestalte die Materialien übersichtlich.
> – Wähle Medien aus, die sich zum Präsentieren der Materialien eignen,
>   die dir zur Verfügung stehen und die du bedienen kannst.
> – Übe den Vortrag und die Präsentation der Materialien, bis du die Medien
>   sicher bedienen kannst, während du dich auf die Inhalte konzentrierst.
> – Halte dein Referat und präsentiere die vorbereiteten Materialien.

Ein Lapbook gestalten

Ein Lapbook ist eine Faltmappe zum Aufklappen. Ihr könnt damit Informationen zu einem Thema geordnet und anschaulich präsentieren.

Info
das Lapbook (engl.): das „Schoßbuch", ein Buch, das man sich zum Ansehen auf den Schoß legen kann

1 Sprecht über die folgenden Fragen:
- Was wisst ihr bereits über Lapbooks?
- Was braucht man dafür?

2 Seht euch das Lapbook an:
- Welches Thema wird in diesem Lapbook präsentiert?
- Was ist vorn auf dem geschlossenen Lapbook zu sehen?

Starthilfe
Das Thema des Lapbooks ist Käthe Paulus. Die …
Auf der Vorderseite stehen das Thema und …

3 Seht euch das aufgeklappte Lapbook genauer an:
- Welche Materialien sind in dem Lapbook zu sehen?
- Worüber informieren die einzelnen Materialien? Was könnt ihr erkennen?
- Wie sind die Materialien angeordnet?

Starthilfe
Materialien im Lapbook: Klappkarten zu …
Papiertasche mit Fotos von …

Sprachspeicher

das Leporello: ein faltbares Heft in Form eines Papierstreifens

die Klappkarte

der Umschlag

die Papiertasche

das Pop-up: Papierfigur, die sich beim Öffnen entfaltet

Nun könnt ihr in der Gruppe eigene Lapbooks gestalten.

4 a. Wählt ein Thema für euer Lapbook:
- Erstellt ein Lapbook über Käthe Paulus.
- Erstellt ein Lapbook zu einem Thema aus eurem Unterricht.

b. Recherchiert im Internet zu eurem Thema.

Im Internet recherchieren
▶ S. 297

Auf der Vorderseite des Lapbooks nennt ihr das Thema und eure Namen.
Ihr könnt mit einigen Bildern auf das Thema neugierig machen.

5 Gestaltet die Vorderseite eures Lapbooks.
a. Schreibt das Thema und eure Namen auf.
b. Klebt passende Abbildungen dazu.

Auf den Innenseiten informiert ihr mit Texten und Bildern über euer Thema.
Ihr könnt auch Teile zum Aufklappen oder Falten verwenden.

6 a. Sprecht darüber, wie ihr die Innenseiten eures Lapbooks gestalten wollt:
- Welche Inhalte sollen dort präsentiert werden?
- Welche Arten von Materialien passen zu diesen Inhalten?
- Was braucht ihr, um die Materialien herzustellen?
- Wirken die Materialien ansprechend und interessant?
- Wie könnt ihr die Materialien im Lapbook anordnen?

b. Gestaltet nun die Innenseiten eures Lapbooks.
Achtet auch auf die richtige Rechtschreibung.

Rechtschreibstrategien
und Regeln
▶ S. 305–308

Die fertigen Lapbooks könnt ihr in der Klasse präsentieren.

7 a. Präsentiert eure Lapbooks in der Klasse.
b. Gebt euch gegenseitig Feedback:
- Was ist gelungen?
- Was kann verbessert werden?

Feedback geben ▶ S. 299

> **Arbeitstechnik: Ein Lapbook gestalten**
>
> Mit einem Lapbook kannst du Informationen zu einem Thema
> anschaulich und abwechslungsreich präsentieren.
> - Gestalte ein schönes Deckblatt, auf dem du dein Thema angibst.
> - Finde zu deinen Inhalten passende Materialien für den Innenteil.
> - Verwende auch Teile zum Aufklappen oder Falten wie Papiertaschen
>   oder Klappkarten.
> - Ordne die Einzelteile übersichtlich an.
> - Beschrifte alles deutlich und gut lesbar.
> - Achte auf die richtige Rechtschreibung und Zeichensetzung.

Feedback empfangen und geben

Greta hat eine Präsentation über mögliches Leben auf dem Mars gehalten. Anschließend bittet sie Moritz um ein Feedback.

Das Wort **Feedback** kommt aus dem Englischen und bedeutet „Rückmeldung".

Gut gemacht! Von deiner Aufregung habe ich kaum etwas mitbekommen. Auf mich hast du sicher gewirkt. Ich hätte nur gern die Gelegenheit gehabt, Fragen zu stellen.

Danke.

Ich verstehe, du meinst im Anschluss an meine Präsentation?

1 Wozu dient das Feedback? Sprecht darüber, was Greta durch das Feedback erfahren kann.

Wer um ein Feedback bittet, kann selbst dazu beitragen, dass es gelingt.

2 a. Seht euch nochmals das Bild an und lest die Sprechblasen.
b. Beschreibt, wie Greta zeigt, dass sie am Feedback interessiert ist.

Wenn du ein Feedback erhältst, solltest du überlegt darauf reagieren.

3 a. Lest, was Greta denkt.
b. Warum wartet Greta noch ab? Ergänzt ihren letzten Satz.
c. Tauscht euch darüber aus, ob Gretas Reaktion während des Feedbacks sinnvoll ist. Begründet.

Am liebsten würde ich ihn jetzt unterbrechen. Er weiß doch, dass die Zeit so knapp war. Ich musste mich schon kürzer fassen als geplant. Aber ich warte noch ab, weil …

Moritz verwendet in seinem Feedback Sätze mit Ich-Botschaften.
So macht er deutlich, dass er seine persönliche Wahrnehmung ausdrückt.

4 Wie gelungen findet ihr das Feedback von Moritz?
  a. Sprecht darüber, was Moritz gut gelungen ist.
  b. Schreibt in Stichworten auf, was Moritz verbessern könnte.

5 Formuliere die folgenden Sätze in Ich-Botschaften um und schreibe sie auf.

> Du hast viel zu leise gesprochen.
> Die Tabelle passte überhaupt nicht zum Thema.
> Deine Infos über mögliches Leben auf dem Mars waren der Hammer.
> Du hast die einzelnen Aspekte super zusammengefasst.

Sprachspeicher

Mir hat gefallen, …

Mir hat nicht gefallen, …

Ich hatte den Eindruck, …

Ich wünschte, …

Mich hat überrascht, …

Aus meiner Sicht …

Nun könnt ihr selbst üben, ein Feedback zu geben.

6 Schreibt auf, wozu ihr gerade ein Feedback brauchen könntet.

> **Starthilfe**
> – zu einem Bewerbungsschreiben
> – zu einer Präsentation
> – zu einem Text, den ich geschrieben habe
> – …

7 a. Bittet euch gegenseitig um ein Feedback.
  b. Gebt euch gegenseitig ein Feedback mit Hilfe der Arbeitstechnik und euren Formulierungen aus Aufgabe 5.

> **Arbeitstechnik: Feedback geben**
> – Sende Ich-Botschaften.
> – Benenne positive Eindrücke zuerst. Beschreibe dabei genau, was positiv war.
> – Stelle Fragen, wenn dir etwas unklar war.
> – Sage, was noch verbessert werden könnte.
> – Falls du noch einen Tipp hast, benenne diesen so konkret wie möglich.

Anschließend könnt ihr euer Feedback-Gespräch auswerten.

8 Wie ist euer Feedback-Gespräch gelungen? Wertet es mit Hilfe der folgenden Fragen aus.
  – Wie habt ihr euch als Feedback-Empfänger gefühlt?
  – Wie habt ihr euch als Feedback-Geber gefühlt?
  – Was ist euch leichtgefallen, was schwerer?
  – Was war besonders hilfreich?

Schreiben und überarbeiten

Einen Arbeitsvorgang beschreiben

Cem macht sein Betriebspraktikum in einer Autowerkstatt. Die Überprüfung des Reifendrucks gehört dort zu den besonders häufigen Arbeitsvorgängen.

1 Lies den Text mit dem Textknacker.

Textknacker ▶ S. 296

Den Reifendruck überprüfen

Der Reifendruck eines Fahrzeugs muss regelmäßig überprüft und reguliert[1] werden. Dies ist aus mehreren Gründen wichtig. Ein falscher Reifendruck erhöht den Verschleiß und damit auch das Risiko eines Reifenschadens. Bei zu niedrigem
5 Luftdruck verliert der Reifen die optimale[2] Bodenhaftung. Das kann bei Regen und beim Kurvenfahren gefährlich werden. Außerdem erhöht sich durch einen zu geringen Reifendruck der Kraftstoffverbrauch eines Autos. Wenn der Reifendruck zu hoch ist, verschlechtern sich
10 ebenfalls die Fahreigenschaften, weil das Fahrzeug nur auf dem mittleren Bereich des Reifens rollt.
Um sicher unterwegs zu sein, ist der genau passende Reifendruck wichtig. Er hängt vom Gesamtgewicht des Fahrzeugs ab. Welcher Reifendruck bei welcher Belastung
15 richtig ist, kann in der Betriebsanleitung des Fahrzeugs nachgelesen werden. Bei den meisten Autotypen findet sich die Reifendrucktabelle auch auf der Innenseite der Fahrertür, am Kofferraumdeckel oder in der Tankdeckelklappe.

Der Reifendruck muss immer am kalten Reifen gemessen
20 werden. Zur Überprüfung und Regulierung benutzt man ein spezielles Messgerät, das den Reifendruck in Bar[3] oder in Pascal[4] anzeigt. Damit exakt gemessen werden kann, muss unbedingt darauf geachtet werden, dass der Ventilstecker des Reifendruckmessgeräts gerade sitzt. Nur dann kann keine Luft entweichen. Am Messgerät befinden sich Tasten, mit denen der Druck
25 erhöht oder verringert werden kann. Am Schluss sollte der Reifendruck bei allen vier Rädern stimmen.

[1] regulieren: einstellen, steuern
[2] optimal: bestmöglich
[3] das Bar (bar): Maßeinheit des Luftdrucks
[4] das Pascal (Pa): internationale Einheit des Luftdrucks

Wie überprüft man den Reifendruck?

2 Beschreibt mündlich, wie man den Reifendruck überprüft.
- Seht euch noch einmal die Bilder an.
- Verwendet Fachbegriffe.
- Warum ist es wichtig, den Reifendruck eines Fahrzeugs regelmäßig zu überprüfen? Nennt Gründe.

Für seine Praktikumsmappe möchte Cem diesen Arbeitsvorgang so beschreiben, dass eine Leserin oder ein Leser ihn genau nachvollziehen kann.

Die Überschrift gibt an, welchen Arbeitsvorgang er beschreiben will.

3 a. Wodurch unterscheiden sich die folgenden Überschriften? Sprecht darüber.
b. Welche Überschriften erscheinen euch geeignet? Begründet eure Entscheidung.

- Die fünf besten Tipps für die Überprüfung des Reifendrucks
- So überprüfst du den Reifendruck eines Fahrzeugs
- Wie die Überprüfung des Reifendrucks zum Kinderspiel wird
- Wie man den Reifendruck eines Fahrzeugs überprüft
- Wenn der Reifen geprüft wird

In der Einleitung der Vorgangsbeschreibung werden alle Materialien und Arbeitsmittel genannt, die für den Vorgang benötigt werden.

4 Welche Arbeitsmittel braucht man, um den Reifendruck eines Fahrzeugs zu überprüfen? Schreibe sie auf.
Tipp: Sieh dir noch einmal die Bilder an und lies im Text nach.

5 Schreibe für die Einleitung in einem Satz auf, welche Arbeitsmittel man für den Vorgang benötigt.
- Schreibe im Präsens.
- Entscheide dich für eine einheitliche Anredeform: das Aktiv mit **du**, das Aktiv mit **man** oder das Passiv.

> **Starthilfe**
> Um den Reifendruck bei einem Fahrzeug zu überprüfen, benötigst du … / benötigt man … / werden … benötigt …

Im Hauptteil der Vorgangsbeschreibung werden alle Arbeitsschritte in der richtigen Reihenfolge beschrieben.

6 Sieh dir die Bilder genau an.

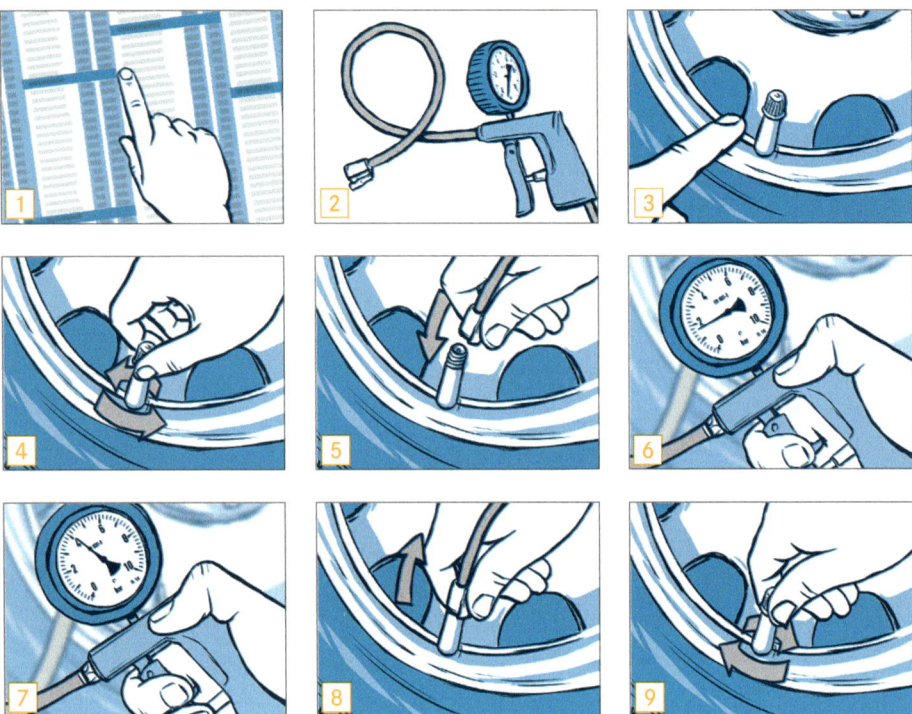

7 Ordne die Arbeitsschritte den Bildern richtig zu.

> **Starthilfe**
> Bild 1: E …

- A das Ventil schließen
- B den Reifendruck im Messgerät ablesen
- C die Ventilklappe entgegen dem Uhrzeigersinn aufdrehen
- D das Reifendruckmessgerät bereitlegen
- E den optimalen Reifendruck des Fahrzeugs aus der Luftdrucktabelle ablesen
- F den Ventilstecker am Ventil ansetzen
- G die Luft bei Bedarf regulieren
- H den Ventilstecker lösen
- I das Reifenventil suchen

8 Schreibe zu jedem Bild einen Satz im Präsens auf.
Verdeutliche die Reihenfolge mit passenden Satzanfängen vom Rand.

Sprachspeicher

Zuerst …
Als Erstes …
Als Nächstes …
Danach …
Anschließend …
Daraufhin …
Dann …
Schließlich …
Zum Schluss …

Die Beschreibungen sollen knapp und sachlich sein.

9 a. Lies die folgenden Sätze aus Cems Beschreibung.
b. Welche Sätze sind nicht für die Beschreibung geeignet? Begründe.
c. Überarbeite die Sätze so, dass sie sachlich formuliert sind.

> *Zuerst musst du herumsuchen, bis du die Luftdrucktabelle gefunden hast. Darin findest du hoffentlich den richtigen Reifendruck, leider ist das oft sehr klein geschrieben. Dann liest du den optimalen Reifendruck für das Fahrzeug ab.*

Achtung: Fehler!

Zum Schluss beschreibst du das Ergebnis des Arbeitsvorgangs.

10 Was sollte beim Überprüfen des Reifendrucks das Ergebnis sein? Schreibe einen Satz dazu auf.

Starthilfe
Zum Schluss sollte der Reifendruck …

Beschreibe nun in einer vollständigen Vorgangsbeschreibung, wie der Reifendruck überprüft wird.

11 Schreibe nun mit Hilfe der Arbeitstechnik und deiner Ergebnisse aus den Aufgaben 4 bis 10 die vollständige Vorgangsbeschreibung auf.

Arbeitstechnik: Einen Vorgang beschreiben

- Formuliere eine passende Überschrift.
- Nenne in der Einleitung die benötigten Materialien und Arbeitsmittel.
- Beschreibe im Hauptteil die Arbeitsschritte genau und in der richtigen Reihenfolge.
- Verwende passende Verben, die den Vorgang am besten beschreiben.
- Schreibe knapp, sachlich und verwende Fachbegriffe.
- Schreibe durchgehend im Präsens.
- Beschreibe den Vorgang einheitlich im Aktiv (**du**-Form oder **man**-Form) oder im Passiv.
- Nutze abwechslungsreiche Satzanfänge, die die zeitliche Abfolge verdeutlichen.
- Nenne zum Schluss das Ergebnis des Vorgangs.
- Überprüfe auch die Rechtschreibung und die Zeichensetzung.

Rechtschreibstrategien und Regeln
▶ S. 305–308

Anschließend könnt ihr eure Vorgangsbeschreibungen überarbeiten.

12 a. Überprüft mit Hilfe der Arbeitstechnik eure Vorgangsbeschreibungen.
b. Schreibt die verbesserten Beschreibungen auf.

Einen Tagesbericht schreiben

Während seines Praktikums lernt Leo etwas über einen Beruf kennen und kann Tätigkeiten ausprobieren. In einem Tagesbericht schreibt er auf, was er getan hat. Er wird von verschiedenen Personen gelesen.

Auf dem Weg ins Praktikum
▶ S. 88–103

1 Versetze dich in Leo hinein. Für wen schreibst du einen Tagesbericht?
   a. Trage in einer Tabelle mögliche Leserinnen und Leser ein.
      Tipp: Du selbst liest den Tagesbericht auch.
   b. Trage auch ein, was die unterschiedlichen Leserinnen und Leser durch den Tagesbericht erfahren möchten.
   c. Ergänze, worauf du beim Verfassen eines Tagesberichts besonders achten solltest, damit die Erwartungen der Leserinnen und Leser erfüllt werden.
   d. Stellt euch gegenseitig eure Tabellen vor.
      Was könntet ihr noch verbessern? Sprecht darüber.

Starthilfe

Mögliche Leserinnen und Leser	Warum lesen sie den Tagesbericht?	Worauf solltest du achten?
ich selbst	Ich möchte mich später …	Der Tagesbericht sollte alles enthalten, was ich …
Lehrerinnen und Lehrer	Sie möchten wissen, was ich getan habe.	Der Tagesbericht sollte verständlich und richtig geschrieben sein. …
die Betreuerin / der Betreuer	Sie/Er möchte wissen, was genau ich zu welcher Zeit …	Ich beschreibe alle Tätigkeiten, die ich …

Die Angaben in einem Tagesbericht sollen sachlich sein.

2 Welche Angaben gehören in einen Tagesbericht?
   a. Lies die Angaben im Kasten.
   b. Schreibe nur die sachlichen Angaben ab.
      Schreibe sie untereinander und lasse jeweils eine Zeile für Ergänzungen dazwischen frei.

> Angaben zu Beginn und Ende der Arbeitszeit, die eigene Meinung zum Aussehen der Betreuerin/des Betreuers, die Beschreibung der eigenen Stimmung, die Erklärung verschiedener Arbeitsschritte, Schilderungen über Wesenszüge, das eigene Urteil über das Kantinenessen, die Erklärung zur Verwendung des Arbeitsmaterials, die richtigen Bezeichnungen der Werkzeuge und Maschinen, der Witz aus der Mittagspause

In einem Tagesbericht beantwortest du verschiedene W-Fragen.

3 a. Notiere unter jeder sachlichen Angabe aus Aufgabe 2 passende W-Fragen.
b. Markiere die W-Fragen, die du jemandem aus dem Betrieb stellen solltest.

> **Starthilfe**
> Wann beginnt ...?
> Wie funktioniert ...?
> Wo ...?

Leo macht sein Betriebspraktikum in einer Autowerkstatt.
Für seinen Tagesbericht hat er sich Notizen gemacht.

8:00 Uhr:	Arbeitsbeginn
8:00 Uhr:	der Werkstattleiter Herr Nori führt mich durch das Reifenlager
8:45 Uhr:	dem Gesellen Herrn Bauer beim Reifenwechsel zugesehen
10:00 Uhr:	mit dem Gesellen Reifen gewechselt, das Auto auf der Hebebühne hochgefahren, Winterreifen abgenommen, Sommerreifen aufgesteckt, Muttern angezogen
11:00 Uhr:	meine Nachbarin in der Werkstatt getroffen und mit ihr über ihr Auto gesprochen
12:00 Uhr:	Mittagspause, etwas aus der Bäckerei geholt
12:30 Uhr:	die Winterreifen zur Einlagerung ins Lager gebracht
13:30 Uhr:	dem Gesellen bei Reparaturarbeiten zugesehen, dabei Werkzeug angereicht und Arbeitslampe gehalten
16:00 Uhr:	Werkstatt aufgeräumt
16:25 Uhr:	die verschmutzten Hände nur mit Mühe sauber gekriegt
16:30 Uhr:	Werkstatt verlassen

4 a. Überprüfe Leos Notizen mit Hilfe der W-Fragen.
   – Sind alle Notizen sachlich und wichtig für den Tagesbericht?
   – sind alle wichtigen Informationen für den Tagesbericht enthalten?
b. Überarbeite die Notizen, falls nötig.

Einen Tagesbericht schreibst du in einer übersichtlichen Form.
W Bearbeite Aufgabe 5 oder die Aufgaben 6 und 7.
Du kannst zum Beispiel den Tagesbericht in Form einer Tabelle schreiben.

5 Übertrage Leos Stichworte, die wichtig für den Tagesbericht sind, in eine Tabelle.
Tipp: Achte auf die richtige Überschrift und die Beschriftung der Spalten.

Starthilfe

Tagesbericht aus dem Praktikum in der Autowerkstatt … für den Tag … von Leo …		
Uhrzeit	Tätigkeit	Was musste ich beachten?
8:00 Uhr	Arbeitsbeginn Rundgang durch das Reifenlager	In Arbeitskleidung …
…	…	…

Du kannst den Tagesbericht auch als ausführlichen Text schreiben.

6 a. Lest die folgenden Sätze aus Leos Tagesbericht.
b. Was könnte Leo besser formulieren? Tauscht euch darüber aus.
c. Verbessert die Sätze und schreibt sie auf.

– Morgens wurde ich durch einen Raum geführt, in dem die Reifen waren.
– Dann sehe ich dem Gesellen bei der Arbeit zu.
– Herr Bauer fuhr das Auto hoch.
– Dann räumte ich auf.

7 Schreibe nun mit Hilfe von Leos Stichworten von der Seite 219 und der Arbeitstechnik einen ausführlichen Tagesbericht.
Tipp: Du kannst den Tagesbericht auch am Computer schreiben.

Starthilfe
Tagesbericht über … am …
Ich hatte meinen ersten Arbeitstag im … und wurde um … von … begrüßt. Er zeigte mir zuerst … Um … Uhr sah ich Herrn … bei … zu. So lernte ich … und konnte später …

- Fachbegriffe benutzen
- Arbeiten genau beschreiben
- abwechslungsreiche Satzanfänge verwenden
- Unwichtiges weglassen
- genaue Zeitangaben machen
- im Präteritum schreiben

Arbeitstechnik: Einen Tagesbericht schreiben

– Schreibe eine passende Überschrift auf.
– Schreibe einen einleitenden Satz auf mit den wichtigsten Informationen: Wer? Wann? Wo? Was?
– Berichte im Hauptteil knapp und genau über den Tagesablauf im Einzelnen: Was hast du der Reihe nach getan? Womit hast du gearbeitet? Mit wem?
– Schreibe im Präteritum und in der Ich-Form.
– Mache nur sachliche und richtige Angaben.
– Überprüfe auch die Rechtschreibung.

Texte gemeinsam überarbeiten

Mit der Methode „Über den Rand hinaus schreiben" könnt ihr eure Texte gemeinsam in der Gruppe überarbeiten.
Dabei wird jeder Text von allen Gruppenmitgliedern schriftlich kommentiert.

Probiert es mit euren Tagesberichten von Seite 220 aus.

1 Bereitet zuerst die Gruppenarbeit vor.
   a. Setzt euch in Vierer- oder Fünfergruppen zusammen um einen Tisch, auf dem ein großes Blatt Papier (DIN A1) liegt.
   b. Klebt eure Tagesberichte vor euch auf das Papier.

2 Lest nacheinander eure Tagesberichte laut und deutlich vor. Die anderen hören aufmerksam zu.

3 Überlegt nun still jeder für sich:
   – Was ist gut gelungen in dem Tagesbericht?
   – Was kann man verbessern?
   – Was könnte man ergänzen?
   – Was sollte man streichen?

4 Schreibt eure Vorschläge, Fragen und Kommentare neben den jeweiligen Tagesbericht an den Rand des großen Blattes.
   Tipps: – Ihr könnt die Texte vorher noch einmal still lesen.
   – Ihr könnt die Plätze tauschen oder aufstehen, um besser an die jeweiligen Tagesberichte zu kommen.

5 Jede Autorin/Jeder Autor entscheidet, ob die Verbesserungsvorschläge sinnvoll sind.
   a. Lest die folgenden Vorschläge zur Verbesserung eines Tagesberichts.
   b. Sprecht darüber, welche Vorschläge übernommen werden sollten. Begründet eure Meinung.

> – Reihenfolge der Arbeitsschritte beim Reifenwechsel stimmt nicht
> – Hast du dich mit den Kollegen verstanden?
> – Fachbegriff nicht erklärt
> – Sätze nicht im Präteritum
> – Wo warst du in der Mittagspause?
> – Satzanfänge wiederholen sich

6 Überarbeite nun deinen Tagesbericht.
Nutze dabei die Verbesserungsvorschläge, die du bekommen hast.

Rechtschreiben

In der Rechtschreibung ist die Wiederholung sehr wichtig.
Übe jeden Tag, dann wirst du immer sicherer beim Schreiben.
Tipp: Lege dir ein Übungsheft für die Rechtschreibung an.

Die Arbeitstechniken

Hier findest du Arbeitstechniken,
die du immer wieder anwenden kannst:
– Das Abschreiben
– Dein Rechtschreib-Check
– Die Rechtschreibprüfung am Computer

Rechtschreibstrategien und Regeln

Rechtschreibstrategien und Regeln machen dir
das Rechtschreiben leichter:
– Gliedern – verlängern – ableiten
– Mit Wortbausteinen üben
– Regelwissen anwenden: Nomen großschreiben
– Regelwissen anwenden: Wortgruppen getrennt schreiben
– Regelwissen anwenden: Getrennt- und Zusammenschreibung
– Merkwörter üben

Texte lesen – üben – richtig schreiben

Hier gibt es viele Texte und Übungen zu Wörtern,
die du häufig schreibst.
So kannst du an deinen Schwerpunkten üben.

Die Arbeitstechniken

Das Abschreiben

Abschreibübungen sind sehr wichtig für richtiges Schreiben. Richtiges Abschreiben will jedoch gelernt sein. Du brauchst deine ganze Konzentration und eine ordentliche Schrift.

1 Wiederhole die Arbeitstechnik „Das Abschreiben". Schlage dazu in „Wissenswertes auf einen Blick" nach.

Das Abschreiben
▶ S. 304

2 a. Lies die folgenden Texte.
W b. Wähle einen der beiden Texte aus und schreibe ihn fehlerfrei ab.

Tagebuch einer Klassenfahrt

Dienstag, 31.05.
Am Vormittag bummelten wir in kleinen Gruppen die lange Einkaufsstraße einmal hinauf und herunter. Am Nachmittag spazierten wir durch den Stadtpark zwischen Rasenflächen, Bäumen und Blumenbeeten, um zum
5 Stadtschloss zu gelangen. Die Besichtigung des Stadtschlosses war sehr interessant und dauerte circa zwei Stunden. Gegen Abend gingen wir müde in unser Jugendhotel zurück. Ein paar Mitschüler humpelten sogar, weil sie Blasen an ihren Füßen hatten. Für morgen steht ein Besuch des Spaßbades auf dem Programm. Dort können wir alle dann unsere Füße kühlen.

Der Aprilscherz

Heute ist der 1. April und ich überlegte mir einen Aprilscherz. Beim Frühstück erzählte ich meiner Freundin von einem unglaublichen Erlebnis: Als ich gestern Abend nach Hause kam, saß meine Familie schon am Tisch.
„Sei das nächste Mal bitte ein bisschen pünktlicher", bemerkte meine Mutter.
5 Beim Essen passierte dann das Unglaubliche: Die Tür ging auf und wir sahen einen Außerirdischen hereinkommen. „Ich bitte um Entschuldigung", murmelte er. „Ich kann mein Raumschiff nicht wiederfinden. Können Sie mir sagen, wie ich zu meinem Planeten zurückkomme?"
Meine Freundin, die sich meistens auf jeden Spaß einließ, schien ziemlich
10 ärgerlich: „Interessant, dein Erlebnis! Und konntet ihr ihm helfen?"
„Leider nicht", erwiderte ich, „er rannte nämlich auf einmal nach draußen und verschwand wieder in der Dunkelheit." „Und bei mir dämmert es langsam", sagte meine Freundin. „Ich weiß, warum er verschwand: April! April! Zum Veräppeln suche dir jemand anders aus."
15 Schade, dass sie nicht auf meinen Aprilscherz hereingefallen ist. Ich fand die Idee irgendwie super.

Dein Rechtschreib-Check

Mit dem Rechtschreib-Check kannst du selbstständig Fehler finden.
Du prüfst und korrigierst damit Wörter in deinen eigenen Texten.

1 Lies die Punkte 1 bis 6 des Rechtschreib-Checks.

Checkpunkt 1: Deutlich sprechen – genau hinhören

Sprich dir das geschriebene Wort vor.
Sprich es besonders langsam und deutlich.
Lies das Wort dabei Buchstabe für Buchstabe mit.
So kannst du Flüchtigkeitsfehler und fehlende Buchstaben erkennen.

Checkpunkt 2: Lang oder kurz?

Sprich das Wort leise vor dich hin:

Ist der Vokal lang?

> Langer Vokal:
> – Meist folgt nur ein Konsonant: ge**b**en.
> – Langes **i** ist meist i**e**: d**ie** D**ie**be.
> – Vor **m, n, l, r** kommt häufig ein h: ho**h**l.

Ist der Vokal kurz?

> Kurzer Vokal:
> Meist folgen zwei Konsonanten,
> – zwei gleiche: ro**ll**en, re**tt**en oder
> – zwei verschiedene: ha**lt**en, se**lt**en.

Checkpunkt 3: Verwandtes Wort?

– Findest du ein Wort schwierig?
  Dann finde ein verwandtes Wort, das du sicher schreiben kannst.
  Denn den Wortstamm in verwandten Wörtern schreibst du immer gleich:
  f**ä**ll**en** mit **ä** und **ll** so wie f**a**ll**en** mit **a** und **ll**;
  das Geb**äu**de mit **äu** so wie b**au**en mit **au**;
  wegfa**h**ren mit **h** so wie fa**h**ren.
– Achte auf Zusammensetzungen:
  das Fa**hrr**ad so wie fa**h**ren und das **R**ad;
  we**gg**ehen so wie we**g** und **g**ehen;
  nac**hh**er so wie nac**h** und **h**er.

Checkpunkt 4: b oder p, d oder t, g oder k am Wortende?

- Verlängere das Wort. Dann hörst du, wie es endet:
  der Korb – die Körbe; wild – die wilden Tiere; er trug – sie trugen.
- Manchmal musst du auch die Wortmitte prüfen:
  der Sandkasten – sandig; seitlich – die Seite.

Checkpunkt 5: Groß oder klein?

Nomen schreibst du groß. Mit diesen Fragen erkennst du Nomen:
- Hat das Wort einen oder mehrere Begleiter?
  Die Begleiter können z. B. bestimmte oder unbestimmte Artikel, Adjektive, Pronomen oder Zahlwörter sein:
  der Vogel, ein Fahrrad, eine Frau, die Schüler, eure Hefte, dieser Hund, drei Männer, eine lange Leine, das dritte Tor.
- Endet das Wort mit der Nachsilbe **-ung**, **-heit**, **-keit**, **-schaft**, **-nis** oder **-tum**?
  die Heizung, die Dunkelheit, die Einsamkeit, die Freundschaft, das Hindernis, der Reichtum.
- Gibt es vor dem Wort Wörter wie **am**, **beim**, **zum**, **alles**, **nichts**, **viel**?
  beim Essen, alles Gute, etwas Neues.

Checkpunkt 6: Komma – ja oder nein?

- Ein Komma steht bei Aufzählungen:
  Er isst am liebsten Spaghetti, Pizza, Obst und Pudding.
- Ein Komma steht zwischen Haupt- und Nebensätzen z. B. mit den Konjunktionen **dass**, **weil**, **wenn**, **als**, **bevor**, **nachdem**, **obwohl** oder mit einem **Relativpronomen**:
  Ich glaube, dass ich die Aufgaben geschafft habe.
  Weil ich mit dem Bus fahre, brauche ich eine Fahrkarte.
  Der Mann, der die grüne Jacke trägt, wohnt nebenan.
- Ein Komma steht bei wörtlicher Rede vor (und nach) dem Begleitsatz:
  „Ich mag Blumen", sagt sie.
  „Sie war gestern zu Hause", sagte er, „und sie hat ferngesehen."
  „Kommst du morgen wieder?", fragt ihre Freundin.
- Ein Komma trennt nachgestellte Erläuterungen ab:
  Nuria macht viele Fotos, besonders Tier- und Landschaftsfotos.

Auf den folgenden Seiten kannst du die einzelnen Punkte
des Rechtschreib-Checks üben.

Checkpunkt 1: Deutlich sprechen – genau hinhören

2 Wende Checkpunkt 1 bei dem folgenden Text an.
   a. Entscheide: Sind die Wörter im Text richtig oder falsch geschrieben?
   b. Schreibe den verbesserten Text fehlerfrei auf.

Vesnas Stärken

Vesna weiß noch nicht, welchn Beruf sie im Praktikum ausprobieren möchte. Daher denkt sie darüber nach, was sie besonder gut kann. Ein wichtiger Anhaltsunkt sind für Vesna ihre Lieblngsfächer. Natürlich sind es die Fächer, in denen sie gute Noten bekommen hat. Erfolg macht eben Spaß!

Achtung: Fehler!

Checkpunkt 2: Lang oder kurz?

3 a. Lies die Wörter der folgenden Wortliste halblaut.
   In welchen Wörtern sprichst du einen kurzen Vokal,
   in welchen Wörtern einen langen Vokal?
   b. Schreibe die Wörter ab.
   – Setze unter kurze Vokale einen Punkt.
   – Unterstreiche lange Vokale.
   – Markiere die Konsonanten nach den Vokalen.

> der Ball, die Blume, der Damm, danken, das Feld, die Lehne, die Mutter, helfen,
> retten, das Paddel, die Höhle, die Rassel, die Rede, der Weg, die Wiese, der Dank

4 Wende Checkpunkt 2 bei dem folgenden Text an.
   a. Sprich die hervorgehobenen Wörter langsam und deutlich.
   Achte dabei auf die Länge des Vokals.
   b. Entscheide: Sind die Wörter im Text richtig oder falsch geschrieben?
   c. Schreibe den verbesserten Text fehlerfrei auf.

Vesnas Freizeit

In ihrer Freizeit spilt Vesna Handbal in einem Sportverein und jogt zweimal in der Woche. Außerdem verdient sie sich Taschengeld in einem Lebensmitelladen. Sie packt Warren aus und mus sie in die Regale stelen. Auch spricht sie viel mit den Kunden und zeigt ihnen, wo die Sachen zu finden sind.

Achtung: Fehler!

Checkpunkt 3: Verwandtes Wort?

5 a. Schreibe zu jedem Wort aus der Wortliste ein verwandtes Wort auf.
b. Markiere in jedem Wort den Wortstamm.

> der Bäcker, er fällt, sie fährt, die Träume, freundlich, die Kälte, säubern, interessieren, aufräumen, das Geräusch, sie erzählt

6 Wende Checkpunkt 3 bei dem folgenden Text an.
a. Finde zu jedem hervorgehobenen Wort ein verwandtes Wort.
b. Entscheide: Sind die Wörter im Text richtig oder falsch geschrieben?
c. Schreibe den verbesserten Text fehlerfrei auf.

Vesnas Verwandte

Fragt man Eltern und Verwandte nach Vesnas Sterken, so hört man meistens Folgendes: Vesna ist sehr fräundlich und geduldig. Sie unterhelt sich gern mit anderen Menschen. Dabei hört sie gut zu und lesst sie ausreden. Außerdem hat sie ein gutes Benehmen und ist höflich. Daher glaubt Vesnas Mutter, dass Vesna als Verkäuferin Erfolg haben würde.

Achtung: Fehler!

Checkpunkt 4: b oder p, d oder t, g oder k am Wortende oder am Ende des Wortstammes?

7 a. Verlängere die Wörter aus der folgenden Wortliste.
b. Schreibe die Wörter und ihre Verlängerungen auf. Setze vor die Nomen den bestimmten Artikel. Verwende ein Wörterbuch.

> die Schuld, der Halt, der Erfolg, krank, gelb, der Typ, täglich, die Erlaubnis, unerträglich, er gab, genug, sie fand, der Rundgang, fremd

Starthilfe
die Schuld – die Schulden
…

8 Wende Checkpunkt 4 bei dem folgenden Text an.
a. Verlängere die hervorgehobenen Wörter.
b. Entscheide: Sind die Wörter im Text richtig oder falsch geschrieben?
c. Schreibe den verbesserten Text fehlerfrei auf.

Vesnas Freundinnen und Freunde

Ihre Freundinnen und Freunde finden Vesna total in Ordnung. In ihrer Klasse gipt es niemanden, der sie nicht mag. Sie hilft gern, wenn sie kann. Sie ist einfach liep und kluk und daher bei allen beliept. Vesna kann aber auch wild sein. Mit ihr etwas zu unternehmen, ist immer spannent.

Achtung: Fehler!

Checkpunkt 5: Groß oder klein?

9 a. Schreibe die folgenden Wortgruppen ab.
b. Woran erkennst du, dass es Nomen sind? Markiere es.

> die Krankheit, eine Überraschung, das Erlebnis, die Gefangenschaft, das Rinnsal, das Datum, viel Schönes, nichts Neues, alles Gute, beim Lesen

> **Starthilfe**
> die Krank**heit**
> ...

10 Wende Checkpunkt 5 bei dem folgenden Text an.
a. Finde Merkmale von Nomen bei den hervorgehobenen Wörtern.
b. Entscheide: Sind die Wörter im Text richtig oder falsch geschrieben?
c. Schreibe den verbesserten Text fehlerfrei auf.

Vesnas Praktikum

Alle finden, dass Vesna mit ihrer freundlichkeit und hilfsbereitschaft bei anderen personen gut ankommt. Neulich sagte ein Lehrer zu ihr: „Du bist sprachlich sehr geschickt und kannst etwas neues gut erklären. Denk doch mal darüber nach, ob du dein Praktikum in diesem schuljahr nicht in einem geschäft machen möchtest."

Achtung: Fehler!

Checkpunkt 6: Komma – ja oder nein?

11 a. Schreibe die folgenden Satzgefüge auf.
b. Kreise **als**, **weil** und **dass** ein und markiere die Kommas.

Alma hatte noch mehr Spaß im Praktikum, als sie eine spannende Aufgabe bekam. Weil Josip gut mit Menschen umgehen kann, möchte er im Kaufhaus arbeiten. Can weiß, dass er bald einen Praktikumsplatz braucht.

12 Wende den Checkpunkt 6 bei dem folgenden Text an.
a. Schreibe den Text ab und setze die Kommas:
– Findest du Satzgefüge mit **als**, **weil** oder **dass**?
– Findest du eine Aufzählung?
– Findest du einen Infinitivsatz mit **zu**?
b. Markiere die Kommas.

Vesnas Bewerbung

Vesna entschließt sich dem Vorschlag ihres Lehrers zu folgen. Nun denkt sie dass sie sich bald für einen Praktikumsbetrieb entscheiden sollte. Weil viele ein Praktikum machen muss sie sich mit der Bewerbung beeilen. Vesna wird sich in Supermärkten Kaufhäusern und Schuhgeschäften bewerben.

Achtung: Fehler!

An diesem Text kannst du den Rechtschreib-Check ausprobieren.
Überlege selbst, welchen Checkpunkt du jeweils anwenden musst.

Fit ins Praktikum

In der Mittagpause saßen Lorenzo und Tom mit Meral, Lisa und Vlado
zusammen an einem tisch. Die drei kamen gerade aus dem Praktikum und
erzehlten aufgeregt von ihren erlebnissen.
Meral meinte: „Beim Frisör war es toll. Ich durfte vil helfen. Im Gespräch mit
5 den Kundinnen und den Kunden ist Höflichkeit sehr wichtig. Ich habe viele
Informationen über meinen Traumberuf erhaltn. Aber ich hätte nie
gedacht, dass ein Arbeitstag so anstrengent sein kann.
Besonders das stundenlange stehen war ich nicht gewohnt."
Vlado lächelte: „Bei mir war es genau umgekehrt. Vom Fußballtraining
10 bin ich viel Bewegung gewohnt, aber im Büro musste ich fast den ganzen Tag
sitzen und Post sortieren. Da kribbelte es richtik in den Beinen."
Lisa nickte: „sportlichkeit ist jedenfalls kein Nachteil. Ich war in
einem Seniorenheim. Viele Bewohner brauchen morgens unterstützung
durch eine Pflegekraft zum Beispiel beim Anziehen. Wenn man da nicht
15 kräftig zupacken kann ist man schnell aufgeschmissen."
Lorenzo und Tom sahen sich erstaunt an. Daran hatten sie noch
gar nicht gedacht. Körperliche Fitness war also in den meisten
Praktikumsberufen gefragt. Tom stiß Lorenzo mit
dem Ellenbogen in die Rippen und flüsterte:
20 „Du, wir treffen uns um 17:00 Uhr an
dem Parkplatz der an der Waldstraße liegt.
Machst du mit? Ich brauche beim laufen Gesellschaft."
„Ehrensache" antwortete Lorenzo, „meinst du, ich will
mein Praktikum abbrächen, weil ich zu schlapp bin?
25 Ich werde pünktlich da sein."

13 Überprüfe den Text mit Hilfe des Rechtschreib-Checks.
  a. Überlege, mit welchem Checkpunkt du die blauen Wörter und
     die unterstrichenen Wörter überprüfen musst.
  b. Begründe die korrekte Schreibweise in ganzen Sätzen.

> **Starthilfe**
> Bei Mittagspause fehlt ein s. Wenn ich das Wort deutlich spreche, höre ich …
> (Checkpunkt 1)
> …

14 Schreibe den ganzen Text in richtiger Schreibweise und Kommasetzung
fehlerfrei und gut lesbar in dein Heft.

Tipp: Wende den Rechtschreib-Check in Zukunft bei allen deinen Texten an.

Achtung: Fehler!

Die Rechtschreibprüfung am Computer

Die Rechtschreibprüfung am Computer hilft dir, Fehler zu vermeiden.

So kannst du deine Texte mit dem Rechtschreibprogramm korrigieren:

1 Schreibe deinen Text am Computer in ein Dokument.

2 Überprüfe die Rechtschreibung mit dem Rechtschreibprogramm.
Alle Fehler, die die automatische Rechtschreibprüfung gefunden hat, sind rot oder blau markiert.

3 Korrigiere deine Fehlerwörter.
- Klicke mit der rechten Maustaste auf das erste Wort, das mit einer farbigen Wellenlinie markiert wird.
Es öffnet sich ein Fenster, in dem Vorschläge zur Verbesserung gemacht werden.
- Willst du das Wort verbessern, klicke auf ÄNDERN.
- Erscheint kein Vorschlag, kennt das Programm das Wort nicht. Mach weiter mit IGNORIEREN.
- Manchmal markiert das Rechtschreibprogramm ein Wort als falsch, weil es dieses Wort nicht kennt.
Du kannst dieses Wort zum Wörterbuch hinzufügen.
Dann wird es in Zukunft nicht mehr als Fehler markiert.
Dies solltest du nur tun, wenn du weißt, dass das Wort richtig geschrieben ist.

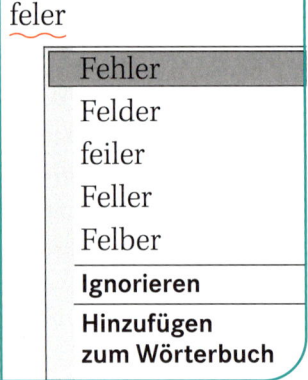

Das Rechtschreibprogramm erkennt nur die Schreibung der einzelnen Wörter, nicht den Sinn deines Satzes. Es bietet dir also nur eine Hilfe, keine Sicherheit.

4 Überprüfe in schwierigen Fällen selbst die Rechtschreibung.
Dazu gehören:
- gleich klingende Wörter,
- Groß- und Kleinschreibung,
- Getrennt- und Zusammenschreibung,
- Eigennamen.

Schlage dann in einem Wörterbuch nach.

Wissenswertes zur Rechtschreibung
▶ S. 304–307

Nachschlagen ▶ S. 305

Der folgende Text wurde am Computer geschrieben.
Das Rechtschreibprogramm hat mehrere Wörter als Fehler markiert.

So ein fuchs!

Heute bekahm die Klasse 8b die Hausarbeit zurück. Bei Alina war es bis her immer das Gleiche: lauter feler! Wenn sie eine Arbeit abgeben musste, war ihr ganz schlecht vor angst. Sie war enttteuscht, wenn sie so fiel falsch schrieb. Aber noch Meer üben ging einfach
5 nicht, der tag hat ja nur 24 stunden.
Da hatte Alinas Vater eine tole idee: „Es gipt doch Gute Rechtschreibprogramme. DU tippst jeden Text in den PC, dann macht der Komputer den rest. Ich weiß dass, schliesslich bin ich ein Computerfuchs." Alina war froh, denn sie dachte,
10 das Ihr Vater bescheid weiß, weil er selbst am PC Arbeitet.
Sie schrieb die Arbeit und korrigierte anschließend mit dem Rechtschreibprogramm.
Als sie nun sah, dass immer noch fiele Wörter falsch geschrieben waren, sagte sie zu ihrem Vater: „Papa, Es reicht nicht, Fuch zu sein,
15 man sollte sich mit dem Rechtschreibprogramm auch auskennen."

Achtung: Fehler!

5 a. Findet in Partnerarbeit heraus, was an den rot markierten Wörtern falsch geschrieben ist.
b. Schreibt die falsch geschriebenen Wörter korrigiert auf.
c. Welche Strategie oder Regel hilft euch? Schreibt sie jeweils dazu.

Die unterstrichenen Fehler im Text erkennt das Rechtschreibprogramm oft nicht. Es verwechselt zum Beispiel gleich klingende Wörter wie **viel** und **fiel**.

6 Überlegt, um welche Rechtschreibregeln es bei den unterstrichenen Wörtern geht:
– zusammen oder getrennt?
– groß oder klein?
– **das** oder **dass**?
– gleich klingende Wörter?

7 a. Schreibe den Text „So ein Fuchs!" am Computer. Verbessere dabei alle Fehler, die du selbst erkennst.
b. Kontrolliere dann den Text mit der automatischen Rechtschreibprüfung.
c. Hat das Rechtschreibprogramm Fehler markiert? Überprüfe es und verbessere die Fehler, wenn nötig.
d. Sammle deine Fehlerwörter in der Rechtschreibkartei.

Rechtschreibkartei
▶ S. 305

Rechtschreibstrategien und Regeln

Gliedern – verlängern – ableiten

Deutliches Sprechen und genaues Hinhören helfen dir, auch lange Wörter richtig zu schreiben und richtig zu trennen.

Nomen	Verben	Adjektive
die Unterrichtsstunde	entgegengehen	voraussichtlich
die Fahrradgepäcktasche	zusammenarbeiten	höchstwahrscheinlich
der Personennahverkehr	hinübergehen	hochkonzentriert
der Satellitenempfang	dazwischenfahren	dreigeschossig
die Diebstahlsicherung	hinunterlaufen	vorschriftsmäßig
das Umweltschutzprogramm	zurückversetzen	einzigartig

1
  a. Sprich die Wörter so, dass man die Sprechsilben deutlich hört.
  b. Schreibe die Nomen, Verben und Adjektive mit Trennstrichen untereinander auf.
  c. Schreibe hinter jedes Wort die Anzahl der Silben.

  Starthilfe
  die Un-ter-richts-stun-de (5)
  …

2
  a. Findet jeder je zwei Nomen, Verben und Adjektive mit mindestens fünf Sprechsilben und schreibt sie richtig auf.
  b. Diktiert euch die Wörter gegenseitig und überprüft ihre Schreibweise.

Bei den folgenden einsilbigen Verbformen kannst du nicht hören, wie man sie schreibt. Du kannst sie verlängern und dann in Sprechsilben gliedern.

sie stel/llt, es klap/ppt, er schwim/mmt, es knal/llt, er knur/rrt, es klem/mmt, sie kip/ppt, er schaf/fft, es stim/mmt, sie klet/ttert, es bren/nnt, er ir/rrt

3 Bilde zu den Verbformen den Infinitiv und gliedere dann.
  Starthilfe
  stellen → also: sie stellt
  …

d oder t am Wortende? Das Verlängern und das deutliche Sprechen helfen dir, diese Nachdenkwörter richtig zu schreiben.

> hervorragen ?, bekann ?, der Aben ?, entfern ?, jeman ?, spannen ?, berühm ?, wüten ?, elegan ?, tausen ?, das Elemen ?, intelligen ?, hunder ?

4 a. Verlängere die Wörter, sprich deutlich und entscheide.
b. Schreibe die Wörter auf und markiere die schwierige Stelle.

> **Starthilfe**
> hervorragende Leistungen → also: hervorragend
> …

Wenn du unsicher bist, ob ein Wort mit **ä** oder **e**, mit **äu** oder **eu** geschrieben wird, hilft dir das Ableiten, diese Nachdenkwörter richtig zu schreiben.

> h ? fig, kr ? ftig, gef ? hrlich, l ? cheln, l ? ten, das Geb ? de, ? ngstlich, der Verk ? fer, erk ? lten

5 Leite die Schreibweise der Wörter ab und schreibe sie mit ihren Ableitungen auf.

Nun kannst du die Rechtschreibstrategien noch einmal anwenden.

6 Lies den Text.

Eine erfolgreiche Zusammenarbeit

Auf dem Gebiet Satellitenempfang wird unsere Firma voraussichtlich mit einer anderen Firma zusammenarbeiten. Es stimmt, dass diese Firma gute Produkte herstellt. Wir hoffen, dass eine Zusammenarbeit erfolgreich ist. Ein Experte errechnete nämlich, dass dadurch hundert neue Arbeitsplätze entstehen werden. Das finden wir hervorragend. Häufig sind Firmen zu ängstlich. Sie halten eine Zusammenarbeit mit anderen Firmen für gefährlich und befürchten Nachteile für die eigene Firma.

7 a. Schreibe die hervorgehobenen Wörter untereinander auf.
b. Entscheide, welche Rechtschreibstrategie bei der Schreibung der einzelnen Wörter hilft. Schreibe sie jeweils neben die Wörter.

8 Schreibe den Text ab und unterstreiche die schwierigen Stellen in den hervorgehobenen Wörtern.

Abschreiben
▶ S.304

Mit Wortbausteinen üben

Die deutsche Sprache ist lebendig.
Mit Vorsilben und Nachsilben entstehen neue Verben, Nomen und Adjektive.
Die Schreibweise der Vorsilben und der Nachsilben bleibt immer gleich.

Mit der Vorsilbe **zer-** entstehen neue Verben mit einer anderen Bedeutung.

1 Bilde neue Verben mit der Vorsilbe **zer-** und schreibe sie auf.

2 Verben mit der Vorsilbe **zer-** können unterschiedliche Bedeutungen haben.
Ordne die Verben der Bedeutung entsprechend in eine Tabelle ein.

Starthilfe

Bedeutung: teilen/zerkleinern	Bedeutung: beschädigen
…	zerschlagen …

3 Bilde mit fünf Verben aus Aufgabe 1 sinnvolle Sätze und schreibe sie auf.

Starthilfe

Versehentlich hat Lukas den neuen Teller …

Mit der Vorsilbe **miss-/Miss-** können neue Verben und Nomen gebildet werden.

4 Bilde neue Verben und Nomen mit der Vorsilbe **miss-/Miss-** und
schreibe sie auf.
Tipp: Nomen werden großgeschrieben.

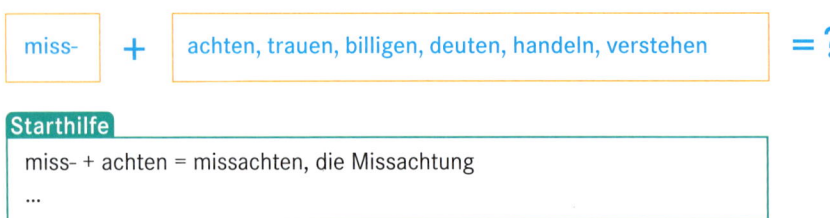

Starthilfe

miss- + achten = missachten, die Missachtung
…

5 **a.** Welche Bedeutungsänderung entsteht durch die Vorsilbe **miss-/Miss-**?
Sprecht darüber.
b. Bildet jeweils zwei Sätze mit den Verben und Nomen aus Aufgabe 4,
sodass die Bedeutungsänderung deutlich wird.

Die Vorsilbe **ur-/Ur-** wird immer ohne **h** geschrieben.

6 a. Bilde mit den Wörtern und der Vorsilbe **ur-/Ur-** neue Wörter.
   b. Schreibe die neuen Wörter auf.
      Ergänze bei den Nomen die bestimmten Artikel.

| ur-/Ur- | + | die Sache, gemütlich, der Wald, der Einwohner, die Großmutter, der Sprung, alt, der Vogel | = ? |

Mit den Nachsilben **-lich** und **-bar** können Nomen zu Adjektiven werden.

7 Bilde zu den folgenden Nomen Adjektive mit der Nachsilbe **-lich** und schreibe sie auf.

> das Wunder, der Ärger, der Freund, die Willkür, das Kind, das Glück, die Absicht, das Gemüt

Starthilfe
das Wunder + -lich = wunderlich
…

8 Wähle vier Adjektive aus und bilde damit sinnvolle Sätze.

9 Bilde zu den folgenden Nomen Adjektive mit der Nachsilbe **-bar** und schreibe sie auf.

> der Dank, die Frucht, der Halt, der Schein, die Sicht, das Teil, das Wunder

Starthilfe
der Dank + -bar = dankbar
…

10 Wie lautet das Gegenteil? Finde das Gegenteil der folgenden Adjektive mit **-bar**. Schreibe die Wortpaare auf.

> fruchtbar – ?   dankbar – ?
> sichtbar – ?   scheinbar – ?

11 Schreibe die folgenden Sätze ab und setze passende Adjektive aus Aufgabe 9 oder 10 ein.

> Dieser Koffer hält viel aus, er ist sehr ? .
> Auf dem Boden wächst kaum eine Pflanze, weil der Boden ? ist.
> Für eure Hilfe bin ich wirklich ? .

Regelwissen anwenden: Nomen großschreiben

Nomen schreibt man groß.
Die folgenden Tipps zum Erkennen von Nomen kennst du schon.

1 Lies die Tipps zum Erkennen von Nomen.

> **Tipp 1:** Prüfe, ob mit dem Wort Lebewesen, Gegenstände oder Dinge bezeichnet werden.
> **Tipp 2:** Prüfe, ob das Wort einen bestimmten oder einen unbestimmten Artikel bei sich hat.
> **Tipp 3:** Prüfe, ob vor dem Wort ein Adjektiv steht.
> **Tipp 4:** Prüfe, ob vor dem Wort ein Pronomen steht.
> **Tipp 5:** Prüfe, ob das Wort die Nachsilbe **-ung**, **-heit**, **-keit**, **-schaft**, **-nis** oder **-tum** hat.
> **Tipp 6:** Prüfe, ob vor dem Wort eine Präposition steht.
> **Tipp 7:** Prüfe, ob vor dem Wort ein Zahlwort steht.
> **Tipp 8:** Prüfe, ob Verben oder Adjektive zu Nomen geworden sind.
> **Tipp 9:** Prüfe, ob ein Adjektiv ein Teil eines mehrteiligen Eigennamens ist.

Du kannst die Tipps mit dem folgenden Text wiederholen.

2 Lies den Text.

Alles nur ein Missverständnis?

Im Jahr 1770 segelte der englische Entdecker James Cook auf dem Pazifischen Ozean nahe der australischen Küste. Plötzlich lief sein Schiff auf ein Riff, wurde beschädigt und drohte zu sinken. Glücklicherweise hatte die Mannschaft Werkzeug und Material zum Reparieren dabei.
5 Einige Seefahrer nutzten die Gelegenheit zur Erforschung der Landschaft. Manchmal trafen sie beeindruckende Kragenechsen, pelzige Koalas oder ein anderes merkwürdiges Tier. Es konnte weit springen und stützte sich beim Sitzen auf seinem Schwanz ab. Welchen Namen hatten die australischen
10 Ureinwohner diesem unbekannten Tier wohl gegeben? Als man sie fragte, sollen sie geantwortet haben: „Kan-ga-roo." Dieses Wort hielten die Engländer für den Namen des Tieres. Angeblich soll es aber bedeuten: „Ich verstehe nicht."

Achtung: Fehler!

3 a. Finde die Nomen in dem Text mit Hilfe der Tipps.
b. Schreibe die Nomen mit ihrem bestimmten Artikel auf.
c. Schreibe dazu, welchen Tipp oder welche Tipps du beachtet hast.

Adjektive und Verben können zu Nomen werden.
Du kannst es an ihren Begleitern erkennen.

In dem folgenden Text werden einige Adjektive als Nomen verwendet.

4 Lies den Text.

In GPG haben wir viel Neues über den Kreislauf des Wassers erfahren.
Etwas Interessantes stellte für unsere Klasse die Erkenntnis dar, dass ein Teil
des Regens aus Meerwasser entsteht.
Wenig Erfreuliches kündigte der Wetterbericht an. Die Nachrichten
5 bedeuteten nichts Gutes, da die Bundesjugendspiele wegen einer Regenfront
wohl ausfallen mussten. Glücklicherweise hatten die Nachrichten wenig
Verlässliches, denn der Regen blieb aus und die Spiele konnten stattfinden.

5 Schreibe die nominalisierten Adjektive aus dem Text nach ihren Begleitern
geordnet in eine Tabelle.

Starthilfe

etwas	nichts	viel	wenig
...	...	viel Neues ...	...

Oft wird zwischen Begleiter und nominalisiertem Verb ein weiteres Wort
eingeschoben.

6 Lies den folgenden Text.

Mathematik bereitet mir Freude. Das Rechnen mit Zahlen kann ich ganz gut.
Besonders mag ich die Geometrie. Das genaue Messen und das saubere
Zeichnen liegen mir einfach. Englisch kann ich nicht so gut. Zum nötigen
Auswendiglernen der Vokabeln fehlt mir manchmal die Geduld. Auch
beim richtigen Schreiben mache ich noch einige Fehler.

7 In dem Text sind vier Wortgruppen hervorgehoben.
    a. Schreibe die Wortgruppen untereinander auf.
    b. Verbinde jeweils den Begleiter mit dem Nomen.

Starthilfe

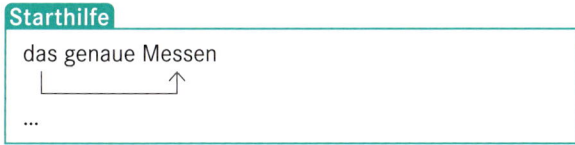

8 a. Schreibe drei weitere Beispiele für Wortgruppen aus Begleiter,
      eingeschobenem Wort und nominalisiertem Verb auf.
   b. Verbinde jeweils den Begleiter mit dem Nomen.

Eigennamen können aus mehreren Teilen bestehen.

Manchmal ist ein Adjektiv ein Teil eines Eigennamens.
Dann schreibt man das Adjektiv groß – ausnahmsweise!

> der Bayerische Wald, die Schwarze Witwe, der Grüne Knollenblätterpilz,
> der Atlantische Ozean, das Schwarze Meer, das Fleißige Lieschen, die Schwäbische
> Alb, der Pazifische Ozean, die Weiße Rosskastanie, der Deutsche Schäferhund

9 a. Übertrage die folgende Tabelle in dein Heft.
b. Ordne die Eigennamen mit einem Adjektiv in die Tabelle ein.

Starthilfe

geografische Eigennamen	Eigennamen von Lebewesen
der Bayerische …	…
…	

Merkwissen

Eigennamen wie die Namen von Personen, Lebewesen und Orten werden großgeschrieben. Bestehen Eigennamen aus mehreren Wörtern, werden alle Adjektive und Nomen großgeschrieben.

Auch mehrteilige Straßennamen werden großgeschrieben.

10 Lies die folgende Wegbeschreibung.

Du bist hier auf dem Albrecht-Dürer-Platz. Gehe links in die Ulmer Straße und dann geradeaus. Wenn du die Theodor-Heuss-Allee überquert hast, biegst du die nächste Straße rechts ab. Das ist der Landhofer Weg. Dann kannst du das Rathaus schon sehen.

11 In dem Text sind Straßennamen hervorgehoben.
a. Übertrage die folgende Tabelle in dein Heft.
b. Ordne die Straßennamen aus dem Text in die Tabelle ein.
c. Ergänze in jeder Spalte drei weitere Straßennamen.

Starthilfe

getrennt geschriebene Straßennamen	Straßennamen mit Bindestrich
…	Albrecht-Dürer-Platz
…	…

Merkwissen

Straßennamen mit einem Orts- oder Ländernamen mit der Endung **-er** schreibt man getrennt und groß: Ulmer Straße, Französischer Platz. Straßennamen aus mehrteiligen Personennamen schreibt man mit Bindestrichen und groß: Albrecht-Dürer-Platz, Sophie-Charlotte-Straße.

Regelwissen anwenden:
Wortgruppen getrennt schreiben

Wortgruppen mit sein werden immer getrennt geschrieben, z. B. fertig sein.

1 Welche Wortgruppen passen in die folgenden Lücken?
Schreibe den Text ab und ergänze passende Wortgruppen vom Rand.

> In letzter Zeit möchte Karl kaum noch mit Said ? . Said weiß nicht, was los ist.
> Es kann aber ? , dass Karl sich verliebt hat. Said hat schon länger bemerkt,
> dass Karl zu Yara besonders ? möchte. Said findet, dass Karl ruhig ? könnte.
> Aber Hauptsache ist, dass Karl trotzdem sein Freund bleibt! Dann will Said ? !

allein sein
dabei sein
frei sein
gut sein
nett sein
offen sein
stolz sein
weg sein
zufrieden sein
zusammen sein

2 Bilde mit den übrigen Wortgruppen Sätze und schreibe sie auf.

**Wortgruppen aus Nomen + Verb werden in der Regel getrennt geschrieben,
z. B. Basketball spielen.**

3 Schreibe die folgenden Sätze ab. Setze dabei in jede Lücke eine passende
Wortgruppe vom Rand ein.

> Am Wintersporttag gehe ich ? ? .
> Ein ausgetrockneter Adventskranz kann leicht ? ? .
> Nach Bestehen der Führerscheinprüfung kann ich endlich ? ? .
> Am Bratwurststand muss man häufig ? ? .

Mofa fahren
Schlange stehen
Ski fahren
Feuer fangen

**Wortgruppen aus Verb + Verb werden in der Regel getrennt geschrieben,
z. B. schwimmen lernen.**

4 **a.** Lies den folgenden Text.
b. Schreibe alle Wortgruppen aus Verb + Verb aus dem Text auf.

„Habt ihr meinen Stein springen sehen?", fragte Tom stolz. Die Familie rastete
gerade bei ihrem Sonntagsspaziergang an einem Badesee. „Ich will jetzt gleich
baden gehen", sagte Toms Schwester Anna. „Das wirst du schön bleiben lassen
im Oktober!", meinte der Vater und schlug vor: „Ihr könntet euren Drachen
steigen lassen. Ich habe ihn eingepackt."

5 Schreibe mit den folgenden Wortgruppen jeweils einen Satz auf.

> stehen bleiben, essen gehen, liegen bleiben

Regelwissen anwenden: Getrennt- und Zusammenschreibung

Diese Wortgruppen aus Adjektiv + Verb werden getrennt geschrieben:

> falsch machen, geheim halten, treu bleiben, aktiv werden, sauber halten, richtig machen, gesund werden, ruhig bleiben, nervös machen, gerade halten, wach bleiben, stark werden

1 a. Übertrage die Tabelle in dein Heft.
   b. Ordne jede Wortgruppe in die richtige Spalte ein.

   Starthilfe

Adjektiv + machen	Adjektiv + halten	Adjektiv + bleiben	Adjektiv + werden
falsch machen …	…	…	…

Adjektiv + Verb werden zusammengeschrieben, wenn das zusammengesetzte Verb eine neue Bedeutung hat, z. B. schwerfallen → neue Bedeutung: Mühe bereiten.

zusammengesetztes Verb	Bedeutung
leicht + fallen → leichtfallen	keine Probleme mit etwas haben
glatt + gehen → glattgehen	ein Sachverhalt bleibt ungeklärt
offen + bleiben → offenbleiben	aufschreiben / sich merken
krank + schreiben → krankschreiben	etwas gelingt gut
fest + halten → festhalten	eine Bescheinigung ausstellen, dass jemand arbeitsunfähig ist

2 Was bedeuten die zusammengesetzten Verben? Schreibe die Verben mit der richtigen Bedeutung auf.

3 Schreibe die folgenden Sätze auf und ergänze passende Zusammensetzungen.

> Ich habe viel gelernt und denke, dass mir das Referat ? wird.
> Die wichtigsten Informationen des Referats sollten wir ? .
> Nach der Diskussion werden hoffentlich keine Fragen ? .
> Wegen einer fiebrigen Erkältung wird mich der Arzt ? .
> Weil ich mich gut auf die Prüfung vorbereitet hatte, war ich sicher, dass alles ? würde.

Merkwörter üben

Wörter, deren Schreibung du nicht durch Strategien oder Regeln herleiten kannst, sind Merkwörter. Viele Merkwörter sind Fremdwörter.
Übe sie immer wieder.

Viele Fremdwörter mit langem **i** werden ohne **e** danach geschrieben.

> das Klima, die Medizin, der Termin, mobil, die Maschine, das Benzin, die Vitamine, die Disziplin, aktiv, die Lawine, der Satellit, das Risiko, die Kritik, stabil, positiv, die Margarine, die Krise, negativ, passiv

1 a. Schreibe die Fremdwörter mit langem **i** nach dem Alphabet geordnet auf.
b. Schlage unbekannte Wörter nach und schreibe die Erklärungen auf.

2 Schreibe die Sätze ab und setze passende Fremdwörter aus Aufgabe 1 ein.

> Die ? schmeckt bitter.
> Ich habe den ? verpasst.
> Deine ? ist berechtigt.
> Er geht ein hohes ? ein.
> Frischer Salat enthält wichtige ? .
> Eine ? verschüttete ein Dorf.
> Die ? muss repariert werden.
> Das ? ist schon wieder teurer geworden.

Die Schreibweise dieser Fremdwörter mit **v** solltest du dir einprägen.

> das Ventil, die Vase, der Vegetarier, das Visum, die Vitamine, die Vokabel, der Vulkan, die Vene, das Virus, die Vanille, der Ventilator, die Visite

3 Finde die passenden Fremdwörter mit **v** zu den Erklärungen und schreibe die vollständigen Sätze auf.

> Mit dem ? an einem Fahrradschlauch wird verhindert, dass Luft austritt.
> Das ? ist eine Ein- oder Ausreiseerlaubnis.
> Die ? ist der Besuch eines Arztes am Krankenbett.
> Die ? ist ein Blutgefäß, das zum Herzen führt.
> Die ? ist ein Wort in einer Fremdsprache oder einer Fachsprache.
> Das ? ist ein Krankheitserreger.

4 Erklärt euch gegenseitig die Bedeutung der übrigen Fremdwörter mit **v**.

5 Sammle deine Fehlerwörter in deiner Rechtschreibkartei.

Rechtschreibkartei
▶ S. 305

Texte lesen – üben – richtig schreiben

1. Trainingseinheit: Nomen großschreiben, Nominalisierungen, Gedankenstrich bei Zusätzen und Nachträgen

1 Lies den Text.

Das Fliegen – für uns eine Selbstverständlichkeit

„Nur zwei Prozent der Weltbevölkerung können sich das Reisen mit dem Flugzeug leisten." Beim Lesen dieses Satzes stockte ich. Das war eine Behauptung, von der ich kaum glauben konnte, dass sie der Wahrheit entsprach.
5 Denn für viele von uns ist das Fliegen – Jahrtausende lang ein Wunschtraum der Menschen – fast schon eine Selbstverständlichkeit. Als Sportinteressierter las ich doch ständig Neuigkeiten von großen Weltsportereignissen. Vom Reisen per Schiff oder Bahn las ich dabei selten. Und ich erinnerte mich,
10 dass deutsche Fußballmannschaften in der kälteren Jahreszeit zum Trainieren häufig in wärmere Länder fliegen. Etwas beschämt musste ich feststellen, wie leicht wir darüber die Wirklichkeit eines Großteils der Weltbevölkerung vergessen, vor allem in Afrika, Südamerika und Asien.

2 Beantworte die Fragen zum Text schriftlich:
– Wie viel Prozent der Weltbevölkerung können sich das Reisen mit dem Flugzeug überhaupt leisten?
– Wohin fliegen im Winter Fußballmannschaften zum Trainieren?

Der Text enthält fünf nominalisierte Verben. Du erkennst sie an den Wörtern **das**, **beim**, **zum** und **vom**.

3 a. Schreibe die Nominalisierungen mit ihren Begleitern **das**, **beim**, **zum** und **vom** auf.
b. Unterstreiche die Begleiter.

4 a. Bilde mit zwei Verben jeweils drei Nominalisierungen. Schreibe sie auf.
b. Schreibe jeweils einen Satz mit der Nominalisierung auf.

Starthilfe
Das Schreiben fällt mir nicht immer leicht.

Nominalisierungen
▶ S. 307

Im Text gibt es sieben Nomen mit den Endungen -ung, -heit, -keit und -nis.

Nomen großschreiben ▶ S. 307

5 a. Schreibe die Nomen mit dem dazugehörigen Artikel auf.
b. Markiere jeweils die Endungen.

> **Starthilfe**
> die Selbstverständlichkeit ...

Dies sind weitere Nomen mit den Endungen -ung, -heit, -keit und -nis:

> die Einigung, das Hindernis, die Menschlichkeit, die Besonderheit, die Fröhlichkeit,
> das Geheimnis, die Streitschlichtung, das Einverständnis, die Eigenheit,
> die Betriebserkundung, die Freundlichkeit, die Süßigkeit, die Befreiung,
> die Vergangenheit, die Krankheit, das Wagnis

6 a. Lege eine Tabelle an und ordne die Nomen ein.
b. Schreibe auch die Nomen aus Aufgabe 5 in die Tabelle.
c. Ergänze in jeder Spalte drei weitere Nomen.

Starthilfe

-ung	-heit	-keit	-nis
die Einigung ...	...	...	...

Im Trainingstext gibt es zwei Stellen mit Zusätzen bzw. Nachträgen.
Sie sind im Text blau hervorgehoben.

Der Gedankenstrich bei Zusätzen oder Nachträgen ▶ S. 308

> **Merkwissen**
> Mit Gedankenstrichen kann man Zusätze oder Nachträge deutlich vom übrigen Text abgrenzen: Der Flug – es war der erste mit einem Flugzeug dieses Typs – endete vorzeitig am Pariser Flughafen.

7 a. Schreibe die Textstellen ab.
b. Unterstreiche die Zusätze bzw. Nachträge, markiere die Gedankenstriche.
c. Welche zusätzlichen Informationen enthalten die Textstellen?

8 a. Ergänze die Sätze links mit den zusätzlichen Informationen rechts.
Schreibe die vollständigen Sätze auf.
b. Markiere die Gedankenstriche.

> Nina stieg aufgeregt in das Flugzeug.
>
> Das Flugzeug landete pünktlich.

> – es war ihr erster Flug –
> – der Flugzeugtyp gehört zu den größten der Welt –

9 Schreibe den Text „Das Fliegen – für uns eine Selbstverständlichkeit" ab.

Abschreiben ▶ S. 304

2. Trainingseinheit: Datums- und Zeitangaben, Höflichkeitsanrede, Wörter mit Dehnungs-h, Komma bei Aufzählungen

1 Lies den Text.

Sehr geehrte Frau König,

wir, die Klasse 8a, bedanken uns herzlich bei Ihnen dafür, dass wir am Dienstag, dem 6. Juni, um 10:00 Uhr, die örtliche Feuerwehr besuchen durften. Es waren für uns alle sehr interessante Stunden. Mit Ihren lehrreichen Erklärungen machten Sie das Berufsfeld „Feuerwehr" für uns spannend. Fasziniert haben uns die vielen Geräte, die Sie zur Brandbekämpfung, zur Rettung von Menschenleben, bei Unfällen, bei Überschwemmungen und bei Sturm- und Umweltschäden einsetzen. Dass wir manche auch ausprobieren durften, war besonders großzügig von Ihnen. Wir staunten darüber, dass es in unserer Stadt eine Hauptbrandmeisterin gibt, die der Feuerwehr vorsteht. Wie wir erfuhren, sind Sie im Landkreis die erste Frau in diesem Beruf. Dazu beglückwünschen wir Sie.
Nochmals vielen Dank für Ihre Mühe.

Mit freundlichen Grüßen
Ihre Klasse 8a

2 Beantworte die Fragen schriftlich:
– Wozu dienen die besonderen Geräte der Feuerwehr?
– Welchen Beruf hat Frau König?

Der Trainingstext enthält eine Datums- und Zeitangabe. Du kannst sie in verschiedenen Formen aufschreiben:
Am Dienstag, dem 6. Juni(,) um 10:00 Uhr(,) besuchten wir die Feuerwehr.
Am Dienstag, den 6. Juni(,) 10:00 Uhr(,) besuchten wir die Feuerwehr.
Am Dienstag, 6. Juni(,) besuchten wir die Feuerwehr.
Die Feuerwehr besuchten wir am Dienstag, den 6. Juni.

3 **a.** Schreibe die Beispielsätze ab.
   Tipp: Die Kommas in den Klammern kannst du setzen oder weglassen.
b. Unterstreiche die Datumsangaben und markiere die Kommas.

4 Schreibe den folgenden Satz in den verschiedenen Formen auf.

Ich muss am Donnerstag, dem 17. Februar um 11:00 Uhr zu einer Untersuchung ins Krankenhaus.

Die Anredepronomen in der Höflichkeitsform **Sie** beziehungsweise **Ihr/Ihnen** werden immer großgeschrieben.

Anredepronomen
► S. 307

5 a. Schreibe jeweils einen Satz mit **Sie** und **Ihr/Ihnen** aus dem Brief ab.
b. Bilde jeweils einen eigenen Satz mit den Anredepronomen **Sie** und mit **Ihr/Ihnen** und schreibe beide Sätze auf.
c. Unterstreiche die Anredepronomen.

Der Brief enthält einige Wörter mit Dehnungs-**h**.

6 a. Schreibe die Wörter mit Dehnungs-**h** nach Wortarten geordnet in eine Tabelle.
b. Ergänze bei den Nomen die Pluralform und den Artikel.
c. Schreibe bei den Verben den Infinitiv dazu.
d. Markiere das Dehnungs-**h**.
e. Ergänze in jeder Spalte zwei weitere Wörter mit Dehnungs-**h**.

Starthilfe

Nomen	Pronomen	Verben	Adjektive	Adverbien
...	Ihnen ...	...	geehrte ...	sehr ...

Der Brief der 8a enthält einen Satz mit einer Aufzählung von Wortgruppen.

Merkwissen
Die Teile einer Aufzählung (Wortgruppe), die nicht durch **und/oder** verbunden sind, werden durch **Komma** getrennt.

7 a. Schreibe den Satz aus dem Brief mit der Aufzählung ab.
b. Unterstreiche die Aufzählung von Wortgruppen.

Mit den folgenden Wortgruppen kannst du Aufzählungen bilden.

Wortgruppen 1
stoßfeste Helme
feuerfeste Schutzanzüge
wasserdichte Stiefel
lebensrettende Atemschutzgeräte

Wortgruppen 2
verschiedene Fruchtsäfte
französischer Käse
griechische Oliven
ofenfrisches Brot

Wortgruppen 3
indische und afrikanische Elefanten
sibirische Tiger
exotische Vögel
asiatische Leoparden

8 Schreibe Sätze auf, in denen du jeweils die Wortgruppen 1, 2 und 3 aufzählst.
Starthilfe
Die Feuerwehrmänner und Feuerwehrfrauen tragen stoßfeste Helme, ...

9 Schreibe den Brief an Frau König ab.
Tipp: Schreibe den Brief mit dem Computer und achte auf die Gestaltung.

Abschreiben
► S. 304

3. Trainingseinheit: Fachbegriffe, Wörter mit *wider*, Zeichensetzung bei der wörtlichen Rede

1 Lies den Text.

Unsere vernetzte Schulbücherei

„Eure Lehrer haben wirklich gute Ideen", hörte Paul seinen Vater sagen. „Na ja, nicht immer", erwiderte Paul, „wie kommst du darauf?" „Lies selbst", antwortete sein Vater und reichte ihm einen Elternbrief der Schiller-Schule.

5 „Können moderne Medien uns klüger machen und das Lesen fördern? Fernsehen verblödet, Computer machen einsam und von Videospielen werden Kinder gewalttätig. Diese und weitere negative Urteile sind oft zu hören und zu lesen, wenn über die modernen Medien diskutiert wird. Darum müssen wir

10 die Medienkompetenz verstärkt schulisch fördern und mit den Schülerinnen und Schülern einen sachgerechten und selbstgesteuerten Umgang mit den Medien einüben. Zu diesem Schulkonzept gehört die Online-Vernetzung unserer Schulbücherei mit der Stadtbücherei in einem Schulbüchereiverbund. Sämtliche ausleihbaren Medien aller Schulen unserer Stadt werden erfasst

15 und mit Hilfe einer besonders geschützten VPN-Verbindung im Internet über den Online-Katalog der Stadtbücherei zugänglich gemacht."
Paul kommentierte: „Das heißt, wir haben dann Terminals in unserer Schulbücherei und können von dort ausleihen. Die Idee gefällt mir."

2 Beantworte die Fragen schriftlich:
- Was gibt der Vater seinem Sohn Paul zu lesen?
- Welche negativen Urteile kann man oft hören, wenn es um moderne Medien geht?

Im Trainingstext sind Fachbegriffe hervorgehoben.
Hier findest du ihre Erklärungen.

> - Endgerät, Bildschirm – ein Arbeitsplatzrechner, der zur Ein- und Ausgabe von Daten verwendet wird; der Nutzer (User) hat über das Terminal direkten Zugriff auf einen entfernt stehenden Computer
> - direkte Verbindung mit einem Datennetz
> - virtual private network (dt. virtuelles privates Netz); es ist die sichere Verbindung lokaler Netze zum Transport privater oder geschäftlicher Informationen
> - die Fähigkeit, mit Medien (Film, Funk, Fernsehen, Presse und Computer) kritisch umzugehen

3 a. Schreibe die Erklärungen untereinander auf.
b. Schreibe die passenden Fachbegriffe dazu.

Viele Fachbegriffe der modernen Medien kommen aus dem Englischen.

> der Hashtag
> der Blog
> der Podcast
> der Download
> online
> der Onlineshop

4 Erkläre die Bedeutung der Fachbegriffe vom Rand schriftlich.
Tipp: Du kannst ein Wörterbuch zu Hilfe nehmen.

Der Trainingstext enthält ein Wort mit **wider**.
Das Wort **wider** hat die Bedeutung **gegen**. Du schreibst es immer mit langem **i**.

5 a. Schreibe das Wort mit **wider** aus dem Text heraus.
b. Schreibe die Wörter mit **wider** nach Wortarten geordnet in eine Tabelle.

> widerwillig, die Widerrede, das Widerwort, widerstehen, widersetzen,
> der Widerstand, der Widerspruch, widerlegen, widersprechen, widerlich,
> widerspenstig, widerspiegeln, widerstandslos, der Widerruf, der Widersacher,
> widerrechtlich, widerwärtig, widerfahren

Starthilfe

Nomen	Verben	Adjektive
…	…	widerwillig …

Im Trainingstext gibt es wörtliche Rede. Oft steht ein Begleitsatz dabei.
Er kann vorn, in der Mitte oder hinten stehen.

Wörtliche Rede
▶ S. 308

6 a. Schreibe die wörtliche Rede ab, die zu den folgenden Satzbildern passt.
b. Unterstreiche in den Sätzen die Begleitsätze und kreise
die Anführungszeichen ein.
c. Markiere die Kommas und die anderen Satzzeichen.

„ ___ ? ___ ", ___ ? ___ .

„ ___ ? ___ ", ___ ? ___ , „ ___ ? ___ ?"

___ ? ___ : „ ___ ? ___ ."

7 In den folgenden Sätzen fehlt die Kennzeichnung der wörtlichen Rede.
a. Schreibe die Sätze ab und füge passende Wörter mit **wider** aus
Aufgabe 5 ein.
b. Setze die fehlenden Anführungszeichen und Satzzeichen.
c. Unterstreiche die Begleitsätze.

> Gegen diesen Bescheid sagte die Sachbearbeiterin können Sie ___?___ einlegen.
> Meine Schwester rief Der verdorbene Fisch stinkt ja ___?___ !
> Wer kann das Argument ___?___ fragte der Lehrer.

Achtung: Fehler!

8 Schreibe den Text „Unsere vernetzte Schulbücherei" ab.

Abschreiben
▶ S. 304

4. Trainingseinheit: Fremdwörter mit *-ik*, *-ie*, *-or*, *-(i)ell*, *-iv*, Komma bei Satzgefügen

1 Lies den Text.

Bionik – Vorbild Natur

Besitzt du ein Kleidungsstück mit Klettverschluss? Dann weißt du bestimmt, dass der Verschluss wie eine Klette funktioniert. Wenn man ein solches Prinzip der Natur abschaut, spricht man von „Bionik". Dieser Begriff ist aus den Wörtern „Bio<u>logie</u>" und „Tech<u>nik</u>" zusammengesetzt und bezeichnet eine
5 Wissenschaft, die zunehmend an Bedeutung gewinnt. Auch die Physik und die Chemie spielen in der Bionik eine Rolle. Sobald Wissenschaftler auf ein technisches Problem stoßen, können sie in der Natur nach einer Analogie suchen und so vielleicht in ihrem Labor die Lösung finden. Diese verbessert die Qualität vieler Produkte, wird oft auch industriell genutzt und bringt
10 finanzielle Erfolge. Somit hilft die Bionik, den Alltag der Menschen zu vereinfachen, und ist ein positiver wirtschaftlicher Faktor geworden.

2 Beantworte die Fragen schriftlich:
– Aus welchen Wörtern ist das Wort **Bionik** gebildet?
– Welche Wissenschaften spielen in der Bionik ebenfalls eine Rolle?

Der Trainingstext enthält viele Fremdwörter, die du an ihren Endungen erkennst. Viele Nomen haben die Endungen *-ik*, *-ie*, *-or*, viele Adjektive enden auf *-(i)ell* und *-iv*.

Fremdwörter
▶ S. 306

3 Ordne die Fremdwörter aus dem Text in eine Tabelle ein.
Ergänze bei den Nomen den Artikel.

Starthilfe

-ik	-ie	-or	-(i)ell	-iv
die Bionik	…	…	…	…

4 Erkläre die Fremdwörter aus dem Text: **die Analogie**, **der Faktor**.
Schreibe die Wörter und die Worterklärungen auf.

5 Ordne die Fremdwörter vom Rand ebenfalls in deine Tabelle ein.

6 Schreibe die folgenden Fremdwörter mit ihrer Erklärung auf.

die Demokratie	wahlweise
alternativ	die Volksherrschaft
die Realität	amtlich
offiziell	die Wirklichkeit

?

die Republik
die Energie
intensiv
die Politik
alternativ
der Direktor
die Theorie
effektiv
der Professor
aktuell
der Autor
funktionell

Die folgenden Sätze kannst du mit Fremdwörtern
aus dieser Trainingseinheit ergänzen.

7 Schreibe die Sätze ab und ergänze passende Fremdwörter.

Manche Menschen sehen eher ? in die Zukunft, andere eher negativ.
Ein Grundrecht in einer ? ist das freie und geheime Wahlrecht.
Wenn etwas in der ? klappt, heißt das noch lange nicht, dass es auch in der Praxis funktioniert.
Um ? zu sparen, ist es ratsam, Fenster ausreichend zu isolieren.

Im Trainingstext gibt es einige Satzgefüge.
Hauptsatz und Nebensatz werden durch Komma abgetrennt.

Komma bei Hauptsätzen und Nebensätzen
▶ S. 314

8 a. Finde zu jedem der folgenden Satzbilder das passende Satzgefüge im Text und schreibe es auf.
b. Unterstreiche die Hauptsätze und die Nebensätze unterschiedlich.
c. Markiere die gebeugten Verbformen.
d. Markiere die Konjunktionen und kreise die Kommas ein.

???????, **dass** ???????.
Hauptsatz — Nebensatz

Wenn ???????, ???????.
Nebensatz — Hauptsatz

Sobald ???????, ???????.
Nebensatz — Hauptsatz

9 Welche Satzteile gehören zusammen? Bilde drei Satzgefüge mit den Konjunktionen **dass**, **wenn** und **sobald** und schreibe sie auf.

Ich denke positiv,	erinnere ich mich an frühere Erfolge.
Dass es keine Garantie für das Gelingen gibt,	wenn ich in die Zukunft sehe.
Sobald ich mich sorge,	weiß ich.

10 Bilde mit den folgenden Sätzen drei Satzgefüge mit den Konjunktionen **dass**, **wenn** oder **sobald** und schreibe sie auf.

Die Katze versteckt sich unter dem Sofa. Der Gewitterdonner kracht.
Die Regenrinne läuft über. Es regnet besonders heftig.
Cem freut sich. Er muss im Garten nicht gießen.

11 a. Schreibe den Text „Bionik – Vorbild Natur" ab.
b. Unterstreiche alle Fremdwörter.

Abschreiben
▶ S. 304

5. Trainingseinheit: Wortgruppen mit *sein*, Komma bei Infinitivgruppen

1 Lies den Text.

Die Tanzstunde

Die vier Jungen sitzen vor dem Gebäude, in dem heute ihre erste Tanzstunde stattfinden wird. „Das ist klasse! Mensch, haben wir ein Glück, dass Evi und ihre Freundinnen bei uns im Tanzkurs sind. Mir war schon angst und bange bei dem Gedanken an die
5 Mädchen", gesteht Tim. „Ich hoffe nur, dass ich ein paar Schritte machen kann, ohne meiner Partnerin gleich auf die Füße zu treten." „Oder dass ich Anne auffordern kann, ohne einen roten Kopf zu bekommen", fügt Max hinzu. Er findet schon seit längerem, wie seine Freunde wissen, dass Anne wirklich spitze ist.
10 „Hey, bleibt cool", meint Tom. „Anstatt hier herumzuquatschen, lasst uns reingehen, um gute Plätze zu bekommen. Schön die Übersicht behalten, sage ich immer." Seine Freunde grinsen. Sie wissen, dass auch ihm mulmig ist. Aber anstatt das einzugestehen, klopft Tom gerne Sprüche.

2 Welche der folgenden Sätze stehen so nicht im Text? Schreibe sie auf.

> – Er findet, wie seine Freunde wissen, Anne schon seit längerem spitze.
> – Die vier Jungen sitzen vor dem Gebäude, in dem heute ihre erste Tanzstunde stattfinden wird.
> – „Ich hoffe nur, dass ich ein paar Schritte machen kann, ohne meiner Partnerin in die Arme zu stolpern."

Im Text „Die Tanzstunde" gibt es drei Kleinschreibungen in Verbindung mit **sein**.

Nomen werden zu Adjektiven ▶ S. 307

Merkwissen

> Die Wörter **angst**, **bange**, **klasse**, **leid**, **schuld**, **spitze** und **pleite** werden in Verbindung mit einer Verbform von **sein** immer kleingeschrieben.

3 a. Finde die Wortgruppen mit **sein** und schreibe diese Sätze ab.
b. Unterstreiche die Verbformen von **sein** und die Kleinschreibung.

4 Schreibe die folgenden Sätze ab und ergänze passende Kleinschreibungen.

Dies ist mein letzter Euro, nun bin ich ? .
Du bist ? daran, dass ich zu spät zur Schule komme.
Als ich sie zum ersten Mal sah, wusste ich sofort: „Die ist ? ."

Der Text enthält fünf Infinitivsätze, die mit Komma vom Hauptsatz abgetrennt werden. Sie sind blau hervorgehoben.

Komma bei Infinitivsätzen
▶ S. 308

Merkwissen

Infinitivsätze beginnen häufig mit den Signalwörtern **um**, **ohne**, **anstatt** und enden immer mit einem Infinitiv mit **zu**. Diese Sätze können vor oder nach dem Hauptsatz stehen. Sie werden mit Komma abgetrennt.

(Um) frische Luft zu bekommen, öffnete er das Fenster.

Er öffnete das Fenster, (um) frische Luft zu bekommen.

5 a. Schreibe aus dem Text die Satzgefüge mit den Infinitivsätzen ab.
b. Kreise das Signalwort ein und unterstreiche die Infinitivgruppe.
Tipp: Manchmal steht das Wort **zu** in zusammengesetzten Verben. In diesen Fällen wird zusammengeschrieben.

6 a. Schreibe die folgenden Sätze ab und ergänze zusammengesetzte Infinitive mit **zu** vom Rand.
b. Kreise die Signalwörter ein.

Anstatt dem Vortrag ? , unterhält er sich mit seinem Nachbarn.
Er packte seine Sachen, ohne das Pausenzeichen ? .
Um das Experiment ? , brauchen wir noch viel Zeit.
Sie setzten den Streit fort, anstatt das Kompromissangebot ? .
Ich werde diesen Kurs besuchen, um mich ? .

zuzuhören
vorzubereiten
abzuwarten
anzunehmen
fortzubilden

7 a. Finde zu den Hauptsätzen die passenden Infinitivsätze.
b. Schreibe die vollständigen Sätze zweimal auf.
Einmal soll der Hauptsatz vorne stehen, einmal der Infinitivsatz.

Hauptsätze	**Infinitivsätze**
Er musste laufen.	… anstatt die Abkürzung zu nehmen.
Sie machte einen großen Umweg.	… ohne sie jedoch zu erreichen.
Immer wieder rief er sie an.	… um noch vor Unterrichtsbeginn anzukommen.
Wir brauchen bestimmt viel Zeit.	… um das Klassenfest gut vorzubereiten.
Sie kaufte die schicke Hose.	… anstatt den Bus zu nehmen.
Er ging zu Fuß.	… ohne sie vorher anzuprobieren.

Starthilfe

Er musste laufen, um noch vor …
Um noch vor Unterrichtsbeginn anzukommen, musste er ..

8 a. Schreibe den Text „Die Tanzstunde" ab.
b. Unterstreiche die Infinitivsätze.

Abschreiben
▶ S. 304

6. Trainingseinheit: Adjektive mit den Nachsilben -*voll* und -*lich*, Eigennamen großschreiben, Komma bei Appositionen

1 Lies den Text.

Tägliche Wasserspiele

Wie viel Liter reinsten Trinkwassers verbraucht jeder Einwohner der Bundesrepublik pro Tag?
Es sind durchschnittlich 126 Liter. Wenn man diese Wassermenge in eine normale Badewanne kippt, ist sie
5 ungefähr randvoll.
Lediglich fünf Liter trinken wir oder verwenden es zum Kochen. Dagegen benutzen wir circa 46 Liter zum Baden und Duschen und 34 Liter fließen jeden Tag die Toilette hinunter.
10 Auf zwanzig Liter Trinkwasser schätzen die Vereinten Nationen, ein Zusammenschluss von 193 Staaten, den täglichen Mindestbedarf eines Menschen.
Unsere täglichen Wasserspiele muss man wohl angesichts dieser Schätzung als luxuriös bezeichnen, denn circa 1,1 Milliarden Menschen steht nicht
15 einmal dieses Minimum zur Verfügung.
Hinzu kommt, dass diese knappe Wassermenge in Entwicklungsländern oft stark verunreinigt ist. Krankheiten, die zum Tode führen, sind die Folge.

2 Beantworte die Fragen schriftlich:
– In welchem Zusammenhang stehen die Angaben „126 Liter" und „zwanzig Liter"?
– Wie viele Menschen haben zu wenig Wasser zur Verfügung?

Der Trainingstext enthält zusammengesetzte Adjektive:
der Rand + voll = randvoll, der Tag + lich = täglich

Mit Wortbausteinen üben ▶ S. 305

3 Bilde Adjektive aus den Wörtern und Nachsilben und schreibe sie auf.

| Respekt, Wert, Druck, Gefühl, Humor, Kraft, Neid, Schwung | + | -voll |

| sterben, nachdenken, bedrohen, lösen, ausführen, verändern | + | -lich |

Starthilfe
respektvoll
sterblich
...

Die **Vereinten Nationen** ist ein Eigenname. Bestehen Eigennamen aus mehreren Wörtern, schreibst du alle Adjektive und Nomen groß.

Eigennamen ▶ S. 307

> die Vereinten Nationen, die Vereinigten Staaten von Amerika, der Indische Ozean, der Deutsche Bundestag, die Deutsche Bahn, das Zweite Deutsche Fernsehen, die Sozialdemokratische Partei Deutschlands, die Christlich-Demokratische Union, der Bayerische Wald, der Schiefe Turm (in Pisa)

4 Schreibe die Sätze ab und setze passende Eigennamen aus dem Kasten oben in die Lücken.

Zwei der ältesten Parteien in der Bundesrepublik sind die ? und die ? . Das ? sendete gestern eine interessante Reportage zur Trinkwasserversorgung in Entwicklungsländern. Die ? schätzen den Mindestbedarf an Trinkwasser auf zwanzig Liter. Im Urlaub in Italien haben wir auch den ? in Pisa besichtigt. Unser nächstes Jugendcamp findet im ? statt.

In einem Satz im Text auf Seite 252 wird ein Nomen näher erklärt. Dazu stehen hinter dem Nomen zusätzliche Informationen. Diese nachgestellte Wortgruppe ist eine **Apposition** und wird durch Kommas abgetrennt.

Komma bei Apposition ▶ S. 308

5 a. Finde im Trainingstext den Satz mit der Apposition und schreibe ihn auf.
b. Unterstreiche die Apposition und kreise das Nomen ein, das näher erklärt wird.
c. Markiere die Kommas.

6 In den folgenden Sätzen fehlen die Kommas.
a. Schreibe die Sätze ab und trenne die Apposition mit Kommas ab.
b. Unterstreiche die Apposition und kreise das Nomen ein, das näher erklärt wird.
c. Markiere die Kommas.

> Auch Cholera eine Infektion des Darms kann durch verunreinigtes Trinkwasser verursacht werden.
>
> Vor allem in Asien und Afrika treten immer wieder Epidemien Masseninfektionen in der Bevölkerung auf.
>
> Die Inkubationszeit die Zeit von der Ansteckung bis zum Ausbruch der Krankheit liegt zwischen wenigen Stunden und fünf Tagen.
>
> Abgekochtes Trinkwasser eine von mehreren Vorsichtsmaßnahmen soll die Menschen schützen.

Achtung: Fehler!

7 Diktiert euch gegenseitig in Abschnitten den Text „Tägliche Wasserspiele".

Abschreiben ▶ S. 304

Teste dich!

Richtig schreiben

Am Ende der nächsten Seite steht ein Text mit Fehlern.
Bearbeite alle Aufgaben und du bist fit für die Fehlersuche.

1 a. Sprich die folgenden Wörter so, dass man die Sprechsilben deutlich hört.
b. Schreibe die Wörter mit Trennstrichen untereinander auf.
c. Schreibe hinter jedes Wort die Anzahl der Silben.

> höchstwahrscheinlich, zurückversetzen, nachahmenswert, zusammenarbeiten,
> Sprudelbereiter, Fahrradgepäcktasche, voraussichtlich, entgegengehen

Sprechen – hören –
schreiben
► S. 305

2 **ä/äu** oder **e/eu**?
Ergänze die Wörter und schreibe sie auf.
Tipp: Wende die Ableitungsprobe an, um die Wörter richtig zu schreiben:
Finde ein verwandtes Wort mit **a/au**.

> gef ? hrlich, die S ? re, das Getr ? nk, tats ? chlich, die Erk ? ltung,
> das Geb ? de, das Gep ? ck, l ? ten

3 a. Bilde aus den Verben und Adjektiven Nomen mit den Endungen
   -ung, -heit, -keit, -nis und schreibe sie mit ihrem Artikel auf.
b. Unterstreiche die Endungen.

Nomen
großschreiben ®
► S. 307

Verben	Adjektive
belohnen	gesund
leiten	klug
hindern	traurig
ärgern	wahr
mischen	flüssig
erlauben	sauber

4 Bilde mit den Wortgruppen aus Verb + Verb je einen Satz und
schreibe ihn auf.

> kennen lernen, liegen lassen, malen können

Wortgruppen
getrennt schreiben ®
► S. 306

5 Die folgenden Nomen sind Fremdwörter mit der Endung **-ie**.
a. Ordne die Nomen nach dem Alphabet und schreibe sie mit Artikel auf.
b. Unterstreiche die Endung **-ie**.

> Industrie, Chemie, Kalorie, Energie, Biologie, Demokratie, Batterie,
> Kolonie, Akademie

Fremdwörter ► S. 306

254

Teste dich!

6 Schreibe die folgenden Sätze auf und ergänze passende Wörter mit **wider**.

„Du musst deine Zustimmung sofort ? !", rief Elisa.
„Für einen ? ist es zu spät", ? Jan.
„Ich bin da aber ganz anderer Meinung", ? Besa.

> widerstehen, widersprechen, widerrufen, das Widerwort, der Widerspruch, erwidern

Wörter mit **wider**
▶ S. 247

7 In dem folgenden Satz fehlen die Kommas bei der Aufzählung. Schreibe den Satz ab und ergänze die Kommas.

Von der Einkaufsliste habe ich die koffeinhaltige Cola die süße Zitronenlimonade den Orangensaft mit viel Fruchtzucker und die von meiner Schwester so geliebte Waldmeisterbrause gestrichen.

Komma bei Aufzählungen
▶ S. 308

Achtung: Fehler!

Der folgende Text enthält vier Rechtschreibfehler und einen Zeichensetzungsfehler.

8 a. Lies den Text.
b. Schreibe die Fehlerwörter richtig auf. Markiere die Fehlerstelle.
c. Schreibe den Text korrigiert auf und setze das fehlende Komma.

Prickelnd und gesund

Glauben Sie, dass Kinder und Jugendliche auf die geliebten, aber ungesunden Limonaden verzichten können? Alle wissen dass diese Getränke der Gesundheit Schaden zufügenkönnen. Außerdem nehmen die meisten Menschen am Tag nicht genügend
5 Flüssigkeit zu sich, wodurch die körperliche und geistige Leistungfähigkeit beeinträchtigt ist.
In der Erich-Kästner-Schule steht seit Montag ein Apparat, der eine mischung aus Wasserhahn, Wasserfilter und Sprudelbereiter ist.
10 In den Pausen können die Schüler ihre Trinkflaschen kostenlos auffüllen, nach Wunsch mit oder ohne Kohlenseure. Bisher stößt diese Neuerung auf viel Sympathie. Hoffentlich hilft sie, der süßen Versuchung zu widerstehen.

Achtung: Fehler!

9 a. Besprich deine Arbeitsergebnisse mit deiner Lehrkraft.
– Was beherrschst du sicher?
– Wo liegen deine Fehlerschwerpunkte?
b. Sammle deine Fehlerwörter in der Rechtschreibkartei.

Rechtschreibkartei
▶ S. 305

Grammatik

Sprache und Stil

Hier lernst du etwas über die Herkunft und Bedeutung von Wörtern.
Du übst, Sprachebenen zu erkennen und richtig zu verwenden.
Außerdem lernst du, wie du häufige Fehler vermeiden kannst.

Wortarten verwenden

Hier findest du Übungen zu den Wortarten, die du schon kennst, und zu den Zeitformen der Verben.
Außerdem erarbeitest du Neues zu den Verben im Konjunktiv II.

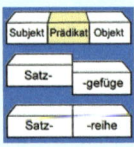

Der Satz

In diesem Kapitel findest du Übungen zu den Satzgliedern, zu Satzreihen und Satzgefügen.
Dabei übst du, wie du in eigenen Texten anschaulich formulieren und gedankliche Zusammenhänge ausdrücken kannst.
Außerdem lernst du Neues zu den adverbialen Bestimmungen und den Attributen.

Sprache und Stil

Wörter aus anderen Sprachen

Viele Wörter, die wir häufig im Alltag verwenden, stammen ursprünglich aus anderen Sprachen und Kulturen. Diese Wörter sind im Laufe der Zeit weit „gereist". Dabei haben sie sich verändert.

kěchap (malaiisch)	– gewürzte Fischtunke
qahwah (arabisch)	– Kaffee
scholé (altgriechisch)	– Muße, Freizeit
suffa (arabisch)	– Ruhebank
legere (lateinisch)	– lesen
kithára (altgriechisch)	– Zupfinstrument

1 Tauscht euch über die folgenden Fragen aus:
- Aus welchen Zutaten besteht **Ketchup**?
- Wie unterscheidet sich die Bedeutung von **Ketchup** und **kěchap**?

2 Aus welchen Sprachen kommen die Wörter **Ketchup**, **Kaffee**, **Schule**, **Sofa**, **lesen** und **Gitarre**?
   a. Trage die deutschen Wörter, die ursprünglichen Wörter, ihre Herkunft und ihre ursprüngliche Bedeutung in eine Tabelle ein.
   b. Welche Wörter haben heute eine andere Bedeutung? Sprecht darüber.

> **Starthilfe**
>
> | deutsches Wort | ursprüngliches Wort | Herkunft | ursprüngliche Bedeutung |
> |---|---|---|---|
> | Ketchup | kěchap | malaiisch | … |
> | … | … | … | … |

3 Prüft gemeinsam, ob es die Wörter aus Aufgabe 2 in ähnlicher Form auch in anderen Sprachen gibt.
   a. Schlagt in Wörterbüchern nach, recherchiert im Internet oder befragt andere Personen.
   b. Schreibt auf, wie die Wörter in weiteren Sprachen heißen.

> **Starthilfe**
>
> der Kaffee: café (französisch), kahve (türkisch)
> …

4 Welche Gründe könnte es dafür geben, dass diese Wörter so weit gereist sind? Sprecht über eure Vermutungen.

Wortschatz im Wandel

Die folgenden Wörter sind zu unterschiedlichen Zeiten ins Deutsche übersetzt worden.

Ausgangswort	späteres deutsches Wort	Datum der Übersetzung ins Deutsche
Perron	der Bahnsteig	nach 1871
Aeroplan	das Flugzeug	nach 1905
Helikopter	der Hubschrauber	nach 1930

1 Sprecht über eure Vermutungen zu den folgenden Fragen:
   – Warum entstanden die Wörter zuerst in anderen Sprachen?
   – Warum sind dafür später neue deutsche Wörter gefunden worden?

Wenn neue Dinge entdeckt oder erfunden werden, werden auch neue Wörter benötigt.

das Gold, das Foto, das Schwert, das Geld, die Fabrik, das Kupfer, der Motor

2 In welcher Reihenfolge könnten die Wörter erfunden worden sein?
   a. Macht Vorschläge und begründet sie.
   b. Einigt euch auf eine Reihenfolge.
   c. Recherchiert im Internet, ob eure Reihenfolge richtig ist.

Durch die moderne technische Entwicklung sind im Bereich Mobilfunk in den letzten Jahren viele neue Wörter entstanden.

3 Untersucht neu entstandene Wörter in der Mobilfunk-Werbung.
   a. Schreibt aus der Werbung für Handys und Smartphones Wörter auf.
   b. Was bedeuten diese Wörter? Schreibt die Bedeutung dazu.
   c. Welche englischen Ausdrücke lassen sich sinnvoll durch ein deutsches Wort ersetzen? Macht Übersetzungsvorschläge.

4 Die folgenden Wörter gab es im Deutschen vor fünfzig Jahren noch nicht.
   a. Was bedeuten die Wörter? Schreibt die Wörter mit ihren Erklärungen auf und notiert, in welchen Bereichen die Wörter verwendet werden.
   b. Ergänzt mindestens fünf weitere solcher Wörter.
   c. Prüft, ob die Wörter schon in neueren Wörterbüchern stehen.

Kids, das Kopfkino, liken, das Public Viewing, das E-Book, cool, der Flyer

Andere Wörter werden heute nur noch selten verwendet.

5 a. Überlegt, was das Wort **Bandsalat** bedeuten könnte.
   b. Stellt Vermutungen an, warum das Wort **Bandsalat** heute nur noch selten verwendet wird.

Auch die folgenden Wörter findest du nur noch selten in der deutschen Sprache.

- Alexander ist sportlich, gut in der Schule und interessiert sich für Technik. Er ist ein echter **Tausendsassa**.
- Hast du noch einen **Groschen** für mich übrig? Ich möchte mir etwas zu essen kaufen.
- Bei Straftaten musste man bis ins frühe 20. Jahrhundert in den **Karzer**.

6 Was bedeuten die Wörter **Tausendsassa**, **Groschen** und **Karzer**?
   Ordne den Begriffen die entsprechenden Erklärungen zu.

- ein Gefängnis für Schüler und Studenten
- eine Person, die viele Begabungen hat
- Bezeichnung für frühere Münzen

Starthilfe
der Tausendsassa – eine Person, die ...

7 Welche Gründe könnte es dafür geben, dass Wörter heute nicht mehr oder nur noch selten verwendet werden? Sprecht darüber.

8 a. Recherchiert, warum die Wörter **Dreikäsehoch**, **Kaiserwetter** und **Wählscheibe** kaum mehr verwendet werden.
   b. Stellt eure Ergebnisse anschließend in der Klasse vor.

Im Internet recherchieren
▶ S. 297

Sprachebenen erkennen und richtig verwenden

Unsere Art zu sprechen passen wir der jeweiligen Situation an. Dazu wählen wir eine bestimmte Sprachebene aus, z.B. Standardsprache, Umgangssprache, Jugendsprache, Fachsprache oder Dialekt.

1 Seht euch die abgebildete Szene an und lest die Sprechblasen.

- Gell, Radiesla hobd ihr heid a ned?
- Sie haben wohl heute keine Radieschen mehr?
- Hast jetz' heute keine Radieschen mehr für mich, oder?

2 Welche Sprechblase findet ihr angemessen für die Situation? Begründet eure Meinung.

3 Zu welcher Sprachebene gehören die Aussagen in den Sprechblasen?
  a. Ordnet die Sprechblasen den Sprachebenen zu.
  b. Begründet, woran man die Sprachebene erkennen kann.
  c. Nenne je ein Beispiel zu den fünf Sprachebenen.

4 Sprecht in der Klasse über die folgenden Fragen:
  – Warum ist es wichtig, die passende Sprachebene in bestimmten Situationen zu verwenden?
  – Welche Konsequenzen könnte es haben, die falsche Sprachebene zu verwenden?

Die Jugendsprache enthält besondere Wörter und Wendungen,
die sehr zeitbezogen sind und von Jugendlichen geprägt werden.

5 Welche Wörter und Wendungen verwendet ihr häufig im Gespräch mit Gleichaltrigen? Sammelt sie in der Klasse und erstellt eine Liste.

6 a. Wie unterscheidet sich eure Jugendsprache vom Sprachgebrauch der Erwachsenen? Tauscht euch darüber aus.
b. In welchen Situationen verwendet ihr Jugendsprache, in welchen Standardsprache? Sprecht darüber.
c. Was kann die unangemessene Nutzung von Jugendsprache auslösen?

Fachsprachen enthalten besondere Wörter, die von bestimmten
Berufsgruppen verwendet werden.

Was macht man als …?

Gärtner/innen im Garten und Landschaftsbau gestalten Grünanlagen durch fachgerechtes Anpflanzen von Rasen, Stauden und Blumen. Auch können sie zum Umweltschutz beitragen, in dem sie z. B. Mülldeponien rekultivieren.

Kaminkehrer/innen überprüfen Heizungs-, Abgas- und Lüftungsanlagen auf ihre Betriebs- und Brandsicherheit. Dabei ermitteln sie Energiesparpotenziale. Zu ihren Aufgaben gehören auch Immissionsschutzmessungen. Ein weiterer Teil ist die Kundenberatung, z. B. im Hinblick auf Fragen zu Energieeffizienz und Brandschutz.

7 In den Tätigkeitsbeschreibungen sind Fachwörter hervorgehoben.
a. Recherchiere ihre Bedeutung im Internet.
b. Schreibe sie zusammen mit einer Erklärung auf.

Im Internet recherchieren
▶ S. 297

> **Merkwissen**
>
> Wie du etwas ausdrückst, hängt von der Umgebung ab und von deinem Gesprächspartner. Es gibt bestimmte Sprachebenen:
> – Die Standardsprache ist die allgemein verbindliche Form einer Sprache, wie sie in der Öffentlichkeit verwendet wird.
> – Als Umgangssprache wird der mündliche Sprachgebrauch im Alltag bezeichnet. Die Umgangssprache orientiert sich an der Standardsprache, wendet aber nicht deren strenge Regeln an.
> – Die Jugendsprache enthält besondere Wörter und Wendungen, die sehr zeitbezogen sind und von Jugendlichen geprägt werden.
> – Fachsprachen enthalten besondere Wörter, meist Fremdwörter, und Formulierungen, die von bestimmten Berufsgruppen verwendet werden.
> – Dialekte (Mundarten) sind regionale Sprachformen, z. B. Niederbairisch oder Fränkisch.

Wortbedeutungen untersuchen

Ein Wort – eine Bedeutung?

1 Seht euch das Bild an und beschreibt die Situation.

2 a. Worauf beruht das Missverständnis? Sprecht darüber.
b. Schreibt die unterschiedlichen Bedeutungen des Wortes **Bank** auf.

3 Welche Probleme können im Alltag entstehen, wenn Wörter mit unterschiedlicher Bedeutung falsch verstanden werden?

4 Ordne die folgenden Bedeutungen jeweils den Wörtern vom Rand zu.

> Essen probieren, ein festlicher Anlass, eine Blume, ein Sportler, eine Hunderasse, ein Gewürz, ein Sport- und Spielgerät, einen bestimmten Preis haben

der Ball
der Boxer
kosten
die Nelke

5 Findet zu den folgenden Wörtern unterschiedliche Bedeutungen und schreibt sie auf.

> der Kiefer – die Kiefer, der Pony – das Pony, flicken – der Flicken

6 Du sprichst noch eine weitere Sprache. Gibt es in dieser Sprache auch Wörter mit unterschiedlichen Bedeutungen? Sammelt diese.

Merkwissen

> Wörter, die gleich geschrieben und ausgesprochen werden, aber eine unterschiedliche Bedeutung haben, heißen Homonyme:
> der Kiefer: der Schädelknochen – die Kiefer: der Nadelbaum

Wörter mit ähnlicher Bedeutung gehören zu einem Wortfeld.
Je mehr passende Wörter eines Wortfeldes du kennst, desto treffender kannst du dich ausdrücken.

Tom schreibt Ariana eine Nachricht:

Ich gehe heute Nachmittag ins Kino. Möchtest du mitgehen? Anschließend könnten wir noch in ein Restaurant gehen. Oder wir könnten noch ins Jugendzentrum gehen.

7 Toms Nachricht könnt ihr treffender formulieren.
   a. Sammelt Verben aus dem Wortfeld **gehen**.
   b. Erklärt, wie sich die Bedeutung der Verben jeweils unterscheidet.
   c. Formuliert Toms Nachricht mit passenden Verben aus dem Wortfeld **gehen** neu.
   d. Wähle aus dem Wortfeld fünf weitere Verben aus und schreibe mit jedem Verb einen Satz auf.

Auch Wörter mit gegensätzlicher Bedeutung helfen dir, abwechslungsreich zu schreiben.

> Ich habe mir eine neue Jeans gekauft. Sie war echt billig, also wirklich nicht teuer.

> Deine Hose gefällt mir gut, die ist echt nicht schlecht.

8 Tom und Ariana verwenden Gegensatzpaare.
   a. Schreibe die Gegensatzpaare auf.
   b. Besprecht, warum Tom und Ariana Gegensatzpaare verwenden.

9 a. Findet zu den folgenden Wörtern jeweils ein Wort mit gegensätzlicher Bedeutung.
   b. Schreibe mit jedem Gegensatzpaar eine Wortgruppe auf.

> hell, schreien, der Tag, lieben, stark, vor, glücklich

Starthilfe
> hell: der helle Tag – …
> …

10 Wie verändert sich jeweils die Bedeutung? Sprecht darüber.

Merkwissen
> Wörter mit ähnlicher oder gleicher Bedeutung werden als Synonyme bezeichnet: gehen – laufen – schlendern
> Antonyme sind Wörter mit gegensätzlicher Bedeutung: groß – klein

Beschönigungen in der Sprache erkennen

Mit Hilfe der Sprache werden Dinge oft besser dargestellt, als sie sind. Sie werden beschönigt, so wie in dieser Stellenanzeige.

> Spitzenunternehmen des Handwerks in der Lederbranche bietet Raumpflegerinnen eine Qualitätsbeschäftigung auf Leistungsbasis.

1 Welche Arbeit wird hier tatsächlich angeboten?
  a. Mit welchen Wörtern wird die ausgeschriebene Stelle beschönigt? Sprecht darüber.
  b. Schreibt die Stellenanzeige so um, dass die Besetzung der Stelle der Realität entspricht.
  Tipp: Ihr könnt die Wörter vom Rand verwenden.

2 Diskutiert: In welchen Situationen werden Beschönigungen häufig verwendet? Was haltet ihr davon?

Randwörter:
- die Gerberei
- schnell, aber gründlich
- arbeiten ohne Pausen
- die Reinigungskraft
- auf Minijob-Basis

Beschönigungen findet ihr häufig in der Werbung und in der Politik.

Beschönigungen:	„wahre" Bedeutungen:
freisetzen	den Mitarbeitern und Mitarbeiterinnen kündigen
die Gebührenanpassung	teuer
der Industriepark	die Gebührenerhöhung
kostenintensiv	die Friseurin
die Hairstylistin	der Stillstand in der Wirtschaft
das Nullwachstum	das Gewerbegebiet

3 Was bedeuten die Beschönigungen in Wahrheit?
  a. Ordnet den Wörtern oder Wortgruppen die „wahren" Bedeutungen zu.
  b. Ergänzt, von wem und wo sie verwendet werden könnten.

4 a. Sucht nach Beschönigungen für Unangenehmes in eurem Alltag.
  b. Verwendet diese Beschönigungen in einem Dialog, z. B. zwischen Vater und Tochter oder Lehrkraft und Schüler.

> **Starthilfe**
> schlechte Note – noch kein hervorragendes Ergebnis
> Zuspätkommen – …
> eine Verabredung nicht einhalten – …

Fehler vermeiden: Die Verbstellung in Nebensätzen

Hannah macht einen Fehler, der im Englischen keiner wäre:

Hannah: Die Parallelklasse hat es gut, weil die sieht einen Film.
Lehrerin: And you're lucky because you will watch that film tomorrow.

1 An welcher Stelle steht die gebeugte Verbform im Nebensatz im Deutschen?
   a. Schreibe Hannahs Äußerung richtig auf.
   b. Schreibe den Satz der Lehrerin auf Deutsch. Achte auf die Verbstellung.
   c. Unterstreiche die gebeugte Verbform in den Nebensätzen.

2 Bei Hannahs Fehler handelt es sich um einen Satzbaufehler.
   Schreibe einen Merksatz für die Verbstellung in Nebensätzen auf.

3 Sprecht ihr in der Klasse noch weitere Sprachen?
   a. Schreibt Hannahs Äußerung in weiteren Sprachen auf.
   b. Überprüft die Verbstellung im Nebensatz.

4 Schreibe drei weitere Konjunktionen auf, die einen Nebensatz einleiten.

5 a. Verbinde die folgenden Sätze mit passenden Konjunktionen und schreibe die Satzgefüge auf.
   b. Markiere jeweils die gebeugte Verbform in den Nebensätzen.

> Hannah hat der Film nicht gefallen. Er war sehr langweilig.
> Die Klasse fragte die Lehrerin. Sie möchten bald ins Kino gehen.
> Es war während des Films so laut. Die Englischlehrerin musste den Film abbrechen.

6 Erfinde drei Entschuldigungen und schreibe sie auf.
   > **Starthilfe**
   > Ich konnte heute nicht kommen, weil ...

> **Merkwissen**
> Ein Satzgefüge besteht aus einem Hauptsatz und mindestens einem Nebensatz. Die Nebensätze werden mit einer Konjunktion eingeleitet.
> Im Nebensatz steht die gebeugte Verbform an letzter Stelle.
> Der Hauptsatz und der Nebensatz werden durch ein Komma voneinander abgetrennt.
> Herr Maier lädt oft Gäste ein, weil er gern für andere kocht.

Satzgefüge ▶ S. 314

Fehler vermeiden: Vergleiche mit *wie* und *als*

Vergleiche mit **wie** oder **als** werden häufig in Sprichwörtern und Redewendungen verwendet.

> Sie ist fleißig wie eine Biene.
> Das ist leichter gesagt als getan.
> Er fährt schneller, als die Polizei erlaubt.
> Er ist schlau wie ein Fuchs.

weitere Redensarten und Sprichwörter
► S. 79

1 a. Lest die Sprichwörter und Redensarten.
   b. Erklärt die Sprichwörter und Redensarten.
   c. Wann wird bei Vergleichen **wie** verwendet, wann wird **als** verwendet? Schreibt einen Merksatz für Vergleiche mit **wie** und **als** auf.

Sprachliche Bilder werden oft als Vergleiche ausgedrückt.

falsch		ein Elefant
größer	als	ein Löwe
gefährlicher	wie	eine Schlange
lahm		eine Schnecke

2 a. Schreibe die sprachlichen Bilder auf.
   b. Unterstreiche die Adjektive und markiere **wie** und **als**.

3 Sammelt weitere sprachliche Bilder mit Vergleichen und erklärt euch gegenseitig ihre Bedeutung.

Vergleiche mit **wie** oder **als** werden mit der Grundform oder dem Komparativ eines Adjektivs gebildet.

Adjektive
► S. 312

4 Bilde Vergleiche.
   a. Schreibe die Adjektive vom Rand untereinander auf.
   b. Schreibe die Komparative (1. Steigerungsform) daneben.
   c. Schreibe **wie** und **als** darüber.

   Starthilfe
wie	als
breit	breiter
…	…

breit
bunt
eisig
friedlich
gemütlich
hell
trostlos

5 Wähle vier Wortgruppen aus und bilde Sätze damit.

6 **wie** oder **als**?

Schreibe die folgenden Vergleiche vollständig auf.

a. Prüfe jeden Satz: Geht es um einen Unterschied oder um eine Ähnlichkeit?

b. Schreibe die Sätze ab und setze die Adjektive vom Rand mit **wie** oder **als** richtig ein.

> Du bist ? ? der Blitz.
> Marco ist ? ? ein Löwe.
> Der See glänzt so ? ? der Himmel.
> Das zweite Kapitel des Krimis ist ? ? das erste Kapitel.
> Arzu ist so ? ? Abdullah.
> Der Fluss ist hier ? ? an anderen Stellen.

> blau
> hungrig
> groß
> klar
> schnell
> spannend

7 a. Notiere sechs Adjektive.

b. Schreibe mit jedem Adjektiv erst einen Vergleich mit **wie** auf.

c. Schreibe dann mit jedem Adjektiv einen Vergleich mit **als** auf.

Vergleicht die deutsche Sprache mit der englischen Sprache.

> bigger than a house
> as blue as the sky
> longer than a river
> as high as a mountain

8 a. Übersetzt die Vergleiche ins Deutsche. Wann verwendet ihr **wie** und wann **als**?

b. Beschreibt die Regel im Englischen und vergleicht sie mit der Regel im Deutschen.

9 Sprecht ihr in der Klasse noch weitere Sprachen?

a. Schreibt Vergleiche in weiteren Sprachen auf.

b. Überprüft, ob es wie im Deutschen unterschiedliche Formen gibt.

Merkwissen

Mit den Wörtern **wie** und **als** kann man Vergleiche formulieren.
Mit der Grundform eines Adjektivs und dem Vergleichswort **wie** kannst du eine Ähnlichkeit beschreiben:
Sie ist schlau wie ein Fuchs.
Mit dem Komparativ eines Adjektivs und dem Vergleichswort als kannst du einen Unterschied beschreiben:
Marc arbeitet konzentrierter als David.

Wortarten verwenden

Die Wortarten wiederholen

Du weißt schon einiges über die wichtigsten Wortarten.
Hier kannst du sie noch einmal üben.

Tipp 1: Verschaffe dir einen Überblick über den Lernstoff.

1 Lies die Texte auf den Karteikarten.

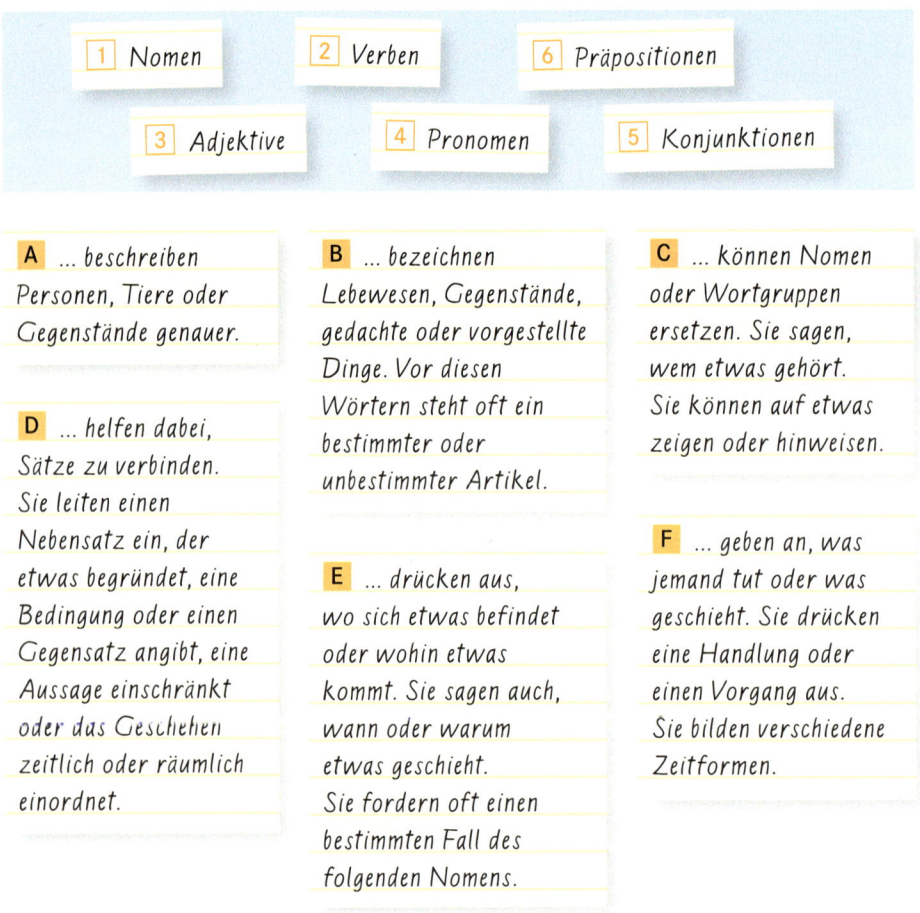

A ... beschreiben Personen, Tiere oder Gegenstände genauer.

B ... bezeichnen Lebewesen, Gegenstände, gedachte oder vorgestellte Dinge. Vor diesen Wörtern steht oft ein bestimmter oder unbestimmter Artikel.

C ... können Nomen oder Wortgruppen ersetzen. Sie sagen, wem etwas gehört. Sie können auf etwas zeigen oder hinweisen.

D ... helfen dabei, Sätze zu verbinden. Sie leiten einen Nebensatz ein, der etwas begründet, eine Bedingung oder einen Gegensatz angibt, eine Aussage einschränkt oder das Geschehen zeitlich oder räumlich einordnet.

E ... drücken aus, wo sich etwas befindet oder wohin etwas kommt. Sie sagen auch, wann oder warum etwas geschieht. Sie fordern oft einen bestimmten Fall des folgenden Nomens.

F ... geben an, was jemand tut oder was geschieht. Sie drücken eine Handlung oder einen Vorgang aus. Sie bilden verschiedene Zeitformen.

2 Welche Wortart von 1 bis 6 gehört zu welcher Erklärung A bis F? Schreibe die Zuordnung auf.

Starthilfe

3 a. Schreibe jede Wortart mit ihrer Erklärung in dein Heft.
b. Schreibe jeweils drei Beispiele für diese Wortart dazu.

Nomen ▶ S. 309
Pronomen ▶ S. 310
Verben ▶ S. 310–311
Adjektive ▶ S. 312
Präpositionen ▶ S. 311
Konjunktionen ▶ S. 314

Tipp 2: Festige dein Wissen mit verschiedenen Übungen.

Ein alter Mann saß an einem Fluss und angelte.
Er ärgerte sich über die lästigen Mücken.
Seit Stunden kämpfte er gegen sie, aber ohne Erfolg.
Deshalb packte er seine Sachen und ging.
Als er zurückschaute, flog ein Glühwürmchen vorbei.
„Sie suchen mich mit der Taschenlampe", schimpfte
der empörte Angler.

4 a. Übertrage die Tabelle in dein Heft.
b. Ordne Wörter aus dem Text den Wortarten zu. Schreibe in der Tabelle die Grundform auf, bei Nomen auch den Artikel.

Starthilfe					
Nomen	Verben	Adjektive	Pronomen	Präpositionen	Konjunktionen
ein Mann	sitzen	alt …	…	…	…

Die folgende Wortartkette besteht aus drei Beispielen für eine Wortart.

5 Ein Wort gehört aber nicht in die Kette. Begründet.

wenn — aber — lustig — während

6 a. Lies die folgenden Wortartketten.
b. Welches Wort passt nicht in die jeweilige Kette? Schreibe es auf.
c. Schreibe die berichtigte Wortartkette und die Wortart auf.

> erfinden – entdecken – lange – mischen
> entsetzlich – weich – biegsam – legen
> Ufer – Fisch – schmackhaft – Klappstuhl
> vor – und – zu – bei
> euer – meine – wir – dünn
> dass - aber - draußen - wenn

Tipp 3: Zu zweit üben hilft und macht mehr Spaß.

7 a. Erfindet selbst Wortartketten mit drei passenden und einem nicht passenden Wort.
b. Tauscht eure Wortartketten aus.
c. Streicht jeweils das falsche Wort durch.
d. Kontrolliert eure Lösungen gemeinsam.

Die Zeitformen der Verben wiederholen

Du weißt schon einiges über die Zeitformen der Verben.
Hier kannst du sie noch einmal üben.

Tipp 1: Verschaffe dir einen Überblick über den Lernstoff.

Die Zeitformen der Verben sind:
- (T) Futur
- (B) Perfekt
- (E) Plusquamperfekt
- (R) Präsens
- (A) Präteritum

lerne
hatte gelernt
habe gelernt

Dazu gehören diese Beschreibungen:
- (E) … verwendest du, wenn du sagst, was gerade geschieht.
- (S) … verwendest du, wenn du schriftlich über Vergangenes berichtest oder erzählst.
- (O) … verwendest du, wenn du über Dinge sprichst, die in der Zukunft liegen.
- (L) … verwendest du, wenn du ausdrücken möchtest, dass ein Vorgang schon abgeschlossen war, bevor ein anderer begann.
- (U) … verwendest du, wenn du mündlich über etwas Vergangenes berichtest oder erzählst.

Die Beispielsätze zu den Zeitformen lauten:
- (T) Gestern sprach ich mit Elena über unseren Flohmarktstand.
- (F) Sie hatte mir vor zwei Wochen von dieser Idee erzählt.
- (S) Seitdem habe ich viele Dinge für den Stand gesammelt.
- (H) Heute besorge ich noch einen Klapptisch für uns.
- (R) Wir werden bestimmt viel Spaß auf dem Flohmarkt haben.

1 a. Lies die Zeitformen, die Beschreibungen und die Beispielsätze.
  b. Immer drei gehören zusammen! Finde sie.
   Die drei Buchstaben davor ergeben jeweils ein Lösungswort.
   Tipp: Eine Lösung ist schon hervorgehoben (Lösungswort: TOR).

2 Welche Zeitformen stehen in den folgenden Sätzen?
  a. Schreibe die Sätze in dein Heft.
  b. Schreibe hinter jeden Satz die richtige Zeitform.
   Tipp: In einem Satz kommen zwei verschiedene Zeitformen vor.

Ich bin sehr enttäuscht. In Zukunft werde ich vorsichtiger sein.
Nino wusste schon lange von meinem Geheimnis.
Er hatte mit Cora darüber gesprochen, bevor ich diese peinliche SMS bekam.
Warum habe ich ihm nur vertraut?

Tipp 2: Festige dein Wissen mit verschiedenen Übungen.

In Marys Klasse geht es zurzeit um Kurzgeschichten. Mary schreibt Stichpunkte über den Inhalt ihrer Geschichte auf.

> *Titel: Ich dachte schon, von Mary; Hauptfiguren: Ella und ihr Freund Benny*
> *Ellas Traum: Tänzerin. Fährt auf Tanzworkshop, übt mit einem Partner,*
> *jemand macht Foto davon. Ellas Freund Benny zu Hause geblieben, sieht im*
> *Freundes-Netzwerk zufällig das Foto von Ella und Tanzpartner. Benny denkt,*
> *Tanzpartner ist Ellas neuer Freund; wütende SMS an Ella, Zerwürfnis,*
> *Aussprache nach Ellas Rückkehr; Benny: „Ich dachte schon ..."*

3 **a.** Schreibe die Stichpunkte zu Marys Geschichte in vollständigen Sätzen auf. Verwende das Präsens.
b. Markiere die Verben im Präsens.

Verben im Präsens
▶ S. 310

Starthilfe
Die Geschichte „Ich dachte schon" von Mary handelt von ... Ella möchte später ...

4 Mary erzählt, wie sie auf die Idee zu ihrer Geschichte kam.
Ergänze die folgenden Sätze mit Verbformen im Perfekt vom Rand.
a. Schreibe die Sätze vollständig auf.
b. Markiere die Perfektformen.
Tipp: Das Perfekt besteht aus einer Form von **haben** oder **sein** und einem **Partizip II**.

Verben im Perfekt
▶ S. 310

Erst ? mir nichts ? .
Dann ? ich einen Film ? . Er ? mir super ? .
Mein Bruder und seine Freundin ? etwas Ähnliches ? .
Ich ? sofort in mein Zimmer ? und ? meine Ideen ? .

> haben ... erlebt
> hat ... gefallen
> habe ... aufgeschrieben
> ist ... eingefallen
> habe ... gesehen
> bin ... gegangen

In der Schreibkonferenz soll Marys Geschichte überarbeitet werden. Mary bereitet sich vor:

> Ich werde den Anfang umformulieren.
> Kara wird mich bestimmt nach einem anderen Schluss fragen.
> Leander und Noel werden meine Geschichte richtig gut finden.
> Wir werden die Geschichte gemeinsam verbessern.

5 Was wird geschehen?
a. Schreibe die Sätze im Futur I ab.
b. Markiere die Formen von **werden** und die Infinitive der Verben.

Verben im Futur I
▶ S. 311

Mary malt sich aus, was auf der Schreibkonferenz noch geschehen wird.

| Frau Hansen
John und Lina
Du
Ihr
Wir | + | wirst
wird
werden
werdet
werden | + | die Geschichte
einen Tipp
einen lustigen Schluss
die Hauptfigur
noch viele Geschichten | + | geben.
loben.
schreiben.
lesen.
verändern. |

6 a. Schreibe mit Hilfe der Satzteile aus den Kästen Sätze im Futur auf.
   b. Markiere die Formen von **werden** und die Infinitive der Verben.

Mary ist bei dem Schulwettbewerb um die beste Geschichte dabei.
Im Schulblog kann man später lesen, wie sie ihre Präsentation erlebte.

Am Dienstag fand in unserer Schule der Wettbewerb um die beste Geschichte statt. 15 Schülerinnen und Schüler nahmen daran teil. Zuerst bekam ich kein Wort heraus. Aber dann legte ich los. Das Publikum hörte interessiert zu. Ich gewann den zweiten Platz.

7 In Marys Text stehen die Verbformen im Präteritum.
   a. Schreibe die Verbformen zusammen mit den Nomen oder Pronomen auf.
   b. Schreibe zu jedem Verb im Präteritum auch den Infinitiv auf.
   c. Vergleiche die Verbformen im Präteritum mit den Infinitiven. Markiere, was anders ist.

Verben im Präteritum
▶ S. 310

Marek hat sich eine Kriminalgeschichte ausgedacht.

Alexa wachte in der Nacht auf.		Laute Geräusche waren aus der Küche gekommen.
Ihr Vater beruhigte sie.	nachdem als	Er hatte die Polizei angerufen.
Die Polizisten fanden einen Waschbären.		Sie hatten alles durchsucht.
Das Tier gelangte ins Haus.		Jemand hatte ein Kellerfenster offen gelassen.

8 Was war zuerst geschehen? Was geschah danach?
   Du hast verschiedene Möglichkeiten, die Sätze zu verbinden.
   a. Schreibe Mareks Geschichte: Schreibe dazu vier Satzgefüge auf.
   b. Markiere die Verbformen im Präteritum und im Plusquamperfekt mit unterschiedlichen Farben.
   c. Schreibe die Infinitive zu den Verbformen auf.

Verben im Plusquamperfekt
▶ S. 311

Starthilfe
Alexa wachte … auf, nachdem … gekommen waren. …
aufwachen, …

Auch bei einem Lebenslauf ist die Wahl der richtigen Zeitform wichtig.

Ich ? Ersin Erkan. Am 11. Juni 2002 ? ich in Regensburg ? . Von 2008 bis 2012 ? ich dort die Grundschule. Es ? ein fünfjähriger Besuch an der Hans-Sachs-Schule. Nachdem ich die 9. Klasse erfolgreich ? ? , ? ich eine Lehre als Werkzeugmechaniker. Ich ? gerade das zweite Lehrjahr. Nachdem ich mit meinem Ausbildungsleiter das zusätzliche Kursangebot ? ? , ? er mir eine Schulung für den Gabelstaplerschein ? . Demnächst ? ich außerdem an einem Computerkurs ? .

heißen
geboren werden
besuchen
folgen
abschließen
beginnen
beenden
besprechen
vorschlagen
teilnehmen

9 a. Schreibe den Lebenslauf ab und ergänze die Verben vom Rand in der richtigen Zeitform.
b. Überprüft eure Ergebnisse gegnseitig.

Starthilfe
Ich heiße Ersin Erkan. Am 11. Juni 2002 wurde ich ...

Tipp 3: Zu zweit üben hilft und macht mehr Spaß.

10 Fragt euch gegenseitig die Zeitformen ab.
- Ihr sagt einen einfachen Satz.
- Dann gebt ihr eine Zeitform vor.
- Die Partnerin oder der Partner sagt den Satz in der neuen Zeitform.
- Ihr prüft, ob der Satz stimmt, und verbessert, wenn es nötig ist.
- Dann wechselt ihr.

11 Spielt zu zweit Stadt-Land-Fluss mit verschiedenen Verbformen.
- Ihr braucht jeweils einen Zettel mit fünf Spalten für die Zeitformen und einer Spalte für die Punkte.
- Eine oder einer sagt still das Alphabet auf, bis der oder die andere „Stopp" sagt. Der Buchstabe, der gerade gesagt wurde, wird gespielt (die Buchstaben C, Q, X, Y könnt ihr auslassen).
- Jeder schreibt schnell in jede Spalte ein passendes Verb mit diesem Anfangsbuchstaben in der jeweiligen Zeitform.
  Tipp: Ihr könnt alle Verbformen in der ich-Form eintragen.
  Oder ihr legt vor jeder Runde eine andere Person fest.
- Wer fertig ist, ruft wieder „Stopp".
- Für jede richtige Verbform gibt es fünf Punkte.

Starthilfe

Präsens	Präteritum	Futur	Perfekt	Plusquamperfekt	Punkte
ich schreibe	ich schrieb	ich werde	...	...	...
du sagst	du sagtest	du ...	...	...	...

Den Konjunktiv I wiederholen

Hier wiederholst du, Verben im Konjunktiv I zu verwenden.

Tipp 1: Verschaffe dir einen Überblick über den Lernstoff.

Panne bei der Zeitnahme

Neustadt – Bei einem Papierbootrennen gab es Ungenauigkeiten bei der Zeitnahme.

In Neustadt fand am Wochenende ein Rennen mit Papierbooten statt. Die Gruppe Piraten trat gegen
5 die Gruppe Kartonboot an. Nach Angaben der Rennleitung habe es bei der Zeitnahme offensichtlich einen Fehler gegeben. Dadurch habe die Gruppe Kartonboot fälschlicherweise gewonnen. Nach Zeugenaussagen habe die Gruppe Piraten aber
10 eindeutig vor der Gruppe Kartonboot gelegen. Die Piraten seien zuerst ins Ziel gerudert.

1 Worum geht in dem kurzen Zeitungsbericht? Schreibe einen Satz auf.

Was hat die Rennleitung gesagt?
Der Zeitungsbericht gibt das im Konjunktiv I wieder.

Verben im Konjunktiv I
▶ S. 311

2 a. Finde die Verben im Konjunktiv im Zeitungsbericht und schreibe sie zusammen mit den Personalpronomen auf.
Tipp: Einige Verben im Konjunktiv sind blau hervorgehoben.
b. Warum wird in Zeitungsberichten der Konjunktiv verwendet? Erkläre es.

Tipp 2: Festige dein Wissen mit verschiedenen Übungen.

3 Was steht noch im Zeitungsbericht?
Schreibe die weiteren Sätze ab und setze dabei die passenden Konjunktivformen vom Rand ein.

Die Rennleitung ? noch einmal gemeinsam mit den Zeitnehmern und den Zeugen ? .
Der verantwortliche Zeitnehmer sagte, ihm ? beim Auslösen der Stoppuhr wohl ein Fehler ? .
Beim Ertönen des Startsignals ? er kurz unaufmerksam ? .
Wegen des Fehlers ? sich die Rennleitung ? , zwei erste Plätze zu vergeben.

er sei gewesen

er sei passiert

sie habe (sich) entschlossen

sie habe gesprochen

Toms Schule soll umgebaut werden. Nach einem Interview mit der Direktorin entwirft er einen Artikel für die Schülerzeitung in der indirekten Rede.

> Unsere Schule wird umgebaut
> Ich fragte Frau Zubrowski, ob sie mir mehr zum Umbau der Schule sagen könne. Die Rektorin antwortete, es solle möglichst bald eine Erweiterung geben. Die Erweiterung dürfe aber nicht sehr viel kosten. Daher könne die Sporthalle vielleicht vorerst nicht umgebaut werden. Sie wolle aber weiterhin nach einem Geldgeber für den Umbau der Sporthalle suchen. Anders sei es mit der Einrichtung der Küchenräume. Da die Schule für die Küchengeräte einen Spender habe, müsse dieser Teil der Arbeiten unbedingt bis Weihnachten fertig werden.

4 Schreibe alle Verbformen im Konjunktiv I zusammen mit den Personalpronomen aus dem Text ab.
Starthilfe
sie (sagen) könne, es solle (geben), sie dürfe ...

5 Was wurde im Interview wörtlich gesagt? Schreibe das Interview in wörtlicher Rede in dein Heft. Unterstreiche die Verbformen.
Starthilfe
Tom: „Frau Zubrowski, <u>können</u> Sie mir mehr zum Umbau der Schule <u>sagen</u>?" ...

Einen Teil des Interviews musst du noch in die indirekte Rede setzen.

Tom: Können Sie schon sagen, wann die Klassenräume umgestaltet werden?
Frau Zubrowski: Ein genaues Datum gibt es noch nicht. Die Arbeitsgruppe hat aber bereits einen Spender für
5 die Wandfarbe gefunden. Jetzt sucht sie noch weitere Geldgeber. Jede Klasse kann einen Vorschlag zur farblichen Gestaltung ihres Klassenraums vorlegen. Schwarze Flächen darf der Vorschlag allerdings nicht vorsehen. Ein helles, freundliches Raumklima muss gewahrt bleiben. Ansonsten
10 will ich gerne alle kreativen Vorschläge berücksichtigen.

6 a. Schreibe das Interview in indirekter Rede auf.
b. Unterstreiche die Verbformen im Konjunktiv I in deinen Sätzen.
Starthilfe
Tom fragte Frau Zubrowski, ob sie schon sagen <u>könne</u>, ...

Sprachspeicher
Sie sagt immer, ...
Er meinte dazu, ...
Sie fragte sich, ob ...

7 Schreibe drei eigene Sätze in direkter Rede auf. Wandle diese dann in indirekte Rede um.

Den Konjunktiv II verwenden

Jeder Mensch hat Wünsche und Träume, auch die Menschen an dieser Bushaltestelle. Lies, woran sie denken.

1. Alle Personen auf dem Bild wünschen sich etwas.
   Beantworte zu jeder Person die folgenden Fragen:
   – Was wünscht sich diese Person? Warum?
   – Kann der Wunsch Wirklichkeit werden oder nicht?

   Starthilfe
   Der Arbeiter wünscht sich acht Arme. Er möchte schnell fertig werden. Dieser Wunsch kann …

2. a. Schreibe die Wünsche und Träume aus den Denkblasen ab.
   b. Markiere die gebeugten Verben.
   Tipp: In der ersten Sprechblase sind die gebeugten Verbformen bereits markiert.

   Merkwissen
   Mit dem Konjunktiv II (Möglichkeitsform des Verbs) kann man ausdrücken, dass etwas nicht oder noch nicht Wirklichkeit ist. Das können Möglichkeiten, erfüllbare oder nicht erfüllbare Wünsche sein.
   Ich **hätte** gern acht Arme.

3. Was wünscht sich der Vogel auf dem Bild?
   Schreibe seinen Wunschsatz ab und ergänze ihn sinnvoll.

Der Konjunktiv II wird vom Präteritum abgeleitet.

4 a. Schreibe die gebeugten Verbformen aus Aufgabe 2 zusammen mit dem Pronomen untereinander auf.
b. Schreibe die passende Verbform im Präteritum daneben.
c. Markiere die Unterschiede.

> **Starthilfe**
> ich hätte – ich hatte
> …

> **Merkwissen**
> Der Konjunktiv II wird vom Präteritum abgeleitet. Bei den unregelmäßigen Verben wird bei den Formen im Konjunktiv II ein **e** angefügt.
> Unregelmäßige Verben mit **a**, **o** und **u** im Präteritum erhalten einen Umlaut.
> du hattest – du hättest gern …
> ich war – ich wäre, du warst – du wärest lieber …
> du fuhrst – du führest, er fuhr – er führe …

Nun kannst du üben, Verben im Konjunktiv II zu verwenden.

5 Schreibe zu folgenden Verben im Präteritum den Konjunktiv II auf.
Tipp: Bei manchen Verben steht im Konjunktiv II ein **e** nach dem Wortstamm.

> ich bekam, wir bekamen, du wurdest, ihr wurdet, sie besaß,
> sie besaßen, wir flogen, ich fand, sie sangen, ihr gabt, er trug

6 Schreibe mit sechs Verben aus Aufgabe 5 eigene Wünsche auf.
– Du kannst dir etwas wegwünschen oder herbeiwünschen.
– Du kannst wünschen, dass sich jemand oder etwas ändert.

> **Starthilfe**
> Ich wünschte, ich besäße …

7 Wenn die Wünsche in Erfüllung gingen, was wäre dann?
a. Wähle drei Wünsche aus Aufgabe 6 aus.
b. Schreibe auf, was dann anders wäre.
Tipp: Auch im dann-Satz steht eine Konjunktivform.

> **Starthilfe**
> Wenn ich Zauberkräfte besäße, dann könnte ich …

8 Was wäre, wenn …
Schreibe ein Gedicht oder einen Rap mit Wenn-dann-Sätzen.
– Du kannst in dem Gedicht jemand anderes sein.
– Du kannst in dem Gedicht anders aussehen.

Präpositionen mit Dativ und Akkusativ wiederholen

Tipp 1: Verschaffe dir einen Überblick über den Lernstoff.

1 Was weißt du schon über die Wortart **Präposition**?
Schreibe das Wichtigste dazu auf.
   a. Notiere als Überschrift die Wortart.
   b. Schreibe auf, welche Aufgabe die Wortart hat.
   c. Schreibe drei Beispiele für die Wortart auf.
   d. Überprüfe dein Wissen mit Hilfe der Erklärungen in „Wissenswertes auf einen Blick".

Präpositionen ▶ S. 311

Tipp 2: Festige dein Wissen mit verschiedenen Übungen.

Mila hat ihre Brille im Garten verlegt. Die Familie hilft bei der Suche.

Die Eltern suchen zuerst ? dem Gartenhaus.
Mila krabbelt ? den Gartentisch.
Gregori sucht ? dem Kräuterbeet.
Jetzt schaut er ? die Schubkarre.
Die Tante sucht ? dem Rosenbusch.
Die Mutter zeigt ? den Komposteimer.
Die Brille liegt ? den Kartoffelschalen.

auf
bei
hinter
in
neben
unter
zwischen

2 Schreibe den Text ab. Ergänze passende Präpositionen vom Rand.
Tipp: Es gibt mehrere Möglichkeiten.

Auf manche Präpositionen können sowohl Nomen mit Dativ als auch Nomen mit Akkusativ stehen.

3 a. Welche Sätze aus dem Text geben Antwort auf die Frage **Wo**?
Welche geben Antwort auf die Frage **Wohin**?
Schreibe die Sätze in eine Tabelle.
   b. Unterstreiche die Artikel und Nomen, die den Präpositionen folgen.
   c. Markiere den Dativ und den Akkusativ in unterschiedlichen Farben.

Starthilfe

Wo?	Wohin?
Die Eltern suchen zuerst bei dem Gartenhaus. …	…

4 Sprecht darüber, wann der Dativ und wann der Akkusativ nach einer Präposition verwendet wird.

Teste dich!

Wortarten verwenden

Hier kannst du überprüfen, ob du die Wortarten verwenden kannst.

1 Welches Wort passt nicht in die folgenden Wortartketten?
Schreibe die berichtigten Wortartketten und die Wortart auf.

> regnen – verstecken – vorläufig – vorhersagen
> sonnig – gestern – beschwerlich – dunkelblau
> hinter – oder – zwischen – bei

2 Im Wetterbericht werden verschiedene Zeitformen verwendet.
Schreibe den Wetterbericht mit den passenden Zeitformen auf.

Nachdem es bis gestern Morgen in Süddeutschland ? (regnen),
? es gestern Nachmittag zu sonnigen Abschnitten (kommen).
Im heutigen Tagesverlauf ? die Meteorologen schönes Wetter (erwarten).
Am Nachmittag ? die Temperaturen bis auf 23 Grad ? (steigen).

3 Pascal erzählt etwas über die Seewespe.
Wie lauten die Sätze im Konjunktiv I? Schreibe sie auf.

„Das giftigste Tier der Welt ist die Seewespe. Diese Qualle lebt im Pazifik. Ihr Gift blockiert die Muskeln und die Atmung setzt dann aus."

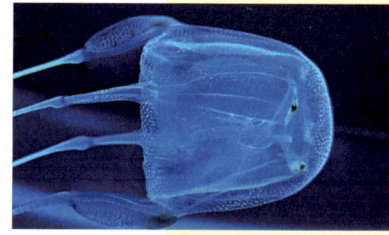

4 Schreibe zu den Verben im Präteritum den Konjunktiv II auf.

> ich bekam – ihr wurdet – sie besaßen – wir flogen – er trug

5 a. Schreibe die folgenden Sätze ab. Ergänze passende Präpositionen vom Rand.
b. Markiere den Dativ und den Akkusativ nach der Präposition in unterschiedlichen Farben.

Mila legt sich ? die Hängematte.
Ihre Brille fällt dabei ? den Boden.
Mila beobachtet eine Stelle ? dem Komposthaufen.
Sie erkennt die Grabschaufeln des Maulwurfs ? den Erdhaufen.

> neben
> auf
> in
> zwischen

6 Besprich deine Arbeitsergebnisse mit deiner Lehrkraft.
  – Was kannst du schon gut?
  – Was solltest du noch üben?

Der Satz

Die Satzglieder wiederholen

Yüksel hat eine Kriminalgeschichte geschrieben.

1 Lest den Anfang der Kriminalgeschichte.

Er hörte ein Knacken im Dickicht des Waldes. War ihm jemand gefolgt? Erschrocken blickte er sich um, aber in der Dunkelheit konnte er nichts erkennen. Das Mondlicht drang kaum durch die Baumkronen des Waldes. Sein Herz schlug schneller. Er drückte die grüne Tasche fest an sich, weil er die Dokumente aus dem Safe nicht verlieren wollte. Hatten sie seinen Diebstahl schon heute bemerkt? Plötzlich spürte er eine Hand auf seiner Schulter.

2 Sprecht über die folgenden Fragen:
- Was könnte geschehen sein?
- Welche Angaben werden zum Ort, zu den Beteiligten und zur Beute gemacht?

Du kennst bereits die wichtigsten Satzglieder:
Subjekt, Prädikat, Objekt und adverbiale Bestimmungen.

3 a. Schreibe zu jedem Satzglied das Wichtigste auf eine Karteikarte.
b. Schreibe einen Satz aus der Kriminalgeschichte dazu, der das jeweilige Satzglied enthält. Markiere das Satzglied.
c. Ergänze auf der Karte jeweils ein eigenes Beispiel für das Satzglied.
d. Schreibe dazu, wie du das Satzglied erfragen kannst.

4 Überprüft gemeinsam eure Karteikarten:
- Habt ihr alle Satzglieder gefunden?
- Habt ihr jeweils passende Fragen und Beispiele notiert?

5 Fragt euch gegenseitig ab:
- Ein Partner bildet einen Satz und nennt ein Satzglied.
- Wie kann das genannte Satzglied erfragt werden? Der andere nennt die passende Frage und ein Beispiel dazu.

Das Subjekt,
das Prädikat,
die Objekte ▶ S. 312
Die adverbialen
Bestimmungen ▶ S. 313

Lerntipps helfen dir, dein Wissen zu vertiefen.

In dem folgenden Zeitungsbericht geht es um eine Serie von Diebstählen. Was geschah wann, wo und warum?

6 Lies den Zeitungsbericht.

Diebstahlserie: Noch keine heiße Spur

Augsburg – Seit Monaten werden in der Augsburger Innenstadt schwere Ladendiebstähle beklagt. Die Polizei hat noch keine heiße Spur.
Gestern kam es wieder zu einem Ladendiebstahl. Es wird vermutet,
5 dass es sich wegen der ähnlichen Taten um einen Wiederholungstäter handelt. Von einer bekannten Ladenkette in der Innenstadt wurden hohe Verluste beklagt. Der Geschäftsführer der Ladenkette sagte, dass über Monate Waren im Wert von mehr als 5 000 Euro in der Medienabteilung entwendet wurden. Zur Vorgehensweise des Täters wollte die Polizei
10 aus ermittlungstaktischen Gründen keine Angaben machen.

7 Beantworte die Frage schriftlich: Was ist geschehen?

Tipp 1: Verschaffe dir einen Überblick über den Lernstoff.

8 Die hervorgehobenen adverbialen Bestimmungen beschreiben, **wann**, **wo** und **warum** etwas geschehen ist.
  a. Frage nach den **adverbialen Bestimmungen der Zeit** (Temporaladverbialien), **des Ortes** (Lokaladverbialien) und **des Grundes** (Kausaladverbialien). Schreibe die Fragen und die Antworten auf.
  b. Markiere die adverbialen Bestimmungen der Zeit, des Ortes und des Grundes in jeweils einer Farbe.

Die adverbialen Bestimmungen
▶ S. 313

Der Zeitungsbericht geht noch weiter.

Der Geschäftsführer berichtete, dass der Schaden anonym beglichen worden sei. Der Staatsanwalt sagte jedoch, dass die Taten strafrechtlich verfolgt würden.

9 a. **Wie** ist der Schaden beglichen worden und **wie** werden die Taten verfolgt? Erfrage **die adverbialen Bestimmungen der Art und Weise** (Modaladverbialien). Schreibe die Fragen und die Antworten auf.
  b. Markiere die adverbialen Bestimmungen der Art und Weise in einer anderen Farbe.

Tipp 2: Festige dein Wissen mit verschiedenen Übungen.

10 Lies den folgenden Zeitungsbericht.

Seriendieb gefasst

Augsburg – Bereits seit Monaten wurden in Kaufhäusern regelmäßig schwere Ladendiebstähle verübt. Nun konnte der mutmaßliche Täter gefasst werden.
In der Nähe einer Tankstelle konnte die Polizei den Täter stoppen. Er
5 wurde rasch überwältigt und ließ sich problemlos festnehmen. Die Polizei nahm ihm die Beute sofort ab. Dann fuhr man ihn ins Polizeipräsidium. Dort wurde der Täter ausführlich befragt. Offenbar handelt es sich um einen wohlhabenden fünfzigjährigen Mann. Die Staatsanwaltschaft hat heute eine Hausdurchsuchung in der Wohnung des mutmaßlichen Täters
10 angeordnet. Wegen der Diebstähle wird er bald vor Gericht gestellt.

11 a. Welche adverbialen Bestimmungen findest du im Zeitungsbericht? Schreibe die Sätze ab und markiere die adverbialen Bestimmungen wie in Aufgabe 2.
  b. Ordne die adverbialen Bestimmungen in einer Tabelle.

In den folgenden Zeitungsmeldungen fehlen die adverbialen Bestimmungen.

Die Karten für das Spitzenspiel zwischen dem FC Bayern München und Borussia Dortmund, das ?   ? stattfindet, sind bereits ausverkauft. Der Zoodirektor Hans Tierlieb rettete ?   ? ein Affenbaby. Er holte das Affenbaby ?   ? und verletzte sich dabei schwer.

12 a. Schreibe die Zeitungsmeldungen ab und ergänze die adverbialen Bestimmungen vom Rand.
  b. Welche adverbialen Bestimmungen hast du eingefügt? Bestimme die adverbialen Bestimmungen.

Tipp 3: Zu zweit üben hilft und macht mehr Spaß.

13 a. Jeder überlegt sich eine kurze Zeitungsmeldung und verwendet mindestens drei adverbiale Bestimmungen.
  b. Tauscht eure Zeitungsmeldungen aus und bestimmt jeweils die adverbialen Bestimmungen.

---

am kommenden Samstag

im Münchener Stadion

aus einem brennenden Baum

gestern Abend

im Oberpfälzer Zoo

mit einem beherzten Griff

Die adverbialen Bestimmungen des Zwecks

Herr Aslan von der Polizei gibt Tipps zum Schutz vor Einbrüchen.

Poste deinen Urlaub nicht in den sozialen Medien, …	damit das Haus bewohnt wirkt.
Im Urlaub sollte der Briefkasten regelmäßig geleert werden, …	damit Einbrecher nicht so leicht in die Wohnung einsteigen können.
Beim Verlassen der Wohnung sollten alle Fenster geschlossen sein, …	damit Einbrecher keinen Tipp auf deine Abwesenheit bekommen.

1
a. Was empfiehlt Herr Aslan? Lies die Tipps im linken Kasten.
b. Ergänze jeden Tipp mit einem passenden Nebensatz aus dem rechten Kasten. Schreibe die vollständigen Sätze auf.
c. Unterstreiche in jedem Satzgefüge den Nebensatz und umkreise die Konjunktion.

2
a. Überlegt: Was geben die Nebensätze an? Welche Frage zu den Tipps beantworten die Nebensätze?
b. Schreibt zu jedem Tipp diese Frage und die Antwort auf.

> **Starthilfe**
> Wozu soll ich meinen Urlaub nicht in den sozialen Medien …? Damit Einbrecher …

Diese Nebensätze sind adverbiale Bestimmungen des Zwecks.

> **Merkwissen**
> Mit einer adverbialen Bestimmung des Zwecks (Finaladverbiale) kann man ausdrücken, **wozu** etwas geschieht. Man fragt mit **Wozu?** oder **Zu welchem Zweck?**.
> Wozu sollte der Briefkasten regelmäßig geleert werden?
> Er sollte regelmäßig geleert werden, damit das Haus bewohnt wirkt.

3
a. Verbinde jeweils die Hauptsätze mit der Konjunktion **damit** zu einem Satzgefüge.
Tipp: Einige Satzglieder musst du dabei umstellen.
b. Markiere die Adverbialsätze des Zwecks.

Stelle dein Fahrrad an belebten Orten ab. Täter fühlen sich beobachtet.	Schließe dein Fahrrad an einem Fahrradbügel an. Niemand kann dein Fahrrad wegtragen.

Das Attribut

Die Klasse 8a schreibt Kriminalgeschichten. Vier Schülerinnen und Schüler haben die folgenden Überschriften notiert:

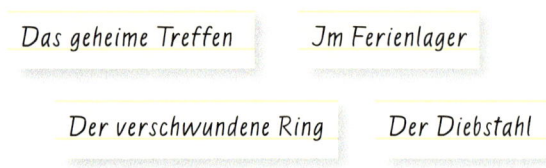

1. Sprecht über diese Fragen:
   - Wie unterscheiden sich die Überschriften?
   - Welche Kriminalgeschichten würdet ihr lieber lesen? Warum?

Einige Schülerinnen und Schüler suchen noch passende Ergänzungen, damit ihre Überschriften möglichst interessant und spannend klingen.

| Auf der Spur | Im Wald | Die Frau |
| Das Haus | Die Beute | Der Zeuge |

2. Du kannst die Überschriften spannender machen.
   a. Welches Wort vom Rand passt am besten zu welchem Nomen?
   b. Schreibe die neuen Überschriften auf.
   c. Markiere deine Ergänzungen. Es sind Attribute.

   Starthilfe
   Auf der heißen Spur
   ...

> dunklen
> entführte
> gefährliche
> heißen
> versteckte
> unheimliche

Hasans Geschichte heißt: **Die Flucht des Täters**
Auch Nomen im Genitiv können Attribute sein.

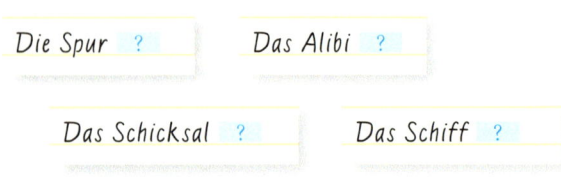

Nomen in vier Fällen
▶ S. 309

3. Ergänze diese Überschriften. Sie sollen Interesse wecken, die Kriminalgeschichte zu lesen.
   Verwende die Vorschläge vom Rand.
   a. Schreibe die neuen Überschriften auf.
   b. Markiere die Attribute.

> ... des Komplizen
> ... der Hoffnung
> ... der Geisel
> ... des Verrats

Hasan hat Ideen für seine Geschichte notiert:

Die Hütte am Waldrand war sein Versteck.
Der Schrei einer Krähe war zu hören. Oder war es das Geräusch seiner Verfolger?
Das falsche Alibi war sicher schon aufgeflogen.
Morgen musste er das Schiff im Hafen erreichen.
Dann könnte diese überstürzte Flucht gelingen.
Ob sein Komplize aus der Bank dichthalten würde?

4 In den Sätzen sind die Attribute markiert.
  a. Unterscheide die vorangestellten Attribute von den nachgestellten Attributen.
  b. Trage die Attribute mit dem dazugehörigen Nomen in eine Tabelle ein.

Starthilfe

vorangestellte Attribute	nachgestellte Attribute
das falsche Alibi …	die Hütte am Waldrand …

5 Untersuche nun die nachgestellten Attribute in deiner Tabelle.
  a. Markiere alle Attribute im Genitiv.
  b. Es bleiben drei nachgestellte Attribute übrig.
     Überlegt: Welche Gemeinsamkeit haben sie?

Merkwissen

Das Attribut ist Teil eines Satzglieds und gibt nähere Informationen zu einem Nomen. Attribute können vor oder nach dem Nomen stehen.
Das nachgestellte Attribut kann auch eine Wortgruppe sein.
Beim Umstellen bleibt das Attribut fest mit dem Bezugswort verbunden:
das verschollene Bild, die Kette der Frau, die Spur im Garten

Sira fasst ihre Kriminalgeschichte so zusammen:

Meine Geschichte heißt: Die gemeine Verschwörung. Ein Agent aus einem anderen Land tarnt sich als berühmter Wissenschaftler. So bekommt er freien Zutritt in ein Labor der Zukunftsforschung. Der Leiter des Labors forscht an neuartigen Viren. Genau darauf hat es der fiese Agent abgesehen. Er will sie stehlen und in das ferne Land bringen. Ob ihm der Diebstahl der Viren gelingt, musst du selbst lesen.

6 a. Schreibe Siras Zusammenfassung ab.
  b. Markiere in deinem Heft alle Attribute.
  c. Bestimme in allen Wortgruppen die Attribute: vorangestellte Attribute, Attribute mit Genitiv und Attribute mit Präposition.

Die Satzreihe

Die folgenden Texte über zwei Berufe bestehen aus Satzreihen.
Die Hauptsätze sind durch Konjunktionen verbunden.

Satzreihen ▶ S. 314

A Estrichlegerinnen und Estrichleger bauen keine Häuser, doch sie sind für die Böden zuständig. Sie gießen nicht nur den Estrich, sondern kümmern sich auch um die Dämmung im Boden. Sie brauchen Kenntnisse im Bereich Technik und Werken,
5 denn sie arbeiten mit Baugeräten und -maschinen.

B Servicefachkräfte für Dialogmarketing müssen sich gut ausdrücken und sicher schreiben können, denn sie haben z. B. in Callcentern viele Kundenkontakte. Sie sollen einen freundlichen Umgang mit ihren Kunden pflegen, aber sie müssen sich auch durchsetzen können.
5 Sie informieren und beraten nicht nur, sondern müssen bei Reklamationen auch konfliktfähig sein.

1 a. Schreibe die beiden Texte ab.
   b. Mit welchen Konjunktionen werden Begründungen oder Gegensätze eingeleitet? Markiere in den Satzreihen diese Konjunktionen.
   c. Markiere jeweils das Komma.

Jeder Beruf erfordert bestimmte Verantwortlichkeiten.

Bauzeichnerinnen und Bauzeichner erstellen Zeichnungen		sie dosieren Wirk- und Hilfsstoffe bei der Arzneimittelproduktion.
Pharmakanten/-innen müssen verantwortungsbewusst arbeiten	aber doch denn sondern	sie bekommen ihre Entwürfe von Architekten/-innen.
Modeschneiderinnen und -schneider entwerfen nicht nur Modelle für Bekleidungskollektionen		sie warten Maschinen und stellen diese richtig ein.
Produktionsmechanikerinnen und -mechaniker müssen präzise arbeiten		sie überwachen auch den Produktionsablauf bei den Näherinnen und Nähern.

2 a. Verbinde immer jeweils zwei Hauptsätze mit einer Konjunktion zu einer Satzreihe. Schreibe die Satzreihe auf.
   b. Kreise die Konjunktion und das Komma ein.

   Starthilfe
   Bauzeichnerinnen und Bauzeichner erstellen Zeichnungen(,)(aber) sie bekommen ...

Das Satzgefüge

Satzgefüge verbinden einen Hauptsatz mit einem oder mehreren Nebensätzen.

Satzgefüge ▶ S. 314

- ... ? ich fantasievolle Blumensträuße gestalten möchte.
- ... ? ich dort meine Kenntnisse in der Fotografie erweitere.
- ... ? ich mehr über die Kochkunst erfahren will.
- ... ? ich kranken Menschen helfe.
- ... ? ich mehr über Mechanik und Elektronik in Fahrzeugen lerne.

1
a. Welche Begründung aus dem Kasten passt zu welcher Sprechblase? Schreibe die Ziele und Wünsche der Jugendlichen mit den Begründungen auf. Ergänze in den Satzgefügen die Konjunktionen **weil** oder **damit**.
b. Markiere die Hauptsätze und die Nebensätze unterschiedlich.
c. Kreise die Konjunktionen und die Kommas ein.

Starthilfe
Ich möchte mein Praktikum ... machen(,) (weil) ich fantasievolle ... gestalten möchte. ...

2
a. Schreibe die folgenden Satzgefüge vollständig auf. Ergänze jeweils die Konjunktion **weil** oder **damit**. Setze die Verben vom Rand in der passenden gebeugten Verbform ein.
b. Markiere die gebeugte Form des Verbs im Nebensatz.

Ein Florist muss Pflanzensorten gut kennen, ? er sie fachmännisch ? . Eine medizinische Fachangestellte braucht Einfühlungsvermögen, ? sie viele kranke Menschen ? . Köche haben oft Stress, ? viele Gäste gleichzeitig ihr Essen ? . Ein Praktikum ist sinnvoll, ? man ein Berufsfeld besser ? .

pflegen können
bestellen
kennen lernen
treffen

Merkwissen
Nebensätze werden mit einer Konjunktion eingeleitet.
Mit **weil**- und **damit**-Sätzen kann man etwas begründen.

Einige Schülerinnen und Schüler erlebten ihr Praktikum anders als erwartet.

> Leroy konnte gut mit den Kindern umgehen.
> Er hatte vorher nie mit Kindergartenkindern zu tun gehabt.
>
> Larissa unterhielt sich gern mit den alten Menschen.
> Sie hatte sie immer langweilig gefunden.
>
> Tom musste viel Büroarbeit machen.
> Er hatte sich die Arbeit als Kriminalbeamter aufregender vorgestellt.
>
> Hatice erkundete den Beruf der Fliesen-, Platten- und Mosaiklegerin.
> Sie hatte zuerst Bedenken wegen der körperlichen Belastung.

3 a. Bilde aus jeweils zwei Sätzen ein Satzgefüge, in dem der Hauptsatz vor dem Nebensatz steht.
   b. Unterstreiche die gebeugte Verbform im Nebensatz und umkreise die Konjunktion.
   c. Markiere das Komma.

> **Starthilfe**
> Leroy konnte gut mit Kindern umgehen, (obwohl) er ... zu tun gehabt hatte. ...

Auch bei diesen Jugendlichen verlief das Praktikum anders als erwartet.

> Pedro musste auch Kunden bedienen und einkaufen.
> Er wollte eigentlich nur interessante Gerichte kochen.
>
> Olivia durfte Kühlanlagen programmieren.
> Sie hatte keine technischen Vorkenntnisse.
>
> Angela musste mit Chemikalien umgehen.
> Sie hat einige Allergien.
>
> Leo durfte einmal Trecker fahren.
> Er hat noch keinen Führerschein.
>
> Ibrahim kümmerte sich im Tierheim vor allem um die Hunde und Katzen. Er mag lieber Reptilien.

4 a. Bilde aus jeweils zwei Sätzen ein Satzgefüge, in denen der Nebensatz vor dem Hauptsatz steht.
   Tipp: Achte auf die Reihenfolge der Satzglieder im Hauptsatz.
   b. Unterstreiche die gebeugte Verbform im Nebensatz und umkreise die Konjunktion.
   c. Markiere das Komma.

> **Merkwissen**
> Nebensätze mit **obwohl** schränken die Aussage des Hauptsatzes ein.

Kirsten hat während ihres Praktikums in einem Fotofachgeschäft gearbeitet und diesen Tagesbericht geschrieben.

Morgens um 9 Uhr stellte ich die Postkartenständer heraus. Dann kontrollierte ich die Regale und füllte sie auf. Dann kam ein Kunde und wollte Passfotos machen. Ich führte ihn ins Fotoatelier und sagte
5 unserem Fotografen Bescheid. Der Fotograf machte die Passfotos. Ich putzte zur gleichen Zeit unsere Kaffeeküche. Ich konnte einer Kundin den digitalen Bilderservice erklären. Dann hatte ich Mittagspause. Mein Chef erklärte mir einige
10 Schwierigkeiten beim Ein- und Verkauf. Dann schickte er mich zum Fotografieren in die Stadt. Ich kam zurück. Ich zeigte ihm meine Fotos. Die anderen Mitarbeiter bedienten einige Kunden. Ich dekorierte das Schaufenster neu. Mein Chef begutachtete mein Schaufenster.
15 Dann hatte ich Feierabend.

5 a. Verbessere Kirstens Tagesbericht: Verwende Satzgefüge statt einfacher Hauptsätze.
   Tipp: Die am Rand stehenden Konjunktionen helfen dir.
   b. Schreibe die Satzgefüge auf und achte auf die Kommas.

| nachdem |
| als |
| während |
| bevor |

Bei diesen Tätigkeiten kannst du die zeitliche Abfolge verdeutlichen.

nachdem ich das Schaufenster dekoriert hatte	konnten wir den Estrich gießen
nachdem ich das Brot in den Ofen geschoben hatte	wir mussten die Ergebnisse schriftlich festhalten
nachdem ich den Zement angemischt hatte	ich zerkleinerte die Verpackungen
nachdem ich die neue Ware in die Regale sortiert hatte	säuberte ich die Backstube
nachdem wir ein Experiment durchgeführt hatten	ich machte Mittagspause

6 a. Ordne Haupt- und Nebensätze sinnvoll zu und schreibe die Satzgefüge auf.
   b. Ändere die Reihenfolge von Hauptsatz und Nebensatz. Schreibe die geänderten Sätze auf.

Starthilfe
Ich machte Mittagspause, nachdem ich das Schaufenster …

Merkwissen
Nebensätze mit **als**, **bevor**, **nachdem**, **während** ordnen das Geschehen zeitlich ein.

Der Relativsatz

Paul hat sein Praktikum in einer Kfz-Werkstatt gemacht. In seinem Praktikumsbericht schreibt er über ein ungewöhnliches Ereignis.

> ... Plötzlich rollte ein fahrerloses Auto, das am Imbisswagen geparkt war, los. Vor der Werkstatt stand eine Frau, die laut aufschrie. Vor Schreck fiel dem Autofahrer, der sich gerade mit einer Bratwurst stärkte, die Gabel herunter. ...

1 a. Schreibe die Sätze aus Pauls Bericht ab.
  b. Unterstreiche die Nebensätze und markiere das gebeugte Verb in den Nebensätzen.
  c. Markiere das erste Wort im Nebensatz (das Relativpronomen).
  d. Kennzeichne das Bezugswort, das näher beschrieben wird, mit einem Pfeil.

Starthilfe
Plötzlich rollte ein fahrerloses (Auto), (das) am Imbisswagen geparkt war, los. ...

Hauptsätze und Nebensätze ▶ S. 314

Nebensätze, die ein vorangehendes Nomen genauer beschreiben, nennt man Relativsätze.

2 a. Bilde mit Hilfe der folgenden Wortgruppen und Relativpronomen sinnvolle Satzgefüge mit Relativsätzen.
  b. Markiere jeweils im Relativsatz das Relativpronomen und im Hauptsatz das Bezugswort.
  c. Kennzeichne das Bezugswort mit einem Pfeil.

Das fahrerlose Auto,	der	zum Glück gerade nicht befahren war,	pfiff laut auf seiner Trillerpfeife.
Ein Polizist,	das	inzwischen allen Angst einflößte,	ging es leicht bergauf.
An einer Kreuzung,	die	zufällig vor Ort war,	rollte weiter die Straße entlang.

Das Ereignis mit dem fahrerlosen Auto fand ein glückliches Ende.

3 Schreibe die folgenden Satzgefüge vollständig auf. Ergänze jeweils das passende Relativpronomen.

Wegen der Steigung wurde das Auto, ? immer noch geradeaus fuhr, allmählich langsamer. Ein Mechaniker, ? sofort losgerannt war, konnte das Auto stoppen. Alle Zuschauer, ? inzwischen zusammengelaufen waren, klatschten Beifall.

Teste dich!

Satzglieder verwenden und Sätze formulieren

Hier kannst du dein Wissen über die Satzglieder und den Satzbau überprüfen.

In diesen Zeitungsmeldungen fehlen die adverbialen Bestimmungen.

Feuerwehrmann wäscht Frisörkundin ? die Haare
Mexikanischer Bürgermeister heiratete ? ein Krokodil
Pony reiste ? auf der Autobahn nach Italien.

- im Kofferraum
- mit einem Feuerwehrschlauch
- am Wochenende

1 a. Schreibe die Zeitungsmeldungen ab und ergänze die passenden adverbialen Bestimmungen vom Rand.
  b. Markiere die adverbialen Bestimmungen und bestimme sie jeweils.
  c. Erkläre für jede adverbiale Bestimmung, welche Funktion sie hat.

2 a. Schreibe den folgenden Zeitungsbericht ab und markiere alle Attribute.
  b. Bestimme die Art der Attribute.
  c. Streiche dann alle Attribute in deinem Text durch. Wie wirkt der Text jetzt auf dich? Schreibe deine Erkenntnisse auf.

Frau beißt ihren Hund

Eine vierzigjährige Frau ließ ihren Terrier im Park am Rathaus umherlaufen. Ein Spaziergänger kam mit seinem angeleinten Mischling vorbei. Schon bald griff der Terrier den Mischling an. Die Halterin des Terriers wollte ihren Hund stoppen. Deshalb biss sie ihrem eigenen Hund, der vor Schmerz aufjaulte, ins Ohr. Diese Tat der Verzweiflung brachte den Terrier von seinem Opfer ab.

3 a. Schreibe das Satzgefüge mit dem Relativsatz aus dem Text ab.
  b. Markiere das Relativpronomen und das Bezugswort.

4 a. Bilde mit jeweils zwei der folgenden Sätze zwei Satzgefüge. Verwende die Konjunktionen **obwohl** und **nachdem**.
  b. Bilde mit zwei Sätzen eine Satzreihe mit der Konjunktion **denn**.
  c. Wo steht in der Satzreihe und im Satzgefüge das gebeugte Verb? Erkläre es.

Die Hundehalterin war erleichtert. Die Frau konnte ihren Hund bändigen. Der junge Hund muss noch viel lernen.

5 Besprich deine Arbeitsergebnisse mit deiner Lehrkraft. Was kannst du schon gut? Was solltest du noch üben?

Zum Nachschlagen

Wissenswertes auf einen Blick

Literarische Gattungen

In der Literatur gibt es drei Gattungen (Grundformen): die Lyrik (Gedichte), die Epik (erzählende Literatur) und die Dramatik (Theaterstück, Hörspiel).

Das Gedicht

Vers: Die Zeilen eines Gedichtes heißen Verse.
Strophe: Eine Strophe ist ein Gedichtabschnitt, der aus mehreren Versen (Zeilen) besteht. Ein Gedicht besteht häufig aus mehreren Strophen.
Die Verszeilen sind oft durch Reime miteinander verbunden.
Reimformen:

Paarreim: aabb	**umarmender Reim: abba**	**Kreuzreim: abab**
Zwei aufeinanderfolgende Verse reimen sich, also ein Paar:	Ein Paarreim wird umschlossen von zwei Versen, die sich ebenfalls reimen:	Der 1. und 3. Vers sowie der 2. und 4. Vers reimen sich, also „über Kreuz":
Berg a Zwerg a leise b Reise b	Band a Lüfte b Düfte b Land a	Zähne a Bär b Mähne a schwer b

Das **Metrum** (das Versmaß) gibt die regelmäßige Reihenfolge von betonten und unbetonten Silben innerhalb des Gedichts an.
Sprachliche Bilder machen ein Gedicht besonders anschaulich. Sprachliche Bilder sind z. B. der Vergleich, die Metapher und die Personifikation.
Bei einem **Vergleich** werden zwei Vorstellungen durch **wie** oder **als** miteinander verknüpft:
Er zitterte wie Espenlaub. Sie strahlte heller als die Sonne.
Bei einer **Metapher** wird ein Wort oder eine Wortgruppe aus dem Zusammenhang herausgenommen und auf etwas anderes übertragen:
ein Meer von Liebe.
Bei einer **Personifikation** wird ein Gegenstand, ein Tier oder eine Pflanze als Person dargestellt und vermenschlicht: Die Blumen haben dein Parfum geklaut.

Gedichte
▶ S. 158–171

Das **lyrische Ich** ist die Sprecherin oder der Sprecher in einem Gedicht.
Das lyrische Ich ist nicht mit der Autorin oder dem Autor des Gedichts
gleichzusetzen.
Bei der **Wiederholung** wird ein Wort oder eine Wortgruppe in einem Gedicht
mehrmals genannt. Die Wiederholung hat eine verstärkende Wirkung:
Ich möchte laut singen (Vers 9), Ich möchte laut singen (Vers 19).

Die Kurzgeschichte

Eine Kurzgeschichte ist eine knappe, moderne Erzählung.
Kurzgeschichten handeln meist von einem kurzen Ausschnitt aus einem
Geschehen aus dem Alltag, das mit dem Wendepunkt zu einem
entscheidenden Moment einer oder mehrerer Figuren wird.
Weitere Kennzeichen sind ein unvermittelter Anfang und ein offenes oder
überraschendes Ende, das viele Deutungsmöglichkeiten zulässt.

Kurzgeschichten
▶ S. 172–193

Das Jugendbuch

Jugendbücher sind hauptsächlich für Jugendliche geschrieben.
Es geht in den Jugendbüchern häufig um Themen wie Erwachsenwerden,
Freizeit, Freundschaften, Familie und auch Schule.
Die Hauptfiguren in Jugendbüchern sind meist selbst Jugendliche.

Auszüge aus
Jugendbüchern
▶ S. 80–81, 82–85,
144–157

Das Drama (Theaterstück)

Ein Drama (Theaterstück) ist für das Spiel auf der Bühne gedacht.
Die Handlung wird durch **Dialoge** (Gespräche) oder durch **Monologe**
(Selbstgespräche) ausgedrückt.
Die Schauspielerinnen und Schauspieler nutzen ihre Stimme, ihre Gestik
und ihre Mimik, um die Gefühle und Stimmungen der Figuren auszudrücken.
Eine **Szene** ist ein kurzer, abgeschlossener Teil eines Theaterstücks.
Regieanweisungen sind im Text zusätzlich zu den Rollentexten bereits
mitgelieferte Anregungen, wie die Bühne eingerichtet werden sollte oder
wie die Figuren handeln und sprechen sollen.
Requisiten sind Gegenstände, die im Spiel verwendet werden.

Drama
▶ S. 132–143

Die Erzählperspektiven

– Die Sie-Erzählerin/der Er-Erzähler ist nicht am Geschehen beteiligt. Sie oder
  er erzählt das Geschehen von allen Figuren in der Sie- oder Er-Form:
  Der Junge hatte große Angst.
– Die Ich-Erzählerin/der Ich-Erzähler ist direkt am Geschehen beteiligt.
  Sie oder er beschreibt das Geschehen aus ihrer oder seiner Sicht.
  Gedanken und Gefühle der Ich-Erzählerin/des Ich-Erzählers werden deutlich:
  Ich hatte große Angst.

Erzählperspektiven
▶ S. 147, 153, 155

Die Wirkung von Bild und Ton

Auch ohne Worte erzeugen Bilder eine Stimmung. Je nachdem, aus welcher Entfernung und welchem Blickwinkel sie aufgenommen werden, entstehen unterschiedliche Wirkungen.
Man unterscheidet verschiedene **Kameraeinstellungen**:
– Die Totale zeigt die Umgebung, in der sich eine Handlung abspielt.
– Die Halbnahaufnahme zeigt die Figuren etwa vom Knie an aufwärts.
– Die Nahaufnahme zeigt nur Kopf und Schultern der Figuren.
  Diese Einstellung wird häufig verwendet, wenn sich Menschen unterhalten.
– Das Detail zeigt einen bestimmten Ausschnitt groß.

Als Kameraperspektive bezeichnet man den Blickwinkel einer Kamera auf Figuren, Gegenstände oder eine Landschaft:
– Als Normalperspektive empfindet man eine Kameraposition auf Augenhöhe der Figuren.
– Die Froschperspektive führt den Blick von unten nach oben und lässt Gegenstände und Figuren häufig groß, mächtig oder bedrohlich wirken.
– Bei der Vogelperspektive blickt die Kamera von oben auf eine Landschaft oder auf Figuren, die dadurch häufig klein oder unterlegen wirken.

Beim **Ton** unterscheidet man Sprache, Geräusche und Musik, aber auch Stille. Der Ton ist wichtig für die Atmosphäre und unterstützt die Bilder in ihrer Wirkung.

Bild und Ton
▶ S. 126–128, 130–131, 143

Sachtexte und Grafiken (Pragmatische Texte)

Sachtexte

Sachtexte informieren vorwiegend über wirkliche (reale) Ereignisse, Tatsachen und Vorgänge. Sachtexte können nach ihrer Funktion unterschieden werden:
– Texte, die sachlich informieren, z. B. Lexikonartikel, Bericht, Texte in Sachbüchern
– Texte, die eine Meinung darstellen und versuchen zu überzeugen, z. B. Kommentar, Werbeanzeige, Antrag
– Texte, die informieren und unterhalten, z. B. Reportage
– Texte, die zu etwas auffordern, z. B. Aufruf, Stellenanzeige
– Texte, die etwas anleiten, z. B. Gebrauchsanweisung, Kochrezept

Sachtexte
▶ S. 29–32, 38–47, 50–51, 75–76, 104, 106, 108, 115, 116, 120, 125, 133, 196–198, 203

Der Bericht

Ein Zeitungsbericht informiert sachlich und knapp über ein Ereignis oder einen Sachverhalt. Er beantwortet oft zu Beginn die wichtigsten W-Fragen und berichtet erst anschließend über Hintergründe, Zusammenhänge oder die Vorgeschichte.

Bericht
▶ S. 115, 116, 120, 274, 279, 281, 282, 291

Der Kommentar

Ein Kommentar ist eine persönliche Stellungnahme. Die Autorin oder der Autor analysiert aktuelle Ereignisse und stellt Informationen zu dem Thema aus persönlicher Sicht dar. Ziel des Kommentars ist es, zur Meinungsbildung der Leserinnen und Leser beizutragen.

Kommentare
▶ S. 66, 118–119

Der Leserbrief

Leserbriefe nehmen in der Regel Bezug auf vorangegangene Artikel. Sie sind meist wertend und geben die Sicht der oder des Schreibenden wieder.

Leserbrief
▶ S. 58–59, 66

Das Interview

Ein Interview informiert durch Fragen und Antworten über ein Ereignis oder einen Sachverhalt. Oft befragen Journalistinnen und Journalisten einer Zeitung dafür Expertinnen oder Experten zu Hintergründen oder bitten sie um Einschätzungen.

Interview
▶ S. 63, 88, 107

Grafiken

Mit Hilfe von Grafiken (Tabellen, Schaubildern und Diagrammen) kann man sachliche Informationen veranschaulichen.

Tabellen eignen sich gut, wenn man Informationen gegenüberstellen oder ordnen möchte. Mit Schaubildern kann man z. B. Vorgänge veranschaulichen.

Wenn man Zahlen, Mengen oder Größen vergleichend darstellen möchte, eignen sich Diagramme gut. Es gibt verschiedene Arten von Diagrammen:
– In einem **Kreisdiagramm** werden Teile eines Ganzen miteinander verglichen.
– Mit einem **Säulendiagramm** oder einem **Balkendiagramm** können Mengen und Größen vergleichend dargestellt werden.

Grafiken
▶ S. 31–33, 35, 50, 76, 106, 108, 122, 198, 200–202, 208

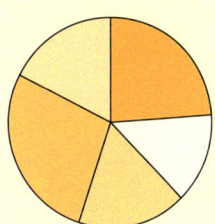 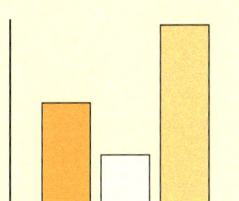 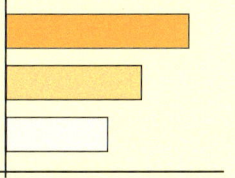

Texte erschließen, Aufgaben verstehen, sich informieren

Der Textknacker

1. Schritt: Vor dem Lesen
Du siehst dir den Text als Ganzes an.
- Was weißt du schon über das Thema?
- Was erzählen dir die Bilder und die Überschrift?
- Worum könnte es gehen?

2. Schritt: Das erste Lesen

Sachtexte	literarische Texte
Du überfliegst den Text oder liest ihn einmal durch. - Was fällt dir auf? - Worum geht es? - Ist der Text für deine Fragestellung geeignet?	Du liest den Text einmal durch. - Was fällt dir auf? - Worum geht es?

3. Schritt: Den Text genau lesen

Sachtexte	literarische Texte
Du achtest auf: - die Überschrift, - die Absätze, - die Schlüsselwörter, - unbekannte Wörter.	Du fragst nach: - den Handlungsbausteinen, - den Gattungsmerkmalen, - der Sprache.

4. Schritt: Nach dem Lesen
Du arbeitest mit dem Inhalt des Textes.
- Du arbeitest mit deinen Arbeitsergebnissen weiter.
- Du erfüllst deinen Arbeitsauftrag.

Sachtexte erschließen
▶ S. 30–33, 40–41, 42–43, 44, 45, 50–51, 58, 63, 66, 75–77, 104–109, 116, 196–199, 203

Literarische Texte erschließen
▶ S. 70, 80, 84, 146, 150, 174, 180, 189, 190, 191

Handlungsbausteine
▶ S. 147

Eine Grafik mit dem Textknacker verstehen

1. Schritt: Vor dem Lesen
Du siehst dir die Grafik als Ganzes an.
- Was erzählt dir die Überschrift?
- Worum könnte es gehen?

2. Schritt: Das erste Lesen
Du siehst dir die Grafik genauer an.
- Welche Angaben enthält die Grafik? Wer hat die Grafik veröffentlicht?
- Worüber informiert die Grafik?

3. Schritt: Die Grafik genau lesen
Du untersuchst die Grafik genau.
- Welche Fragen kannst du mit Hilfe der Grafik beantworten? Stelle Fragen an die Grafik.

4. Schritt: Nach dem Lesen
Du arbeitest mit dem Inhalt der Grafik.
- Beantworte die Fragen, die du an die Grafik gestellt hast.

Grafiken verstehen
▶ S. 31–33, 41, 44, 46, 50, 76–77, 197–199, 200–202

Einen literarischen Text verstehen: Die Handlungsbausteine

Die fünf Handlungsbausteine finden sich in vielen literarischen Texten und enthalten das Wichtigste der Handlung.
Mit diesen Fragen ermittelst du die Handlungsbausteine:
– Wer ist die Hauptfigur? In welcher Situation steckt sie?
– Welchen Wunsch hat sie?
– Welches Hindernis ist ihr im Weg?
– Wie reagiert die Hauptfigur? Wie versucht sie, das Hindernis zu überwinden?
– Wie endet die Geschichte? Ist die Hauptfigur erfolgreich?

Handlungsbausteine
▶ S. 147

Aufgaben verstehen

Aufgaben kannst du in drei Schritten verstehen.
1. Schritt: Du liest die Aufgabe genau.
2. Schritt: Du überlegst, was alles zur Lösung der Aufgabe gehört.
3. Schritt: Du gibst die Aufgabe mit eigenen Worten wieder.

Aufgaben verstehen
▶ S. 45, 66, 191, 195

Im Internet recherchieren

Im Internet kannst du gezielt Informationen recherchieren.
1. Schritt: Treffende Suchbegriffe verwenden
2. Schritt: Geeignete Suchmaschinen nutzen
– Nutze Suchmaschinen, die speziell für Kinder und Jugendliche gemacht sind.
3. Schritt: Die passenden Treffer aus der Trefferliste auswählen
– Wähle die Treffer aus, die am besten zu deinen Suchbegriffen passen.
– Klicke dann mit dem Cursor auf die Treffer, die du dir ansehen möchtest.
4. Schritt: Die Glaubwürdigkeit einer Internetseite prüfen
– Überprüfe, wer die Seite wann erstellt hat.
– Vergleiche die Internetseite mit anderen Informationsquellen zum Thema.
5. Schritt: Informationen entnehmen
– Überfliege die gefundenen Texte.
– Lies die passenden Texte mit dem Textknacker.
6. Schritt: Informationen in eigenen Worten darstellen
– Fasse deine recherchierten Informationen in eigenen Worten zusammen.
7. Schritt: Informationsquellen angeben
– Nenne die Autorin/den Autor, die Internetadresse und das Datum, wann du die Webseite aufgerufen hast.

Im Internet recherchieren
▶ S. 33, 34, 35, 52, 102, 104–111, 208, 211, 261

Diskutieren, präsentieren und miteinander arbeiten

Miteinander diskutieren

Wenn ihr auf diese Regeln achtet, gelingt die Diskussion:
- Lasst euch gegenseitig ausreden.
- Hört euch gegenseitig genau zu und geht aufeinander ein.
- Beleidigt euch nicht und lacht euch nicht aus.
- Sprecht klar und deutlich und seht die anderen beim Sprechen an.
- Überlegt euch starke Argumente (Behauptung, Begründung, Beispiel).
- Tragt eure Argumente sachlich vor und bleibt beim Thema.

Miteinander diskutieren
▶ S. 14–27, 48–49, 52, 69, 78, 260, 261

Aufbau eines Arguments
- Behauptung
- Begründung
- Beispiel/Vergleich
- Schlussfolgerung

Betont vorlesen oder vortragen

- Lies den Text mehrmals leise.
- Probiere verschiedene Möglichkeiten aus: Markiere auf einer Folie oder einer Kopie des Textes wichtige Wörter und verwende Betonungszeichen für Sprechtempo, Lautstärke und Pausen.
- Setze Mimik und Gestik beim Vorlesen oder Vortragen passend ein.

Betont vorlesen oder vortragen
▶ S. 137, 151, 161, 171

↗ lauter
↙ leiser
→ schneller
← langsamer
∥ Pause

Ein Standbild bauen

Mit einem Standbild könnt ihr eine Situation darstellen und deuten.
- Entscheidet, wer das Standbild baut und wer welche Figur darstellt.
- Die Regisseurin/Der Regisseur formt die Figuren: Position, Gestik, Mimik. Die Figuren bleiben wie auf einem Foto erstarrt stehen und schweigen.
- Anschließend sehen die Betrachter sich das Standbild von allen Seiten an. Sie beschreiben, wie das Standbild auf sie wirkt.
- Die Figuren selbst beschreiben ebenfalls, wie sie sich fühlen.

Ein Standbild bauen
▶ S. 16, 178

Szenisch spielen

- Legt fest, welche Figuren es gibt und wer welche Rolle spielt.
- Notiert, was die Figuren sagen, denken und wie sie sich fühlen.
- Bereitet eure Rollen zuerst allein vor. Sprecht den Text mehrfach.
- Übt nun das gemeinsame Spiel: Drückt die Gefühle der Figuren durch Betonung, Körpersprache und Gesichtsausdruck aus.

Szenisch spielen
▶ S. 21, 26, 27, 73, 178–179

Ein Referat vorbereiten

1. **Schritt:** Das Thema aussuchen und Fragen formulieren
2. **Schritt:** Informationen beschaffen
3. **Schritt:** Informationen aus Texten entnehmen
4. **Schritt:** Das Referat gliedern und die Notizen ordnen
5. **Schritt:** Überschrift, Einleitung und Schluss formulieren
6. **Schritt:** Den Vortrag vorbereiten und üben

Ein Referat vorbereiten
▶ S. 52–54

Ein Plakat, eine Grafik oder ein Schaubild gestalten

– Wähle ein passendes Format aus.
– Finde eine passende Überschrift.
– Entscheide, welche Texte und welche Bilder du zeigen willst.
– Überlege, wie du Überschrift, Texte und Bilder anordnen willst.
– Schreibe groß genug und gut lesbar. Hebe Wichtiges hervor.

Ein Plakat oder
eine Grafik gestalten
▶ S. 37, 103, 124, 203

Eine Präsentation am Computer gestalten

– Wähle eine gut lesbare Schriftgröße (ab 24 Punkt).
– Die Überschrift sollte noch größer sein (36 Punkt).
– Wähle eine gut lesbare Schriftart und Schriftfarbe.
– Wähle einen Zeilenabstand von mindestens 1,5 Punkt.
– Wähle für alle Folien den gleichen Hintergrund. Auf hellen und blassen Farben kann besser gelesen werden.
– Auf den Folien darf nicht zu viel Text stehen. Schreibe Stichworte auf und verwende Aufzählungszeichen.
– Sei sparsam mit Animationen: Sie lenken vom Vortrag ab.
– Füge Materialien zur Veranschaulichung an passenden Stellen ein (z. B. Fotos, Videos oder Tonaufnahmen). Nenne die Quellen.

Eine Präsentation am
Computer gestalten
▶ S. 53

Eine Präsentation frei vortragen

– Stelle dich so hin, dass alle dich sehen können.
– Versuche, frei zu sprechen und wenig abzulesen.
– Sprich langsam und deutlich.
– Sieh beim Sprechen die Zuhörerinnen und Zuhörer an.
– Zeige deine Materialien zur Veranschaulichung an passenden Stellen.
– Erkläre, was diese zusätzlichen Materialien zeigen sollen.
– Präsentiere nicht zu schnell. Das Publikum muss alles lesen können.

Eine Präsentation
frei vortragen
▶ S. 54, 209

Feedback geben

– Sende Ich-Botschaften.
– Benenne positive Eindrücke zuerst. Beschreibe dabei genau, was positiv war.
– Stelle Fragen, wenn dir etwas unklar war.
– Sage, was noch verbessert werden könnte.
– Falls du noch einen Tipp hast, benenne diesen so konkret wie möglich.

Feedback geben
▶ S. 54, 111, 119, 131, 211, 212–213

Ein Projekt planen, durchführen und auswerten

In einem Projekt beschäftigt ihr euch mit einem bestimmten Thema.
1. Schritt: Das Projekt planen
2. Schritt: Die Gruppenarbeit planen und umsetzen
3. Schritt: Die Ergebnisse der Gruppenarbeit vorstellen und das Projekt durchführen
4. Schritt: Das Projekt auswerten

Projektideen
▶ S. 121, 130–131, 143, 156–157

Ideen sammeln, planen, schreiben, überarbeiten

Mit einem Cluster Ideen sammeln

- Nimm dir ein leeres Blatt Papier.
- Schreibe in die Mitte das Thema (ein Wort oder eine Wortgruppe). Kreise das Thema ein.
- Schreibe nun die Wörter auf, die dir zu dem Thema einfallen.
- Verbinde die neuen Wörter durch Striche mit dem Thema.
- Manchmal kannst du auch zu den neuen Wörtern weitere Wörter finden.

Einen Cluster anfertigen
▶ S. 154

Mit einer Mindmap Ideen sammeln

- Schreibe das Thema in die Mitte eines leeren Blattes. Rahme das Thema ein.
- Zeichne Linien von der Mitte, also vom Thema aus.
- Schreibe wichtige Stichworte oder Fragen zum Thema auf die Linien.
- Zeichne Abzweigungen von den Linien.
- Schreibe Unterpunkte auf die Abzweigungen.

Eine Mindmap gestalten
▶ S. 33, 44, 52, 105, 205

Stichworte aufschreiben

- Formuliere Stichworte kurz und knapp: Was ist das Wichtigste?
- Schreibe nur einzelne Schlüsselwörter, höchstens Wortgruppen auf. Dabei helfen dir auch die W-Fragen: Wo? Was? Wie?
- Schreibe übersichtlich und in gut lesbarer Schrift.

Stichworte aufschreiben
▶ S. 32, 51, 58, 77, 85, 88, 93, 99, 100, 103, 104, 110, 117, 152, 184, 196, 202

Einen informierenden Text schreiben

1. Schritt: Den Text planen
- Über welches Thema möchtest du informieren? Sammle Informationen.
- Überlege: Wen möchtest du mit deinem Text informieren?
- Welche Informationen könnten interessant sein? Schreibe Stichworte auf.
- Ordne deine Informationen und schreibe eine Gliederung.

2. Schritt: Den Text schreiben
- Finde eine passende Überschrift.
- Formuliere eine Einleitung, die zum Weiterlesen anregt.
- Schreibe im Hauptteil einfache und klare Sätze. Verwende die nötigen Fachbegriffe.
- Lasse unwichtige Informationen weg. Schreibe sachlich.
- Schreibe zum Schluss einen zusammenfassenden Satz auf.

3. Schritt: Den Text überarbeiten
- Überprüfe deinen Text. Verwende Checklisten.
- Überarbeite den Text. Achte auch auf die Rechtschreibung.

Einen informierenden Text schreiben
▶ S. 34–36, 44, 45–47, 110

Schriftlich Stellung nehmen

Wenn du eine Meinung vertreten willst, begründe sie mit Argumenten. Ein Argument besteht aus einer Behauptung, einer Begründung und einem anschaulichen Beispiel oder Vergleich.

1. Schritt: Den Text planen
- Finde Pro-Argumente, wenn du dafür bist.
- Finde Kontra-Argumente, wenn du dagegen bist.

2. Schritt: Den Text schreiben
- Ordne deine Argumente.
- Verknüpfe deine Argumente zu einer Argumentationskette.
- Formuliere eine Schlussfolgerung, die sich auf deine Meinung bezieht.

3. Schritt: Den Text überarbeiten
- Überprüfe und überarbeite anschließend deinen Text.

Schriftlich Stellung nehmen ▶ S. 55–60, 62–67

Aufbau eines Arguments
- Behauptung
- Begründung
- Beispiel/Vergleich
- Schlussfolgerung

Einen Aufruf schreiben

Mit einem Aufruf soll jemand von etwas überzeugt und zu einem gewünschten Verhalten aufgefordert werden.

1. Schritt: Den Aufruf planen
- Beantworte die Fragen zum Schreibziel: Für wen oder an wen schreibst du? Was möchtest du erreichen?
- Sammle Informationen. Begründe deine Meinung mit Argumenten.

2. Schritt: Den Aufruf schreiben
- Notiere eine passende Überschrift.
- Formuliere eine Einleitung, die zum Weiterlesen anregt.
- Nenne im Hauptteil wichtige Informationen und Argumente zum Thema.
- Notiere zum Schluss in Aufforderungssätzen, was du dir von den Leserinnen und Lesern wünschst.

3. Schritt: Den Aufruf überarbeiten
- Überprüfe und überarbeite deinen Aufruf. Achte auf die Rechtschreibung.

Einen Vorgang beschreiben

1. Schritt: Die Vorgangsbeschreibung planen
- Notiere alle benötigten Materialien und Arbeitsmittel.
- Schreibe in Stichworten die Arbeitsschritte auf und ordne sie.

2. Schritt: Die Vorgangsbeschreibung schreiben
- Formuliere eine passende Überschrift.
- Nenne zuerst die Materialien und Arbeitsmittel.
- Beschreibe die Schritte genau und in der richtigen Reihenfolge.

3. Schritt: Die Vorgangsbeschreibung überarbeiten
- Überprüfe deine Vorgangsbeschreibung. Verwende Checklisten.
- Überarbeite die Vorgangsbeschreibung. Achte auf die Rechtschreibung.

Einen Vorgang beschreiben ▶ S. 214–217

Einen Tagesbericht schreiben

– Schreibe eine passende Überschrift auf mit den wichtigsten Informationen: Wer? Wann? Wo? Was?
– Berichte im Hauptteil knapp und genau über den Tagesablauf im Einzelnen: Was hast du der Reihe nach getan? Womit hast du gearbeitet? Mit wem?
– Schreibe im Präteritum und in der Ich-Form.
– Mache nur sachliche und richtige Angaben.
– Überprüfe auch die Rechtschreibung.

Einen Tagesbericht schreiben
▶ S. 218–221, 289

Das Bewerbungsschreiben

Mit deinem Bewerbungsschreiben kannst du deinen Arbeitgeber von dir überzeugen.
– Wähle eine geeignete Anrede und eine geeignete Grußformel.
– Schreibe zuerst den Zweck des Schreibens auf.
– Nenne den Zeitraum des Praktikums bzw. des Ausbildungsbeginns.
– Gib deine Schule und den angestrebten Schulabschluss an.
– Begründe dann, warum du dieses Praktikum/diese Ausbildung machen möchtest.
– Bitte am Schluss um eine Zusage oder eine Gesprächseinladung.
– Schreibe dein Bewerbungsschreiben am Computer.
– Überprüfe den Inhalt, die Formulierungen und die Rechtschreibung.
– Gestalte und überprüfe die äußere Form.

Ein Bewerbungsschreiben verfassen
▶ S. 86–91, 96–101

Rechtschreibregeln und Tipps für das Bewerbungsschreiben

– Nach der Betreffzeile und nach der Grußformel steht kein Punkt.
– Nach der Anrede steht meist ein Komma.
– Dann schreibst du klein weiter.
– Die höfliche Anrede **Sie, Ihr, Ihnen** schreibst du groß.
– Kontrolliere die Schreibung von Fachwörtern und von Namen.

Ein Bewerbungsschreiben verfassen
▶ S. 90–91, 96–99

Der tabellarische Lebenslauf

Der tabellarische Lebenslauf gehört zu einer vollständigen Bewerbung.
– Achte auf die richtige Reihenfolge deiner Angaben: zur Person, Schulbildung, Interessen und Kenntnisse, Datum, Unterschrift.
– Nenne nur Hobbys, die zum Praktikum oder zum Beruf passen.
– Überprüfe die Vollständigkeit deiner Angaben.
– Finde und korrigiere alle Grammatik- und Rechtschreibfehler.
– Lasse eine zweite Person deinen Lebenslauf prüfen.

Einen tabellarischen Lebenslauf schreiben
▶ S. 92–93

Eine Geschichte mit den Handlungsbausteinen schreiben

1. Schritt: Die Geschichte planen
- Plane deine Geschichte mit Hilfe einer Mindmap oder eines Clusters. Schreibe Stichworte zu den Handlungsbausteinen auf:
  - Wer soll meine Hauptfigur sein? In welcher Situation steckt sie?
  - Welchen Wunsch hat sie?
  - Welches Hindernis ist ihr im Weg?
  - Wie reagiert die Hauptfigur auf das Hindernis?
  - Wie endet die Geschichte?
- Lege für jeden Handlungsbaustein eine Karte an und notiere deine Ideen in ganzen Sätzen auf deine Karten.
- Überlege dir den Aufbau für deine Geschichte.

2. Schritt: Die Geschichte schreiben
- Beschreibe Personen, Orte und Gefühle mit treffenden Adjektiven.
- Durch Gedanken und wörtliche Rede wird die Geschichte lebendig.
- Verwende treffende Verben und unterschiedliche Satzanfänge.

3. Schritt: Die Geschichte überarbeiten
- Überprüfe deine Geschichte. Verwende Checklisten.
- Überarbeite deine Geschichte. Achte auf die Rechtschreibung.

Eine Geschichte schreiben
▶ S. 154–155

Eine Textzusammenfassung schreiben

Eine Textzusammenfassung informiert kurz über den wesentlichen Inhalt eines Textes.
- In der Einleitung nennst du den Autor, den Titel, die Textsorte und das Thema des Textes.
- Im Hauptteil fasst du die wichtigsten Ereignisse der Handlung zusammen.
- Schreibe sachlich und im Präsens.
- Verwende keine wörtliche Rede.
- Am Schluss gehst du auf das Ende des Textes ein. Beziehe das Verhalten der Hauptfigur ein und äußere, wie du den Text verstanden hast.

Eine Textzusammenfassung schreiben
▶ S. 180–185, 186, 187, 190, 191–193

Zitieren

Beim wörtlichen Zitieren übernimmst du aus anderen Texten (z. B. aus Büchern, Zeitungen, Internettexten) Wörter, Wortgruppen oder Sätze in deinen Text, ohne sie zu verändern.
- Damit die fremden Textteile zu erkennen sind, musst du sie in Anführungszeichen setzen.
- Wenn du Wörter in einem Zitat auslässt, füge an der Stelle [...] ein.
- Gib in Klammern die Quelle und die Textstelle (Seiten- und Zeilenzahl) an, die du zitierst.

Zitieren
▶ S. 52, 121, 206–207

Rechtschreiben

Die Arbeitstechniken

Der Rechtschreib-Check

Checkpunkt 1: Deutlich sprechen – genau hinhören
Sprich dir das geschriebene Wort langsam und deutlich vor.
So kannst du Flüchtigkeitsfehler und fehlende Buchstaben erkennen.

Checkpunkt 2: Lang oder kurz?
Sprich das Wort leise vor dich hin:
Ist der Vokal lang oder kurz?

Langer Vokal:	Kurzer Vokal:
– Meist folgt nur ein Konsonant: ge**b**en.	Meist folgen zwei Konsonanten,
– Langes **i** ist meist **ie**: die D**ie**be.	– zwei gleiche: re**tt**en, ro**ll**en oder
– Manchmal folgt ein **h**: ho**h**l.	– zwei verschiedene: ha**lt**en.

Checkpunkt 3: Verwandtes Wort?
Findest du ein Wort schwierig, z. B. mit **ä** oder **e**, **äu** oder **eu**?
Dann finde ein verwandtes Wort, das du sicher schreiben kannst.
Denn den Wortstamm in verwandten Wörtern schreibst du immer gleich:
das Geb**äu**de mit **äu** so wie b**au**en mit **au**.

Checkpunkt 4: b oder p, d oder t, g oder k am Wortende oder am Ende des Wortstamms?
Verlängere das Wort/den Wortstamm. Dann hörst du, wie es endet.

Checkpunkt 5: Groß oder klein?
Nomen schreibst du groß. Mit diesen Fragen erkennst du Nomen:
– Hat das Wort einen oder mehrere Begleiter?
– Endet das Wort mit der Nachsilbe **-ung**, **-heit**, **-keit**, **-schaft**, **-nis** oder **-tum**?
– Gibt es vor dem Wort Wörter wie **am**, **beim**, **zum**, **alles**, **nichts**, **viel**?
  Schreibe **groß**.

Checkpunkt 6: Komma – ja oder nein?
– Ein Komma steht bei Aufzählungen.
– Ein Komma steht zwischen Haupt- und Nebensätzen z. B. mit den
  Konjunktionen **dass**, **weil**, **wenn**, **als**, **bevor**, **nachdem**, **obwohl**
  oder mit einem Relativpronomen.
– Ein Komma steht bei wörtlicher Rede vor (und nach) dem Begleitsatz.

Rechtschreib-Check
▶ S. 224–229

Das Abschreiben

1. Schritt: Lies den Text langsam und sorgfältig.
2. Schritt: Gliedere den Text in Sinneinheiten.
3. Schritt: Präge dir die Wörter einer Sinneinheit genau ein.
4. Schritt: Schreibe die Wörter auswendig auf. Lasse immer eine Zeile frei.
5. Schritt: Kontrolliere Wort für Wort.
6. Schritt: Streiche Fehlerwörter durch und schreibe sie richtig darüber.
7. Schritt: Schreibe die Fehlerwörter in deine Rechtschreibkartei.

Abschreiben
▶ S. 223, 233, 235, 243, 245, 247, 249, 251

Fehlerwörter sammeln in der Rechtschreibkartei

1. Schreibe dein Fehlerwort in die Mitte der ersten Zeile.
2. Schreibe gut lesbar und fehlerlos.
3. Markiere die schwierige Stelle.
4. Schreibe bei Verben das Personalpronomen und den Infinitiv dazu.
5. Schreibe bei Adjektiven die Steigerungsformen dazu.
6. Schreibe die Nomen mit Artikel im Singular und im Plural auf.
7. Schreibe zu dem Fehlerwort einen passenden Rechtschreibtipp auf.

Fehlerwörter sammeln
▶ S. 231, 241

Nachschlagen

- Suche das Wort unter dem richtigen Buchstaben des Alphabets.
- Wenn die Wörter mit demselben Buchstaben beginnen, musst du dich nach dem zweiten Buchstaben richten. Manchmal musst du dir den dritten, vierten oder fünften Buchstaben ansehen.
- Die Vergangenheitsformen von Verben stehen oft nur beim Infinitiv.
- Steigerungsformen der Adjektive stehen nur bei der nicht gebeugten Form des Adjektivs.

Nachschlagen
▶ S. 32, 39, 77, 167, 198, 230

Rechtschreibstrategien und Regeln

Mitsprechwörter – Nachdenkwörter – Merkwörter

- Viele Wörter schreiben wir so, wie wir sie sprechen und hören.
  Diese Wörter sind **Mitsprechwörter.**
  → Ich höre, wie ich das Wort schreiben muss.
- Bei manchen Wörtern hörst du nicht, wie du sie schreiben musst. Rechtschreibstrategien und Regeln helfen dir, diese **Nachdenkwörter** richtig zu schreiben.
  → Ich denke nach und erkläre, wie ich das Wort schreiben muss.
- **Merkwörter** sind Wörter, deren Schreibweise du nicht durch Strategien oder Regeln herleiten kannst.
  → Ich merke mir, wie ich das Wort schreiben muss.

Mitsprechwörter
▶ S. 224, 226, 232

Nachdenkwörter
▶ S. 224–225, 227, 232, 233

Merkwörter
▶ S. 241, 247

Mit Wortbausteinen üben

Viele Wörter sind aus mehreren Teilen zusammengesetzt:
aus dem Wortstamm und anderen Wortbausteinen.
- Gleiche Wortstämme schreibt man in der Regel gleich.
- Durch Vorsilben und Nachsilben können verwandte Wörter gebildet werden.
- Verben und Adjektive können mit einem Nomen ein neues zusammengesetztes Nomen bilden:
  singen + der Vogel = der Singvogel, voll + der Mond = der Vollmond.
- Nomen können mit einem Adjektiv ein neues zusammengesetztes Adjektiv bilden: das Messer + scharf = messerscharf.

Mit Wortbausteinen
üben
▶ S. 234–235

Fremdwörter

Fremdwörter kann man oft an ihren Nachsilben erkennen.
- Fremdwörter mit der Nachsilbe **-ieren** sind Verben: gratulieren.
- Fremdwörter mit den Nachsilben **-tion**, **-ik**, **-ie**, **-ist** und **-or** sind Nomen. Nomen mit den Nachsilben **-tion**, **-ik** und **-ie** haben den Artikel die, Nomen mit den Nachsilben **-ist** und **-or** den Artikel der:
  die Funktion, die Bionik, die Theorie, der Tourist, der Autor.
- Fremdwörter mit den Nachsilben **-(i)ell** und **-iv** sind Adjektive:
  industriell, aktuell, intensiv.

Fremdwörter
▶ S. 241, 248, 249, 255

Getrenntschreibung und Zusammenschreibung

Regelwissen anwenden: Wortgruppen getrennt schreiben

Wortgruppen schreibt man in der Regel getrennt:
- Wortgruppen mit **sein**: da sein, bereit sein.
- Wortgruppen aus Nomen + Verb: Kuchen backen, Rad fahren.
- Wortgruppen aus Adjektiv und Verb: schnell fahren, neu beginnen.
- Wortgruppen aus Verb + Verb: schwimmen lernen, spazieren gehen.
- Auch diese Wortgruppen schreibst du immer getrennt:
  ein bisschen, gar nichts, auf einmal, wie viele, zu früh.

Wortgruppen getrennt schreiben
▶ S. 239, 240

Regelwissen anwenden: Zusammenschreibung

Adjektiv + Verb werden zusammengeschrieben, wenn das zusammengesetzte Verb eine neue Bedeutung hat, z. B. schwerfallen → neue Bedeutung: Mühe bereiten.

Zusammenschreibung
▶ S. 240

Schreibung von Straßennamen

- Straßennamen mit einem Orts- oder Ländernamen mit der Endung **-er** schreibt man getrennt und groß: Ulmer Straße, Französischer Platz.
- Straßennamen aus mehrteiligen Personennamen schreibt man mit Bindestrichen und groß: Albrecht-Dürer-Platz, Sophie-Charlotte-Straße.

Schreibung von Straßennamen
▶ S. 238

Großschreibung und Kleinschreibung

Regelwissen anwenden: Nomen großschreiben

Nomen werden großgeschrieben.
- **Tipp 1:** Prüfe, ob mit dem Wort Lebewesen, Gegenstände oder Dinge bezeichnet werden.
- **Tipp 2:** Prüfe, ob das Wort einen Artikel (Begleiter) bei sich hat.
- **Tipp 3:** Prüfe, ob vor dem Nomen ein Adjektiv steht.
- **Tipp 4:** Prüfe, ob vor dem Nomen ein Pronomen steht.
- **Tipp 5:** Prüfe, ob das Wort die Nachsilbe **-ung**, **-heit**, **-keit**, **-schaft**, **-nis** oder **-tum** hat.
- **Tipp 6:** Prüfe, ob vor dem Wort eine Präposition wie **im**, **am**, **beim**, **zum** steht.
- **Tipp 7:** Prüfe, ob vor dem Wort ein Zahlwort steht.

Nomen großschreiben ▶ S. 236, 243, 254 ®

Verben und Adjektive werden zu Nomen (Nominalisierung)

Aus Verben können Nomen werden. Die Wörter **das**, **beim**, **vom** und **zum** machen Verben zu Nomen: fahren – das Fahren, lachen – zum Lachen. Auch aus Adjektiven können Nomen werden. Dafür sorgen die Wörter **etwas**, **nichts** und **alles**: neu – nichts Neues.
Verben und Adjektive, die zu Nomen wurden, schreibt man groß. Man kann sie am Artikel erkennen, den man ergänzen kann (Artikelprobe).

Nominalisierungen ▶ S. 237, 242

Regelwissen anwenden: Eigennamen

Eigennamen wie die Namen von Personen (z. B. Vornamen und Nachnamen), Lebewesen und Orten (z. B. Länder, Straßen) werden großgeschrieben. Bestehen Eigennamen aus mehreren Wörtern, werden alle Adjektive und Nomen großgeschrieben:
Johann Wolfgang von Goethe, der Bayerische Wald.

Eigennamen ▶ S. 238, 252, 253

Die Anredepronomen

Die Anredepronomen **Sie**, **Ihr**, **Ihre**, **Ihnen** werden großgeschrieben.

Anredepronomen ▶ S. 97, 245

Zeitangaben

Tageszeiten und Wochentage mit einem **s** am Ende werden kleingeschrieben: morgens, mittags, abends, montags, dienstags, mittwochs.

Zeitangaben ▶ S. 244

Nomen werden zu Adjektiven

Die Wörter **angst**, **bange**, **klasse**, **leid**, **schuld**, **spitze** und **pleite** werden in Verbindung mit einer Verbform von sein als Adjektive verwendet und immer kleingeschrieben: Mir ist angst und bange. Sie ist pleite.

Nomen werden zu Adjektiven ▶ S. 250

Zeichensetzung

Komma bei Aufzählungen

Die Teile einer Aufzählung, die nicht durch **und/oder** verbunden sind, werden durch Kommas voneinander getrennt: Ich bin höflich, intelligent und fröhlich.

Komma bei Aufzählungen
▶ S. 225, 228, 229, 244, 245, 255

Komma bei Hauptsätzen und Nebensätzen

Der Hauptsatz und der Nebensatz werden durch ein Komma voneinander abgetrennt. Im Nebensatz steht die gebeugte Verbform an letzter Stelle:
Meine Eltern standen an meinem Bett, als ich **aufwachte**.
Als ich **aufwachte**, standen meine Eltern an meinem Bett.

Komma bei Hauptsätzen und Nebensätzen
▶ S. 225, 228, 229, 248, 249, 287

Komma bei Infinitivsätzen

Infinitivsätze beginnen häufig mit den Signalwörtern **um**, **ohne**, **anstatt**, **außer** und **statt** und enden immer mit einem Infinitiv mit **zu**. Sie werden mit Komma vom Hauptsatz abgetrennt: Am besten lässt man sich beraten, **um** seinen Computer richtig **zu** schützen.

Komma bei Infinitivsätzen
▶ S. 250, 251

Der Gedankenstrich bei Zusätzen oder Nachträgen

Mit Gedankenstrichen kann man Zusätze oder Nachträge deutlich vom übrigen Text abgrenzen: Das Bild **– es war das letzte des Künstlers –** wurde für eine hohe Summe ersteigert.

Der Gedankenstrich bei Zusätzen oder Nachträgen
▶ S. 242, 243

Komma bei Appositionen

Eine Apposition ist eine Wortgruppe, die hinter einem Nomen steht und dieses näher erklärt. Appositionen werden durch Komma vom Nomen abgetrennt:
Frau Müller**, unsere Nachbarin,** hat einen Hund.

Komma bei Appositionen
▶ S. 252–253

Mehrteilige Datums- und Zeitangaben

Mehrteilige Datums- und Zeitangaben werden durch Komma abgetrennt. Das Komma nach der Zeitangabe kannst du setzen oder auch weglassen:
Am Dienstag, dem 6. Juni, um 10:00 Uhr(,) besuchten wir die Feuerwehr.

Mehrteilige Datums- und Zeitangaben
▶ S. 244

Wörtliche Rede

Wörtliche Rede wird in Anführungszeichen gesetzt. Steht der Begleitsatz vor der wörtlichen Rede, wird er mit einem Doppelpunkt abgeschlossen:
Aufgeregt fragt Amina**:** „Lukas, hast du das in der Zeitung gelesen**?**"
Steht die wörtliche Rede vor dem Begleitsatz, dann musst du zwischen der wörtlichen Rede und dem Begleitsatz ein Komma setzen:
„Was steht in der Zeitung?"**,** fragte Lukas.
Steht der Begleitsatz in der Mitte, wird er mit Kommas von der wörtlichen Rede abgetrennt: „Bitte"**,** sagte Lukas**,** „hier ist die Zeitung."

Wörtliche Rede
▶ S. 225, 247

Grammatik

Sprache und Stil

Sich adressatenbezogen äußern

Wie du etwas ausdrückst, hängt von der Umgebung ab und von deinem Gesprächspartner. Es gibt bestimmte Sprachebenen:
- Die **Standardsprache** ist die allgemein verbindliche Form einer Sprache, wie sie in der Öffentlichkeit gebraucht wird.
- Als **Umgangssprache** wird der mündliche Sprachgebrauch im Alltag bezeichnet. Die Umgangssprache orientiert sich an der Standardsprache, wendet aber nicht deren strenge Regeln an.
- Die **Jugendsprache** enthält besondere Wörter und Wendungen, die sehr zeitbezogen sind und von Jugendlichen geprägt werden.
- **Fachsprachen** enthalten besondere Wörter, meist Fremdwörter, und Formulierungen, die von bestimmten Berufsgruppen verwendet werden.
- **Dialekte** sind regionale Sprachformen, z. B. Niederbairisch, Fränkisch.

Sich adressatenbezogen äußern
▶ S. 19, 23, 127, 128, 260–261

Die Wortarten

Nomen

Nomen bezeichnen Lebewesen und Gegenstände sowie gedachte oder vorgestellte Dinge. Im Deutschen schreibt man Nomen immer groß.
Vor einem Nomen steht oft ein bestimmter Artikel (der, das, die) oder ein unbestimmter Artikel (ein, ein, eine).

Bei zusammengesetzten Nomen richtet sich der Artikel nach dem Grundwort.

das Gift	+	die Schlange	=	die Giftschlange
Bestimmungswort		Grundwort		zusammengesetztes Nomen

In Sätzen erscheinen Nomen immer in einem bestimmten Fall (Kasus). Im Deutschen gibt es vier Fälle. Der Artikel und die Endung des Nomens richten sich nach dem Fall.

Nomen
▶ S. 167, 225, 243, 245, 247, 248, 254, 255, 268, 269

Fall	männlich (maskulin)		sächlich (neutrum)		weiblich (feminin)	
	Singular	Plural	Singular	Plural	Singular	Plural
Nominativ (Wer oder was?)	der Ball	die Bälle	das Spiel	die Spiele	die Karte	die Karten
Genitiv (Wessen?)	des Ball(e)s	der Bälle	des Spiel(e)s	der Spiele	der Karte	der Karten
Dativ (Wem?)	dem Ball	den Bällen	dem Spiel	den Spielen	der Karte	den Karten
Akkusativ (Wen oder was?)	den Ball	die Bälle	das Spiel	die Spiele	die Karte	die Karten

Pronomen

Personalpronomen ersetzen Nomen oder Wortgruppen, in denen Nomen vorkommen. Sie können im Singular und im Plural stehen.
Singular: ich, du, er/sie/es   Plural: wir, ihr, sie

Possessivpronomen zeigen an, wem etwas gehört. Die Endungen der Possessivpronomen richten sich nach dem dazugehörenden Nomen.
Singular: mein/meine, dein/deine, sein/seine, ihr/ihre
Plural: unser/unsere, euer/eure, ihr/ihre

Demonstrativpronomen weisen auf eine Person/Sache oder ein Ereignis hin. Sie können vor einem Nomen stehen oder anstelle eines Nomens. Mit Demonstrativpronomen kann man etwas hervorheben und besonders betonen: **Dieser** Spieler gewinnt jeden Zweikampf, **jener** nicht.

Personalpronomen ▶ S. 268, 274, 275

Possessivpronomen ▶ S. 97

Demonstrativpronomen ▶ S. 38

Verben im Präsens

Verben im Präsens (Gegenwart) verwendet man, um auszudrücken, was man regelmäßig tut oder was man jetzt tut: Sie **spielt** mit ihrer Katze.

Verben im Präsens ▶ S. 270, 271, 272, 273, 279

Verben im Perfekt

Wenn man etwas mündlich erzählt, was schon vergangen ist, verwendet man meist das Perfekt (2. Vergangenheit). Viele Verben bilden das Perfekt mit dem Hilfsverb **haben**: Wir **haben gelacht**.
Verben der Bewegung bilden das Perfekt mit dem Hilfsverb **sein**:
Die Kinder **sind gelaufen**.
Bei einigen Verben ändert sich im Perfekt der Verbstamm:
rennen: Wir sind **gerannt**.

Verben im Perfekt ▶ S. 270, 271

Verben im Präteritum

Wenn man schriftlich über etwas berichtet oder erzählt, was schon vergangen ist, verwendet man das Präteritum (1. Vergangenheit).
Bei einigen Verben ändert sich im Präteritum der Verbstamm:
finden: Sie **fanden** die Knollen in der Erde.

Verben im Präteritum ▶ S. 270, 272, 273

Verben im Plusquamperfekt

Das Plusquamperfekt (3. Vergangenheit) verwendet man, wenn man ausdrücken will, dass etwas vor einem schon zurückliegenden Ereignis geschah.
Viele Verben bilden das Plusquamperfekt mit den Vergangenheitsformen von **haben** und dem Partizip Perfekt: Er **hatte geplant**.
Verben der Bewegung bilden es mit dem Hilfsverb **sein**:
Sie waren erschöpft **gewesen**.

Verben im Plusquamperfekt ▶ S. 270, 272, 273

Verben im Futur I

Wenn man über Dinge spricht, die in der Zukunft liegen, verwendet man oft das Futur (Zukunft). Das Futur wird mit **werden** gebildet:
Das Organisationsteam **wird** das nächste Sportfest bald **planen**.

Verben im Futur I
▶ S. 267, 271, 272

Verben im Futur II

Wenn man über Dinge spricht, die in der Zukunft abgeschlossen sein werden, verwendet man das Futur II (vollendete Zukunft). Das Futur II wird mit einer Form von **werden**, dem Partizip Perfekt und einer Form von **sein** oder **haben** gebildet.
In zwei Wochen **werden** wir **umgezogen sein**.
Übermorgen **werde** ich den neuen Film **gesehen haben**.

Verben im Passiv

Das Passiv beschreibt, was mit einer Person oder einem Gegenstand getan wird. Dabei ist der Vorgang wichtig, aber nicht, wer ihn ausführt.
Das Passiv wird mit einer Form von **werden** und dem Partizip Perfekt gebildet: Die Figur **wird** auf den Ausgangspunkt **gesetzt**.

Verben im Passiv
▶ S. 215

Verben im Konjunktiv I

Mit dem Konjunktiv I kannst du etwas wiedergeben, das jemand anderes gesagt hat (indirekte Rede). Auch unsichere Informationen kannst du mit dem Konjunktiv I ausdrücken.
Der Konjunktiv I wird oft mit Verbformen von **haben** oder **sein** gebildet.
Riccardo sagt, seine Klasse **habe** das Theaterstück **gesehen**.
Riccardo sagt, seine Klasse **sei** gestern im Theater **gewesen**.

Verben im Konjunktiv I
▶ S. 274–275

Verben im Konjunktiv II

Mit dem Konjunktiv II (Möglichkeitsform) kann man ausdrücken, dass etwas nicht oder noch nicht Wirklichkeit ist: Möglichkeiten, erfüllbare oder nicht erfüllbare Wünsche, Empfehlungen: Ich **hätte** gern acht Arme.
Der Konjunktiv II wird vom Präteritum abgeleitet:
ich war – ich wäre, er hatte – er hätte, sie kamen – sie kämen.

Verben im Konjunktiv II
▶ S. 276–277, 279

Präpositionen

Wörter wie **an**, **auf**, **unter**, **neben**, **in**, **hinter**, **vor**, **über**, **zwischen** sind Präpositionen. Mit ihrer Hilfe kann man z. B. ausdrücken, wo sich etwas befindet (Dativ) oder wohin etwas kommt (Akkusativ).
Auf manche Verben folgt eine feste Präposition:
– mit Dativ: erzählen von, sprechen über, beginnen mit,
– mit Akkusativ: bitten um, sich wundern über, warten auf, sich freuen auf.

Präpositionen
▶ S. 268, 278, 279

Adjektive

Mit Adjektiven kann man Personen, Tiere oder Gegenstände genauer beschreiben:
Der Tisch ist rund. Das Hemd ist rot. Die Vase ist alt.
Adjektive werden im Satz kleingeschrieben.
Steht das Adjektiv vor einem Nomen, verändert sich die Endung:
der runde Tisch – ein runder Tisch,
das rote Hemd – ein rotes Hemd,
die alte Vase – eine alte Vase.
Aus Nomen und Adjektiven können zusammengesetzte Adjektive gebildet werden. Sie werden kleingeschrieben: der Spiegel + glatt = spiegelglatt.

Will man beschreiben, wie sich Personen, Tiere oder Sachen unterscheiden, kann man gesteigerte Adjektive verwenden:

Grundform	Komparativ	Superlativ
(so) groß (wie)	größer (als)	am größten

Adjektive
► S. 24, 78, 149, 154, 167, 232, 235, 238, 268, 269

Die Satzglieder

Das Subjekt, das Prädikat, die Objekte

Mit **Wer oder was?** fragt man nach dem Subjekt:

Wer verkauft Waffeln? Timo verkauft Waffeln.

Was ist laut? Die Musik ist laut.

Das Prädikat sagt etwas darüber aus, was jemand tut oder was geschieht. Mit **Was tut …?**, **Was hat … getan?** oder **Was geschieht?** fragt man nach dem Prädikat. In den meisten Sätzen steht das Prädikat an zweiter Stelle.

Was tut Kerem? Kerem spielt die aktuellen Hits.

Manchmal bildet das Prädikat eine Klammer:

Was hat Timo gestern getan? Timo hat den Waffelteig vorbereitet.

Mit **Wen oder was?** fragt man nach einem Akkusativobjekt:

Wen hat Frau Müller eingeladen? Sie hat die Schulleiterin eingeladen.

Was packt Nina aus? Nina packt die Blumen aus.

Mit **Wem?** fragt man nach einem Dativobjekt:

Wem hilft Dario? Dario hilft Maja.

Mit **Wessen?** fragt man nach einem Genitivobjekt:

Wessen entledigte sich Frau Müller? Sie entledigte sich ihrer Schuhe.

Subjekt, Prädikat, Objekte
► S. 280

312

Die adverbialen Bestimmungen

Mit einer adverbialen Bestimmung des Ortes kann man ausdrücken, **wo** etwas geschieht. Man fragt mit **Wo?**, **Woher?** oder **Wohin?**.
Wo hängen die Lampions? Die Lampions hängen im Schulhof.

Mit einer adverbialen Bestimmung der Zeit kann man ausdrücken, **wann** etwas geschieht. Man fragt mit **Wann?** oder **Wie lange?**.
Wann wischt Nico die Tische ab? Nico wischt sie gleich ab.

Mit einer adverbialen Bestimmung des Grundes kann man ausdrücken, **warum** etwas geschieht. Man fragt mit **Warum?**.
Warum hat Yannic sich besonders beeilt?
Yannic hat sich wegen der kurzen Vorbereitungszeit besonders beeilt.

Mit einer adverbialen Bestimmung der Art und Weise kann man ausdrücken, **wie** etwas geschieht oder wie jemand etwas tut. Man fragt mit **Wie?**.
Wie hat die Hausdame den Pokal poliert?
Die Hausdame hat den Pokal sehr gewissenhaft poliert.

Mit einer adverbialen Bestimmung des Zwecks kann man ausdrücken, **wozu** etwas geschieht. Man fragt mit **Wozu?** oder **Zu welchem Zweck?**.
Wozu schließt du dein Fahrrad an einem Fahrradbügel an?
Als Diebstahlschutz schließe ich mein Fahrrad an.

Adverbiale Bestimmungen
▶ S. 280, 281–282, 283

adverbiale Bestimmung des Ortes
= Lokaladverbiale

adverbiale Bestimmung der Zeit
= Temporaladverbiale

adverbiale Bestimmung des Grundes
= Kausaladverbiale

adverbiale Bestimmung der Art und Weise
= Modaladverbiale

adverbiale Bestimmung des Zwecks
= Finaladverbiale

Attribute

Das Attribut ist Teil eines Satzglieds und gibt nähere Informationen zu einem Nomen. Attribute können vor oder nach dem Nomen stehen. Das nachgestellte Attribut kann auch eine Wortgruppe mit Genitiv oder mit einer Präposition sein. Beim Umstellen bleibt das Attribut fest mit dem Bezugswort verbunden:
das **verschollene** Bild, die Kette **der Frau**, die Spur **im Garten**.

Attribute
▶ S. 284–285, 291

Satzglieder umstellen, ersetzen, ergänzen, weglassen

– Ein Satzglied kann aus einem Wort oder aus einer Wortgruppe bestehen.
  Mit der **Umstellprobe** kannst du Satzglieder ermitteln:
  Die Wörter eines Satzglieds kann man nur gemeinsam umstellen.
  Wir feiern ein Sommerfest. – Ein Sommerfest feiern wir.

– Mit der **Ersatzprobe** kannst du Satzglieder, die sich in einem Text häufig wiederholen, durch andere Wörter und Wortarten ersetzen.
  Plötzlich tauchte Lumpi auf. Lumpi nahm Frau Müllers Schuhe.
  → Plötzlich tauchte **Lumpi** auf. **Er** nahm Frau Müllers Schuhe.

– Mit der **Ergänzungsprobe** kannst du prüfen, mit welchen Satzgliedern du etwas genauer oder deutlicher beschreiben solltest.
  Sie unternahmen eine Bergtour. → Sie unternahmen eine **anstrengende** Bergtour, **die durch schwieriges Gelände führte**.

– Mit der **Weglassprobe** kannst du prüfen, welche Satzglieder entfallen können, ohne dass der Satz falsch wird.
  Suzan hat ~~gestern rote~~ Tomaten gekauft, ~~die allen gut schmeckten~~.

Satzglieder umstellen
▶ S. 96, 283, 285, 291

Die Satzarten

Hauptsätze und Nebensätze

Ein Hauptsatz ist ein eigenständiger Satz.
Im Hauptsatz steht die gebeugte Verbform an zweiter Stelle.
Herr Maier kocht gern.
Ein Nebensatz kann nicht ohne einen Hauptsatz stehen.
Im Nebensatz steht die gebeugte Verbform an letzter Stelle.
Herr Maier lädt oft Gäste ein, weil er gern für andere kocht.
       Hauptsatz   Nebensatz

Der Nebensatz wird durch eine Konjunktion (Bindewort) wie **weil** oder **dass** mit dem Hauptsatz verbunden (Satzgefüge). Der Hauptsatz und der Nebensatz werden durch ein Komma voneinander abgetrennt.

Hauptsätze und Nebensätze
▶ S. 96, 280, 287, 289

Satzreihen

Mit einer Satzreihe kann man Hauptsätze verbinden, die man als Einheit versteht. Eine Satzreihe besteht aus mindestens zwei Hauptsätzen.
Die gebeugte Verbform steht an zweiter Stelle.
Konjunktionen wie **und**, **oder**, **aber**, **sondern**, **denn**, **doch** verbinden Hauptsätze. Vor den Konjunktionen steht ein Komma. Nur vor **und** und **oder** kann es fehlen.
Wir spielen das Spiel oft, denn es macht großen Spaß.
      Hauptsatz   Hauptsatz

Satzreihen
▶ S. 286, 291

Satzgefüge

Mit einem Satzgefüge kann man Aussagen verknüpfen. Ein Satzgefüge besteht aus einem Hauptsatz und mindestens einem Nebensatz. Der Hauptsatz und der Nebensatz werden durch ein Komma voneinander abgetrennt.
Die Nebensätze werden mit einer Konjunktion (Bindewort) eingeleitet:
– Mit **weil**-Sätzen kann man etwas begründen.
– Nebensätze mit **wenn** geben eine Bedingung an.
– Nach den Verben **sagen**, **denken**, **meinen** und **glauben** folgen oft **dass**-Sätze.
– Die Konjunktion **obwohl** leitet eine Einschränkung der Aussage ein.
– Mit Hilfe der Konjunktionen **nachdem**, **als**, **während**, **bevor** kann man die zeitliche Abfolge eines Geschehens ausdrücken.

Satzgefüge
▶ S. 287–289, 291

Relativsätze

Ein Nebensatz mit dem Relativpronomen der, das, die oder die ist ein Relativsatz. Er erklärt ein Nomen im Hauptsatz genauer. Die gebeugte Verbform steht immer am Ende des Relativsatzes.
Ich höre gern Musik, die gute Laune macht.
Das Geschenk, das Viola ausgesucht hat, bereitet Sara Freude.
Ich habe einen Freund, der bei der Jugendfeuerwehr ist.

Relativsätze
▶ S. 38, 228, 290, 291

Textartenverzeichnis

Berichte
289 Kirstens Tagesbericht

Beschreibende Texte
238 Wegbeschreibung

Bewerbungsunterlagen
90 Pauls Bewerbungsschreiben
92 Olgas Lebenslauf
93 Olgas Online-Bewerbung
98 Olgas Bewerbungsschreiben
273 Ersins Lebenslauf

Briefe/E-Mails
90 Pauls Bewerbungsschreiben
98 Olgas Bewerbungsschreiben
244 Sehr geehrte Frau König

Chatbeiträge
129 Die Folgen des Klimawandels

Checklisten
47 Einen informierenden Text schreiben
67 Schriftlich Stellung nehmen
84 Zu einem Text schreiben
95 Ein Bewerbungsgespräch führen
193 Eine Kurzgeschichte zusammenfassen

Dialekttexte
68 Fitzgerald Kusz: Liebe 1
79 Redewendungen in Mundart
159 Helmut Haberkamm: In der Nachberschafd

Dialoge
16 Streitgespräch
17 Klassenrat
25 Sie denkt - er denkt
55 Diskussion: Nachhaltige Mobilität
62 Diskussion: Mofa-Führerschein
65 Diskussion: öffentlicher Nahverkehr
89 Telefonat mit Ausbildungsleiter
94 Bewerbungsgespräch

Dramenauszüge
133 William Shakespeare: Vorrede zu „Romeo und Julia"
134 William Shakespeare: Romeo und Julia

Erzählende Texte
223 Der Aprilscherz
223 Tagebuch einer Klassenfahrt
226 Vesnas Stärken
226 Vesnas Freizeit
227 Vesnas Verwandte
227 Vesnas Freundinnen und Freunde
228 Vesnas Praktikum
228 Vesnas Bewerbung
229 Fit ins Praktikum
233 Eine erfolgreiche Zusammenarbeit
246 Unsere vernetzte Schulbücherei
250 Die Tanzstunde

Gedichte
158 Olaf N. Schwanke: Fußgängerzone
158 Uwe Greßmann: Moderne Landschaft
158 Josef Reding: Meine Stadt
159 Helmut Haberkamm: In der Nachberschafd
159 Eugen Gomringer: cars and cars
160 Orhan Veli: Ich höre Istanbul
162 Kurt Tucholsky: Augen in der Groß-Stadt
165 Gerrit Engelke: Die Fabrik
168 Mascha Kaléko: Spät nachts
170 Imants Ziedonis: In einer Stadt

Grafiken
31 Treibstoff-Einsparung im Airbus
31 Entfernungen von München
35 Europakarte
44 Schallstock für Blinde
46 Veranschaulichung des Lotuseffektes
50 Anteile der Verkehrsmittel am Verkehrsaufkommen
76 Was ist für Sie am wichtigsten, um glücklich zu sein?
106 Schulabschlüsse Kaminkehrer/in
107 Bildungswege im Gartenbau
108 Berufsanfänger Landwirt/in
122 Medienbeschäftigung in der Freizeit 2018
197 Anmeldungen bei „Jugend forscht" 2019
197 Beispiele für Forschungsthemen aus Bayern 2019
198 Anmeldungen für „Jugend forscht" und „Schüler experimentieren"
200 Anzahl der weiblichen Teilnehmenden bei „Jugend forscht"
201 Anzahl der Teilnehmenden insgesamt bei „Jugend forscht"
202 Anzahl der Einzel- und Gruppenarbeiten bei „Jugend forscht"
208 Befragung zur Nutzung von Radschnellwegen

Interviews
63 Interview: Unterwegs in den Ferien
88 Interview mit Ausbildungsleiterin
275 Interview mit Direktorin

Jugendbuchauszüge
70 Marie-Aude Murail: Über kurz oder lang
80 Jochen Till: Fette Ferien
82 Deniz Selek: Zimtküsse
146 Andreas Eschbach: Das Marsprojekt
150 Ursula Poznanski: Erebos

Kurzgeschichten
174 Ilse Aichinger: Das Fenster-Theater
180 Marlene Röder: Chuck Norris und all seine Freunde
186 Tanja Zimmermann: Eifersucht
187 Hanna Hanisch: Die Sache mit dem Parka
191 Tanja Zimmermann: Sommerschnee

Lexikoneinträge/Definitionen
29 Die Biologie
29 Die Technik
126 Der Klimawandel

Sachtexte
29 Eine lästige Frucht stand Pate
30 Der Natur abgeschaut
38 Flache Kameras, die unsichtbar sind
39 Ein natürliches Belüftungssystem
40 Die Grenzen der Bionik
42 Mit den Ohren sehen
45 Der Lotuseffekt – der Natur abgeschaut
50 Megastudie über Mobilität in Bayern veröffentlicht
75 Weltglückstag
104 Das Berufsfeld Landwirtschaft, Natur und Umwelt
106 Kaminkehrer/Kaminkehrerin
107 Gärtner/in – ein Beruf für Naturfreunde
125 Entwicklungsbeeinträchtigende Angebote
133 William Shakespeare
142 Das mittelalterliche Verona
166 Die Industrialisierung
169 Die Zwanzigerjahre
196 Die Forscher von morgen
203 Jugend forscht besonders zahlreich in Bayern
206 Stuart Murray: Mars
206 Peter Bond: Faszination Weltraum
214 Den Reifendruck überprüfen
236 Alles nur ein Missverständnis?
248 Bionik – Vorbild Natur
252 Tägliche Wasserspiele
255 Prickelnd und gesund
286 Estrichlegerinnen und Estrichleger
286 Servicefachkräfte für Dialogmarketing

Schülertexte
206 Der Mars
231 So ein Fuchs!
237 In GPG
237 Mathematik bereitet mir
242 Das Fliegen
275 Unsere Schule wird umgebaut
280 Yüksels Kriminalgeschichte
285 Siras Textzusammenfassung

Sprichwörter/Redewendungen
68 Sprichwörter über Glück
79 Redewendungen und Sprichwörter über Glück
266 Sprichwörter mit Vergleichen
267 Englische Redewendungen mit Vergleichen

Stellenanzeigen
100 Praktikum im Einzelhandel
100 Praktikum in der Konditorei

Zeitungsartikel, Zeitschriftenartikel
58 Nachhaltig mobil sein ist kinderleicht!
66 Die Stadt der Zukunft
108 In der Landwirtschaft ist kein Tag wie der andere
115 Videobeweis beim Fußball bleibt umstritten
115 Neuer Gesetzesvorschlag zur Organspende
115 Fachkonferenz zur Zukunft von E-Autos
115 Einbruchserie in Nürnberger Schulen gestoppt
116 Volker Thomas: E-Mobilität
118 Volker Thomas: Das Verkehrssystem von morgen
120 Nach dem schweren Unwetter
274 Panne bei der Zeitnahme
281 Diebstahl-Serie
282 Seriendieb gefasst
291 Frau beißt ihren Hund

Textquellen

Aichinger, Ilse (geb. 1921 in Wien/Österreich, gest. 2016 ebenda): Das Fenster-Theater* (S. 173 oben, 174-175). Aus: Ilse Aichinger: Der Gefesselte. Erzählungen. Frankfurt a. M. (Fischer Verlag) 1989, S. 83-85.

Bond, Peter (k. A.): Faszination Weltraum. Eine Reise durch unser Sonnensystem* (S. 206 unten). Hrsg. v. Ben Morgan, übers. v. Rolf Schanzenbach. Starnberg (Verlag Dorling Kindersley) 2004, S. 22.

Buck, Pearl S. (geb. 1892 in Hillsboro/USA, gest. 1973 in Danby/USA): Viele Menschen versäumen das kleine Glück, während sie auf das große vergebens warten. (S. 68). Aus: Frank Weber: Tausenderlei über das Glück: 1000 Zitate, Aphorismen, Bonmots zum Thema Glück. Norderstedt (Books on Demand) 2013, o. S.

Engelke, Gerrit (geb. 1890 in Hannover, gest. 1918 in Cambrai/Frankreich): Die Fabrik (S. 165). Aus: Gerrit Engelke: Das Gesamtwerk: Rhythmus des neuen Europa. Hrsg. v. Hermann Blome. München (List Verlag) 1960, S. 51.

Eschbach, Andreas (geb. 1959 in Ulm): Das Marsprojekt. Das ferne Leuchten* (S. 145 A, 146-148). Würzburg (Arena Verlag) 2005, S. 7-9, 80, 243-245.

Gomringer, Eugen (geb. 1925 in Cachuela Esperanza/Bolivien): cars and cars (S. 159). Aus: Konstellationen, Ideogramme, Stundenbuch. Stuttgart (Reclam Verlag, Universalbibliothek 9841) 1977, S. 25.

Greßmann, Uwe (geb. 1933 in Berlin, gest. 1969 ebenda): Moderne Landschaft (S. 158). Aus: Großstadtlyrik. Hrsg. v. Waltraud Wende. Stuttgart (Philipp Reclam jun.) 1999, o. S.

Haberkamm, Helmut (geb. 1961 in Dachsbach): In der Nachberschafd (S. 159). Aus: Frankn lichd nedd am Meer. Gedichte. Cadolzburg (ars vivendi Verlag) 1992, o. S.

Hanisch, Hanna (geb. 1920 in Thüringen, gest. 1992): Die Sache mit dem Parka* (S. 187-188). Aus: Vorlesebuch Religion 3. Hrsg. v. Dietrich Steinwede und Sabine Rupprecht. Göttingen (Vandenhoeck und Rupprecht) 1976, S. 90-92.

Hentschel, Andreas (k. A.): Flache Kameras, die unsichtbar sind* (S. 38). Abrufbar unter: https://www.focus.de/digital/computer/chip-exklusiv/tid-10233/bionik-flache-kameras-die-unsichtbar-sind_aid_306683.html (abgerufen am 11.10.2019).

Kaléko, Mascha (geb. 1907 in Chrzanów/Polen, gest. 1975 in Zürich/Schweiz): Spät nachts (S. 168). Aus: Mascha Kaléko: Das lyrische Stenogrammheft. Neuausgabe. © für die Texte 1975, 2012 Gisela Zech-Westphal, © für die Ausgabe dtv Verlagsgesellschaft m.b.H., München 2016, S. 26.

Kusz, Fitzgerald (geb. 1944 in Nürnberg, eigentlich Rüdiger Kurz): Liebe 1 (S. 68). Aus: Möcherlesversli – Fränkische Liebesgedichte. Hrsg. von Klaus Gasseleder. Volkach (frank & frei) 1993, o. S.

Landenberger, Timo (k. A.): Gärtner/in – ein Beruf für Naturfreunde* (S. 107). Abrufbar unter: https://www.noise-online.de/spezial/stories/interview-4/ (abgerufen am 31.10.2019).

Murail, Marie-Aude (geb. 1954 in Le Havre/Frankreich): Über kurz oder lang* (S. 70-72). Übers. v. Tobias Scheffler. Frankfurt a. M. (S. Fischer Verlag GmbH) 2010, S. 59-60, 79-82, 85.

Murray, Stuart (k. A.): Mars. Expeditionen zum roten Planeten* (S. 206 oben). Übers. v. Margot Wilhelmi. Hildesheim (Gerstenberg Verlag) 2005, S. 17.

Poznanski, Ursula (geb. 1968 in Wien/Österreich): Erebos* (S. 145 B, 150-152). Bindlach (Loewe Verlag GmbH) 2010, S. 33, 77-81, 85-87.

Reding, Josef (geb. 1929 in Castrop-Rauxel): Meine Stadt* (S. 158). Aus: Mit 13 ist alles ganz anders. Hrsg. v. J. Madler. Wien (Verlag Herder) 1990, S. 117.

Röder, Marlene (geb. 1983 in Mainz): Chuck Norris und all seine Freunde (S. 173 Mitte, 180-182). Aus: Marlene Röder: Melvin, mein Hund und die russischen Gurken. Ravensburg (Ravensburger Buchverlag) 2011, S. 13-18.

Schwanke, Olaf N. (geb. 1969 in Kirchen/Sieg): Fußgängerzone (S. 158). Aus: Großstadtlyrik. Hrsg. v. Waltraud Wende. Stuttgart (Philipp Reclam jun.) 1999, S. 347.

Schweitzer, Albert (geb. 1875 in Kaysersberg/Elsass, gest. 1965 in Lambaréné/Gabun): Das Glück ist das Einzige, was sich verdoppelt, wenn man es teilt. (S. 68). Aus: Duden 12: Zitate und Aussprüche. Bearb. v. Werner Scholze-Stubenrecht. Mannheim/Leipzig/Wien/Zürich (Dudenverlag) 1993, S. 626.

Selek, Deniz (geb. 1967 in Hannover): Zimtküsse* (S. 82-84). Frankfurt a. M. (S. Fischer Verlag GmbH) 2012, S. 67-71.

Shakespeare, William (geb. 1564 in Stratford-upon-Avon/Großbritannien, gest. 1616 ebenda): Romeo und Julia* (S. 133-141). Übers. v. Diethard Lübke. Berlin (Cornelsen Verlag) ²2016, S. 4, 22-27, 29-35, 44-52, 82-85.

Till, Jochen (geb. 1966 in Frankfurt/M.): Fette Ferien* (S. 80-81). Ravensburg (Ravensburger Buchverlag) 2004, S. 7-12, 42-45, 86-91.

Tucholsky, Kurt (geb. 1890 in Berlin, gest. 1935 in Göteborg/Schweden): Augen in der Groß-Stadt (S. 162). Aus: Kurt Tucholsky: Gedichte. Hrsg. v. Mary Gerold-Tucholsky. Reinbek bei Hamburg (Rowohlt Verlag) 1983, S. 689.

Veli, Orhan (geb. 1914 in Istanbul/Türkei, gest. 1950 ebenda): Ich höre Istanbul* (S. 160). Aus: Fremdartig/Garip. Gedichte in zwei Sprachen. Hrsg. u. übers. v. Yüksel Pazarkaya. Frankfurt a. M. (Verlag Dagyeli) 1985, S. 169-171.

Ziedonis, Imants (geb. 1933 in Sloka/Lettland, gest. 2013 in Riga/Lettland): In einer Stadt (S. 170). Aus: Mit Sprache(n) spielen. Kinderreime. Gedichte und Geschichten für Kinder zum Mitmachen und Selbermachen. Textsammlung. Übers. v. Jakob Bernstein. Baltmannsweiler (Schneider Verlag) 2007, S. 108.

Zimmermann, Tanja (k. A.): Eifersucht (S. 173 unten, 186), Sommerschnee (S. 191-192). Aus: Total verknallt. Ein Liebeslesebuch. Hrsg. v. Marion Bolte. Reinbek bei Hamburg (Rowohlt Verlag) 1994.

Unbekannte und ungenannte Verfasser:

Der Lotuseffekt – der Natur abgeschaut* (S. 45-46). Abrufbar unter: https://www.br.de/themen/wissen/bionik-lotuseffekt-natur-100.html (abgerufen am 11.10.2019).

Megastudie über Mobilität in Bayern veröffentlicht* (S. 50-51). Bayerisches Staatsministerium für Wohnen, Bau und Verkehr, München. Abrufbar unter: https://www.stmb.bayern.de/med/aktuell/archiv/2019/190627mobilitaetsstudie/ (abgerufen am 22.10.2019).

Weltglückstag: Auf der Suche nach dem Glück* (S. 75-76). Abrufbar unter: https://www.mdr.de/wissen/tag-des-gluecks-100.html (abgerufen am 23.08.2019).

Das Berufsfeld Landwirtschaft, Natur und Umwelt* (S. 104). Abrufbar unter: https://berufsfeld-info.de/planet-beruf/berufsfeld/landwirtschaft-natur-umwelt (abgerufen am 31.10.2019).

Kaminkehrer/Kaminkehrerin* (S. 106). Abrufbar unter: https://berufenet.arbeitsagentur.de/berufenet/bkb/8213.pdf (abgerufen am 31.10.2019).

In der Landwirtschaft ist kein Tag wie der andere* (S. 108). Abrufbar unter: https://planet-beruf.de/schuelerinnen/mein-beruf/berufe-live/job-inside-landwirtin/ (abgerufen am 30.03.2020).

Entwicklungsbeeinträchtigende Angebote* (S. 125). Abrufbar unter: https://www.fsm.de/de/inhalte-nach-jmstv (abgerufen am 20.09.2019).

Die mit * gekennzeichneten Texte sind aus didaktischen Gründen gekürzt und/oder vereinfacht.

Originalbeiträge:

Klassengespräch: Tarik, Emelie, Maik, Franz, Yasmin, Kim (S. 16).
Klassendiskussion: Ronja, Tarik, Joana, Maik (S. 17).
Sie denkt – er denkt: Gespräche vor dem Laptop (S. 25).
Eine lästige Frucht stand Pate (S. 29).
Der Natur abgeschaut (S. 30-31).
Treibstoff-Einsparung im Airbus A380 pro Person, Grafik (S. 31).
Entfernungen von München in km, Tabelle (S. 31).
Ein natürliches Belüftungssystem (S. 39).
Die Grenzen der Bionik (S. 40-41).
Mit den Ohren sehen (S. 42).
Anteile der Verkehrsmittel am Verkehrsaufkommen in Bayern 2017 (S. 50). Informationen nach: Mobilität in Deutschland. Kurzreport Bayern, S 13. Abrufbar unter: https://www.stmb.bayern.de/assets/stmi/med/aktuell/infas_kurzreport_mid2017_bayern.pdf (abgerufen am 11.10.2019).
Schülergespräch über nachhaltige Mobilität (S. 55).
Kims Argumentationskette (S. 56).
Nachhaltig mobil sein ist kinderleicht! (S. 58).
Schülerdiskussion über einen Mofa-Kurs (S. 62).
Interview zum Thema „Unterwegs in den Ferien" (S. 63).
Schülergespräch über kostenlosen öffentlichen Nahverkehr (S. 65).
Die Stadt der Zukunft: Weniger Straßen für mehr Mobilität (S. 66).
Was ist für Sie am wichtigsten, um glücklich zu sein? (S. 76). Informationen nach: SINUS-Institut/YouGov 2019. Abrufbar unter: https://de.statista.com/infografik/17419/was-es-braucht-zum-glueck/ (abgerufen am 23.08.2019).
Interview mit der Ausbildungsleiterin Frau Tosun (S. 88).
Telefonat mit dem Ausbildungsleiter Herrn Kunda (S. 89).
Bewerbung um einen Praktikumsplatz als Fachkraft im Gastgewerbe (S. 90).
Gespräch mit dem Ausbildungsleiter Herrn Heise (S. 94).
E-Mail an Herrn Maier (S. 97).
Bewerbungsschreiben an das Einrichtungshaus Brahm (S. 98).
Stellenanzeige: Praktikum im Einzelhandel (S. 100).
Stellenanzeige: Praktikum in der Konditorei (S. 100).
Berufsanfänger Landwirt/in (betriebliche Ausbildung – nach Herkunft des Auszubildenden) (S. 108). Informationen nach: Bayerischer Agrarbericht 2020. Abrufbar unter https://www.agrarbericht-2020.bayern.de/landwirtschaft-laendliche-entwicklung/berufsausbildung.html (abgerufen am: 14.07.2020).

Fischer, Dirk: Reicht der Strom? (S. 113, 114). Volker Thomas Presse & PR, Agentur für Text und Gestaltung.
Videobeweis beim Fußball bleibt umstritten (S. 113, 114, 115).
Neuer Gesetzesvorschlag zur Organspende (S. 113, 114, 115).
Fachkonferenz zur Zukunft von E-Autos (S. 113, 114, 115).
Einbruchserie in Nürnberger Schulen gestoppt (S. 113, 114, 115).
Thomas, Volker, Presse & PR, Agentur für Text und Gestaltung: E-Mobilität: Der Funke zündet nicht (S. 113, 114, 116).
Thomas, Volker, Presse & PR, Agentur für Text und Gestaltung: Das Verkehrssystem von morgen muss sich am Menschen ausrichten (S. 113, 114, 118).
Bahnverkehr wieder aufgenommen (S. 113, 114)
Großes Interesse zahlreicher begeisterter Besucherinnen und Besucher auf Münchner Messe für Elektroautos (S. 120).
Zeitungsmeldung: Augsburg (S. 120).
Müll in den Fluren – so kann's nicht weitergehen (S. 121).
Alter Pausenhof in neuem Glanz (S. 121).
Kein Sportplatz wie jeder andere (S. 121).
Medienbeschäftigung in der Freizeit 2018 (S. 122). Informationen nach: JIM-Studie 2018. Abrufbar unter https://www.mpfs.de/fileadmin/files/Studien/JIM/2018/Studie/JIM2018_Gesamt.pdf, S. 13 (abgerufen am 31.10.2019).
Kurzbiografie William Shakespeare (S. 133).
Das mittelalterliche Verona (S. 142).
Sachtext über die Zeit der Industrialisierung (S. 166).
Sachtext über die Zwanzigerjahre (S. 169).
Die Forscher von morgen: Der Wettbewerb „Jugend forscht" (S. 196-198).
Anmeldungen bei „Jugend forscht" 2019 nach Fachgebieten (bundesweit) (S. 197). Informationen nach: https://www.jugend-forscht.de/fileadmin/user_upload/Presse/2019/Anmeldezahlen_Fachgebiete_1966_2019.pdf (abgerufen am 31.10.2019).
Anmeldungen für „Jugend forscht" und „Schüler experimentieren" (S. 198). Informationen nach: https://www.jugend-forscht.de/fileadmin/user_upload/Presse/2019/Anmeldezahlen_Fachgebiete_1966_2019.pdf (abgerufen am 31.10.2019).
Anzahl der weiblichen Teilnehmenden bei „Jugend forscht" 2019 nach Fachgebieten (bundesweit) (S. 200). Informationen nach: https://www.jugend-forscht.de/fileadmin/user_upload/Presse/2019/Anmeldezahlen_Fachgebiete_1966_2019.pdf (abgerufen am 31.10.2019).

Anzahl der Teilnehmenden insgesamt bei „Jugend forscht" 2019 nach Fachgebieten (bundesweit) (S. 201). Informationen nach: https://www.jugend-forscht.de/fileadmin/user_upload/Presse/2019/Anmeldezahlen_Fachgebiete_1966_2019.pdf (abgerufen am 31.10.2019).
Anzahl der Einzel- und Gruppenarbeiten bei „Jugend forscht" von 1966 bis 2019 (bundesweit) (S. 202). Informationen nach: https://www.jugend-forscht.de/fileadmin/user_upload/Presse/2019/Anmeldezahlen_Fachgebiete_1966_2019.pdf (abgerufen am 31.10.2019).
Jugend forscht besonders zahlreich in Bayern (S. 203). Informationen nach: https://www.jugend-forscht.de/fileadmin/user_upload/Presse/2019/Anmeldezahlen_Fachgebiete_1966_2019.pdf (abgerufen am 31.10.2019).
Der Mars (S. 206).
Befragung zur Nutzung von Radschnellwegen (S. 208). Informationen nach: sinus-institut, Heidelberg. Abrufbar unter: https://www.sinus-institut.de/veroeffentlichungen/meldungen/detail/news/fahrrad-monitor-grosses-potential-fuer-pendeln-mit-fahrrad/news-a/show/news-c/NewsItem/ (abgerufen am 31.10.2019).
Den Reifendruck überprüfen (S. 214).
Stichworte für einem Tagesbericht (S. 219).
Tagebuch einer Klassenfahrt (S. 223).
Der Aprilscherz (S. 223).
Vesnas Stärken (S. 226).
Vesnas Freizeit (S. 226).
Vesnas Verwandte (S. 227).
Vesnas Freundinnen und Freunde (S. 227).
Vesnas Praktikum (S. 228).
Vesnas Bewerbung (S. 228).
Fit ins Praktikum (S. 229).
So ein tuchs! (S. 231).
Eine erfolgreiche Zusammenarbeit (S. 233).
Alles nur ein Missverständnis (S. 236).
Das Fliegen – für uns eine Selbstverständlichkeit (S. 242).
Brief an Frau König (S. 244).
Unsere vernetzte Schulbücherei (S. 246).
Bionik – Vorbild Natur (S. 248).
Die Tanzstunde (S. 250).
Tägliche Wasserspiele (S. 252).
Prickelnd und gesund (S. 255).
Panne bei der Zeitnahme (S. 274).
Unsere Schule wird umgebaut (S. 275).
Interview Tom und Frau Zubrowski (S. 275).
Yüksels Kriminalgeschichte (S. 280).
Diebstahlserie: Noch keine heiße Spur (S. 281).
Seriendieb gefasst (S. 282).
Berufsbeschreibung Estrichlegerinnen und Estrichleger (S. 286).
Berufsbeschreibung Servicefachkräfte für Dialogmarketing (S. 286).
Kirstens Tagesbericht (S. 289).
Frau beißt ihren Hund (S. 291).

Sachregister

Ableiten → Rechtschreibstrategien
Abschreiben → Rechtschreibarbeitstechniken
Adjektiv → Wortarten
adressatenbezogen sprechen und schreiben
  → Sprachgebrauch/Sprachebene
adverbiale Bestimmung → Satzglieder
Akkusativ → Kasus
Akkusativobjekt → Satzglieder/Objekt
Aktiv 215, 217
aktives Zuhören 21
alphabetisch ordnen 241, 255
Anglizismen 258
Anredepronomen → Wortarten
Arbeitstechniken
- Einen Arbeitsvorgang beschreiben 194, 214-215, 217
- Ein Lapbook gestalten 110-111, 156-157, 210-211
- Einen Tagesbericht schreiben 218-221, 302
- Feedback empfangen und geben 54, 212-213, 299
- Im Internet recherchieren 205, 297
- Informationen anschaulich präsentieren 34-36, 47, 53, 111, 126-128, 130-131, 200-205, 208-211, 295, 297-298, 300-301
- Miteinander arbeiten und präsentieren 208, 298
- Sich informieren 204-205
- Texte am Computer überarbeiten 230-231 Texte gemeinsam überarbeiten 221
- Wörtlich zitieren 206-207, 303
- Argumente formulieren 17, 27, 55-57, 59-60, 62, 64, 65, 67
Artikel → Wortarten
Aufgaben verstehen 195, 296-297

Bedeutungswandel von Wörtern 240, 257-258, 262-264, 306
begründen → diskutieren
Beobachtungskarte 143
Bericht 116-117, 119-121, 218-221, 294, 302
Berufsfelder 102-105, 110-111
beschreiben
- Arbeitsvorgang 214-215, 217
- Figuren 16, 69, 73-74, 143, 154-155, 176-179, 183, 186, 298, 303
Bewerbungsschreiben → Texte schreiben
Brief schreiben → Texte schreiben

Chat → Internet
Checkliste
- Ein Bewerbungsgespräch führen 95
- Einen informierenden Text schreiben 47
- Eine Kurzgeschichte zusammenfassen 193
- Schriftlich Stellung nehmen 67
Cluster 154, 300, 303

Dativ → Kasus
Dativobjekt → Satzglieder/Objekt
Diagramm → Grafiken erschließen
Dialekt 68-69, 159, 260-261, 309
Dialog 21, 26-27, 71, 73, 133, 137, 179, 264, 293
Diskussionsregeln → Gesprächsregeln
diskutieren 15-17, 19, 49, 55, 62, 65, 72, 123, 125, 137, 261, 264, 298

Drama
- Merkmale 141, 293
- untersuchen/analysieren 134-135, 137-142

E-Mail schreiben → Texte schreiben
Endungen → Rechtschreibstrategien/Wortbausteine
Ergänzungsprobe 313
Erklärvideo 122-123, 126-131
Ersatzprobe 313
erzählen/umschreiben/weiterschreiben
- anschaulich erzählen 154-155
- mit Handlungsbausteinen erzählen 147, 154, 296-297, 303
- Texte weitererzählen und -schreiben 153, 154-155
Erzählperspektive 153, 155, 293

Fachsprache 39, 241, 260-261, 309
Fall → Kasus
Feedback 54, 212-213, 299
Fehlerwörter sammeln → Rechtschreibarbeitstechniken/Rechtschreibkartei
Figurenbeschreibung → beschreiben
Figurenrede/Sprechweise 137, 179
Flyer 37, 157, 258
Formular 93
Fremdwörter → Rechtschreibregeln
Futur → Zeitformen

Gedankenstrich → Rechtschreibregeln/Zeichensetzung
Gedicht
- in anderen Sprachen 159
- Merkmale 159, 161, 163-164, 166, 168-171, 292-293
- schreiben/gestalten/umschreiben 170-171, 277
- sprachliche Bilder 164, 169, 171, 292
- untersuchen/analysieren 162-168, 170-171
- vortragen 159, 161, 167, 171, 298
Genitiv → Kasus
Gesprächsregeln 15-16, 19, 298
Gestik 15-16, 20, 22, 24, 95, 143, 178-179, 293, 298
Getrennt- und Zusammenschreibung → Rechtschreibregeln
Grafiken erschließen 29-31, 33, 76-77, 106-109, 123, 196-202, 205, 295-296
Groß- und Kleinschreibung → Rechtschreibregeln
Gruppenarbeit 130, 221, 299

Handlungsbausteine 147, 154, 296-297, 303
Handlungsort 133, 142, 149, 154, 157, 178-179
Hauptsatz → Satzarten/Satzreihe

Ich-Botschaft 20, 22-24, 26-27, 213, 299
indirekte Rede 185, 275, 311
Informationen
- entnehmen/sammeln/vergleichen/auswerten 21, 33, 36, 41, 44, 52, 69, 77, 91, 105, 109-110, 112, 114-115, 117, 121, 130, 157, 166, 198-199, 204-205, 297-298, 300-302
- strukturieren/darstellen 33-34, 36, 43-45, 47, 52-53, 91, 109, 111, 118, 127-128, 156-157, 200-203, 205, 208-211, 220, 295, 302, 311

- visualisieren 45, 47, 53, 111, 128, 131, 156, 200-203, 295
informierende Texte schreiben → Texte schreiben
Infotainment 126
Inhaltsangabe → Texte schreiben/Textzusammenfassung
innerer Monolog 85, 179
Internet
- Chatsprache 25, 129
- Fake News 204-205
- Mediennutzung 113, 122-123
- Recherche 33-35, 52, 104-105, 110-111, 121, 130, 142-143, 149, 157, 166, 201, 208, 211, 257-258, 261, 297
- Suchmaschinen 297
Interview 63, 88, 107, 275, 295

Jugendbuch 69-70, 74-75, 77, 84-85, 145-148, 150, 156, 293

Kameraeinstellungen 294
Karteikarten 32-34, 43, 52-53, 110, 154-155, 268, 278, 280
Kasus
- Akkusativ 278-279, 309, 311
- Dativ 278-279, 309, 311
- Genitiv 284-285, 309, 313
- Nominativ 309
Killerphrasen 20-23
Körpersprache → Gestik
Komma → Rechtschreibregeln/Zeichensetzung
Kommentar 65, 112, 118-119, 121, 129, 221, 294-295
Kompromiss 14-15, 18-19, 24
Konflikte lösen 135, 139, 141, 187-190
Konjunktion → Wortarten
Konjunktiv I 274-275, 279, 311
Konjunktiv II 61, 276-277, 279, 311
Kurzgeschichte
- Merkmale 177, 293
- szenisch spielen 178-179
- untersuchen/analysieren 172-177, 271
- zusammenfassen 180-193

Lapbook 103, 110-111, 156-157, 210-211
Lebenslauf → Texte schreiben
Lernen organisieren 195
Lerntagebuch 41, 47, 62, 67, 81, 98, 169, 186, 193, 199
lesen
- Lesestrategien → Texte lesen und verstehen
- mit verteilten Rollen 16-17, 89, 94, 137, 151
- überfliegendes Lesen 30, 296
Leserbrief → Texte schreiben
Lexikonartikel 126, 294
lyrisches Ich 161, 164, 293

Medienformate untersuchen 112-120, 122-128
Meinungen äußern → diskutieren
Merkwörter → Rechtschreibstrategien
Metapher → sprachliche Bilder
Metrum → Gedicht/Merkmale
Mimik 15-16, 20, 22, 24, 95, 143, 178-179, 293, 298

Mindmap 33-34, 44, 52, 105, 205, 208, 300, 303
Mitsprechwörter → Rechtschreibstrategien
Monolog 133, 293

Nachdenkwörter → Rechtschreibstrategien
nachschlagen 32, 39, 77, 167, 198, 230, 305
Nachsilben → Rechtschreibstrategien/Wortbausteine
Nebensatz → Satzarten/Satzgefüge
Nomen → Wortarten
Nominalisierung → Rechtschreibregeln/ Großschreibung von Nomen
Nominativ → Kasus
Notizen → Stichworte aufschreiben

Ober- und Unterbegriff 33, 105
Objekt → Satzglieder
Onlineprotokoll 124

Partnerarbeit 22-23, 26-27, 36, 185, 217, 231
Passiv 215, 217, 311
Perfekt → Zeitformen
Personifikation → sprachliche Bilder
Plakat 15, 129, 156, 179, 299
Plusquamperfekt → Zeitformen
Prädikat → Satzglieder
Präposition → Wortarten
Präsens → Zeitformen
präsentieren
- Berufsfelder 110-111
- Jugendbuch 156-157
- eine Präsentation am Computer gestalten 49, 53-54, 299
- Referat 49, 52-55, 208-209, 298
Präteritum → Zeitformen
Projekt 121, 130-131, 143, 156-157, 299
Pronomen → Wortarten
Pro- und Kontra-Argumente 17, 59-60, 64, 301

Quellen angeben 52, 110, 121, 205, 207, 299, 303

Rechtschreibarbeitstechniken
- Abschreiben 223, 304
- Rechtschreib-Check 224-229, 304
- Rechtschreibkartei 305
- Texte am Computer überarbeiten 230-231
Rechtschreibregeln
- Anredepronomen 97, 245, 307
- Fach- und Fremdwörter 32, 36, 39, 241, 246-249, 255, 306, 309
- Getrennt- und Zusammenschreibung 230, 240, 306
- Groß- und Kleinschreibung 230, 250, 307
- Wörter mit langem und kurzem Vokal 224, 304
- Zeichensetzung 211, 217, 242-253, 308
Rechtschreibstrategien
- Ableiten 232-233
- Merkwörter 241, 305
- Mitsprechwörter 305
- Nachdenkwörter 233, 305
- Sprechen - hören - schreiben 224, 226, 229, 232, 254, 305
- Verlängern 232-233
- Wortbausteine 234, 305
Redewendungen → sprachliche Bilder
Referat → präsentieren
Reim → Gedicht/Merkmale
Relativsatz → Satzarten

Requisiten 179, 293
Rhythmus → Gedicht/Merkmale
Rollenkarte 179
Rückmeldung geben → Feedback

Sachtexte erschließen → Texte lesen und verstehen
Satzarten
- Relativsatz 290-291, 314
- Satzgefüge 96, 248-249, 251, 265, 272, 280, 283, 287-291, 314
- Satzreihe 280, 286, 291, 314
Satzgefüge → Satzarten
Satzglieder
- adverbiale Bestimmung 280-283, 313
- Objekt 280, 312
- Prädikat 280, 312
- Subjekt 280, 312
- umstellen/ersetzen/ergänzen/weglassen 313
Satzreihe → Satzarten
Schaubild → Grafiken erschließen
schreiben → Texte schreiben
Schreibkonferenz 271-272
Schreibziel 34, 301
Silbentrennung 232, 254, 305
Sprachgebrauch/Sprachebene 19, 23, 90-91, 94-95, 127, 260-261, 309
sprachliche Bilder
- Metapher 164, 169, 292
- Personifikation 164, 169, 292
- Redewendung 72, 79, 266
- Sprichwort 69, 79, 85, 95, 266
- Vergleich 292
Sprichwort → sprachliche Bilder
Stellenanzeige 100-101, 264, 294
Stellung nehmen → Texte schreiben/ argumentierende Texte
Stichworte aufschreiben 36, 219, 300-301, 303
Strophe → Gedicht/Merkmale
Subjekt → Satzglieder
Szenisch spielen 298

Tabelle → Grafiken erschließen
Tagebucheintrag 73, 84, 157
Texte lesen und verstehen
- Einen literarischen Text verstehen 297
- Sachtexte erschließen (Textknacker) 30-33, 42, 196-199, 202, 205, 296-297
Texte schreiben
- argumentierende Texte (Leserbrief) 58-60, 62-67, 295, 301
- beschreibende Texte (Vorgänge) 214-217, 294
- Bewerbungsschreiben 90, 91, 96, 98-101, 302
- Brief 73-74, 97, 245
- E-Mail 93, 97, 101
- erzählende Texte 81-81, 82-85, 154-155, 292
- informierende Texte 103, 110
- Lebenslauf 87, 92, 273, 302
- produktiv mit Texten umgehen 73-74, 81, 84-85, 153
- Textzusammenfassung 180, 184-186, 189-191, 193, 303
Texte überarbeiten 36, 59, 98, 155, 214, 217, 221, 300-301, 303
Texte zusammenfassen 180, 186-187, 191, 193

Textstellen belegen 207, 303
Theaterstück → Drama

Überschrift/Zwischenüberschrift formulieren 32, 41, 43, 47, 52-53, 155, 184, 198, 203, 215, 217, 284, 296, 298-302
Umstellprobe 313
Unterbegriff → Oberbegriff

Verb → Wortarten
Vergleich → sprachliche Bilder
Verlängern → Rechtschreibstrategien
Vers → Gedicht/Merkmale
verwandte Wörter → Rechtschreibstrategien/ Wortbausteine
Vorgänge beschreiben → Texte schreiben
vorlesen/vortragen 79, 160-161, 171, 298-299
Vorsilben → Rechtschreibstrategien/ Wortbausteine
Vortrag → präsentieren/Referat

W-Fragen 32, 41, 117, 219, 294, 300
Weglassprobe 313
Wiederholung → Gedicht/Merkmale
Wörter aus anderen Sprachen 79, 257-258
wörtliche Rede 155, 185, 247, 303, 308
Wortarten
- Adjektiv 18, 24, 149, 154-155, 167, 170-171, 225, 232-238, 240, 248, 252-254, 266-269, 303, 305-307, 312
- Anredepronomen 97, 245, 307
- Artikel 78, 167, 225, 227, 235-236, 243, 245, 248, 254-255, 268-269, 305-307, 309
- Konjunktion 96, 225, 249, 265, 268-269, 283, 286-289, 291, 304, 314
- Nomen 78, 167, 225, 227-228, 232, 234-239, 242-243, 245, 247-248, 253-255, 268-269, 272, 278, 284-285, 290, 304-310, 313-314
- Präposition 236, 268-269, 278-279, 285, 307, 311, 313
- Pronomen 97, 225, 236, 245, 268-269, 272, 307
- Verb 61, 78, 96, 155, 167, 195, 217, 232, 234, 236-237, 239-240, 242-243, 245, 247, 249-251, 254, 263, 269-277, 279, 287-288, 290-291, 305-308, 310-311, 314
Wortbausteine → Rechtschreibstrategien
Wortfeld 78, 263

Zeichensetzung → Rechtschreibregeln
Zeitformen
- Futur I 311
- Futur II 311
- Perfekt 270-271, 273, 310
- Plusquamperfekt 270, 272-273, 310
- Präsens 151, 155, 185, 193, 215-217, 270-271, 303, 310
- Präteritum 61, 155, 220, 270, 272-273, 277, 302, 310-311
Zeitung
- Bericht 116-117, 294
- Kommentar 118-119, 295
- Ressorts 115
- Schlagzeile 114, 120
- Titelseite 114
- Zeitung gestalten 121
Zitieren 206-207, 303

Bildquellen

S. 6 Mi. Mi.: stock.adobe.com/Fatman73; S. 14 ob.: Shutterstock.com/Iakov Filimonov, un.: Shutterstock.com/Iakov Filimonov; S. 15 ob.: Shutterstock.com/Iakov Filimonov; S. 20 ob.: Shutterstock.com/Iakov Filimonov; S. 24 ob.: Shutterstock.com/Iakov Filimonov; S. 28 (1): stock.adobe.com/Uwe Wittbrock, (2): stock.adobe.com/isumi, (3): stock.adobe.com/Marion Kraschl, (4): stock.adobe.com/Stocksnapper, (5): Shutterstock.com/Matteo Gabrieli, (6): dpa Picture-Alliance/Paul Miller; S. 30 re. Mi.: mauritius images/Steve. Trewhella/Alamy, re. un.: dpa Picture-Alliance/Paul Miller; S. 31 re. Mi.: akg-images/Science Photo Library; S. 35 un.: Shutterstock.com/Borhax; S. 38 re. ob.: Shutterstock.com/Thithawat.S, re. 2. v. ob.: stock.adobe.com/Thorben Wengert; S. 39 re. ob.: stock.adobe.com/alfotokunst; S. 40 re. 2. v. un.: DLR Köln, re. un.: Shutterstock.com/Andrew Astbury; S. 41 re. ob.: stock.adobe.com/FG/stylefoto24; S. 42 re. ob.: stock.adobe.com/Elizabeth; S. 45 re. un.: Shutterstock.com/Ricardo Reitmeyer; S. 48 ob. li.: Imago Stock & People GmbH/Arnulf Hettrich, ob. re.: Shutterstock.com/Tap10, un. li.: stock.adobe.com/Adam Gregor, un. re.: Shutterstock.com/Monkey Business Images; S. 49 ob.: Shutterstock.com/sirtravelalot; S. 51 re. ob.: mauritius images/alamy stock photo/Stockimo/Penny Koukoulas; S. 54 Mi. (Emoji): stock.adobe.com/nasiruddinakmal; S. 58 re. Mi.: stock.adobe.com/Adam Gregor; S. 66 un. re.: Panther Media GmbH/Boris Zerwann; S. 68 ob. li.: Shutterstock.com/Rawpixel.com, Mi. li.: Imago Stock & People GmbH/Westend61, un. re.: stock.adobe.com/Stockfotos-MG; S. 75 Mi. re.: Panther Media GmbH/Peter Bergmann; S. 86 (1): Shutterstock.com/goodluz, (2): Shutterstock.com/Africa Studio, (3): Shutterstock.com/Monkey Business Images, (4): mauritius images/Peter Enzinger, (5): mauritius images/Uwe Umstätter; S. 87 ob. li.: Shutterstock.com/Pressmaster, ob. re.: Shutterstock.com/Africa Studio; S. 88 re. ob.: mauritius images/Uwe Umstätter; S. 92 re. Mi.: Shutterstock.com/Pressmaster; S. 95 re. Mi.: Shutterstock.com/goodluz; S. 102 li. ob.: Shutterstock.com/Monkey Business Images, li. Mi.: Shutterstock.com/PaO_STUDIO, li. un.: Shutterstock.com/Dragon Images, Mi. ob.: Shutterstock.com/BigBlueStudio, Mi. Mi.: Shutterstock.com/Gorodenkoff, Mi. un.: Shutterstock.com/BigBlueStudio, re. ob.: Shutterstock.com/Elle Aon, re. Mi.: Shutterstock.com/LightField Studios, re. un.: Shutterstock.com/Vita Olivko; S. 104 re. ob.: Shutterstock.com/Elle Aon; S. 106 re. Mi.: Shutterstock.com/Couperfield; S. 110 re. ob. (Kaminkehrer): Shutterstock.com/Couperfield, (Pflanze): Shutterstock.com/Elle Aon, (Mann): Shutterstock.com/Nestor Rizhniak; S. 112 ob. li. (Fernseher): Shutterstock.com/Concept Photo, ob. li. (Radio): stock.adobe.com/BrAt82, ob. Mi. (Zeitungen): mauritius images/Urs Kuester, ob. Mi. (Paar): Panther Media GmbH/Monkeybusiness Images, (Handy): Shutterstock.com/Olga Danylenko, ob. re. (Laptop): mauritius images/alamy stock photo/Frankie Angel; S. 113 ob.: stock.adobe.com/Petair, S. 114 ob.: stock.adobe.com/Petair; S. 116 un. re.: stock.adobe.com/electriceye; S. 122 ob. li.: Shutterstock.com/YanLev, ob. re.: Shutterstock.com/LightField Studios, Mi. li.: Shutterstock.com/Dejan Dundjerski; S. 129 ob. (Emoji): stock.adobe.com/nasiruddinakmal; S. 131 re. ob.: Cornelsen/Daniel Meyer; S. 133 re. Mi.: Shutterstock.com/Stocksnapper; S. 142 re. Mi.: Shutterstock.com/Daphne Bakker; S. 145 ob. re. (Das Marsprojekt): Buchcover: Andreas Eschbach „Das Marsprojekt. Das ferne Leuchten", Arena Verlag, Würzburg, 2017, ob. re. (Erebos): Buchcover: Ursula Poznanski: Erebos. Loewe Verlag, Bindlach 2010; S. 158 ob. (Hintergrund): Shutterstock.com/MikeDotta; S. 159 li. Mi.: stock.adobe.com/Dmytro; S. 160 re. ob.: Shutterstock.com/TheRunoman, re. 2. v. ob.: Shutterstock.com/Viacheslav Lopatin, re. un.: stock.adobe.com/Eugen Wais/EwaStudio; S. 162 re. un.: akg-images/Voller Ernst; S. 165 re. Mi.: interfoto e.k./Oliver J. Graf, re. un.: interfoto e.k./IMAGNO/Austrian Archives; S. 168 re. Mi.: Shutterstock.com/Georgii Shipin; S. 196 re. un.: Jugend forscht e. V., Hamburg; S. 205 ob.: © Statista; S. 206 re. ob.: stock.adobe.com/Tristan3D; S. 208 re. Mi.: stock.adobe.com/annacovic; S. 214 re. Mi.: Shutterstock.com/Roman Samborskyi, re. un.: Shutterstock.com/Andrey_Popov; S. 219 re. Mi.: Shutterstock.com/Tyler Olson; S. 231 re. Mi.: © Microsoft® Office. Nutzung mit Genehmigung von Microsoft; S. 233 re. Mi.: Shutterstock.com/JBK; S. 236 re. un.: Shutterstock.com/Kjuuurs; S. 242 re. Mi.: Shutterstock.com/Senohrabek; S. 244 re. ob.: Shutterstock.com/Kzenon; S. 246 re. ob.: Shutterstock.com/Sylvie Bouchard; S. 248 re. ob.: stock.adobe.com/pit24; S. 250 re. ob.: Shutterstock.com/Iakov Filimonov; S. 252 re. ob.: stock.adobe.com/Dennis; S. 255 re. un.: Shutterstock.com/hxdbzxy; S. 269 re. ob.: Shutterstock.com/Fer Gregory; S. 274 re. ob.: Shutterstock.com/altanaka; S. 275 re. un.: Shutterstock.com/DGLimages; S. 279 re. Mi.: stock.adobe.com/Daleen Loest/lienkie; S. 280 re. ob.: Shutterstock.com/Mike_shots; S. 284 re. un.: Shutterstock.com/Iconic Bestiary; S. 286 re. ob.: Shutterstock.com/Dmitry Kalinovskiy; S. 287 ob.: Shutterstock.com/Pixel-Shot; S. 288 re. Mi.: Shutterstock.com/ittipon; S. 289 re. ob.: Shutterstock.com/ShotPrime Studio.

Illustrationen
Stefan Bachmann, Wiesbaden: S. 216;
Thomas Binder, Magdeburg: S. 68;
Heribert Braun, Berlin: S. 39, 40, 42, 44, 44, 46;
Timo Grubing, Bochum: S. 23, 25, 26, 262;
Soufeina Hamed, Berlin: S. 69, 71, 72, 73, 78, 79, 80, 82, 83;
Carsten Märtin, Oldenburg: S. 13, 232, 233, 234, 236, 239, 240, 241, 243, 243, 245, 247, 249, 251, 252, 253, 254, 304, 305, 307;
Jutta Melsheimer & Kai Hofmann, Berlin: S. 204;
Matthias Pflügner, Berlin: S. 146;
Chrissie Salz, Köln: S. 55, 56, 62;
Ulrike Selders, Köln: S. 258, 270;
Sebastian Strombach, Berlin: S. 126, 127, 128;
Dorina Tessmann, Berlin: S. 132, 134, 136, 138, 141;
Rüdiger Trebels, Düsseldorf: S. 3, 4, 5, 6, 7, 8, 8, 9, 10, 11, 12, 37, 144, 148, 150, 152, 156, 194, 194, 195, 196, 208, 210, 212, 214, 221, 222, 223, 226, 229, 256, 259, 260, 266, 276;
Christa Unzner, Berlin: S. 172, 174, 175, 180, 181, 182, 186, 188, 191.